KB041588

형사증거법

강동욱

CRIMINAL EVIDENCE LAW

박영사

머리말

    증거재판주의를 원칙으로 하는 형사소송에 있어서 증거법분야는 핵심적인 부분이다. 따라서 형사절차에 있어서 증거법분야는 이론적으로도 가장 중요하게 다루어지고 있을 뿐만 아니라 학자들의 견해도 첨예하게 대립하고 있는 영역이기도 한다. 또한 형사실무적으로 형사소송절차에서도 증거법에 관한 해석과 그 적용에 있어서 논란이 되고 있다. 특히, 형사소송의 목적을 피의자·피고인의 인권보장과 적법절차의 원칙에 중점을 두느냐 실체적 진실발견이나 소송의 효율성에 중점을 두느냐에 따라 그 이론적 귀결이 크게 달라지는 부분이기도 하다. 그럼에도 불구하고 형사증거법 분야만을 체계적으로 정리한 책은 보기 어려웠으며, 대학에서 형사증거법 과목의 강의교재로 사용하거나 형사실무에서 증거법에 관하여 쉽게 참고할 만한 책이 없었던 사정에 있었다.

    그러나 2007년 위법수집증거물의 증거능력에 관한 대법원의 태도 변경과 형사소송법상 위법수집증거배제법칙의 명문화(제308조의2)로 인해 형사소송절차 전반에 걸쳐 적법절차원칙이 강조되면서 형사소송법학이나 형사실무에서 증거법 분야의 중요성이 더욱 강조되고 있다. 뿐만 아니라 최근 형소법 개정에서는 검찰과 경찰의 수사권조정 논의에 수반하여 검사작성 피의자신문조서의 증거능력 인정요건이 더욱 엄격하게 되면서 수사기관의 증거수집은 물론, 법원의 증거조사절차 및 증거인정에 많은 변화가 초래될 것으로 생각된다. 이러한 상황 하에서 형사소송실무에 효과적으로 대응하기 위해서 형사증거법 전반에 관하여 보다 체계적 지식을 갖출 것이 요구되고 있다.

    이 책은 이러한 요구에 부응하고자 한 것으로, 형사소송법 중 형사증거법 분야에 관한 이론과 판례의 태도를 정리함으로써 형사소송법을 공부하고자 하는 사람이나 형사소송 실무자들로 하여금 형사증거법 분야에 대한 이해를 돕고자 하는 것을 목적으로 하였다. 따라서 이 책은 형사증거법에 관한 전문 학술서적이자 형사증거법에 관한 총합서로서 기능할 수 있도록 형사증거법에 관한 내용 전반에 대하여 형사절차의 순서를 고려하여 체계화하고 주제별로 정리하였다. 세부적으로 보면, 먼저 형사증거법에 관한 기초사항과 이론적 배경을 설명하고, 증거조사절차와 증거조사방법 및 각종 증거법칙에 대하여 현행법을 중심으로 하여 서술하되, 개별 법적 논점에 대하여는 학설의 대립을 상세하게 밝히고, 최근의 판례의 태도를 정리한 후 저자의 의견을 개진하는 형태로 구성함으로써 독자들로 하여금 쉽게 이해할 수 있도록 하였다.

한편, 이 책을 서술함에 있어서는 저자가 공저자인 「형사소송법 강의」(제5판, 오래(2021))의 체제와 내용을 기반으로 하되, 이미 발간되어 있는 각종 형사소송법 교과서와 판례집, 그리고 학술논문 및 최근의 판례를 통해 대폭 수정·보완하였다. 다만, '제14장 과학적 증거방법'은 최근의 범죄현상과 수사경향을 고려할 때 중요한 부분으로 판단되어 위의 책 내용을 정리하는 것으로 하였다. 공저자로서 그 내용의 활용에 기꺼이 동의해 준 이성기 교수님에게 깊이 감사드린다. 저자가 처음 이 책의 서술을 시작할 때의 욕심과 달리 학문적 능력부족과 시간적 한계로 인해 형사증거법에 관한 내용을 충분히 담지 못하고 다소 미흡한 채로 발간을 하게 된 것에 대하여는 아쉬운 점이 없지 않다. 앞으로도 이 책이 형사증거법에 관한 기본서로서 그 역할과 기능을 다할 수 있도록 계속해서 개정과 보완을 할 것을 약속드린다. 많은 격려와 조언을 부탁드리는 바이다.

끝으로 어려운 여건 하에서도 이 책을 출간해 주신 박영사 안종만 회장님, 안상준 대표님, 김선민 이사님을 비롯한 편집부 직원 여러분께 깊은 감사를 드린다.

2022. 6.
목멱산 중턱에서
저자 드림

차 례

제 2 장 　증거법의 지도이념과 소송구조

제 4 장 증거조사절차

제4절 수사상 판사에 의한 증거조사　89

제 5 장　증거조사방법

제 6 장   자유심증주의

제 7 장   위법수집증거배제법칙

제4절 관련문제

제8장 자백배제법칙

제1절 자백과 자백배제법칙

제 9 장   자백의 보강법칙

제10장　전문법칙

제 2 절 전문서류의 증거능력　268

제11장 당사자의 동의와 증거능력

제 1 절 증거동의의 의의와 성격 346

제 2 절 증거동의의 주체와 대상 349

제12장 탄핵증거

제13장　공판조서의 증명력

제14장 법과학증거

제 1 장

증거법 일반이론

형 / 사 / 증 / 거 / 법

제 1 장
증거법 일반이론

제 1 절 증거법의 의의와 체계

I. 증거법의 의의와 형사절차

1. 의 의

　　형사절차상 증거법은 범죄혐의와 관련하여 사실관계의 인정에 관한 법규를 말한다. 증거법의 법원은 형소법의 이념으로 작용하는 적법절차 및 인권보장에 근거를 둔 헌법상의 제 규정과 이를 구현한 형소법이 된다. 형사절차에 있어서 증거란 피고인·피의자의 범죄혐의사실 여부를 확인하는 자료를 말하며, 이 증거에 의하여 사실관계가 확인되는 과정을 증명이라고 한다. 수사기관이나 법관은 범죄혐의 사실에 관한 개별 증거들과 이들 증거에 의한 증명의 정도를 종합적으로 고려하여 범죄혐의사실에 대하여 유·무죄의 판단을 하게 된다.

　　따라서 증거법의 내용은 크게 (i) 입증책임 등 증거조사에 관한 부분, (ii)

증거능력, 즉 증거의 허용 여부에 관한 부분, (iii) 증명력, 즉 증거평가 및 심증형
성에 관한 부분으로 구분된다.

2. 증거법과 형사절차

형소법은 형법을 적용·실현하기 위한 절차, 즉 형사절차에 관해 규정한 법률
을 말한다. '형사절차'란 범죄수사와 범인의 검거로부터 공소제기, 공판절차, 그리
고 형의 선고와 집행에 이르는 일련의 과정 전체를 말한다. 따라서 형사절차는 크
게 수사절차 – 공판절차 – 형집행절차로 구성된다. 이 중에서 형사절차는 수사기관
에 의하여 범인을 발견하고, 관련 범죄혐의에 대한 증거를 수집하는 수사절차와
공소제기 후 법관이 증거조사를 통해 당사자가 제출한 증거의 당부와 증명의 정도
를 판단하여 피고인의 유·무죄를 판단하는 공판절차가 그 중심이 된다.

따라서 형사절차에 있어서는 법관과 수사기관 및 피고인·피의자 등에 의하여
범죄혐의사실의 인부(認否)와 관련된 증거수집 및 이들 증거를 통한 범죄혐의사실
의 확인절차가 주된 내용이 된다. 즉, 범죄가 발생하면 수사기관은 증거를 분석하
고, 논증과 추론의 과정을 통해 피의자의 범죄혐의가 밝혀지게 되면 공소제기를
하게 되고, 법원은 공소제기된 사건을 대상으로 하여 검사와 피고인 등 당사자가
제출하거나 법원이 직권으로 조사한 증거를 바탕으로 하여 유·무죄의 판단을 하
게 된다. 그러므로 형사절차에 있어서 증거는 가장 중요하고 핵심적인 요소가 되
며, 증거법의 원리와 그 내용은 형사절차 전반에 영향을 미친다는 점에서 형사절
차를 정확하게 이해하는 데 필수적인 요소가 된다.

II. 증거법상 논점

형사절차에 있어서 증거는 범죄사실인정에 있어서 핵심적 요소이므로, 형소
법에서는 헌법상의 이념과 원칙에 기초하여 증거수집방법과 그 절차, 증거조사절
차, 증거능력과 증명력의 인정 등과 관련하여 구체적인 규정을 두고 있다. 따라서

이러한 규정들에 위반하여 수집된 증거들, 즉 수사기관이 위법하게 수집한 증거는 물론, 해당 사건의 입증사실과 관련성이 없는 증거, 증명가치가 없는 증거, 타인으로부터 전해 들은 전문증거 등은 수사나 재판에 있어서 사실인정의 자료에서 배제하도록 하고 있다. 반면에 과학기술과 의학의 발달에 따라 새로운 증거방법들이 나타나고 있고 이것들이 범죄사실인정의 자료로 활용되고 있지만 입법이 제대로 갖추어져 있지 않기 때문에 그 허용 여부와 범위가 문제되고 있다. 따라서 증거법에서는 다음의 내용들이 중점적으로 논의되고 있다.

첫째, 증거조사절차에 있어서 범죄사실에 대한 증거를 제출할 입증책임 및 수사기관이나 법원이 증거에 의해 범죄를 인정하는 정도, 즉 증명력의 인정기준과 증명의 정도가 문제된다.

둘째, 수사기관 또는 일반 사인(私人)이 적법절차를 위반하여 수집한 증거의 증거능력 인정 여부, 그리고 증거능력을 인정하지 않을 경우에 그 배제기준과 예외가 문제된다.

셋째, 진술증거의 증거능력과 관련하여, 자백의 증거능력이 인정되지 않는 경우(자백배제법칙), 자백이 유일한 증거인 경우의 증거인정의 방법(자백의 보강법칙), 타인의 진술 및 특수한 증거방법에 대한 증거능력의 인정 여부(전문법칙) 및 진술의 증명력(탄핵증거)의 정도 등이 문제된다.

넷째, 물적 증거의 증거능력과 관련하여, 증거능력의 인정요건 및 과학기술과 의학의 발달에 따라 새롭게 등장하고 있는 과학적 증거 — 예컨대, DNA증거, 혈흔형태분석증거, 심리분석증거 — 의 증거능력 인정 여부와 이를 인정할 경우에 그 근거가 문제된다.

Ⅲ. 증거법의 체계

형사절차에 있어서 증거는 핵심적 요소이므로 형소법에서는 증거에 관하여 상세하게 규정하고 있다.

첫째, 증거조사와 관련하여, 증거수집활동인 수사기관의 수사방법과 그 절차 및 공판절차에서의 증거조사 방법과 그 절차(제290조 – 제297조의2)에 관해 상세한 규정을 두고 있으며, 이외에도 공판기일 전 증거조사(제272조 – 제274조)와 증거개시제도(제266조의3 – 제266조의4, 제266조의11), 공판준비절차에서의 증거조사(제266조의5 – 제266조의14) 및 수소법원 이외의 판사에 의한 증거조사절차로서 증거보전절차(제184 – 제185조)와 증인신문절차(제221조의2)에 관해 규정하고 있다.

둘째, 증거법상 원칙으로서, 제307조 제1항에서는 "사실의 인정은 증거에 의하여야 한다"고 규정하여 증거재판주의를 선언하고 있고, 동조 제2항에서는 "범죄사실의 인정은 합리적인 의심이 없는 정도의 증명에 이르러야 한다"고 규정하여 증명력에 관한 유죄판결의 기준을 제시하고 있다.

셋째, 증거능력과 관련하여, 제308조의2에서는 위법수집증거배제법칙을, 제309조에서는 자백배제법칙에 관해 규정하고 있다. 제310조의2에서는 전문법칙의 원칙을, 제311조부터 제316조까지는 전문법칙의 예외사유에 관해 규정하고 있다. 또한 제317조에서는 진술의 증거능력 인정의 전제로서 임의성을 요구하는 한편, 제318조에서는 서류나 물건에 대하여 당사자의 동의가 있는 경우에 진정성이 인정되면 증거능력을 인정하고 있다.

넷째, 증명력과 관련하여, 제308조에서 "증거의 증명력은 법관의 자유판단에 의한다"고 규정하여 자유심증주의를 선언하면서도, 제310조에 피고인의 자백이 피고인에게 불이익한 유일의 증거일 때에는 유죄판결을 하지 못하도록 하고 있다(자백의 보강법칙). 다만, 제318조의2에서는 증거능력이 없는 증거라도 다른 증거의 증명력을 탄핵하기 위한 목적으로는 사용할 수 있도록 하고 있다. 그리고 제56조에서는 공판조서에 대하여는 배타적 절대적 증명력을 인정하고 있다.

그러나 형소법상 물적 증거의 진정성 입증 및 과학적 증거의 인정과 그 기준에 관한 규정은 없다.

<형소법상 증거법 체계>

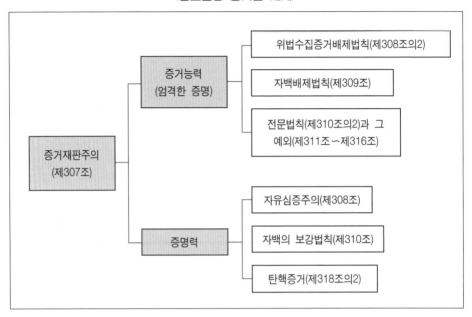

제2절 증거의 의의와 종류

I. 의 의

증거는 사실인정의 근거로 되는 자료를 의미하며, 증거방법과 증거자료를 포함한다.

증거방법은 사실인정의 자료로서 증거조사의 대상이 되는 수단·방법을 말하며, 증인, 감정인, 증거서류, 증거물 등이 이에 해당한다. 피고인은 형사절차상 소송의 주체이지만 피고인의 진술이나 신체 등이 증거로 사용될 수 있다는 점에서 제한적으로는 증거방법으로서의 지위를 가진다.

증거자료는 증거방법을 조사하여 얻어진 내용 그 자체를 말하며, 증인이 진술한 증언, 감정인의 감정의견, 증거서류의 내용, 증거물의 형상 및 상태 등이 이에 해당한다. 이때 증거자료를 획득하고 감지하는 절차를 증거조사라고 한다.

II. 종 류

1. 직접증거와 간접증거

증거는 요증사실, 즉 증명을 요하는 사실과의 관련성에 따라 직접증거와 간접 증거로 구분된다.

직접증거란 증명을 요하는 요증사실(要證事實)의 증명에 직접 이용되는 증거 를 말한다. 피고인의 자백이나 범행현장을 직접 목격한 증인은 범죄사실을 직접적 으로 입증할 수 있으므로 직접증거이다. 반면에 간접증거란 요증사실을 간접적으 로 추론할 수 있는 증거를 말한다. 간접증거는 요증사실을 증명하는 자료로 되는 각종 정황에 관한 사실을 증명하는 증거라는 점에서 정황증거라고도 한다. 범죄현 장에 남아 있던 지문이나 디엔에이(DNA) 증거는 그 증거의 소유자가 범죄현장에 있었다는 사실을 증명하는 간접증거가 된다. 간접증거가 진술증거인 때에는 전문 법칙과 그예외가 적용된다.

직접증거는 간접증거보다 높은 증명력이 인정된다는 점에서 규문절차 하의 법정증거주의에서는 양자의 구별이 의미가 있었다. 하지만 오늘날 증거의 증명력 에 있어서 자유심증주의를 택하고, 과학적 증거수집기법이 발달함에 따라 간접증 거의 중요성이 강조되고 있다. 더구나 최근에는 범죄가 점점 지능화되고 교묘해짐 에 따라 직접증거의 확보가 어렵게 되면서 형사재판에서 간접증거의 비중이 점점 확대되고 있다.

2. 인적 증거·물적 증거·증거서류

(1) 인적 증거와 물적 증거

인적 증거(인증)는 사람의 진술내용이 증거로 되는 것을 말한다. 증인의 증언, 감정인의 감정, 피고인의 진술 등이 이에 해당한다. 인증에 대한 조사는 신문의 형식을 취하고, 그 증거조사를 위한 강제처분은 소환이며, 이에 불응할 경우에는 구인, 과태료, 감치 등의 제재가 가하여지기도 한다.

물적 증거(물증)는 물건의 존재 또는 상태가 증거로 되는 것을 말한다. 이를 증거물이라고도 한다. 범죄에 사용된 흉기, 도구, 장물 등이 이에 해당한다. 사람의 신체도 그 물질적 성질이나 상태가 증거로 될 때에는 물적 증거가 된다. 물증에 대한 증거조사는 제시에 의하고, 그 증거조사를 위한 강제처분은 압수이다.

(2) 증거서류와 증거물인 서면

1) 구별기준

증거서류와 증거물인 서면의 구별기준에 대하여는 견해가 나뉘어져 있다.

(가) 절차기준설

절차기준설은 공소제기 전·후를 불문하고 해당 형사절차에서 작성된 서면으로 그 보고적 내용이 증거로 사용되는 서류가 증거서류이고, 그 이외의 서류가 증거물인 서면이라는 견해이다. 이에 따르면 법원의 증인신문조서, 검증조서, 감정서 이외에 수사기관에서 작성한 진술조서나 검증조서도 증거서류에 포함된다.

(나) 내용기준설

내용기준설은 서면의 내용을 증거로 하는 것이 증거서류이고, 서면의 내용과 동시에, 그 존재 또는 상태가 증거로 되는 것이 증거물인 서면이라는 견해이다. 이에 따르면 서류에 기재된 내용이 특정한 사실을 증명하고자 하는 경우는 증거서류에 해당하므로 법원의 공판조서나 검증조서뿐만 아니라 수사기관이 작성한 조서에 첨부된 의사의 진단서도 증거서류에 포함되지만, 위조문서, 협박문서, 음란문서 등과 같이 문서 그 자체의 존재와 더불어 그 내용도 증거가 되는 것은 증거물인 서면이 된다.

(다) 작성자기준설

작성자기준설은 해당 형사절차에서 법령에 의하여 법원 또는 법관의 면전에서 작성된 서류는 증거서류이고, 그 밖의 서류는 모두 증거물인 서면이라는 견해 (작성자기준설)이다. 이에 따르면 법원의 공판조사나 검증조서뿐만 아니라 수사기관 절차에서 작성된 서류라고 할지라도 법원 또는 법관의 면전에서 작성된 서류는 증거서류이므로 증거조사에 있어서 굳이 서류제시를 요하지 않고 낭독만으로 충분하다고 한다.

(라) 검 토

대법원은 서류의 존재 또는 상태 자체가 증거가 되는 것은 증거물인 서면에 해당하고 어떠한 사실을 직접 경험한 사람의 진술에 갈음하는 대체물이 아니라고 한다(2015도2275). 범죄사실의 입증이라는 측면에서 보면 내용기준설이 타당하다 (통설). 이에 따르면 증거서류는 물증 중에서 서면의 의미내용이 증거로 되는 것을 말한다. 법원의 공판조서나 검증조서, 수사기관이 작성한 피의자신문조서, 진술조서, 검증조서, 감정서, 진술서 등이 이에 해당한다. 증거물인 서면은 서류에 기재된 의미내용 외에 서류의 존재 또는 상태가 증거로 되는 것을 말한다. 문서위조죄에서 위조문서, 무고죄의 허위고소장, 공갈죄에 있어서 협박의 내용을 담은 편지, 부정수표단속법위반죄의 당좌수표(2015도2275), 국가보안법위반죄의 이적표현물 (2013도2511) 등이 이에 해당한다. 증거서류와 증거물인 서면을 합쳐서 서증(書證) 이라고 한다.

2) 구별실익

증거물인 서면과 증거서류는 증거조사방식에 있어서 차이가 있다. 즉, 증거서류는 원칙적으로 낭독이며, 예외적으로 내용의 고지 또는 제시·열람의 방식에 의해서 가능하지만(제292조), 증거물인 서면은 제시에 의할 것을 요한다(제292조의2).

또한 증거서류는 그 내용이 원진술자의 진술을 대체하는 것이므로 증거능력을 판단할 때에는 전문법칙이 적용되지만, 증거물인 서면은 그 서면에 기재된 내용 자체가 직접증거로 되는 것이므로 증거능력을 판단할 때에는 증거물의 예에 의하고, 제310조의2에서 정한 전문법칙이 적용되지 않는다(2015도2275).

(3) 본증과 반증

본증은 거증책임을 지는 자가 제출하는 증거를 말하고, 반증은 그 반대당사자가 본증에 의하여 증명하려는 사실을 부정하기 위하여 제출하는 증거를 말한다. 형소법상 거증책임은 검사에게 있으므로 통상적으로 검사가 제출하는 증거를 본증이고, 그 반대당사자인 피고인측에서 제출하는 증거가 반증이 된다. 다만, 거증책임이 전환되어 피고인이 거증책임을 지는 경우에는 피고인이 제출하는 증거가 본증이 되고, 검사가 제출하는 증거가 반증이 된다.

(4) 진술증거과 비진술증거

진술증거는 사람의 진술이 증거가 되는 것을 말한다. 진술과 진술을 기재한 서면이 이에 해당한다. 비진술증거는 진술을 내용으로 하지 않는 서면을 포함한 물적 증거를 말한다. 진술증거에 대하여만 전문법칙이 적용된다는 점에서 양자의 구별실익이 있다.

한편, 진술증거는 다시 원본증거와 전문증거로 구분된다. 원본증거는 증인이 직접 경험한 사실을 진술하는 경우의 증거를 말한다. 이를 본래증거라고도 한다. 전문증거는 타인으로부터 전문한 사실을 진술하는 것을 말한다.

(5) 실질증거와 보조증거

실질증거란 요증사실의 존·부를 직접·간접적으로 증명하기 위한 증거를 말하고, 보조증거는 실질증거의 증명력을 다투기 위하여 사용되는 증거를 말한다. 보조증거에는 실질증거의 증명력을 보강해주는 증강증거(增强證據)와 그 증명력을 감소시키는 탄핵증거(彈劾證據)가 있다.

제 3 절 증거능력과 증명력

I. 증거능력

1. 의 의

증거능력은 증거로 사용할 수 있는 자격, 즉, 사실의 입증을 위한 엄격한 증명의 자료로 사용될 수 있는 법률상 자격을 말한다. 증거능력은 입법자에 의하여 형식적·객관적으로 결정되는 것으로서 법관의 주관적·개별적 판단에 의해 좌우되지 아니한다. 따라서 아무리 증거로서의 가치가 있는 증거라고 할지라도 증거능력이 없는 증거는 사실인정의 자료가 될 수 없으며, 공판정에 증거로 제출하여 증거조사를 하는 것도 허용되지 아니한다.

한편, 제307조 제1항에서는 "사실의 인정은 증거에 의하여야 한다"고 규정함으로써 범죄사실을 인정할 때에는 증거능력이 있는 엄격한 증거에 의하여야 한다는 것(증거재판주의)을 명문화하였다.

2. 제 한

증거능력의 제한에는 절대적 제한과 상대적 제한이 있다. 자백배제법칙과 위법수집배제법칙은 전자에 해당하고, 전문증거는 형소법에서 정한 일정한 조건이 갖추어지거나 당사자의 동의가 있는 경우에는 증거로 사용될 수 있다는 점에서 전문법칙은 후자에 해당한다.

II. 증명력

증명력이란 증거능력이 인정된 증거의 실질적 가치, 즉 신용성을 의미한다.

이는 법관의 주관적 판단대상으로 법관의 자유심증에 의한다. 제308조에서는 "증거의 증명력은 법관의 자유판단에 의한다"고 규정하여 자유심증주의를 선언하고 있다. 이는 증거능력이 인정된 증거의 증명가치는 법관의 합리적인 자유판단에 맡긴다는 것을 의미한다.

<증거능력과 증명력의 비교>

	증거능력(Admissibility)	증명력(Weight of Evidence)
개 념	증거로 사용될 수 있는 자격	증거의 실질적 가치
특 성	법률에 의해 형식적, 객관적으로 정해져 있음	법관의 주관적 판단(자유심증)에 따름
법적 근거	각종 증거법칙	자유심증주의
소송구조와의 관계	당사자주의에서는 증거능력을 강조하는 경향이 강함	직권주의에서는 증거능력보다는 증명력을 강조하는 경향이 강하게 나타남

제 2 장

증거법의 지도이념과 소송구조

제 2 장
증거법의 지도이념과 소송구조

제 1 절 형사절차의 관찰방법

　　형소법은 실체면에서는 실체적 진실의 발견과 적정하고 신속한 형벌법령의 적용실현을 목적으로 하고, 절차면에서는 개인의 인권존중과 적법절차의 보장을 목적으로 한다. 양자는 '절차를 지킨다'는 측면에서는 논리적으로 같지만, 정책원리의 측면에서는 서로 다른 소송상의 2개의 원칙으로 나타난다. 전자의 경우에는 형사절차는 형벌권이 제대로 실현될 수 있도록 사건의 진상을 해명하기 위한 절차과정으로 이해한다. 따라서 실체적 진실발견이 가장 중요과제가 되고, 형소법은 그 목적달성을 위해 적합한 절차이어야 한다는 원칙으로 귀결된다. 이는 결국 실체적 진실주의의 요청과 적극적인 처벌확보의 이념으로 나타난다. 반면에 후자의 경우에는 형사절차의 순서·기준을 법으로 정하여 이를 준수할 것을 요구하고, 그것이 제대로 지켜지지 않는 한 처벌목적을 달성할 수 없더라도 어쩔 수 없는 것으로 받아들인다. 이는 절차법정주의 원칙으로 귀결된다. 이 입장에서는 절차 자체의 정의 내지 적정을 실현하기 위해 진실탐구 활동이 억제될 수도 있다고 하는 소극적인 처벌저지의 이념으로 나타난다.

형소법은 국민의 권리보장을 위해 국가의 권력을 제한한다는 점에 그 존재근거를 가진다. 따라서 '형사절차에 있어서 인권보장의 철저화'라는 관점에서 본다면 형사절차에 있어서는 헌법적 원리인 적법절차의 원칙을 우선시키고, 형사소송의 목적인 실체적 진실주의는 헌법상 요청인 적법절차의 원칙과 신속한 재판의 원칙에 의해 제한될 수밖에 없는 것으로 이해하여야 한다.

〈형사절차의 2가지 관찰방법〉

의 의	형법의 실현(형법시행법)	형법의 제약(형법한정법)
사 상	실체법 우위	절차법 우위
기 능	범인처벌의 확보	무고한 자의 불처벌의 보장
절차모델	판결에로의 운반장치	판결에로의 장애물경주
지도이념	실체적 진실주의	적법절차주의

제 2 절 적법절차의 원칙

Ⅰ. 의의와 연혁

1. 의   의

적법절차의 원칙은 헌법정신을 구현한 공정한 법정절차에 의하여 형벌권이 실현되어야 한다는 원칙을 말한다. 형사절차에 있어서 적법절차의 원칙은 문명국가에서 요구되는 최소한의 기준으로서 헌법상 인권선언의 중요한 부분(제12조 이하)을 구성하는 것으로 이해되고 있으며, 그 중에서 총칙적 규정인 헌법 제12조를 원용하는 형태로서 '듀 프로세스(due process)의 보장' 또는 '헌법적 형사소송(론)'으로도 불리기도 한다.

헌법 제12조 제1항에서는 "누구든지 … 법률과 적법한 절차에 의하지 아니하고는 처벌 …을 받지 아니한다"고 규정하여 적법절차의 원칙을 명문화하고,[1] 그 세부내용으로서 묵비권(제12조 제2항), 영장주의(제12조 제3항), 변호인의 도움을 받을 권리(제12조 제4항), 구속적부심사제도(제12조 제6항), 신속한 공개재판을 받을 권리(제27조 제3항), 무죄추정권(제27조 제4항), 형사보상청구권(제28조) 등을 규정하고 있다. 또한 제308조의2에서는 위법수집증거배제법칙을 명문화함으로써 형사절차에 있어서 적법절차의 원칙을 준수할 것을 요구하고 있다.

2. 연 혁

적법절차의 원칙은 영국의 대헌장(마그나 카르타, Magna Carta) 제39조[2]에서 유래된 것으로 미국 연방헌법 수정 제5조[3]2.791)와 제14조[4]2.868)에 의해 발전되어 왔다. '적정'의 의미는 역사적으로 형성되어 온 것으로서 일반적으로 '근본적인 공정성'으로 정의된다. '근본적인 공정성'이란 문명사회에서 인정되고 있는 고상한 예의와 공정에 관한 규범을 의미한다.

---

1) 헌법 제12조 제1항은 일반조항으로 그 자체로서 형사절차에서 재판규범으로서 작용하며, 형사절차의 규제 원리와 형사절차에 관한 입법의 지침이 된다.
2) 영국의 대헌장 제29조: 자유인은 그 동료의 합법적인 재판에 의하거나 국법에 의하지 않으면 체포·감금·압류·법외방치 또는 추방되거나 기타 방법으로 침해당하지 아니한다. 짐도 그렇게 하지 아니하며, 그렇게 하도록 시키지도 아니한다.
3) 미국 연방헌법 수정 제5조: 누구라도 대배심의 고발이나 공소제기에 의하지 아니하고는 사형에 해당하는 죄나 중죄에 대하여 심문당하여서는 아니된다. 다만, 전쟁 시나 공공의 위험이 발생했을 때에 육·해군이나 민병대에 현실적으로 복무 중인 경우는 예외로 한다. 또한 어느 누구도 동일한 범죄에 대하여 생명이나 신체의 위험에 두 번 처해져서는 아니 되고, 어느 형사사건에서도 자신의 증인이 될 것을 강요받아서는 아니 되며, 적법절차에 의하지 아니하고 생명이나 자유 또는 재산이 박탈당하여서는 아니된다. 또한 사유재산권은 정당한 보상 없이는 공익목적을 위하여 수용되어서는 아니된다.
4) 미국 연방헌법 수정 제14조 제1절: 미국에서 태어나거나, 귀화한 자 및 그 사법권에 속하게 된 사람 모두가 미국 시민이며 사는 주의 시민이다. 어떤 주도 미국 시민의 특권 또는 면책권한을 제한하는 법을 만들거나 강제하여서는 아니된다. 또한 어떤 주에도 법의 적정절차 없이 개인의 생명, 자유 또는 재산을 빼앗아서는 아니 되며, 그 사법권 범위에서 개인에 대한 법의 동등한 보호를 거부하지 못한다.

오늘날 대륙법계국가에서도 법치국가적 형사소송의 최고원리는 인간의 존엄과 가치를 인정하고, 기본적 인권을 보장하는데 있으므로, 적법절차의 원칙은 자유주의·법치국가의 원리의 구현으로서 형사절차의 내용적인 확정을 요구하고, 소송주체로서의 피고인·피의자의 실질적인 권리보장을 의미하는 것으로 이해되고 있다. 따라서 적법절차의 원칙은 공정한 재판의 원칙, 비례성의 원칙 및 피고인보호의 원칙을 그 내용으로 한다고 한다.

II. 이론적 배경

근대적 형사법사상에서는 위법수집증거배제법칙에 있어서와 같이 형사소송의 처벌기능과 불처벌기능이 모순되는 경우에는 적법절차의 보장을 우선시키는 것으로 하고 있다.

이 같은 적법절차의 요청에서 유래하는 소추·처벌의 규제(예, 의심스러운 때는 피고인의 이익으로의 원칙, 일사부재리의 원칙 등)는 형사절차에 있어서 새로운 것은 아니지만, 형사절차에서 절차적 보장이 강조되는 것은 헌법상 인권보장의 이념, 리얼리즘법학의 접근방법을 배경으로 한 절차우위의 사상, 당사자주의 소송제도의 추구 등에 따른 것이기도 하다.

III. 실체적 진실주의와의 관계

적법절차의 원칙에 따라 위법하게 수집한 증거를 배척하게 되면 사건의 진실발견과 모순되는 결과를 초래할 수도 있으므로 사회통념이나 상식과 배치되는 경우가 발생할 수 있다. 하지만 적법절차의 보장을 강조하는 것이 실체적 진실주의를 반드시 부정하는 것은 아니다. 오히려 형사절차가 적법절차에 의해 진행될 경우에 최소한 무고한 자를 처벌하는 것을 막을 수 있다는 점에서 소극적 실체적 진실주의와 조화되기도 한다.

그러나 소송에 있어서 실체적 진실의 추구는 당연한 요청이므로 적법절차의 요청도 실체적 진실발견과 조화되어야 한다. 따라서 형사절차에 있어서 적법절차를 강조하는 것은 이것이 실체적 진실주의의 요청과 충돌하는 경우임에도 불구하고 쉽게 조화점을 찾을 수 없을 때에는 적법절차의 원칙을 우선시켜야 한다는 것을 의미하는 것으로 이해하여야 한다. 이는 형법상 죄형법정주의의 인권보장기능(법이 없으면 처벌되지 아니한다고 하는 소극면의 강조)을 강조하는 것과 같은 취지이다.

제 3 절 실체적 진실주의

Ⅰ. 의 의

1. 개 념

실체적 진실주의란 소송의 실체에 관해 객관적 진실을 발견해서 사안의 진상을 명백히 하자는 주의를 말한다. 형소법은 종국적으로 '사안의 진상을 명백히 해서 형벌법령을 적정하고도 신속히 적용·실현하는 것'을 목적으로 한다. 따라서 형사소송은 국가형벌권의 범위와 한계를 확정하여 형벌권을 실현하는 절차로서 당사자의 주장이나 입증에 관계없이 실체진실을 규명할 것이 요청된다. 검사의 객관의무나 변호인의 진실의무도 실체적 진실주의의 요청에 따른 것이다.

이 점에서 실체적 진실주의는 대립당사자의 공격과 방어에 의하여 나타난 증거에 구속되어 상대적으로 비교우위에 있는 당사자에게 유리한 판단을 하는 형식적 진실주의(민사소송절차)와는 구분된다.

2. 적용범위

실체적 진실의 발견은 형사소송의 목적이며 중요한 지도이념이 되므로, 실체적 진실주의는 형사소송의 모든 단계, 즉 공판절차뿐만 아니라 수사절차에서도 적용된다.

II. 내 용

실체적 진실주의는 죄를 범한 자는 반드시 처벌되어야만 한다는 적극적 실체적 진실주의와 죄 없는 자의 처벌은 절대로 피하여야만 한다는 소극적 실체적 진실주의를 포함한다. 전자는 필벌주의에 입각한 것으로서 국가절대주의·국가우위 사상에 근거하여 절차에 대한 실체의 우위를 인정하고, 범인의 발견과 처벌에 중점을 두므로 인권보장이나 공정한 절차의 보장은 후퇴하게 된다. 이는 직권주의를 의미하는 것으로 사용되기도 한다. 후자는 '열 사람의 범인은 놓치는 한이 있더라도 한 사람의 죄 없는 사람을 벌하여서는 아니된다'(Better ten guilty escape than one innocent suffers)고 하거나 '의심스러운 때는 피고인의 이익으로'(in dubio pro reo)라는 무죄추정의 원칙이 강조된다. 따라서 법관은 제출된 증거에 의해서 유죄의 확신이 없으면 무죄판결을 하여야 한다.

오늘날은 소극적 실체적 진실주의가 더욱 강조되고 있으며, 형소법에서도 무죄추정의 원칙(제275조의2), 위법수집증거배제법칙(제308조의2), 자백배제법칙(제309조), 자백의 보강법칙(제310조), 전문법칙(제310조의2) 등을 통해 이를 구현하고 있다. 소극적 실체적 진실주의는 적법절차의 요청이나 당사자주의 소송구조와도 조화된다. 당사자주의가 이해관계 있는 당사자의 공격과 방어에 의해 보다 많은 증거가 법원에 제출되어지고, 이를 근거로 법관이 제3자의 입장에서 공평하게 판결을 한다면 실체적 진실발견에도 유리할 것이기 때문이다.

III. 한 계

1. 형소법의 이념에 따른 제한

실체적 진실발견의 요청은 헌법적 형사소송의 요청에 따라 헌법에 근거를 둔 형소법의 이념인 적법절차의 요청(헌법 제12조 제1항, 제3항)이나 시간적 제약으로서의 신속한 재판의 요청(헌법 제27조 제3항)에 의해 제한을 받는다. 전자의 예로는 증언금지, 증인자격의 제한, 각종 증거능력의 제한(위법수집증거배제법칙, 자백배제법칙, 전문법칙 등) 등이 있다(후자의 예는 후술 '신속한 재판의 원칙' 참조).

2. 내적 한계

사건이 발생하고 난 후에 절대적이고 객관적인 진실을 발견한다는 것은 인간의 능력으로는 한계가 있다. 따라서 소송이 추구하는 진실은 어디까지나 과거의 일정한 때와 장소에 있어서의 사실이며, 당시에 존재하고 수집된 증거를 통해서 인간이 알 수 있는 사실에 지나지 않는다. 그러므로 형사소송에서 실체적 진실발견이란 소송법규가 정한 궤도에 맞는 방법에 의해 밝혀진 진실을 말하며, '진실'이란 검사의 주장·입증에 대해 피고인측이 부정하더라도 이것에 굴복하지 않고 합리적인 의심이 들지 않는 (고도의 개연성이 있는) 사실이라고 법원이 결정한 것을 의미함에 지나지 아니한다.

3. 초소송법적 이익에 의한 한계

실체적 진실발견은 소송법적 이익에 우선하는 이익에 의해 제한받기도 한다. 군사상·공무상 또는 업무상 비밀에 속하는 장소 또는 물건에 대한 압수·수색의 제한(제110조 – 제112조), 공무상 또는 업무상 비밀에 속하는 사항과 근친자의 형사책임에 불이익한 사항에 대한 증언거부권의 인정(제147조 – 제149조) 등이 이에 해당한다.

제4절 신속한 재판의 원칙

I. 신속한 재판의 원칙의 의의 등

1. 의 의

(1) 개 념

신속한 재판의 원칙이란 공판절차는 신속하게 진행되어야 하며, 재판이 지연되어서는 아니된다는 원칙을 말한다. '재판의 지연은 재판의 거부와 같다'(Justice delayed, justice denied)고 하는 법격언이나 프랜시스 베이컨(Francis Bacon)이 '사법은 신선할수록 향기가 높다'고 표현한 것은 이 원칙을 대변한 것이다.

헌법 제27조 제3항에서는 "모든 국민은 신속한 재판을 받을 권리를 가진다. 형사피고인은 상당한 이유가 없는 한 지체없이 공개재판을 받을 권리를 가진다"고 규정함으로써 신속한 재판을 받을 권리를 형사피고인의 기본적 인권으로 보장하고 있다. 이처럼 신속한 재판의 원칙은 형사피고인의 신속한 재판을 받을 권리라는 헌법상 기본권에 근거한 것으로 피고인의 이익을 위한 원칙이다. 하지만 형사절차에서는 피고인의 방어권이 가장 우선하므로 신속한 재판의 요청은 피고인의 방어권을 침해하지 않는 범위 내에서 조화롭게 실현되어야 한다.

(2) 소송촉진의 요청과의 구별

신속한 재판의 원칙은 헌법상 기본권에 속하는 것으로, 사법행정상 목적에 따라 법률에 의해 추구되는 소송촉진의 요청과는 다르다. 소송지연방지를 주된 목적으로 하는 소송촉진의 요청은 형사절차가 검사나 법원 등 국가기관의 과형을 위한 절차라는 관점에서 국민의 권리·의무의 신속한 실현과 분쟁처리의 촉진을 위해 요구되는 것으로서 피고인의 이익·불이익 여부를 묻지 아니한다. 따라서 법원은 소송으로 인한 부담경감과 소송촉진이라는 목적을 강조한 나머지 소송의 신속성에만 관심을 가져서는 아니 되며, 소송촉진의 요청과 피고인의 방어권 보장이 충돌할 경우에는 당연히 후자를 우선하여야 한다.

2. 연 혁

신속한 재판을 받을 권리는 영국의 대헌장에서 처음 선언된 것으로, 미국 연방헌법 수정 제6조에서는 "모든 형사사건에서 피고인은 신속한 재판을 받을 권리를 가진다"[5]고 규정하고 있으며, Kloper v. North Caroline[6] 사건에서 이 권리가 연방법원뿐만 아니라 주법원에도 적용되는 기본원리임을 확인한 후, 모든 주 헌법에서 명문으로 규정하고 있다. 독일에서는 인권보호를 위한 조약(MRK) 제6조의 "누구나 적절한 기간 내에 공개재판을 받을 권리를 가진다"는 규정에 따라 신속한 재판의 원칙을 형사소송의 지도이념으로 하고 있다.

3. 필요성

신속한 재판은 피고인의 입장에서는 재판 전의 부당한 장기구금을 방지하고, 재판에 있어서 각종의 부담과 불이익에서 빨리 해방시켜 주며, 재판이 진행되는 동안 발생할 수 있는 일반인으로부터의 비난을 최소화하게 한다는 점에서 이익이 된다. 또한 피고인 또는 피의자의 방어권 행사에 있어서 증인의 기억상실, 관계인의 사망, 증거물의 상실 등의 장애요인을 제거함으로써 형사절차의 공정성을 담보하게 한다.

---

5) 미국 연방헌법 수정 제6조: 모든 형사절차에서 피고인은 죄를 범한 주와 특별구의 공평한 배심원단에 의한 신속하고 공개적인 재판을 받을 권리를 향유한다. 이 경우 특별구는 법에 의하여 미리 인정받아야 한다. 또한 피고인은 공소의 성질과 이유를 통보받을 권리, 자신에게 불리한 증인을 대면할 권리, 자신에게 유리한 증인을 확보할 강제절차를 보장받을 권리, 방어를 위하여 변호인의 조력을 받을 권리를 향유한다.

6) 386 U. S. 213(1967).

그리고 신속한 재판은 형벌권의 조기실현을 통하여 형벌의 효과(사회복귀라는 특별예방과 일반예방의 목적달성)를 최대화하는 한편, 형사절차에 소요되는 비용과 노력을 절감하게 함으로써 소송경제의 면에서도 유익하며, 유죄증거의 일실(逸失)이나 왜곡을 방지하여 진실발견에도 유용하다.

4. 형사소송 이념과의 관계

신속한 재판의 요청은 적법절차와 조화되는 소극적 진실주의의 관점에서 보장되어야 하므로 신속한 재판을 위하여 피고인들의 방어권을 침해하는 것은 허용되지 아니한다. 반면에 신속한 재판의 원칙은 범인필벌주의를 의미하는 적극적 실체적 진실주의와는 모순되더라도 관철되어야 하므로 국가기관, 특히 법원이나 검찰에 원인이 있는 소송절차의 지연은 허용되지 아니한다.

II. 제도적 구현내용

신속한 재판의 원칙은 공판절차를 포함하여 모든 형사절차에서 적용되는 원칙이므로 형소법에서는 형사절차 전반에 걸쳐 제도적으로 이를 구현하고 있다.

1. 수사와 공소제기단계

수사단계에서는 수사기관의 구속기간을 제한하고(제202조, 제203조), 일반형사사건에 대하여는 사법경찰관에게 수사종결권을 인정(제197조 제1항)하는 한편, 수사종결 후 지체없이 검사에게 송치하도록 하고 있고(제202조), 검사의 수사범위는 일부 범죄군으로 제한하고 있다(검찰청법 제4조 제1항).

공소제기단계에서는 기소편의주의(제247조)를 택하고 있고, 공소취소제도(제255조)와 공소시효제도(제249조)를 두고 있다.

2. 공판절차단계

공판준비단계에서는 공소장부본의 송달(제266조), 공판준비절차(제266조의5 이하), 공판기일의 지정과 변경(제267조, 제270조), 공판기일의 증거조사와 증거제출(제273조, 제274조) 등의 절차를 마련하고 있다.

공판단계에서는 법원의 심판범위를 한정하고, 궐석재판제도를 인정하고 있으며(제277조의2, 제458조 제2항), 집중심리제도(제267조의2)를 도입하고 있다. 또한 공판기일의 지정(제267조)과 변경(제270조), 증거신청에 대한 결정(제295조), 불필요한 변론의 제한(제299조), 변론의 분리와 병합(제300조) 등, 재판장의 소송지휘권(제279조)을 인정하며, 심급에 따라 구속기간을 제한하고(제92조), 판결선고를 원칙적으로 변론종결일에 하도록 하고 있다(제318조의4).[7] 이외에도 대표변호인제도(제32조의2)를 도입하고, 소송지연목적을 이유로 한 법관기피신청은 기각사유로 하고 있으며(제20조 제1항), 변호인의 소송기록열람·복사권(제35조)을 인정하고 있다.

3. 상소심단계

상소심단계에서는 상소기간(제358조, 제374조), 상소기록의 송부기간(제361조, 제377조), 상소이유서 또는 답변서제출기간(제361조의3, 제379조) 등 상소에 관한 기간을 제한하고 있다. 또한 상소심구조와 관련하여 상고심은 상고이유를 제한(제383조)하고, 사후심으로 하여 원칙적으로 상고이유서에 포함된 사유에 관하여 심판하도록 하는(제384조) 한편, 항고심도 속심적 성격을 유지하면서도 항소이유(제361조의5)와 심판범위를 제한(제364조)하는 등 사후심적 성격을 띤 규정을 두고 있다.

---

7) 「소송촉진 등에 관한 특례법」에서는 판결선고기간을 제한하여 제1심에서는 공소제기된 날로부터 6월 이내, 상소심에서는 기록의 송부를 받은 날로부터 4월 이내(제21조), 약식명령은 그 청구가 있은 날로부터 14일 이내(제22조)에 하도록 하고 있다.

4. 특별절차의 마련

형소법에서는 정식 공판절차 외에 간이공판절차(제286조의2)와 약식절차(제448조 이하)를 마련하고 있다. 전자는 증거조사방법의 간이화와 증거동의의 의제에 의해, 후자는 벌금, 과료, 몰수에 처할 사건에 대하여 서면심리에 의하도록 하고 있다.

또한 「즉결심판절차에 관한 절차법」에서는 20만원 이하의 벌금, 구료, 과료에 처할 사건에 대하여는 즉결심판을 인정하고 있다(법 제6조).

III. 신속한 재판의 침해와 그 구제

1. 구제방안

신속한 재판의 원칙은 헌법상 기본권이지만 재판의 지연에 의하여 피고인의 신속한 재판을 받을 권리가 침해된 경우에 대하여 형소법에서 아무런 규정을 두고 있지 않다. 이 경우에 미국에서는 공소기각에 의해(U. S. v. Strunk[8]), 일본에서는 면소판결에 의해(日最判 昭和 47.12.20.) 소송을 종결시키고 있다.

그러나 소송지연을 소송조건으로 이해하는 것은 소송조건의 불명확성을 초래하여 법적 안정성을 해칠 수 있으며, 형소법에서 공소제기된 범죄가 판결확정 없이 25년을 경과하면 공소시효가 완성된 것으로 보고 있는 점(제249조 제2항) 등을 고려하면, 이 정도에 이르지 않은 재판지연을 이유로 형식재판에 의해 소송을 종결시킬 수는 없다고 할 것이다. 따라서 지나친 재판지연은 독일의 경우(BGHSt. 24, 239, BGHSt 27, 274)와 같이 양형상 고려하는 것으로 할 필요는 있을 것이다(다수설). 입법론적으로는 지나친 재판지연에 대하여는 소송조건위반으로서 공소기각사유로 하는 것은 고려해 볼 필요가 있다.

---

8) 467 F. 2d 969(1972).

2. 재판지연의 판단

재판의 지연이 피고인의 신속한 재판의 받을 권리를 침해하였는가 여부는 신속한 재판의 원리의 의의와 목적을 고려하여 심리의 방법과 사건의 성질 등을 참작하여 구체적으로 판단할 수밖에 없다. 그 판단자료로서는 지연기간, 지연이유, 지연에 대한 피고인의 요구 여부, 피고인의 이익침해의 여부 등이 고려될 수 있을 것이다.

제 5 절   소송구조

형사절차, 특히 수사절차와 공판절차에서는 각각의 목적달성을 위해 소송주체들 사이의 기본적인 소송법률관계를 기초로 절차가 진행한다. 이러한 소송주체들 간의 관계검토를 수사절차의 구조론, 공판절차의 구조론이라고 한다. 형사절차는 규문주의로부터 탄핵주의로 발전하였으며, 탄핵주의는 다시 직권주의와 당사자주의로 분화되었다.

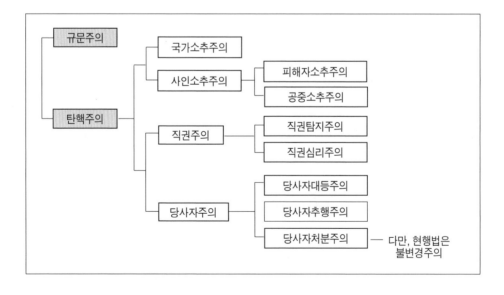

Ⅰ. 규문주의와 탄핵주의

1. 규문주의

규문주의는 법원이 스스로 절차를 개시하여 심리·재판하는 주의를 말한다. 따라서 규문주의에서는 법원이 소추기관이면서 심판기관이 되며, 피고인은 단지 조사·심리의 객체에 지나지 아니한다. 이는 프랑크왕국시대의 카알 대제(742년 – 814년)의 규문절차를 시초로 한 근대 초기의 절대주의국가의 형사절차구조이다.

규문주의에서는 법원에게 소추와 심판이 독점되어 있으므로 법관에게 지나친 부담이 되며, 공평한 재판의 요청에도 반하게 될 우려가 크다. 또한 피고인을 단지 조사 또는 심리의 객체로 취급하게 되므로 피고인의 방어권보장이 충분하지 않게 된다.

2. 탄핵주의

(1) 의 의

탄핵주의는 재판기관과 소추기관을 분리하여 소추기관의 공소제기에 의하여 법원이 절차를 개시하는 주의를 말한다. 이를 소송주의(소추주의)라고도 한다. 탄핵주의에서는 소추기관에 의해 소(訴)가 제기된 사건에 대하여만 법원이 심판할 수 있으며(불고불리의 원칙), 피고인이 소송의 주체로서 소송절차에 참여한다(구두변론주의).

탄핵주의는 프랑스혁명 후 나폴레옹의 개혁된 형소법(治罪法, Code d'instruction criminelle)을 시작으로 모든 대륙법계 국가에서 채택하고 있으며, 영·미에서는 일찍부터 이 제도를 취하고 있었다. 형소법이 채택하고 있는 소송구조이다.

(2) 유 형

탄핵주의는 소추권자가 누구인가에 따라 국가기관인 검사에 의한 국가소추주의와 사인(私人)에 의한 사인소추주의가 있으며, 후자에는 미국의 기소배심으로 대표되는 공중소추주의와 피해자 또는 그 친족에 의한 피해자소추주의가 있다. 형소법은 "공소는 검사가 제기하여 수행한다"(제246조)라고 하여 국가소추주의를 택하고 있다.

또한 탄핵주의는 소송의 주도권이 누구에게 있는가에 따라 당사자주의와 직권주의로 나뉘어져 있다.

II. 직권주의와 당사자주의

1. 직권주의

(1) 의의와 내용

직권주의는 형사절차가 국가형벌권의 실현을 목적으로 한다는 점에서 공권적 판단을 내리는 법원이 소송에 있어서 주도적 지위를 갖게 되는 구조를 말한다.

직권주의는 실체적 진실발견을 위하여는 당사자의 주장이나 청구에 구애받지 않고 법원이 직권으로 증거를 수집·조사한다는 점에서 직권탐지주의를 원칙으로 한다. 또한 직권주의에서는 소송물이 법원의 지배하에 있고, 따라서 법원이 직권으로 사건을 심리한다는 점에서 직권심리주의를 그 내용으로 한다.

(2) 장·단점

직권주의는 법원이 주도적으로 활동함으로써 실체적 진실발견에 효과적일 수 있고, 심리의 능률과 신속을 도모할 수 있으며, 열등한 지위에 있는 피고인을 보호할 수 있을 뿐만 아니라 형사절차의 공공성을 담보할 수 있다는 장점이 있다.

반면에 직권주의는 사건의 심리가 자칫 법원의 독단에 흐를 위험이 있고, 피고인이 소송에서 적극적인 방어권을 행사하기보다는 심리의 객체로 전락할 위험이 있으며, 법원에게 과중한 업무부담을 줄 수 있는 단점이 있다.

2. 당사자주의

(1) 의의와 내용

당사자주의는 검사와 피고인이 소송당사자로서 소송에서 주도적 지위를 가지고 서로 충분한 주장과 입증을 통해 공격·방어를 하게 하고, 이에 기초하여 법원이 공평한 제3자로서 공권적 판단을 내리는 소송구조를 말한다. 당사자주의는 검사와 피고인이 대등한 관계임을 전제로 한다는 점에서 당사자대등주의를 기초로하며, 소송의 진행이 당사자에 의해서 주도적으로 이루어진다는 점에서 당사자추행주의를 그 내용으로 한다.

또한 영·미의 당사자주의에서는 소송에 있어서 소송물에 대하여 유효하게처분할 수 있는 당사자처분주의를 그 내용으로 한다. 하지만 형소법은 소송이 법원에 일단 계속된 이상 당사자의 처분권을 인정하지 않는 불변경주의를 취하고있다. 다만, 당사자에 의한 공소취소(제255조) 또는 상소취하(제349조)는 인정되고있다.

(2) 장·단점

당사자주의는 당사자에 의하여 공격과 방어가 충분히 행하여지게 되므로 보다 많은 증거가 법원에 현출됨으로써 실체적 진실발견에 유리하고, 법원은 제3자의 입장에서 편견 없이 판단을 내릴 수 있으므로 공평한 재판을 가능하게 하며, 피고인의 방어권과 인권보장에 유리하다는 장점이 있다.

반면에 당사자주의를 철저하게 관철하게 되면 심리의 능률과 신속을 달성할수 없게 될 우려가 있고, 당사자의 열의와 능력 여하에 따라서 소송결과가 좌우될수 있으며(소송의 스포츠화의 우려), 이 경우 법률지식과 소송수행능력이 부족한 피고인에게 불리하게 작용할 가능성이 있음은 물론, 실체적 진실이 왜곡될 위험이있다(검찰사법화의 우려)는 단점이 있다. 특히, 당사자에게 처분권을 인정하게 되면국가형벌권의 행사가 당사자 간의 타협이나 거래대상으로 전락하게 될 우려도 있게 된다.

3. 형사소송법의 소송구조

형소법의 소송구조에 대하여는 ① 직권주의 소송구조가 원칙이라는 견해와 ② 당사자주의 소송구조라는 원칙이라는 견해가 있다. 전자는 형소법은 형사소송의 본질과 실체적 진실발견이라는 이념에 충실하여야 한다고 하면서, 인권보장은 당사자주의의 전유물이 아니라 헌법의 당연한 요청이며 법치국가원리의 적용에 따른 것이므로 직권주의에서도 경시되지 아니한다고 한다. 이 입장은 형소법에서 외형적으로는 당사자주의 요소를 대폭 도입하고 있지만 실질적으로는 실체적 진실발견을 위하여 법원의 개입을 광범위하게 인정하고 있다는 것을 그 근거로 한다.

그러나 당사자주의 소송구조에서는 피고인을 소송의 주체로서 취급함에 그치지 않고 소송에서 주도적 지위를 인정함으로써 헌법에서 보장하고 있는 피고인의 권리를 충분히 실현할 수 있게 되며, 당사자의 적극적인 공격과 방어에 의해 소송이 수행된다는 점에서 실체적 진실발견에도 유리하다고 할 수 있다. 더구나 형소법은 소송절차의 전반에 걸쳐 당사자주의 요소를 법제화하고 있으며, 형소법의 개정 시마다 이를 강화하고 있다. 따라서 형소법은 당사자주의 소송구조를 원칙으로 하고 있으며, 형소법상 직권주의요소는 단지 무기의 열세에 있는 피고인의 권리와 이익을 옹호하기 위한 제도로서 보충적이고 규제적인 것으로 이해하여야 한다. 헌법재판소(92헌마44)와 대법원(84도796)도 형사소송의 구조를 당사자주의로 파악하고 있다.[9]

(1) 당사자주의 요소

1) 공소제기단계

공소제기와 관련하여 법원은 검사가 공소제기한 사건에 대하여만 심판을 할 수 있으므로 검사로 하여금 심판범위를 특정할 것을 요구하고 있다(제254조 제4항).

---

9) 헌법재판소는 "우리나라 형소법은 그 해석상 소송절차의 전반에 걸쳐 기본적으로 당사자주의 소송구조를 취하고 있는 것으로 이해"(92헌마44)하였으나, 근래에는 "현행 형소법은 직권주의 요소와 당사자주의 요소를 조화시킨 소송구조를 취하고 있다"고 하였다(2010헌바128).

또한 공소장일본주의를 채택하여 법원의 예단을 방지하고 있으며(규칙 제118조 제2항), 공소사실과 동일성이 인정되는 사실이더라도 공소장변경절차에 의해서만 심판대상이 될 수 있도록 하고 있다(제298조).

2) 공판준비절차단계

공판준비절차에 있어서는 피고인의 방어권보장을 위하여 공판준비절차의 마련(제266조의2 – 제266조의16), 공소장부본의 송달(제266조), 제1회 공판기일의 유예기간(제269조), 피고인의 공판기일변경신청권(제270조) 등의 제도를 마련하고 있다.

3) 공판절차단계

공판절차에 있어서는 당사자의 출석을 원칙으로 하고(제275조, 제276조), 당사자의 모두진술에 의해 공판절차를 개시하도록 하고 있다(제285조 제286조).

또한 피고인에게 진술거부권을 인정하는 한편(제289조), 검사와 변호인에게 증거관계 등에 대해 진술하게 하고(제287조), 증거조사도 당사자의 신청에 의해서 행하여지게 하며(제294조), 당사자에게 증거보전청구권(제184조), 증거조사참여권(제145조, 제163조, 제176조) 및 이의신청권(제296조)을 부여하고 있다.

그리고 증인신문에서도 교호신문제도를 인정하여 당사자에게 신문의 우선권을 주며(제161조의2), 당사자의 반대신문권을 보장하기 위하여 전문법칙 등을 도입하고(제310조의2 이하), 증거에 대한 당사자 동의(제318조)를 인정하고 있다. 이외에 당사자에게 최종변론권(제302조, 제303조)을 인정하고 있다.

(2) 직권주의 요소

형소법은 재판장에게 소송지휘권을 인정하고(제279조), 피고인에 대한 당사자의 신문이 끝난 후 재판장(또는 합의부원)도 피고인을 신문할 수 있도록 하고 있다(제287조). 또한 법원은 직권으로 증거조사를 할 수 있으며(제295조), 재판장은 당사자의 신문이 끝난 후 증인을 신문할 수 있을 뿐만 아니라 필요한 때에는 어느 때나 신문할 수 있으며, 교호신문절차의 신문순서를 변경할 수도 있다(제161조의2 제2항·제3항). 이외에 법원은 공소장변경을 요구할 수도 있다(제298조 제2항).

4. 소송구조와 증거법

소송구조에 있어서 당사자주의에서는 증거에 관한 규정은 소송절차에 있어서 당사자가 준수하여야 할 일종의 운동경기의 룰(rule)과 같으며, 당사자가 소송을 주도하므로 증거법칙에 대하여 매우 엄격하고 구체적이며, 세밀하게 규정함으로써 법관의 증명력 인정 여부에 제한을 가하게 된다. 반면에 직권주의에서는 법관에 의해 소송이 주도되므로 법관의 직권탐지가 강조되기 때문에 증거법이 당사자주의에 비해 덜 엄격하거나 구체적이지 않고, 법원의 자유로운 증명력 인정을 통한 사실발견에 중점을 두는 형태로 구성된다. 따라서 당사자주의에서는 광범위한 증거능력의 제한으로 인해 재판의 지연과 사실발견이 저해될 우려가 있는 반면, 직권주의에서는 구체적인 증거관련 규정의 부재와 자유심증주의의 강조로 인해 법관의 자의에 의한 재판이 될 우려가 있다.

형사소송의 구조에 있어서 당사자주의와 직권주의 중 어느 것을 선택할 것인가는 입법정책의 문제이다. 그러나 오늘날 대부분의 국가에서는 어느 하나의 형태로만 존재하는 것으로 아니고 양 제도가 일정 부분 혼합한 형태를 띠고 있으며, 단지 당사자주의와 직권주의 중 어느 입장에 중점을 두고 있는가에 따라 서로 차이가 있을 뿐이다. 따라서 현행법상 소송구조를 고려하면 증거능력과 증명력에 관한 법제는 적법절차의 원칙과 실체적 진실주의 등 증거법의 이념을 바탕으로 하여, 원칙적으로 당사자주의 입장에서 해석·적용하여야 할 것이다.

제6절 무죄추정의 원칙

Ⅰ. 의 의

무죄추정의 원칙이란 유죄판결이 확정될 때까지는 형사소송절차의 전(全) 과정에서 피고인을 죄 없는 사람으로 취급하여야 한다는 원칙을 말한다. 이는 계몽

주의의 산물로서 인권보장사상에 기초한 것이며, 1789년 프랑스혁명 이후의 「인
간과 시민의 권리선언」 제9조에서 "누구든지 범죄인으로 선고되기까지는 무죄로
추정된다"고 규정한 것에서 유래한다.

　　헌법 제27조 제4항에서는 "형사피고인은 유죄의 판결이 확정될 때까지는 무
죄로 추정한다"고 규정하고 있으며, 제275조의2(피고인은 유죄의 판결이 확정될 때까
지는 무죄로 추정된다)에서 이를 확인하고 있다.

II. 적용범위

　　무죄추정의 원칙은 증거법에 국한되는 원리가 아니라 수사절차에서 공판절차
에 이르기까지의 형사절차의 전 과정을 지배하는 지도원리로서 유죄확정판결 시
까지 적용되는 원리이다(2009헌바8). 따라서 현행법상 무죄추정의 원칙은 피고인에
대하여 적용되는 것으로 규정되어 있지만 피고인뿐만 아니라 피의자에게도 적용
된다(91헌마111). '유죄판결'이란 형선고의 판결뿐만 아니라 형면제의 판결, 선고유
예의 판결 및 집행유예의 판결을 포함한다. 또한 약식명령(제457조)이나 즉결심판
(즉결심판에 관한 절차법 제16조)도 확정되면 유죄판결에 포함된다. 유죄판결의 '확
정'은 상고기각 등, 대법원의 판결선고(제380조 – 제382조, 제396조), 상소기간의 경
과(제358조, 제374조), 상소포기와 취하(제349조) 등에 의하여 발생한다.

　　한편, 재심절차에 대하여 무죄추정의 원칙이 적용되는가에 대하여는 ① 재심
절차에서도 무죄추정의 원칙이 적용된다는 견해와 ② 이미 유죄판결이 확정된 경
우이므로 재심청구가 있더라도 무죄추정원칙이 적용되지 아니한다는 견해가 있다.
재심청구가 받아들여진 이상 종전의 확정판결 자체에 대하여 의심이 있는 경우로
서 재심개시로 인해 피고인의 지위를 갖게 되는 것이므로, 이 경우에도 무죄추정
의 원칙이 적용된다고 할 것이다.

Ⅲ. 제도적 구현내용

무죄추정의 원칙에 따라 피고인·피의자에 대하여는 유죄의 판결이 확정될 때까지 범인으로 예단하거나 불이익한 처분을 해서는 아니 된다.

1. 수사단계

수사에 있어서는 무죄추정의 원칙에 따라 임의수사를 원칙으로 한다. 따라서 불구속수사를 원칙으로 하며(제198조 제1항), 강제처분도 수사비례의 원칙에 의해 필요성과 상당성이 있는 경우에 한해 최후수단으로서 행하여질 것을 요구한다(제199조 제1항).

또한 변호인의 접견교통권의 충분한 보장(제34조) 등을 통해 구속된 피고인 또는 피의자의 권리가 부당하게 침해되지 않도록 하고 있다.

2. 공소제기 및 공판단계

공소제기 시에는 공소장일본주의에 의하여 법관이 사건에 대하여 예단을 가지지 않도록 하고 있다(규칙 제118조 제2항).

공판단계에서는 피고인에게 공판정출석권(제276조), 진술거부권(제283조의2), 신속한 재판을 받을 권리(헌법 제27조 제3항) 및 반대신문권을 보장하고, 공판정에서의 신체구속을 금지하는(제280조) 등 피고인의 당사자로서의 지위를 인정하고 있다. 또한 변론주의와 직접구두주의(제275조의3), 공개주의(헌법 제27조 제3항, 제109조, 법조법 제57조), 불고불리의 원칙(제254조, 제298조) 등을 통해 공판중심주의를 강화하는 한편, 자백배제법칙(제309조), 자백의 보강법칙(제310조), 전문법칙(제310조의2 이하) 등 각종 증거법칙을 채택함으로써 공정한 재판이 이루어지도록 하고 있다. 그리고 피고인을 신문함에 있어서는 그 진술을 강요하거나 답변을 유도하거나 그 밖에 위압적·모욕적인 신문을 하지 못하도록 하고 있다(규칙 제140조의2).

3. 입증단계

검사는 범죄사실뿐만 아니라 형의 가중사유나 감면사유의 부존재에 대한 입증책임을 진다(2013도10316). 또한 증명에 있어서는 '의심스러운 때에는 피고인의 이익으로'라고 하는 원칙에 의해 합리적 의심이 없을 정도의 증명이 이루어지지 않는 한 피고인을 유죄로 할 수 없도록 하고 있다(제307조 제2항).

제 3 장

증명의 기본원칙

형/사/증/거/법

제 3 장

증명의 기본원칙

제 1 절 증거재판주의

I. 의 의

증거재판주의(證據裁判主義)란 사실의 인정은 증거에 의하여야 한다는 원칙을 말한다. 증거재판주의는 실체적 진실발견에 있어서 가장 중요한 기본원칙으로서 형사소송에 있어서는 자백이 있더라도 그 사실은 증거에 의하여 인정하여야 한다는 것을 의미한다. 이 점에서 자백한 사실에 대하여는 증명을 요하지 않는 민사소송의 경우(민사소송법 제288조)와 다르다.

제307조 제1항에서는 "사실의 인정은 증거에 의하여야 한다"고 규정함으로써 증거재판주의를 선언하고 있으며, 동조 제2항에서 '범죄사실의 인정은 합리적인 의심이 없는 정도의 증명에 이르러야 한다'고 규정함으로써 사실인정을 위한 심증 형성에 있어서 엄격성을 요구하고 있다. 따라서 제307조의 '증거재판주의'는 단순

히 '범죄사실을 증거에 의해 인정하라'는 문언적 의미를 넘어서, 범죄사실은 법률이 정한 적법한 증거조사를 거쳐 증거능력이 인정된 엄격한 증거에 의해서만 증명될 수 있다는 엄격한 증명의 법리를 규정한 것이라고 할 수 있다.

II. 증 명

1. 의 의

(1) 개 념

증명이란 법관이 요증사실에 대하여 합리적 의심의 여지가 없을 정도로 강력한 심증을 얻은 상태 또는 법관으로 하여금 이러한 심증을 형성하도록 증거를 제출하는 소송관계인의 활동을 말한다. 형소법상 증거재판주의에 따라 이러한 심증형성은 증거에 의하여 이루어져야 하므로 증거에 의해 사실을 밝히는 것을 증명이라고 할 수 있다.

(2) 소명과의 구별

증명은 소명과는 구별된다. 소명이란 주장되는 사실의 존재를 일단 추측할 수 있게 하는 정도의 심증을 불러일으키는 것을 말한다. 범죄사실의 인정을 포함하여 형사절차와 관련된 사실의 존·부 판단은 증명의 방법에 의하는 것이 원칙이지만, 예외적으로 개별 법규정에 의하여 소명만으로 사실의 존부를 판단하도록 허용하는 경우가 있다. 기피사유의 소명(제19조 제2항), 증언거부사유의 소명(제150조), 증거보전청구사유의 소명(제184조 제3항), 판사에 대한 증인신문청구사유의 소명(제221조의2 제3항), 상소권회복 원인사유의 소명(제346조 제2항) 등이 이에 해당한다.

소명에 있어서는 증명과 달리 엄격한 방식이나 절차가 요구되지 아니한다.

2. 증명의 정도

제307조 제2항에서는 "범죄사실의 인정은 합리적인 의심이 없는 정도의 증명에 이르러야 한다"고 규정함으로써 범죄사실의 증명에 관한 원칙을 선언하고 있다. 즉, 법관의 유죄에 관한 심증의 형성은 합리적인 의심이 없이 증명되어야 한다. 그렇지 않은 경우에는 '의심스러운 때에는 피고인의 이익으로'(in dubio pro reo)의 원칙에 의해 무죄를 선고하여야 한다.

'합리적인 의심이 없는 정도의 증명'이란 17세기부터 18세기 사이에 영국에서 법관들이 배심원들의 자의적인 결정을 막고 평결결과를 통제하기 위해 만들어 낸 기준으로, '절대적 확신'(absolute certainty)이 아닌 '도덕적 확신'(moral certainty) 또는 '가장 높은 정도의 개연성'만 있으면 유죄판결을 할 수 있도록 하였다. 다만, '합리적인 의심이 없는 정도의 증명'은 막연한 추측이나 주관적인 판단에 의한 의심이 아니라 논리와 증거에 기초한 합리적인 의심이어야 한다. '합리적인 의심'은 모든 의심·불신을 포함하는 것이 아니라 논리와 경험칙에 의하여 요증사실과 양립할 수 없는 사실의 개연성에 대한 합리성 있는 의문을 의미하므로 단순히 관념적인 의심이나 추상적인 가능성에 기초한 의심은 합리적인 의심에 해당하지 아니한다(2016도6757). 따라서 피고인의 주장이나 변명에 모순이 있거나 석연치 않은 측면이 있고, 유죄의 의심이 가는 정황이 있더라도 검사의 증명이 합리적인 의심이 없을 정도로 확신을 주지 못한다면 피고인의 이익으로 판단하여야 한다(2017도1549).

3. 엄격한 증명과 자유로운 증명의 구별

엄격한 증명이란 법률상 증거능력이 있고, 적법한 증거조사를 거친 증거에 의한 증명을 말한다. 그러나 범죄사실을 인정할 때에 법률상 규정된 증거능력이 인정되고 엄격한 증거조사를 거친 증거만이 허용된다면 재판의 효율성면에서 문제가 되므로 그 예외로서 자유로운 증명을 인정하고 있다.

자유로운 증명이란 증거능력이나 적법한 증거조사를 요하지 않는 증거에 의한 증명을 말한다. 즉, 자유로운 증명의 대상인 증거는 증거능력이 있을 것을 요하지 않으며, 증거조사방법은 법원의 재량에 속하고 법률에 규정된 증거조사절차에 따라야 하는 것은 아니라는 의미이다. 따라서 자유로운 증명은 반드시 공판정에서 증거조사를 행할 것을 요하지 아니하며, 변론종결 후에 접수된 서류나 전화에 의하여 확인된 증거에 의해서도 사실을 인정할 수 있다.

그러나 엄격한 증명과 자유로운 증명은 증거능력의 유무와 증거조사의 방법에 차이가 있을 뿐, 심증의 정도에 차이가 있는 것은 아니므로 '합리적 의심없는 증명'을 요한다는 점에서는 같다.

III. 엄격한 증명의 대상

엄격한 증명이 되는 대상은 제307조의 '범죄사실' 즉, 형벌권의 존부와 그 범위에 관한 사실이다.

1. 공소범죄사실

공소장에 기재된 범죄사실은 당연히 주요 사실로서 엄격한 증명의 대상이 된다. 공소장에 기재된 범죄사실이란 특정 범죄구성요건을 충족하는 구체적 사실로서 위법하고 유책한 경우를 말한다.

한편, 공소범죄사실의 부존재를 증명하기 위하여 피고인이 제출하는 반증도 본증과 같이 엄격한 증명의 대상이 된다. 다만, 대법원은 유죄의 자료가 되는 것으로 제출된 증거의 반대증거 서류에 대하여는 그것이 유죄사실을 인정하는 증거가 되는 것이 아닌 이상 반드시 그 성립의 진정이 증명되지 아니하거나 이를 증거로 함에 있어서 상대방의 동의가 없더라도 증거판단의 자료로 할 수 있다고 한다(80도1547).[1]

---

1) 판례는 "검사가 유죄의 자료로 제출한 증거들이 그 성립의 진정이 인정되지 아니하고 이를 증거로 함에 상대방의 동의가 없더라도, 이는 유죄사실을 인정하는 증거로 사용하는 것이 아닌

(1) 구성요건해당사실

특정 범죄구성요건에 해당하는 객관적 구성요건요소와 주관적 구성요건요소는 엄격한 증명의 대상이다. 따라서 행위의 주체와 객체, 결과, 인과관계 등과 같은 객관적 구성요건에 관한 사실뿐만 아니라 고의(2015도5355)[2] 또는 과실, 목적(2014도9030)이나 동기, 불법영득의사(2013도14777) 등 주관적 구성요건에 관한 사실도 엄격한 증명의 대상이다.

또한 공동정범의 공모사실(2012도5220),[3] 교사범에 있어서 교사의 사실, 범죄구성요건사실의 전제되는 사실도 엄격한 증명의 대상이다. 따라서 혈중알코올을 계산하기 위해 위드마크 공식을 적용할 경우 그 전제사실이 되는 섭취알코올의 양, 음주시각, 체중 등(2021도14074)이나 뇌물죄에서 수뢰액의 다과에 따라 범죄구성요건이 달라지는 경우에 수뢰액은 엄격한 증명의 대상이 된다(2009도2453).

(2) 위법성과 책임의 기초사실

구성요건해당성이 인정되면 위법성과 책임을 기초지우는 사실은 추정된다. 하지만 피고인이 위법성조각사유나 책임조각사유를 주장하게 되면 추정은 깨지게 되고, 따라서 그 부존재는 범죄성립요소가 되므로 엄격한 증명의 대상이 된다.

이상 공소사실과 양립할 수 없는 사실을 인정하는 자료로 쓸 수 있다고 보아야 한다"(94도1159)고 하였다.

2) 판례는 피고인이 범죄구성요건의 주관적 요소인 고의를 부인하는 경우, 범의 자체를 객관적으로 증명할 수는 없으므로 사물의 성질상 범의와 관련성이 있는 간접사실 또는 정황사실을 증명하는 방법으로 이를 증명할 수밖에 없다. 이때 무엇이 관련성이 있는 간접사실 또는 정황사실에 해당하는지는 정상적인 경험칙에 바탕을 두고 치밀한 관찰력이나 분석력으로 사실의 연결상태를 합리적으로 판단하는 방법에 의하여 판단하여야 한다(2016도5218)고 하였다.

3) 판례는 "공동정범이 성립한다고 판단하기 위하여는 범죄실현의 전 과정을 통하여 행위자들 각자의 지위와 역할, 다른 행위자에 대한 권유 내용 등을 구체적으로 검토하고, 이를 종합하여 공동가공의 의사에 기한 상호 이용의 관계가 합리적인 의심을 할 여지가 없을 정도로 증명되어야 한다"(2015도5355)고 하였다.

(3) 처벌조건

처벌조건은 공소범죄사실은 아니지만 형벌권의 존부에 관련된 사항이므로 엄격한 증명의 대상이다. 따라서 친족상도례가 적용되는 친족관계의 사실(형법 제151조 제2항, 제155조 제4항), 파산범죄에서 파산선고가 확정된 사실(채무자 회생 및 파산에 관한 법률 제650조 등) 등은 엄격한 증명의 대상이 된다.

2. 형벌권에 관한 사실

(1) 법률상 형의 가중·감면이 되는 사실

상습성 또는 누범과 같은 형의 가중사실이나 장애미수, 중지미수, 불능미수, 자수·자복, 심신미약 등 형의 감면사실은 범죄사실은 아니지만 형벌권의 정도에 관련된 사실로서 엄격한 증명의 대상이다. 그러나 대법원은 심신미약은 법률적 판단의 문제이지 범죄사실이 아니므로 엄격한 증명이 필요하지 않다고 한다(98도159).

그러나 누범전과나 상습법가중사유가 아닌 단순한 전과는 정상관계사실에 해당하므로 자유로운 증명의 대상이다.

(2) 몰수와 추징

몰수와 추징은 부가형으로서 형벌의 일종이므로 형벌권의 존부 및 범위와 관련된 것이어서 엄격한 증명의 대상이다(다수설). 그러나 대법원은 이는 범죄구성요건사실에 관한 것이 아니므로 자유로운 증명의 대상이라고 한다(2005도9858).

3. 간접사실·보조사실·법규 등

(1) 간접사실

간접사실이란 요증사실을 간접적으로 추론하게 하는 사실을 말한다. 형사재판에서는 직접증거 없이 간접증거만으로도 유죄를 인정할 수 있으나, 그 경우에도 주요 사실의 전제가 되는 간접사실의 인정은 합리적 의심을 허용하지 않을 정도의 증명이 있어야 하고, 그 하나하나의 간접사실이 상호 모순, 저촉이 없어야 함은 물론, 논리와 경험칙, 과학법칙에 의하여 뒷받침되어야 한다.[4] 따라서 요증사실이 엄격한 증명을 요하는 주요 사실인 경우에는 간접사실도 엄격한 증명의 대상이 된다.[5]

한편, 현장부재[6]에 대하여는 ① 현장부재의 주장은 검사의 본증에 대한 피고인의 반증으로서 주요 사실에 반대되는 간접사실의 증명이라는 점에서 엄격한 증명의 대상이 된다는 견해(다수설)와 ② 피고인의 현장부재의 주장은 검사의 주장을 탄핵하는 것이므로 자유로운 증명으로 족하고, 이에 기초하여 검사가 다툼이 있는 경우에는 구성요건해당사실의 존재를 엄격한 증명에 의해 입증하여야 한다는 견해가 있다. 현장부재는 피고인이 증명하는 것이며, 사실상 검사의 범죄사실 증명을 탄핵하는 성격이 있는 것이므로, 이를 엄격한 증명에 의하게 하면 범죄사실에 관한 입증책임을 피고인에게 전가하는 결과로 된다. 따라서 피고인의 현장부재의 주장은 자유로운 증명으로 충분하다고 할 것이다.[7]

---

4) 판례는 "유죄의 인정은 범행 동기, 범행수단의 선택, 범행에 이르는 과정, 범행 전·후 피고인의 태도 등 여러 간접사실로 보아 피고인이 범행한 것으로 보기에 충분할 만큼 압도적으로 우월한 증명이 있어야 하고, 피고인이 고의적으로 범행한 것이라고 보기에 의심스러운 사정이 병존하고 증거관계 및 경험법칙상 고의적 범행이 아닐 여지를 확실하게 배제할 수 없다면 유죄로 인정할 수 없다. 피고인은 무죄로 추정된다는 것이 헌법상의 원칙이고, 그 추정의 번복은 직접증거가 존재할 경우에 버금가는 정도가 되어야 한다"(2017도1549)고 하였다.

5) 개별 간접증거만으로도 종합적으로 따져 증명력이 있는 경우에는 유죄의 증거가 될 수 있다. 다만, 판례는 "간접증거가 개별적으로는 범죄사실에 대한 완전한 증명력을 가지지 못하더라도 전체 증거를 상호 관련 하에 종합적으로 고찰할 경우 그 단독으로는 가지지 못하는 종합적 증명력이 있는 것으로 판단되면 그에 의하여도 범죄사실을 인정할 수가 있다"(2013도4172)고 하였다.

6) 2007년 개정된 형소법(법률 제8730호) 제266조의11 제1항에서는 피고인 등이 현장부재를 주장할 때에는 검사가 증거개시를 요구할 수 있도록 규정하고 있으므로 '알리바이'보다는 '현장부재'로 표현한다.

7) 현장부재에 관한 대법원 판례는 없지만, 고등법원에서 "피고인의 현장부재 증명이 신빙성이 없더라도 검사의 증명책임이 면제되는 것은 아니다"고 함으로써 검사에게 거증책임이 있다는 취지로 판결한 바가 있다(2011노2892).

(2) 보조사실

보조사실이란 증거의 증명력에 영향을 미치는 사실을 말하며, 이에는 증명력을 증강시키는 사실과 증명력을 감쇄시키는 사실이 있다.

보조사실에 대하여는 ① 보조사실이 전자인 경우에는 엄격한 증명을 요하는 반면, 후자인 경우에는 자유로운 증명으로 충분하므로 증거능력이 없는 탄핵증거에 의해서도 보조사실을 증명할 수 있다는 견해(다수설)와 ② 자기모순의 진술에 의하여 공판정에서의 진술의 증명력을 다투는 경우를 제외하고는 증거의 증명력을 감쇄시키는 보조사실에 대하여도 엄격한 증명을 요한다는 견해가 있다. 후자에서는 범죄사실이나 간접사실에 관한 보조사실뿐만 아니라 증인의 능력이나 편견, 이해관계 등 증인의 신빙성을 감쇄시키는 보조사실도 간접적으로 범죄사실의 증명에 영향을 미치므로 엄격한 증명의 대상이 된다고 한다.

대법원은 "탄핵증거는 범죄사실을 인정하는 증거가 아니므로 엄격한 증거조사를 거쳐야 할 필요가 없음은 제318조의2의 규정에 따라 명백하나 법정에서 이에 대한 탄핵증거로서의 증거조사는 필요하다"고 한다(2005도2617). 보조사실 중 탄핵증거는 범죄사실을 인정하는 증거가 아니므로 엄격한 증명을 요하지 아니하고 자유로운 증명으로 충분하다고 할 것이다.

(3) 경험법칙

경험법칙이란 사실 자체가 아니라 사실을 판단하는 전제가 되는 지식을 말한다. 일반인 누구나 알고 있는 일반적인 경험법칙은 공지의 사실이기 때문에 증명을 요하지 아니한다.

그러나 전문지식을 요하는 특별한 경험법칙은 증명을 요하며, 이 경험법칙이 엄격한 증명의 대상인 사실의 인정에 필요한 때에는 엄격한 증명의 대상이 된다. 따라서 범죄사실을 증명하기 위하여 과학적 기술이나 연구결과를 적용한 경우에 그 과학적 기술과 연구결과 및 그 적용의 전제가 된 구체적 사실은 엄격한 증명의 대상이다(2009도2338).

(4) 법규의 존재와 내용

법규의 존재와 그 내용은 원칙적으로 법원의 직권조사사항이므로 엄격한 증명의 대상이 아니다.

그러나 외국법, 관습법, 자치법규와 같이 법규의 내용이 명확하지 아니한 때에는 증명을 요하고, 그 존재가 엄격한 증명을 요하는 사실의 전제가 되는 때에는 엄격한 증명의 대상이 된다. 대법원은 "「형법」 제6조 단서의 규정에 의해 행위지의 법률에 의하여 범죄를 구성하는지 여부가 문제되는 경우 검사는 그 법규의 존재에 관해 엄격한 증명에 의하여 입증하여야 한다"고 한다(2011도6507).

IV. 자유로운 증명의 대상

자유로운 증명은 증거능력이 없는 증거를 사용하거나 법률이 규정한 증거조사방식을 거치지 않고 사실을 증명하는 방식을 말한다. 이에는 정상(情狀)에 관한 사실과 소송법적 사실이 있다.

1. 정상에 관한 사실

피고인의 경력, 성장환경, 범죄 후의 행동과 같은 양형의 기초가 되는 정상사실은 자유로운 증명으로 충분하다(통설, 2010도750). 양형의 기초가 되는 정상에 관한 사실은 형벌권의 범위와 관련되지만 매우 복잡하고 비유형적이어서 소송경제의 관점을 무시하기 어렵고, 양형의 조건에 관해 규정한 「형법」 제51조의 사항은 널리 형의 양정에 관한 법원의 재량사항에 속하기 때문이다(2008도1816). 다만, 정상에 관한 사실이라고 하더라도 범죄의 수단·방법·피해정도와 같이 범죄사실의 내용이 된 때에는 엄격한 증명의 대상이 된다.

한편, 전과사실 중 누범전과나 상습범의 가중사유로 되는 전과는 법률상 형의 가중사유에 해당하므로 엄격한 증명을 요하지만, 그 이외의 전과는 정상에 관한 사실이므로 자유로운 증명으로 충분하다. 따라서 양형자료가 되는 전과사실은 변론종결 후에 송부된 전과조회서에 의해서도 인정할 수 있다.

2. 소송법적 사실

소송법적 사실은 범죄사실과 형벌권에 관련이 없는 순수하게 형사소송절차의 진행에 관련된 사실을 말한다. 소송법적 사실은 (i) 소송조건의 존부 및 절차진행의 적법성에 관한 순수한 소송법적 사실과 (ii) 증거의 증거능력을 인정하기 위한 기초사실이 있다. 친고죄의 고소 및 취소의 유무, 공소제기, 피고인신문의 적법성 등이 전자에 해당한다.

(1) 순수한 소송법적 사실

순수한 소송법적 사실은 자유로운 증명의 대상이다.

(2) 증거능력의 요건이 되는 사실

증거의 증거능력을 인정하기 위한 기초사실은 소송법적 사실이므로 자유로운 증명의 대상이다. 따라서 전문법칙의 예외요건으로서 '특히 신빙할 수 있는 상태'는 증거능력의 요건에 해당하므로 검사가 그 존재에 대하여 구체적으로 주장·증명하여야 하지만, 이는 소송상의 사실에 관한 것이므로 엄격한 증명을 요하지 아니하고 자유로운 증명으로 족하다(2012도2937).

그러나 증거능력이 요건이 되는 자백이나 진술의 임의성에 관한 사실에 대하여는 ① 소송법적 사실이므로 자유로운 증명으로 충분하다는 견해와 ② 피고인에게 중대한 불이익을 초래하는 사실이므로 피고인의 보호를 위해 엄격한 증명을 요한다는 견해가 있다.

대법원은 "피고인이 피의자신문조서에 기재된 피고인의 진술 및 공판기일에서의 피고인의 진술의 임의성을 다투면서 그것이 허위자백이라고 다투는 경우, 법원은 구체적인 사건에 따라 피고인의 학력, 경력, 직업, 사회적 지위, 지능 정도, 진술의 내용, 피의자신문조서의 경우 그 조서의 형식 등 제반 사정을 참작하여 자유로운 심증으로 위 진술이 임의로 된 것인지의 여부를 판단하면 된다"고 한다 (2010도3029). 자백이나 진술의 임의성은 증거능력을 인정하기 위한 기초사실로서 소송법적 사실이므로 피고인의 이익보호와 소송경제의 요청을 고려할 때 자유로운 증명으로 충분하다고 할 것이다.

V. 증명을 요하지 않는 사실

증명을 요하지 않는 사실, 즉 불요증사실은 증명대상인 사실 자체의 성질상 증명이 필요 없는 사실을 말한다.

불요증사실은 거증금지사실과 구별된다. 거증금지사실은 증명으로 인하여 얻는 소송법적 이익보다 증명을 통해 침해되는 다른 이익이 더 크기 때문에 증명이 금지된 사실을 말한다. 공무원 또는 공무원이었던 자의 직무상 비밀에 속하는 사실(제147조) 등이 이에 해당한다. 거증금지사실은 일정한 사실에 대하여 증명이 금지되는 것에 불과하고, 증명 없이 해당 사실을 인정할 수 있다는 의미가 아니라는 점에서 불요증사실과는 구별된다.

1. 공지의 사실

공지의 사실이란 일반적으로 널리 알려져 있는 사실, 즉 보통의 지식이나 경험이 있는 사람이면 누구나 의심하지 않는 사실을 말한다. 역사적으로 명백한 사실, 자연의 법칙으로 공지된 사실 등이 이에 해당한다. 공지의 사실은 증거에 의하여 인정되지 않더라도 사실인정에 지장이 없으므로 증명을 요하지 아니한다. 다만, 공지의 사실은 상대적 개념으로, 모든 사람에게 알려져 있는 경우가 아니라고 하더라도 특정한 지역이나 특정한 직업에 종사하는 사람들이 일반적으로 알고 있는 사실은 공지의 사실이 될 수 있다. 그러나 공지의 사실에 대하여 반증이 금지되는 것은 아니며, 이때 반증이 성공하게 되면 공지의 사실이 아닌 것으로 된다.

한편, 공지의 사실이 아닌 직무상 법원이나 법관에게만 알려진 현저한 사실,

즉 해당 재판부에서 이전에 판단하였던 사건의 결과와 같이 수소법원이 명확히 알고 있는 사실에 대하여는 ① 자유로운 증명으로 충분하다는 견해(다수설)와 ② 증명을 요하지 아니한다는 견해가 있다. 공정한 재판과 재판에 대한 국민의 신뢰확보라는 관점에서 보면 법원이나 법관에 현저한 사실은 증명을 요하되, 그 증명의 정도는 자유로운 증명으로 충분하다고 할 것이다.

2. 추정된 사실

(1) 법률상 추정사실

법률상 추정이란 전제사실이 인정되면 반대증명이 없는 한 일정한 사실이 증명된 것으로 법률에 규정되어 있는 경우를 말한다. 「환경범죄 등의 단속 및 가중처벌에 관한 법률」상 오염물질 불법배출과 발생한 위해(危害) 사이의 인과관계의 추정(제11조), 「마약류 불법거래방지에 관한 특례법」상 불법수익의 추정(제17조) 등이 이에 해당한다.[8]

법률상 추정사실에 대하여는 증명을 요하지 아니한다. 그러나 추정사실에 대하여 반증이 허용되며, 반증에 의해 의심이 생긴 경우에는 증명을 요한다.

(2) 사실상 추정사실

사실상 추정이란 법률상 추정과는 달리 특정 전제사실로부터 일정한 사실을 추정하는 것이 논리적이고 합리적이어서 별도의 증명이 불필요한 경우를 말한다. 검사가 범죄의 구성요건해당사실을 입증하면 그 행위의 위법성과 책임은 사실상 추정된다.

사실상 추정된 사실에 대하여는 증명을 요하지 아니한다. 그러나 추정된 사실에 대하여 당사자가 다투게 되면 추정의 효과는 상실되고, 따라서 검사는 그 행위가 위법하거나 유책하다는 것을 증명하여야 한다. 다만, 사실상 추정된 사실에 대

---

8) 형사절차에 있어서 법률상 추정은 실체적 진실주의와 자유심증주의뿐만 아니라 무죄추정의 원칙에도 반하게 되므로 극히 예외적으로 인정되어야 한다.

한 다툼은 반드시 반증의 형식에 의할 것을 요하지 아니한다.

제 2 절 거증책임

I. 의 의

1. 개 념

거증책임이란 법원이 당사자가 제출한 증거나 직권으로 조사한 증거로도 요증사실의 존부에 관해 심증을 형성하지 못한 경우에 그 증명불능 상태의 불이익을 받을 당사자의 법적 지위를 말한다. 이를 입증책임 또는 증명책임이라고도 한다.

2. 소송구조와의 관계

직권주의 소송구조에서는 검사와 피고인이 아니라 법원이 사실발견의 의무를 부담하므로 법원이 피고인의 범죄사실을 입증하지 못하면 '의심스러운 때에는 피고인의 이익으로'의 법리가 적용되어 무죄판결을 하여야 하므로 거증책임의 개념을 인정할 필요가 없다는 견해가 있다.

그러나 법원의 직권심리의무는 재판진행 중에 법원이 부담하는 증거조사의무를 말하는 것이므로, 종국판결 시의 위험부담을 의미하는 거증책임과는 다르다. 따라서 직권주의에서도 법관이 심증을 형성하지 못하는 경우에는 국가를 대표하여 공소를 제기한 검사가 최종적으로 입증실패의 책임을 져야 한다는 점에서 거증책임의 개념은 필요하다(다수설). 반면, 당사자주의에서는 법원은 소송을 주관하는 제3자적 지위를 가지므로 공소제기 당사자인 검사가 피고인의 범죄사실에 대한 거증책임을 지게 된다.

3. 입증부담과의 구별

입증부담이란 소송에서 일방 당사자가 특정사실을 입증하면 반대당사자가 불이익을 면하기 위하여 이를 번복할 부담을 말한다. 피고인이 현장부재를 주장하면 검사는 이를 번복할 부담을 지게 되는 경우가 이에 해당한다. 이를 형식적 거증책임이라고 한다.

거증책임은 종국판결 시에 존재하는 위험부담을 의미하므로 요증사실에 따라 소송개시 시부터 종결 시까지 고정되어 있으며, 소송진행에 따라 달라지는 것이 아니다(객관적 거증책임). 반면에 입증부담은 소송의 발전과정에 따라 사실을 증명할 책임이 변화하게 된다. 따라서 거증책임은 법관에게 합리적인 의심이 없는 정도의 확신을 줄 수 있을 정도의 증명을 요하는 반면, 입증부담에서의 입증은 법관에게 의심을 갖게 하여 심증을 방해할 정도이면 충분하다.

[참고] 영·미법상 증거제출책임

증거제출책임(burden of producing evidence)이란 영·미법상 거증책임에 속하는 것으로서, 배심의 판단에 붙이기 위하여 일응의 증거를 제출할 책임을 말한다. 즉, 영·미의 배심재판에서는 검사가 통상적으로 유죄를 입증할 책임이 있지만, 피고인도 심신상실이나 함정수사의 항변, 위법수집증거의 배제신청 등과 같이 주요한 사실을 주장하는 경우에는 적극적으로 증거를 제출하여야만 배심재판의 대상이 된다. 이는 실질적 거증책임을 의미하는 설득책임(burden of persuasion)과 구별된다.

II. 거증책임의 분배

형사소송에서는 피고인은 무죄로 추정되며, '의심스러운 때에는 피고인의 이익'의 원칙이 적용되므로 범죄사실, 즉 형벌권의 존부 및 범위에 관한 사항에 대해서는 원칙적으로 검사가 거증책임을 진다.

1. 공소범죄사실

공소범죄사실에 대하여는 검사가 거증책임을 진다(2010도14487). 따라서 구성요건해당사실은 물론, 위법성과 책임의 존재에 대해서도 검사가 거증책임을 진다. 따라서 피고인이 위법성조각사유나 책임조각사유를 주장하면 그 부존재에 대해서도 검사가 거증책임을 지게 된다.

한편, 현장부재의 증명에 대하여는 ① 피고인의 현장부재의 주장은 공소범죄사실의 부인에 해당하므로 검사에게 거증책임이 있다는 견해와 ② 현장부재는 주요 사실의 반대되는 간접사실의 증명이라는 점에서 피고인에게 거증책임이 있다는 견해가 있다. 현장부재는 공소범죄사실의 일부이므로 행위자가 행위 시에 그 장소에 있었다는 점을 증명할 거증책임은 검사에게 있다고 할 것이다. 미국 연방대법원은 현장부재에 대한 거증책임을 피고인에게 부담시키는 것은 적법절차에 위반된다고 한다(Johnson v. Bennett[9]).

2. 처벌조건 및 형의 가중, 감면의 사유가 되는 사실

처벌조건인 객관적 처벌조건은 물론, 인적 처벌조각사유는 형벌권 발생의 요건이 되므로 검사가 거증책임을 진다.

또한 누범(형법 제35조), 상습범 등과 같이 형의 가중사유는 물론, 심신장애(형법 제10조), 자수·자복(형법 52조) 등 형의 감면사유도 형벌권의 범위에 영향을 미치는 사항이므로 그 부존재에 대하여는 검사에게 거증책임이 있다(통설).

3. 소송법적 사실

소송법적 사실 중 소송조건은 공소제기의 적법·유효조건이므로 불분명한 경우 검사가 거증책임을 진다. 따라서 친고죄에 있어서 고소, 고발과 같은 공소수행을 위한 적극적 요건은 물론이고, 공소시효의 완성, 사면, 공소의 적법 등의 소송

---

9) 393 U. S. 253 (1968).

조건에 대한 거증책임은 검사에게 있다.[10]

그러나 증거능력의 전제가 되는 사실의 거증책임은 그 증거를 제출하는 사람에게 있다. 증거를 자기의 이익으로 이용하려는 당사자가 이에 대한 거증책임을 부담하는 것이 공평의 이념에 합치하기 때문이다. 따라서 검사가 의사의 진단서나 서증 등 서면을 제출하는 경우에 그 서면의 성립의 진정은 검사가 거증책임을 지고, 피고인이 이를 제출하는 경우에는 피고인이 거증책임을 진다. 다만, 자백의 임의성에 대하여 피고인이 다투는 경우에 그 자백을 피고인의 유죄의 인정의 자료로 사용하고자 하는 경우에는 검사가 자백의 임의성의 의문을 없애는 증명을 하여야 한다(2012도9879).

III. 거증책임의 전환

거증책임의 전환이란 검사가 부담하는 거증책임을 법률에 의해 피고인이 부담하게 되는 것을 말한다. 거증책임의 전환과 관련한 것으로는 「형법」 제263조의 상해죄의 동시범 특례에 관한 규정과 「형법」 제310조의 명예훼손죄의 위법성조각사유에 관한 규정이 있다.

1. 상해죄의 동시범 특례규정

「형법」 제263조에서는 "독립행위가 경합하여 상해의 결과를 발생하게 한 경우에 있어서 원인된 행위가 판명되지 아니한 때에는 공동정범의 예에 의한다"고 규정하고 있다.

이 규정의 법적 성격에 대하여는 ① 공동정범의 책임을 법률에 의하여 추정한 것이라고 보는 견해(법률상 추정설), ② 거증책임의 전환규정이라는 견해(거증책임전환규정설, 다수설), ③ 소송법적으로는 거증책임 전환규정이지만 실체법적으로

---

10) 다만, 소송법적 사실은 법원의 직권조사사항일 뿐만 아니라 자유로운 증명의 대상이므로 실제로 거증책임의 문제가 발생하는 경우는 거의 없다.

는 공동정범의 범위를 확장시키는 일종의 의제로 보는 견해(이원설) 등이 있다. 상해죄의 동시범에 관한 규정이 2인 이상에 의해 상해가 발생한 경우에 검사가 인과관계를 입증하는 것이 곤란한 점을 고려한 정책적 요청에 따른 것이라고 하는 입법취지를 고려하면, 이 규정은 피고인에게 거증책임을 전환한 규정으로 이해하여야 할 것이다.11)

2. 명예훼손죄의 위법성조각사유에 관한 규정

「형법」제310조에서는 "형법 제307조 제1항의 행위가 진실한 사실로서 오로지 공공의 이익에 관한 때에는 처벌하지 아니한다"고 규정하고 있다.

이 규정의 절차법적 성격에 대하여는 ① 동조는 실체법적으로는 명예훼손죄에 관한 특수한 위법성조각사유이지만, 절차법적으로는 명예훼손죄에서 '적시된 사실'의 진위를 증명하는 것이 현실적으로 어렵다는 점을 고려한 것이므로 거증책임전환규정으로 이해하여야 한다는 견해(이원설)와 ② 동조에서는 명예훼손죄의 위법성조각사유를 규정하고 있을 뿐 증명에 관하여는 아무런 표현이 없으므로 특수한 위법성조각사유에 지나지 않고 거증책임의 전환규정이라고 할 수 없다는 견해(다수설)가 있다. 후자에 따르면 피고인이 자신의 행위가 「형법」제310조의 위법성조각사유에 해당한다고 주장하면 그 부존재에 대하여는 검사가 거증책임을 지게 된다.

대법원은 명예훼손죄에 있어서 "그것이 진실한 사실로서 오로지 공공의 이익에 관한 때에 해당된다는 점은 행위자가 증명하여야 한다"(2006도8544)고 하여 거증책임전환규정으로 인정하되, 피고인의 입증부담을 완화하기 위하여 엄격한 증명을 요하지 않는다고 한다.12) 그러나 「형법」상 위법성조각사유의 부존재에 대한

---

11) 동조에 대하여는 헌법상 무죄추정의 원칙에 반한다는 점에서 위헌이라고 하면서, 상해죄의 동시범에만 「형법」제19조의 예외를 인정하는 것은 불합리하다는 주장도 있다.

12) 판례는 "그 증명은 유죄의 인정에 있어 요구되는 것과 같이 법관으로 하여금 의심할 여지가 없을 정도의 확신을 가지게 하는 증명력을 가진 엄격한 증거에 의하여야 하는 것은 아니므로, 이 때에는 전문증거에 대한 증거능력의 제한을 규정한 제310조의2는 적용될 여지가 없다"(95도 1473)고 하였다. 위법성조각사유는 형벌권의 존부에 관한 사항이어서 엄격한 증명의 대상이지

거중책임이 검사에게 있는 것을 고려하면 「형법」 제310조를 거중책임의 전환규정으로 이해하는 것은 논리적이지 아니하므로 그 부존재에 대하여 검사에게 거중책임이 있다고 할 것이다.

[참고] 양벌규정에서의 사업주의 책임

양벌규정이란 법인의 대표자나 법인 또는 개인의 대리인·사용인 기타 종업원이 그 법인 또는 개인의 업무에 관해 일정한 위법행위를 하였을 경우에 실제 행위자를 처벌하는 외에 사업주체인 그 법인 또는 개인도 처벌하는 규정을 말한다. 이러한 양벌규정 중에는 그 단서에서 "다만, 사업주가 그 위반행위를 방지하기 위하여 해당 업무에 관해 상당한 주의와 감독을 게을리하지 아니한 경우에는 그러하지 아니하다"는 사업주 면책규정을 두는 경우가 있다. 「근로기준법」 제115조, 「전력기술관리법」 제29조의2 등이 이에 해당한다.

이때 이 면책조항의 성격에 대하여는 「형법」 제310조와 유사하다는 점에서 거중책임전환규정으로 이해할 수도 있으나, 동조는 사업주에게 과실책임이 있는 경우에 한하여 처벌할 수 있다는 처벌요건을 규정한 것에 지나지 않는다고 할 것이므로 거중책임전환규정이라고 할 수 없고, 따라서 사업주의 과실에 대한 거중책임은 검사에게 있다고 할 것이다.

만, 피고인의 보호를 위하여 자유로운 증명의 대상으로 한 것으로 이해된다.

제 4 장

증거조사절차

제 4 장

증거조사절차

제 1 절   일반증거조사절차

제1심의 공판기일의 절차는 크게 모두절차, 사실심리절차 및 판결선고절차로 나눌 수 있다. 모두절차는 피고인에 대한 진술거부권 고지 → 피고인 본인을 확인하는 인정신문(人定訊問) → 검사와 피고인 및 변호인의 모두진술(冒頭陳述) → 쟁점 정리와 당사자들의 입증계획 등의 순서로 이루어진다. 또한 사실심리절차는 증거조사절차 → 피고인신문 → 검사의 최후진술과 피고인·변호인의 의견진술의 순서로 이루어진다. 사실심리절차가 끝나면 법원의 판결선고절차가 있게 된다. 따라서 증거조사절차는 사실심리절차의 중심을 이루게 된다.

〈공판절차 순서도〉

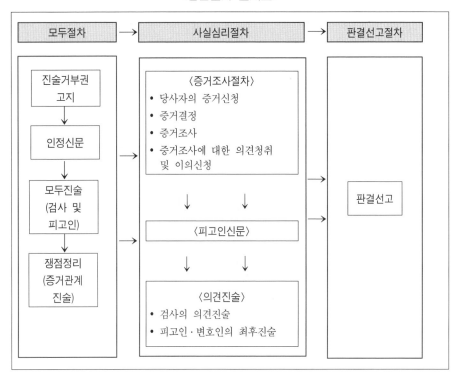

Ⅰ. 증거조사의 의의와 범위

1. 의 의

(1) 개 념

증거조사는 법원이 주체가 되어 사실인정과 양형에 관한 심증을 얻기 위하여 인증, 서증, 물증 등, 각종 증거방법을 조사함으로써 사건의 실체를 파악해 나가는 소송행위를 말한다. 넓은 의미로는 증거조사의 시행과 관련된 증거신청, 증거결정, 이의신청 등의 절차를 모두 포함한다. 사실심리절차는 증거조사에 의하여 시작된다.

증거조사는 공판절차에 있어서 핵심적인 절차로서, 법원의 심증형성을 위한 것이지만 당사자에게는 증거의 내용을 알게 하여 공격과 방어의 기회를 제공하는 역할을 한다. 종래 형소법은 피고인신문을 한 후 증거조사를 하도록 규정하였으나 피고인신문 위주의 심리절차가 진행되는 것을 막고, 증거조사 위주의 공판절차로 전환하기 위해 증거조사 후에 부족한 부분을 피고인신문에서 확인하도록 그 순서를 변경하였다.

(2) 성 격

증거조사는 증인에게 출석의무, 선서의무, 증언의무를 부과하고, 검증의 경우에는 상대방에게 수인의무를 부과할 뿐만 아니라 일정한 경우에는 실력행사를 허용하는 등, 그 대상에 대해 작위의무나 수인의무를 부과한다는 점에서 강제처분의 성격을 띤다.

2. 범 위

(1) 주 체

증거조사의 주체는 법원이다. 검사와 피고인이 증인을 신문하는 경우에도 증거조사의 주체는 법원이다. 따라서 수사기관이 행하는 증거수집이나 검증은 증거조사에 해당하지 아니한다.

수소법원 이외의 법관이 공판기일이나 공판정 외에서 증거조사를 한 경우에는 그 결과를 기재한 서면이나 증거를 수소법원에 제출하여 증거조사를 거쳐야 해당사건의 증거로 사용할 수 있다.

(2) 대 상

증거조사의 대상이 되는 증거는 엄격한 증명을 요하는 증거뿐만 아니라 자유로운 증명으로 충분한 증거를 포함한다. 다만, 엄격한 증명의 대상이 되는 증거는 증거능력이 인정되는 경우에 한하여 증거조사의 대상이 되며, 증거조사도 법에서 정한 절차와 방식에 따라 이루어져야 한다. 반면에 자유로운 증명의 대상이 되는 증거는 증거능력을 요하지 아니하며, 법원이 상당하다고 인정하는 방법으로 증거조사를 하면 된다.

증거조사의 대상이 되는 서류나 물건에는 소송관계인이 공판기일에 증거로 제출하였거나(제294조) 공판기일 전에 증거로 제출한 서류나 물건(제274조), 공무소나 공사단체에 조회하거나 보관서류의 송부를 요구한 결과 법원에 송부되어 온 회보문서나 송부문서(제272조), 공판기일 전의 피고인신문, 증인신문, 검증, 감정, 번역 등 절차에 의하여 법원이 작성한 신문조서나 검증조서, 감정인 등이 제출한 감정서나 번역서 등(제273조), 증거보전을 위해 작성된 증인신문조서나 검증조서 및 감정서(제184조), 증인신문청구에 의해 작성된 증인신문조서(제221조의2) 등이 있다. 이외에 도면·사진·녹음테이프·비디오테이프·컴퓨터용디스크, 그 밖에 정보를 담기 위하여 만들어진 물건으로서 문서가 아닌 증거가 있다(제292조의3).

(3) 장 소

증거조사는 원칙적으로 공판기일에 공판정에서 직접 행하는 것이 원칙이다.

그러나 증인의 연령, 직업, 건강상태 기타의 사정을 고려하여 법정 외 또는 현재지에서 증인신문(제165조)을 하는 경우도 있고, 법원이 범행현장에서 검증을 하고 검증조서를 작성한 뒤 공판기일에 그 서면을 조사하는 방식으로 하는 경우도 있다.

[참고] 증거목록 작성

법원에서는 형사공판조서의 내용 중 증거조사부분을 분리하여 목록화함으로써 증거조사의 내용을 일목요연하게 파악할 수 있도록 증거목록을 작성하도록 하고 있다(형사공판조서 중 증거조사부분의 목록화에 관한 예규(재형 2003 - 2) 제1조).

증거목록은 검사, 피고인, 직권 및 피해자(또는 배상신청인) 분으로 구분하여 별개의 용지를 사용한다. 피고인이 다수인 때에는 별개의 증거목록 용지를 사용하지 아니하고, 비고란에 제출 피고인을 표시한다(동 예규 제2조 제1항). 증거목록은 형사소송기록 중 구속에 관한 서류의 목록 다음에 편철하되, 검사 증거서류 등 목록, 검사 증인 등 목록, 피고인 증거서류 등 목록, 피고인 증인 등 목록, 직권 증거서류 등 목록, 직권 증인 등 목록, 피해자(또는 배상신청인) 증거서류 등 목록, 피해자(또는 배상신청인) 증인 등 목록 순으로 편철한다(동조 제2항).

II. 증거조사의 절차

1. 조사의 순서

증거조사는 당사자 및 범죄피해자 등의 신청에 의한 것과 법원의 직권에 의한 것이 있다. 다만, 형소법에서는 증거조사의 순서는 당사자가 신청한 증거를 먼저 조사한 후 법원이 직권으로 결정한 증거를 조사하도록 규정하고 있다. 즉, 법원은 검사가 신청한 증거를 조사한 후 피고인 또는 변호인이 신청한 증거를 조사하고(제291조의2 제1항), 그 후 직권으로 결정한 증거를 조사한다(동조 제2항). 검사는 공소제기자이며 거증책임이 있으므로 검사에게 증거조사의 신청을 먼저 하게 한 것이다. 다만, 법원은 직권 또는 검사, 피고인, 변호인의 신청에 따라 그 순서를 변경할 수 있다(동조 제3항).

한편, 제312조 및 법 제313조에 따라 증거로 할 수 있는 피고인 또는 피고인 아닌 자의 진술을 기재한 조서 또는 서류가 피고인의 자백 진술을 내용으로 하는 경우에는 범죄사실에 관한 다른 증거를 조사한 후에 이를 조사하여야 한다(규칙 제135조). 이는 피고인이 수사기관에서 한 자백을 공판정에서 부인한 경우에 특별한 의미가 있는 것으로, 피고인의 자백진술을 먼저 조사하게 될 경우에 예단을 가질 수 있고, 피고인의 방어권행사에 불이익을 초래할 수 있다는 점을 고려한 것이다.

2. 당사자의 신청에 의한 증거조사

(1) 신청주체

검사, 피고인 또는 변호인은 서류나 물건을 증거로 제출할 수 있고, 증인·감정인·통역인 또는 번역인의 신문을 신청할 수 있다(제294조). 이때 검사, 피고인 또는 변호인은 특별한 사정이 없는 한 필요한 증거를 일괄하여 신청하여야 한다(규칙 제132조).

또한 당사자는 아니지만 범죄로 인한 피해자 또는 그 법정대리인(피해자가 사망한 경우에는 배우자·직계친족·형제자매를 포함한다)도 일정한 조건하에 자신에 대한 증인신문을 신청할 수 있다(제294조의2[1]). 이는 헌법상 보장된 피해자진술권(제27조 제5항[2])을 실현하기 위한 것이다.

(2) 신청의 시기와 순서

증거조사를 신청하는 시기에는 별도의 제한이 없다. 원칙적으로 재판장의 쟁점정리가 끝난 후 신청하는 것이 보통이지만 공판기일 전의 증거신청도 허용된다(제273조). 다만, 법원은 검사, 피고인 등이 증거신청을 뒤늦게 함으로써 공판의 완결을 지연하는 것으로 인정하는 때에는 직권 또는 상대방의 신청에 따라 결정으로 이를 각하할 수 있다(제294조 제2항).

증거신청은 검사 먼저 한 후에 피고인 또는 변호인이 한다(규칙 제133조). 이는 검사가 거증책임을 부담하고 있는 것에 따른 것이다.

(3) 신청방법

1) 신청방식

증거신청은 서면 또는 구술로 할 수 있다(규칙 제176조[3]). 다만, 법원은 필요하다고 인정할 때에는 증거신청을 한 자에게 신문할 증인, 감정인, 통역인 또는 번역인의 성명, 주소, 서류나 물건의 표목 및 증거와 증명하고자 하는 사실과의

---

1) 제294조의2(피해자등의 진술권) ① 법원은 범죄로 인한 피해자 또는 그 법정대리인(피해자가 사망한 경우에는 배우자·직계친족·형제자매를 포함한다. 이하 이 조에서 "피해자등"이라 한다)의 신청이 있는 때에는 그 피해자등을 증인으로 신문하여야 한다. 다만, 다음 각 호의 어느 하나에 해당하는 경우에는 그러하지 아니하다.
   1. 삭제
   2. 피해자등 이미 당해 사건에 관하여 공판절차에서 충분히 진술하여 다시 진술할 필요가 없다고 인정되는 경우
   3. 피해자등의 진술로 인하여 공판절차가 현저하게 지연될 우려가 있는 경우
   ② 법원은 제1항에 따라 피해자등을 신문하는 경우 피해의 정도 및 결과, 피고인의 처벌에 관한 의견, 그 밖에 당해 사건에 관한 의견을 진술할 기회를 주어야 한다.
2) 헌법 제27조 ⑤ 형사피해자는 법률이 정하는 바에 의하여 당해 사건의 재판절차에서 진술할 수 있다.
3) 규칙 제176조(신청 기타 진술의 방식) ① 법원 또는 판사에 대한 신청 기타 진술은 법 및 이 규칙에 다른 규정이 없으면 서면 또는 구술로 할 수 있다.

관계, 보강증거 또는 정상에 관한 증거라는 취지, 서류나 물건의 일부를 증거로 할 부분의 특정에 관한 사항을 기재한 서면의 제출을 명할 수 있다(규칙 제132조의2 제4항).

한편, 검사·피고인 또는 변호인은 특별한 사정이 없는 한 필요한 증거를 일괄하여 신청하여야 한다(규칙 제132조). 이는 당사자 간의 공격과 방어의 대상을 명확하게 함으로써 효율적이고 집중적인 증거조사를 가능하게 하기 위한 것이다. 다만, 검사가 신청한 증거 중에서 피고인이나 변호인이 동의하지 않은 전문증거라도 (제311조부터 제315조까지 또는 제318조에 의해) 증거로 할 수 있는 서류나 물건이 수사기록의 일부인 때에는 검사는 이를 특정하여 개별적으로 제출함으로써 그 조사를 신청하여야 한다. 수사기록의 일부인 서류나 물건을 자백에 대한 보강증거나 피고인의 정상에 관한 증거로 낼 경우 또는 공판기일 전에 서류나 물건을 증거로 제출할 경우에도 이와 같다(규칙 제132조의3 제1항)

2) 증거방법의 특정

증거조사를 신청함에 있어서는 신청의 대상인 증거물을 특정하여야 한다. 따라서 증인신문을 신청할 경우 증인의 성명과 주소를 특정하여야 한다(규칙 제132조의2 제1항 참조). 다만, 추완을 조건으로 하는 증거신청, 법원에 인선을 허용하는 증거신청, 복수의 증거에 대한 택일적인 증거신청 등도 허용된다.

서류나 물건의 일부에 대한 증거신청을 함에 있어서는 증거로 할 부분을 특정하여 명시하여야 한다(동조 제3항). 이를 증거분리제출제도라고 한다. 따라서 수사기관이 작성한 수사보고에 문서가 첨부되어 있는 경우에는 수사보고와 첨부문서의 내용을 정확하게 확인하여 증거를 특정하여야 한다(2011도3809).

3) 입증취지의 명시

검사, 피고인 또는 변호인이 증거신청을 함에 있어서는 그 증거와 증명하고자 하는 사실과의 관계, 즉 입증취지(立證趣旨)를 구체적으로 명시하여야 한다(제132조의2 제1항). 이 입증취지는 법원이 증거결정을 하는 데 있어서 뿐만 아니라 상대방의 방어권행사에도 도움이 된다.

또한 피고인의 자백을 보강하는 증거나 정상에 관한 증거는 보강증거 또는 정상에 관한 증거라는 취지를 특히 명시하여 그 조사를 신청하여야 한다(동조 제2항). 마찬가지로 증거제출에 있어서도 상대방에게 이에 대한 공격·방어의 수단을 강구할 기회를 사전에 부여하여야 한다는 점에서 그 증거와 증명하고자 하는 사실과의 관계 및 입증취지 등을 미리 구체적으로 명시하여야 할 것이므로, 증명력을 다투고자 하는 증거의 어느 부분에 의하여 진술의 어느 부분을 다투려고 한다는 것을 사전에 상대방에게 알려야 한다(2005도2617).

4) 영상녹화물의 조사신청

검사는 피고인이 된 피의자의 진술을 영상녹화한 사건에서 피고인이 그 조서에 기재된 내용이 피고인이 진술한 내용과 동일하게 기재되어 있음을 인정하지 아니하는 경우 그 부분의 성립의 진정을 증명하기 위하여 영상녹화물의 조사를 신청할 수 있다(규칙 제134조의2 제1항).

이때의 영상녹화물은 조사가 개시된 시점부터 조사가 종료되어 피의자가 조서에 기명날인 또는 서명을 마치는 시점까지 전과정이 영상녹화된 것이어야 하고(동조 제3항[4]), 조사가 행하여지는 동안 조사실 전체를 확인할 수 있도록 녹화된 것으로 진술자의 얼굴을 식별할 수 있는 것이어야 한다(동조 제4항). 또한 영상녹화물의 재생 화면에는 녹화 당시의 날짜와 시간이 실시간으로 표시되어야 한다(동조 제5항).

한편, 검사는 피의자가 아닌 자가 공판준비 또는 공판기일에서 조서가 자신이 검사 또는 사법경찰관 앞에서 진술한 내용과 동일하게 기재되어 있음을 인정하지 아니하는 경우 그 부분의 성립의 진정을 증명하기 위하여 영상녹화물의 조사를 신청할 수 있다(규칙 제134조의3 제1항). 검사가 이 영상녹화물의 조사를 신청하는 때에는 피의자가 아닌 자가 영상녹화에 동의하였다는 취지로 기재하고 기명날인 또

---

4) 이 영상녹화물은 (ⅰ) 피의자의 신문이 영상녹화되고 있다는 취지의 고지, (ⅱ) 영상녹화를 시작하고 마친 시각 및 장소의 고지, (ⅲ) 신문하는 검사와 참여한 자의 성명과 직급의 고지, (ⅳ) 진술거부권·변호인의 참여를 요청할 수 있다는 점 등의 고지, (ⅴ) 조사를 중단·재개하는 경우 중단 이유와 중단 시각, 중단 후 재개하는 시각, (ⅵ) 조사를 종료하는 시각 등이 포함되어 있어야 한다(동조 제3항).

는 서명한 서면을 첨부하여야 한다(동조 제2항). (이외에는 피의자진술 영상녹화물에 관한 규정 준용)

(4) 신청의 철회

증거조사를 신청한 자는 증거채택이 결정된 후에도 증거조사가 실시되기 전까지는 그 신청을 철회할 수 있다. 범죄피해자 등이 증거신청을 한 경우도 마찬가지이다. 이때 신청인이 출석통지를 받고도 정당한 이유없이 출석하지 아니한 때에는 그 신청을 철회한 것으로 본다(제294조의2 제4항).

3. 직권에 의한 증거조사

(1) 의 의

당사자의 증거신청이 없더라도 법원은 직권으로 증거조사를 할 수 있다(제295조 후단). 법원에 의한 직권증거조사를 인정하는 것은 법원에게 사건의 실체적 진실을 밝힐 의무가 있으므로 피고인의 입증활동이 불충분할 경우 이를 보충할 필요가 있다는 점을 고려한 것이다.

법원은 피고인에게 불리한 증거뿐만 아니라 유리한 증거도 직권으로 조사하여야 한다.

(2) 성 격

법원의 직권에 의한 증거조사는 당사자의 입증활동이 불충분하거나 불분명할 때 보충적으로 이루어지는 것이다. 따라서 법원의 직권에 의한 증거조사는 당사자들이 신청한 증거를 먼저 조사한 후에 실시하여야 한다(제291조의2 제2항). 다만, 법원은 당사자의 입증활동이 불충분한 경우라도 바로 직권조사를 할 것이 아니라 먼저 당사자에게 석명권을 행사하여 입증을 촉구하고, 그래도 미흡할 경우에 한해 직권에 의한 증거조사를 하여야 한다.

한편, 법원의 직권에 의한 증거조사는 실체진실의 발견과 공정한 재판의 이념에서 비롯되는 법원의 권리이자 책무이다. 따라서 법원이 직권에 의한 증거조사의 책무를 다하지 아니한 경우에는 심리미진의 위법이 되므로 상대적 항소이유(제361조의5 제1호)와 상고이유(제383조 제1호)가 된다(90도2205).

4. 법원의 증거결정

(1) 의 의

1) 개 념

증거결정이란 검사, 피고인 또는 변호인, 범죄피해자 등이 증거신청이나 법원의 직권에 의해 수집한 증거에 대하여 법원이 증거조사의 실시 여부를 결정하는 것을 말한다. 증거결정은 증거조사의 전제조건이 된다. 형소법에서는 검사, 피고인 또는 변호인, 범죄피해자 등이 증거신청을 하면 법원은 해당 증거를 채택하여 증거조사를 할 것인가 여부를 결정하도록 하고 있다(제295조). 일반적으로 소송지휘권은 재판장에게 있지만 증거의 채택은 사실인정에 있어서 중요한 사항이므로 증거결정은 법원이 하도록 한 것이다.

증거결정에는 증거채택결정, 기각 또는 각하결정, 직권결정이 있다.

2) 성 격

증거결정의 법적 성격에 대하여는 ① 법원의 소송지휘권에 근거한 것이므로 법원의 재량에 속한다고 하는 견해(자유재량설), ② 증거결정은 일정한 기준에 의해 합리적으로 결정되어야 한다는 견해(기속재량설, 다수설)가 있다.

대법원은 법원이 증거결정을 함에 있어서 증거신청이 법령에 위반한 경우, 신청한 증거가 입증사실과 관련성이 없는 경우, 이미 유사한 증거가 제출되어 중복조사로서 불필요한 경우 등, 구체적 증거에 따라 법원의 합리적 재량을 인정하고 있다(94도252). 형소법에서는 법원의 증거결정의 기준에 관한 규정을 두고 있지 않다. 하지만 피고인의 방어권 보장과 공정한 재판의 실현이라는 관점에서 보면 법원의 증거결정은 심증형성의 경우와 마찬가지로 귀속재량으로 이해하여야 한다.

한편, 대법원은 "증거신청의 채택 여부는 법원의 재량으로서 법원이 필요하지 아니하다고 인정할 때에는 이를 조사하지 아니할 수 있는 것이고, 법원이 적법하게 공판의 심리를 종결한 뒤에 피고인이 증인신청을 하였다 하여 반드시 공판의 심리를 재개하여 증인신문을 하여야 하는 것은 아니다"라고 하면서, 법원이 적법하게 공판의 심리를 종결한 후에 피고인의 증인신청이 있었다고 하여 법원이 반드시 공판을 재개하여 증인신문을 하여야 하는 것은 아니라고 한다(2013도12155). 법원이 신청한 증거를 채택하지 않더라도 법관기피사유가 되는 것은 아니다(95모10).

(2) 조사절차

1) 임의적 의견진술

법원은 증거결정을 함에 있어서 필요하다고 인정할 때에는 그 증거에 대한 검사, 피고인 또는 변호인의 의견을 들을 수 있도록 하고 있다(규칙 제134조 제1항). 이를 임의적 의견진술이라고 한다. 당사자의 신청에 의한 경우뿐만 아니라 직권에 의한 경우도 마찬가지이다.

2) 필요적 의견진술

법원은 서류 또는 물건이 증거로 제출된 경우에 이에 관한 증거결정을 함에 있어서는 제출한 자로 하여금 그 서류 또는 물건을 상대방에게 제시하게 하여 상대방으로 하여금 그 서류 또는 물건의 증거능력 유무에 관한 의견을 진술하게 하게 하도록 하고 있다. 다만, 간이공판절차에서 동의가 있는 것으로 간주되는 경우에는 그러하지 아니하다(동조 제2항).5) 이를 필요적 의견진술이라고 한다.

또한 법원은 검사가 영상녹화물의 조사를 신청한 경우 피고인 또는 변호인으로 하여금 그 영상녹화물이 적법한 절차와 방식에 의해 작성, 봉인된 것인지 여부에 대하여 의견을 진술하게 한 후 결정하여야 한다(규칙 제134조의4 제1항). 영상녹화물이 피고인 아닌 자의 진술에 관한 것인 때에는 원진술자인 피고인 아닌 자도 의견을 진술하여야 한다(동조 제2항).

---

5) 만일 피고인 또는 변호인이 검사작성의 피고인에 대한 피의자신문조서에 기재된 내용이 피고인이 진술한 내용과 다르다고 진술할 경우, 피고인 또는 변호인은 해당 조서 중 피고인이 진술한 부분과 같게 기재되어 있는 부분과 다르게 기재되어 있는 부분을 구체적으로 특정하여야 한다(규칙 제134조 제3항).

(3) 증거결정

1) 채택결정과 직권결정

법원은 당사자가 신청한 증거가 명백히 불합리한 경우가 아니면 원칙적으로 증거채택결정을 하여야 한다. 또한 법원은 증거조사가 필요하다고 판단되는 때에는 직권을 증거결정을 할 수 있다(제295조).

2) 기각결정

법원은 다음의 경우에는 당사자의 증거신청을 기각할 수 있다.

첫째, 신청방식이 법령에 위반한 경우이다. 신청자가 증거신청을 함에 있어서 입증취지를 구체적으로 명시하지 않거나 서류나 물건의 일부에 대한 증거신청을 함에 있어서 증거로 할 부분을 특정하지 않는 경우, 법원의 서면제출의 요구에 따르지 않는 경우 등 법령(규칙 제132조의2)에 위반한 경우에는 증거신청을 기각할 수 있다(규칙 제132조의2 제5항). 다만, 이 경우 법원은 보정을 명하거나 직권으로 증거조사를 할 수 있으며, 신청자가 기각결정에 대하여 위반된 부분을 보정하여 다시 증거조사를 신청할 수 있다.

둘째, 증거능력이 없는 증거를 신청한 경우이다. 법원은 증거신청이 된 서류 또는 물건이 위법수집증거이거나 피고인이 자신에 대한 수사기관의 피의자신문조서에 대하여 내용을 부인하고 있어서 증거능력이 인정되지 아니한 경우에는 증거신청을 기각하여야 한다.

셋째, 증거조사의 가능성이나 필요성이 없는 경우이다. 즉, (ⅰ) 신청한 증인 사망하거나 외국으로 출국하여 소재가 불명한 경우 등 증거조사가 사실상 불가능한 경우, (ⅱ) 법원이 증거조사를 통해 충분히 심증을 형성한 사실에 관해 중복하여 증거신청을 한 경우, (ⅲ) 신청된 증거가 요증사실과 관련성이 인정되지 않는 경우, 증거조사의 내용이 미미하여 사실상 요증사실의 입증에 영향을 미치지 않는 경우, (ⅳ) 공지의 사실과 같이 증거조사를 요하지 않는 내용과 관련된 증거신청을 한 경우에는 증거신청을 기각하여야 한다.

이외에도 법원은 범죄피해자 등에 의한 증인신문 신청의 경우에 (ⅰ) 피해자 등 이미 해당 사건에 관해 공판절차에서 충분히 진술하여 다시 진술할 필요가 없다고 인정되는 경우와 (ⅱ) 피해자 등의 진술로 인하여 공판절차가 현저하게 지연될 우려가 있는 경우에는 이를 기각할 수 있다(제294조의2 제1항 제2호, 제3호).

3) 각하결정

법원은 검사, 피고인 또는 변호인이 고의로 증거를 뒤늦게 신청함으로써 공판의 완결을 지연하는 것으로 인정할 때에는 직권 또는 상대방의 신청에 따라 결정으로 이를 각하할 수 있다(제294조 제2항).

이외에도 공판준비기일에서 신청하지 못한 증거는 (ⅰ) 그 신청으로 인하여 소송을 현저히 지연시키지 아니하는 때 또는 (ⅱ) 중대한 과실 없이 공판준비기일에 제출하지 못하는 등 부득이한 사유를 소명한 때를 제외하고는 공판기일에 증거를 신청할 수 없으므로(제266조의13 참조) 이 경우에도 각하대상이 될 수 있다.6)

(4) 증거결정에 대한 불복

증거결정은 법원의 판결 전 소송절차에 관한 것이므로, 이에 대한 항고는 허용되지 아니하며(제403조 제1항 참조), 법령의 위반이 있는 경우에 한하여 이의신청을 할 수 있다(규칙 제135조의2 단서). 그러나 법원의 증거채택 여부에 관한 결정으로 인해 사실을 오인하여 판결에 영향을 미친 경우에는 '판결에 영향을 미친 법령위반'(제361조의5 제1호, 제383조 제1호)에 해당하므로 판결 자체에 대한 상소가 허용된다(90도646).

(5) 증거결정의 취소

법원은 증거결정 후라도 증거조사가 완료되기 전에는 증거결정을 취소할 수 있다.7) 또한 증거신청을 한 자가 신청을 철회한 경우에도 증거결정을 취소하여야

---

6) 법원이 증거신청을 기각·각하하거나 그 결정을 보류한 경우 신청인으로부터 해당 증거서류나 증거물을 제출받아서는 안 된다(규칙 제134조 제4항).

7) 판례는 "다른 증거나 증인의 진술에 비추어 굳이 추가 증거조사를 할 필요가 없다는 등 특별한 사정이 없고, 소재탐지나 구인장 발부가 불가능한 것이 아님에도 불구하고, 불출석한 핵심 증인에 대하여 소재탐지나 구인장 발부 없이 증인채택 결정을 취소하는 것은 법원의 재량을 벗어나

한다. 다만, 법원은 증거조사를 신청한 자가 철회한 경우에도 직권으로 증거조사를 할 수 있으며, 이미 철회된 증거라도 증거의 채부는 법원의 직권에 속하는 것이므로 직권으로 증거조사를 할 수 있다(82도3216).

증거결정에 대한 당사자의 이의신청이 이유있다고 인정되는 경우에도 법원은 이를 취소하여야 한다(규칙 제139조 제3항 참조).

Ⅲ 증거조사 후의 절차

1. 증거조사 후의 조치

(1) 증거조사결과에 대한 피고인의 의견진술

재판장은 피고인에게 각 증거조사의 결과에 대한 의견을 물어야 한다(제293조 전단). 이는 법원이 증거조사에 의한 심증형성에 있어서 피고인의 의견을 참고하기 위한 것이다. 이때 의견을 묻는 것은 개개 증거조사가 끝날 때마다 하는 것이 바람직하지만 각 공판기일마다 해당 공판기일에서의 모든 증거조사가 끝난 후에 피고인에게 일괄하여 하는 것도 가능하다.

이때의 의견진술은 증거조사결과에 대하여 피고인의 의견을 묻는 것이므로 증거조사 전 증거결정을 위해 필요하다고 인정할 때에 행하는 의견진술(규칙 제134조 제1항) 또는 증거조사 전반에 관한 절차나 처분에 대하여 그 위법·부당함의 시정을 구하는 증거조사에 대한 이의신청(제296조)과는 구별된다.

(2) 증거조사신청권의 고지

재판장은 피고인에게 권리를 보호함에 필요한 증거조사를 신청할 수 있음을 고지하여야 한다(제293조 후단). 이는 피고인에게 증거조사에 대한 이의신청의 기회를 보장하고 자신에게 이익이 되는 증거를 신청하게 함으로써 피고인에게 실질

는 것으로서 위법하다"(2020도2623)고 하였다.

적인 방어권을 보장해 주려는 데 그 취지가 있다. 따라서 검사 또는 변호인에게는 이 고지를 요하지 아니한다.

한편, 피고인이 공소사실에 대하여 자백함에 따라 진행되는 간이공판절차에서는 증거조사의 순서, 증거물에 대한 조사방식 및 증거조사결과에 대한 피고인의 의견 청취와 같은 규정이 적용되지 아니한다.

2. 증거조사에 대한 이의신청

(1) 의 의

검사, 피고인 또는 변호인은 증거조사 후 법원의 증거조사에 대하여 이의신청을 할 수 있다(제296조 제1항). 이의신청이란 당사자가 법원 또는 소송관계인의 위법·부당함을 주장하여 그 시정 또는 다른 조치를 법원에 청구하는 의사표시를 말한다.

(2) 사유와 대상

이의신청은 증거신청, 증거결정, 증거조사의 순서와 방법 등 증거조사의 절차뿐만 아니라 증거조사단계에서 행하여진 모든 처분을 그 대상으로 한다. 따라서 이의신청의 대상이 되는 행위는 법원의 행위뿐만 아니라 상대방 당사자의 행위 기타 소송관계인의 행위가 모두 포함된다. 이 행위는 작위와 부작위를 묻지 않는다.

이의신청은 법령의 위반이 있거나 상당하지 아니함을 이유로 하여 이를 할 수 있다. 다만, 증거결정에 대한 이의신청은 법령의 위반이 있음을 이유로 하여서만 이를 할 수 있다(규칙 제135조의2).

(3) 시기와 방법

증거조사에 대한 이의신청은 개개의 행위·처분 또는 결정 시마다 그 이유를 간결하게 명시하여 즉시 하여야 한다(규칙 제137조). 이 이의신청은 서면 또는 구술로 할 수 있으나(규칙 제176조 제1항 참조), 대부분 공판정에서 구술로 행하여진다.

(4) 이의신청에 대한 결정

법원은 증거조사에 대하여 이의신청이 있는 경우 즉시 결정을 하여야 한다(제296조 제2항, 규칙 제138조). 다만, 증거조사를 마친 증거의 증거능력에 이의가 있는 경우처럼 신청의 이유 유무의 판단에 시간을 요하는 경우에는 그 판단이 가능한 때에 결정을 하면 될 것이다.

1) 기각결정

시기에 늦은 이의신청, 소송지연만을 목적으로 하는 것임이 명백한 이의신청은 결정으로 이를 기각하여야 한다. 다만, 시기에 늦은 이의신청이 중요한 사항을 대상으로 하고 있는 경우에는 시기에 늦은 것만을 이유로 하여 기각하여서는 아니된다(규칙 제139조 제1항).

또한 이의신청이 형식적 요건을 갖춘 경우에도 이의신청이 이유없다고 인정되는 경우에는 결정으로 이를 기각하여야 한다(동조 제2항).

2) 인용결정

이의신청이 이유있다고 인정되는 경우에는 결정으로 이의신청의 대상이 된 행위, 처분 또는 결정을 중지, 철회, 취소, 변경하는 등 그 이의신청에 상응하는 조치를 취하여야 한다(동조 제3항).

그러나 증거조사를 마친 증거가 증거능력이 없음을 이유로 한 이의신청을 이유있다고 인정할 경우에는 그 증거의 전부 또는 일부를 배제한다는 취지의 결정을 하여야 한다(동조 제4항).

3) 결정에 대한 불복

증거조사에 대한 결정뿐만 아니라 이의신청에 대한 결정에 의하여 판단이 된 사항에 대하여는 다시 이의신청을 할 수 없다(규칙 제140조). 이 결정은 판결 전의 소송절차이므로 항고를 할 수 없다(제403조). 다만, 그로 말미암아 사실을 오인하여 판결에 영향을 미치기에 이른 경우에는 이를 상소의 이유로 할 수 있다(90도646).

제 2 절 공판기일 전 증거조사와 증거개시

Ⅰ. 공판기일 전 증거조사

1. 의 의

　피고사건에 대한 증거조사는 공판기일에 하는 것이 원칙이지만 공판기일에서의 신속하고 효율적인 심리를 위하여 일정한 범위 내에서 공판기일 전에도 증거를 수집하고 조사할 필요가 있는 경우가 있다. 그러나 공판기일 전 증거조사는 법원으로 하여금 예단을 가지게 할 수 있다는 점에서 문제가 된다.

　이와 관련하여 공판기일 전 증거조사의 허용 여부에 대하여는 ① 공판기일 전의 증거조사는 공판기일의 심리준비를 위한 것이므로 허용된다는 견해, ② 공판기일 전의 증거조사를 허용하되, 제1회 공판기일이 열리기도 전에 수소법원이 증거조사를 할 수 있다고 하게 되면 법원이 공판을 진행하기도 전에 예단을 갖게 되어 공소장일본주의, 공판중심주의가 무색해진다는 점에서 그 시기를 제1회 공판기일 후에만 가능하다는 견해(다수설), ③ 국민참여재판의 경우에 공판준비절차에서 증거조사가 행하여지면 배심원이 이를 근거로 실체에 관한 심증형성을 할 수 없다는 점에서 허용되지 아니한다는 견해 등이 있다. 형소법에서는 공판기일 전 증거조사를 허용하거나(제273조) 당사자의 공판기일 전 증거제출을 인정(제274조)하면서도 아무런 제한을 두고 있지 않으며, 법원은 검사, 피고인 또는 변호인의 신청에 의하여 공판준비에 필요하다고 인정한 때에는 공판기일 전에 피고인을 신문할 수 있도록 하고 있다(제273조 제1항). 또한 공판기일 전 증거조사는 심리의 능률과 효율성을 도모하기 위한 것으로서 매우 제한적으로 행하여지기 때문에 공소장일본주의에 반하는 것도 아니다. 더구나 실무에서는 대부분 제1회 공판기일 전에 증거조사가 행하여지고 있다. 따라서 공판기일 전 증거조사는 제1회 공판기일 전·후를 불문하고 허용된다고 할 것이다. 다만, 공판기일 전에 제출된 증거라도 증거능력이 인정되기 위하여는 공판기일에 증거조사를 거쳐야만 한다.

2. 공무소 등에의 조회

(1) 의 의

법원은 직권 또는 검사, 피고인, 변호인의 신청에 의하여 공무소 또는 공사단체에 조회하여 필요한 사항의 보고 또는 그 보관서류의 송부를 요구할 수 있다(제272조 제1항). 이를 법원의 사실조회라고 한다. 이때 법원은 필요하다고 인정하는 경우 법원 등에 대하여 민감정보, 고유식별정보, 주민등록번호 및 그 밖의 개인정보가 포함된 자료의 송부를 요구할 수 있다(규칙 제132조의5). 이 신청을 기각함에는 결정으로 하여야 한다(제272조 제2항).

(2) 신청방법

보관서류의 송부요구신청은 법원, 검찰청, 수사처, 기타의 공무소 또는 공사단체가 보관하고 있는 서류의 일부에 대하여도 할 수 있다(규칙 제132조의4 제1항).

또한 이 신청을 받은 법원이 송부요구신청을 채택하는 경우에는 서류를 보관하고 있는 법원 등에 대하여 그 서류 중 신청인 또는 변호인이 지정하는 부분의 인증등본을 송부하여 줄 것을 요구할 수 있다(동조 제2항). 이때 요구를 받은 법원 등은 해당서류를 보관하고 있지 아니하거나 기타 송부요구에 응할 수 없는 사정이 있는 경우를 제외하고는 신청인 또는 변호인에게 해당서류를 열람하게 하여 필요한 부분을 지정할 수 있도록 하여야 하며 정당한 이유없이 이에 대한 협력을 거절하지 못한다(동조 제3항).[8] 다만, 서류의 송부요구를 받은 법원 등이 해당서류를 보

---

8) 판례는 "제272조 제1항, 규칙 제132조의4 제2항, 제3항에서 규정한 바와 같이, 법원이 송부요구한 서류에 대하여 변호인 등이 열람·지정할 수 있도록 한 것은 피고인의 방어권과 변호인의 변론권 행사를 위한 것으로서 실질적인 당사자 대등을 확보하고 피고인의 신속·공정한 재판을 받을 권리를 실현하기 위한 것이므로, 서류의 열람·지정을 거절할 수 있는 '정당한 이유'는 엄격하게 제한하여 해석하여야 한다. 특히 서류가 관련 형사재판확정기록이나 불기소처분기록 등

관하고 있지 아니하거나 기타 송부요구에 응할 수 없는 사정이 있는 때에는 그 사유를 요구법원에 통지하여야 한다(동조 제4항).

(3) 증거조사

공무소 조회 등에 의해 작성 또는 송부된 서류를 증거로 하기 위하여는 검사, 변호인 또는 피고인이 공판정에서 개별적으로 지시설명하여 조사하여야 한다(제291조 제1항). 다만, 재판장은 직권으로 이 서류나 물건을 공판정에서 조사할 수 있다(동조 제2항).

3. 법원의 증거조사와 당사자의 증거제출

법원은 검사, 피고인 또는 변호인의 신청에 의하여 공판준비에 필요하다고 인정한 때에는 공판기일 전에 피고인 또는 증인을 신문할 수 있고 검증,9) 감정 또는 번역을 명할 수 있다(제273조 제1항). 다만, 재판장은 부원(수명법관)으로 하여금 위의 증거조사를 하게 할 수 있다(동조 제2항). 이 신청을 기각함에는 결정으로 하여야 한다(동조 제3항). 법원의 증거조사에 의해 작성 또는 송부된 서류를 증거로 하기 위하여는 검사, 변호인 또는 피고인이 공판정에서 개별적으로 지시설명하여 조사하여야 한다(제291조 제1항). 다만, 재판장은 직권으로 이 서류나 물건을 공판정

으로서 피고인 또는 변호인이 행한 법률상·사실상 주장과 관련된 것인 때에는, "국가안보, 증인보호의 필요성, 증거인멸의 염려, 관련 사건의 수사에 장애를 가져올 것으로 예상되는 구체적인 사유"에 준하는 사유가 있어야만 그에 대한 열람·지정을 거절할 수 있는 정당한 이유가 인정될 수 있다(제266조의3 제1항 제4호, 제2항 참조)"고 하면서, "법원이 제272조 제1항에 의하여 송부요구한 서류가 피고인의 무죄를 뒷받침할 수 있거나 적어도 법관의 유·무죄에 대한 심증을 달리할 만한 상당한 가능성이 있는 중요증거에 해당하는데도 정당한 이유 없이 피고인 또는 변호인의 열람·지정 내지 법원의 송부요구를 거절하는 것은 피고인의 신속·공정한 재판을 받을 권리와 변호인의 조력을 받을 권리를 중대하게 침해하는 것이다. 따라서 이러한 경우 서류의 송부요구를 한 법원으로서도 해당 서류의 내용을 가능한 범위에서 밝혀보아 서류가 제출되면 유·무죄의 판단에 영향을 미칠 상당한 개연성이 있다고 인정될 경우에는 공소사실이 합리적 의심의 여지 없이 증명되었다고 보아서는 아니된다"(2012도1284)고 하였다.

9) 이 '검증'은 법원에 의한 검증을 말하므로, '검증을 명한다'는 것은 법원이 검증을 결정하여 시행한다는 의미로 해석하여야 한다.

에서 조사할 수 있다(동조 제2항).

또한 검사, 피고인 또는 변호인은 공판기일 전에 서류나 물건을 증거로 법원에 제출할 수 있다(제274조).

II. 증거개시

1. 의 의

증거개시란 검사 또는 피고인이나 변호인이 자신이 가진 증거를 공판기일 전에 공개하여 열람·등사하게 함으로써 사전에 공판절차에서의 방어준비를 충실하게 함과 동시에, 공판절차를 효율적으로 진행하도록 하기 위한 절차를 말한다.

형소법에서는 검사의 공소제기 후 피고인 또는 변호인에게 검사가 보관하고 있는 서류나 물건의 열람·등사할 수 있는 권한을 인정하고 있다(제266조의3). 한편, 검사도 피고인 또는 변호인에게 일정한 경우에 서류 또는 물건에 대하여 열람·등사 또는 서면의 교부를 요구할 수 있도록 하고 있다(제266조의11). 이와 더불어 형소법에서는 법원이 보관하고 있는 서류와 물건, 즉 소송계속 중의 관계 서류 또는 증거물에 대하여도 피고인과 변호인에게 열람·복사권을 인정하고 있다(제35조10)).

> **[참고] 공소제기 전 수사단계에서의 증거개시**
> 구속전 피의자심문에 참여할 변호인은 지방법원 판사에게 제출된 구속영장청구서 및 그에 첨부된 고소·고발장, 피의자의 진술을 기재한 서류와 피의자가 제출한 서류를 열람할 수 있다(규칙 제96조의21 제1항). 이때 검사는 증거인멸 또는 피의자나 공범 관계에 있는 자가 도망할 염려가 있는 등 수사에 방해가 될 염려가 있는 때에는 지방법원

---

10) 제35조 제1항에서는 "피고인과 변호인은 소송계속 중의 관계 서류 또는 증거물을 열람하거나 복사할 수 있다"고 규정하고 있다. 다만, 이때의 '서류 또는 증거물'은 법원이 보관하고 있는 서류 또는 증거물을 의미한다.

판사에게 위의 서류(구속영장청구서는 제외한다)의 열람 제한에 관한 의견을 제출할 수 있고, 지방법원 판사는 검사의 의견이 상당하다고 인정하는 때에는 그 전부 또는 일부의 열람을 제한할 수 있다(동조 제2항). 체포·구속적부심을 청구한 경우에도 마찬가지이다(규칙 제104조의2).

또한 구속영장이 청구되거나 체포 또는 구속된 피의자, 그 변호인, 법정대리인, 배우자, 직계친족, 형제자매나 동거인 또는 고용주는 긴급체포서, 현행범인체포서, 체포영장, 구속영장 또는 그 청구서를 보관하고 있는 검사, 사법경찰관 또는 법원사무관 등에게 그 등본의 교부를 청구할 수 있다(규칙 제101조).

2. 피고인 또는 변호인의 증거개시 신청

피고인 또는 변호인은 검사의 공소제기 후 검사가 보관하고 있는 서류나 물건을 열람·등사할 수 있다(제266조의3). 이는 헌법상 기본권인 피고인의 신속하고 공정한 재판을 받을 권리와 변호인의 조력을 받을 권리를 보장하기 위한 구체적 수단이 된다.

(1) 개시의 신청

피고인 또는 변호인은 공소제기 후 검사가 보관하고 있는 서류 등에 대하여 열람·등사 또는 서면의 교부를 신청할 수 있다. 그러나 피고인에게 변호인이 있는 경우에는 피고인은 열람만을 신청할 수 있다(제266조의3 제1항).

신청은 (i) 사건번호, 사건명, 피고인, (ii) 신청인 및 피고인과의 관계, (iii) 열람 또는 등사할 대상을 기재한 서면으로 하여야 한다(규칙 제123조의2). 다만, 검사, 피고인 또는 변호인은 공판준비 또는 공판기일에서 법원의 허가를 얻어 구두로 상대방에게 서류 등의 열람 또는 등사를 신청할 수 있다(규칙 제123조의5 제1항).

(2) 개시의 대상

피고인 또는 변호인이 검사에게 열람·등사를 신청할 수 있는 대상은 공소제기된 사건에 관한 서류 또는 물건의 목록과 공소사실의 인정 또는 양형에 영향을 미칠 수 있는 (i) 검사가 증거로 신청할 서류 등, (ii) 증인으로 신청할 사람의 성명, 사건과의 관계 등을 기재한 서면 또는 진술서류 등, (iii) 이상의 서면 또는 서류의 증명력과 관련된 서류 등, (iv) 피고인 또는 변호인이 행한 법률상·사실상 주장과 관련된 서류(관련 형사재판확정기록, 불기소처분기록[11] 등) 등이다(제266조의3 제1항).

이때 증거개시의 대상은 검사가 신청할 예정인 증거에 한정하지 않고, 피고인에게 유리한 증거를 포함한 전면적인 증거개시를 원칙으로 한다(2009헌마257).

1) 증거목록

증거목록은 필수적인 증거개시대상이다. 이는 증거개시제도의 실효성을 확보하기 위한 것이다. 이때의 증거목록은 공소제기 후 검사가 법원에 증거로 신청할 서류 등의 목록만을 의미하는 것은 아니고, 공소제기된 사건에 관한 수사자료 전부에 대한 기록목록 내지 압수물목록을 말한다.[12]

2) 서류 또는 물건

서류 또는 물건은 도면·사진·녹음테이프·비디오테이프·컴퓨터용 디스크, 그 밖에 정보를 담기 위하여 만들어진 물건으로서 문서가 아닌 특수매체를 포함한다. 이 경우 특수매체에 대한 등사는 필요 최소한의 범위에 한한다(동조 제6항). 다만, 참고인진술(제221조) 또는 피의자진술(제244조의2)을 영상녹화한 영상녹화물에 대한 열람·등사는 원본과 함께 작성된 부본에 의하여 이를 행할 수 있다(규칙 제123조의3).

---

11) 판례는 "검찰청이 보관하고 있는 불기소처분기록에 포함된 불기소결정서는 형사피의자에 대한 수사의 종결을 위한 검사의 처분 결과와 이유를 기재한 서류로서, 작성 목적이나 성격 등에 비추어 이는 수사기관 내부의 의사결정과정 또는 검토과정에 있는 사항에 관한 문서도 아니고, 그 공개로써 수사에 관한 직무의 수행을 현저하게 곤란하게 하는 것도 아니므로, 달리 특별한 사정이 없는 한 변호인의 열람·지정에 의한 공개의 대상이 된다"(2012도1284)고 하였다.

12) 검사·사법경찰관리와 그 밖에 직무상 수사에 관계있는 자는 수사과정에서 수사와 관련하여 작성하거나 취득한 서류 또는 물건에 대한 목록을 빠짐 없이 작성하여야 한다(제198조 제3항).

(3) 개시의 제한

검사는 국가안보, 증인보호의 필요성, 증거인멸의 염려, 관련 사건의 수사에 장애를 가져올 것으로 예상되는 구체적인 사유로 상당한 이유가 있다고 인정하는 때에는 열람·등사 또는 서면의 교부를 거부하거나 그 범위를 제한할 수 있다(제266조의3 제2항). 이때 검사는 지체없이 그 이유를 서면으로 통지하여야 한다(동조 제3항). 피고인 또는 변호인은 검사가 이 신청을 받은 때부터 48시간 이내에 위의 통지를 하지 아니하는 때에는 법원에 열람·등사 등을 신청(제266조의4 제1항)할 수 있다. 이때 검사에게 상당한 이유가 있는가 여부는 피고인 및 변호인의 실질적인 방어권 보장 및 당사자 대등의 원칙 등을 고려하여 엄격하게 해석되어야 한다(2012도1284).

그러나 검사는 서류 등의 목록 자체에 대한 열람 또는 등사는 거부할 수 없다(동조 제5항). 이는 증거목록이 공개되지 않으면 피고인 또는 변호인이 어떤 증거를 열람·등사 신청할 것인지를 알 수 없으므로 증거개시제도의 실효성을 확보하기 위한 조치이다.

[참고] 성범죄수사와 증거개시

「성폭력범죄의 처벌 등에 관한 특례법」 제24조 제1항에서는 "성폭력범죄의 수사 또는 재판을 담당하거나 이에 관여하는 공무원 또는 그 직에 있었던 사람은 피해자의 주소, 성명, 나이, 직업, 학교, 용모, 그 밖에 피해자를 특정하여 파악할 수 있게 하는 인적 사항과 사진 등 또는 그 피해자의 사생활에 관한 비밀을 공개하거나 다른 사람에게 누설하여서는 아니 된다"고 규정하고 있다. 아동·청소년 성범죄의 수사 또는 재판에 있어서도 마찬가지이다(아동·청소년의 성보호에 관한 법률 제31조 제1항).

그러나 이 규정은 수사기관 등이 제3자에게 인적 사항 등을 공개하거나 누설하는 것을 금지하는 규정이므로 이를 근거로 피고인 또는 변호인의 열람·등사권을 제한할 수는 없다.

---

(4) 개시에 따른 증거남용의 금지

피고인 또는 변호인(피고인 또는 변호인이었던 자를 포함한다)은 검사가 열람 또는 등사하도록 한 서면 및 서류 등의 사본을 해당 사건 또는 관련 소송의 준비에 사용할 목적이 아닌 다른 목적으로 다른 사람에게 교부 또는 제시(전기통신설비를 이용하여 제공하는 것을 포함한다)하여서는 아니된다(제266조의16 제1항). 피고인 또는 변호인이 이를 위반하는 때에는 1년 이하의 징역 또는 500만원 이하의 벌금에 처한다(동조 제2항).

(5) 검사의 개시 거부에 대한 불복

1) 개시의 허용신청

피고인 또는 변호인은 검사의 증거개시거부가 있는 경우에는 법원에 그 서류 등의 열람·등사 또는 서면의 교부를 허용할 것을 신청할 수 있다(제266조의4 제1항). 이 신청은 (i) 열람 또는 등사를 구하는 서류 등의 표목과 (ii) 열람 또는 등사를 필요로 하는 사유를 기재한 서면으로 하여야 한다(규칙 제123조의4 제1항). 이 신청서에는 (i) 검사에 대한 열람·등사 신청서 사본, (ii) 검사의 열람·등사 불허 또는 범위 제한 통지서. 다만, 검사가 서면으로 통지하지 않은 경우에는 그 사유를 기재한 서면, (iii) 신청서 부본 1부를 각각 첨부하여야 한다(동조 제2항).

2) 심리절차

법원은 증거개시 허용신청이 있는 경우, 즉시 신청서 부본을 검사에게 송부하여야 하고, 허용결정을 하는 때에는 검사에게 의견을 제시할 기회를 부여하여야 한다(동조 제3항, 규칙 제123조의4 제3항). 이때 검사가 주장하는 거부사유는 열람·등사 등에 의한 폐해발생의 우려만으로는 부족하고 구체적 위험성에 대한 소명이 있는 경우에만 인정된다.

이 신청에 따른 심리절차는 서면심리를 원칙으로 하므로 검사가 제시하는 의견만으로 결정이 가능한 때에는 공판준비기일이나 별도의 심문기일을 지정함이 없이 즉시 결정을 할 수 있다. 그러나 법원은 필요하다고 인정하는 때에는 검사에게 해당 서류 등의 제시를 요구할 수 있고, 피고인이나 그 밖의 이해관계인을 심문할 수 있다(제266조의4 제4항).

3) 법원의 결정

법원은 피고인 또는 변호인의 증거개시 허용신청이 있는 때에는 증거개시를 허용하는 경우에 생길 폐해의 유형·정도 및 피고인의 방어 또는 재판의 필요성 및 해당 서류 등의 중요성 등을 고려하여 검사에게 증거개시를 허용할 것을 명할 수 있다. 이 경우 열람 또는 등사의 시기·방법을 지정하거나 조건·의무를 부과할 수 있다(제266조의4 제2항).

법원의 열람·등사 등의 허용결정이 있는 경우에는 그 결정이 고지되는 즉시 집행력이 발생한다(2009헌마257). 이 결정은 판결 전의 소송절차에 관하 결정(제403조)에 해당하므로 형소법상 별도로 즉시항고의 규정을 두고 있지 않기 때문에 항고(제402조)의 방법으로 불복할 수 없다(2012모1393).

한편, 검사, 피고인 또는 변호인은 공판준비 또는 공판기일에서 법원의 허가를 얻어 구두로 상대방에게 서류 등의 열람 또는 등사를 신청할 수 있는데(규칙 제123조의5 제1항, 제266조의9 제1항 제10호 참조), 이때 상대방이 공판준비 또는 공판기일에서 서류 등의 열람 또는 등사를 거부하거나 그 범위를 제한한 때에는 법원은 해당기일에서 증거개시에 관한 결정(제266조의4 제2항)을 할 수 있다(동조 제2항). 이 신청과 결정은 공판준비 또는 공판기일의 조서에 기재하여야 한다(동조 제3항).

4) 법원결정의 효력

검사는 법원의 증거개시 결정이 있은 때에는 지체없이 이를 이행하여야 하며, 지체없이 이행하지 아니하는 때에는 해당 증인 및 서류 등에 대한 증거신청을 할 수 없다(제266조의4 제5항). 검사가 법원의 증거개시 결정을 이행하지 않을 경우에 검사가 단순히 해당 증거를 신청할 수 없다는 불이익을 감수하면 된다는 것이 아니라 검사의 거부행위는 피고인의 열람·등사권, 신속·공정한 재판을 받을 권리 및 변호인의 조력을 받을 권리를 침해하는 것이다(2009헌마257).[13] 그러나 이 제한

---

13) 헌법재판소는 피고인의 신청에 따라 법원이 수사서류의 열람 및 등사를 허용하도록 결정하였음에도 검사가 수사서류의 열람만을 허용하고 등사를 허용하지 않은 사안에서도 검사의 행위가 피고인의 신속하고 공정한 재판을 받을 권리 및 변호인의 조력을 받을 권리를 침해한 것이라고

규정은 검사가 개시를 거부하는 증거가 피고인에게 불리한 경우에는 효과가 있을 것이지만, 법원의 명령에도 불구하고 피고인에게 유리한 증거를 개시하지 않는 경우에는 큰 의미를 갖지 아니한다. 다만, 이때 법원은 공판기일에 직권으로 증거조사를 할 수 있으므로(제266조의13 제2항, 제295조 후단) 피고인보호를 위하여 압수 등, 필요한 수단을 동원하여 해당 증거를 확보하여야 한다.

3. 검사의 증거개시 요구

형소법에서는 피고인과 변호인뿐만 아니라 검사도 일정한 경우에 한하여 피고인 또는 변호인이 가지고 있는 증거에 대하여 증거개시를 요구할 수 있도록 규정하고 있다(제266조의11). 다만, 검사가 증거개시를 요구하는 경우에는 피고인 또는 변호인의 증거개시 신청의 경우와 달리 증거개시사유를 제한하고 있다. 이는 검사가 거증책임을 부담하고 있는 것을 고려한 것이다.

검사의 증거개시 요구는 피고인 또는 변호인에 의한 부당한 공판절차의 지연을 방지하고, 검사로 하여금 피고인 또는 변호인의 갑작스러운 주장에 대비할 수 있도록 하는 장점이 있는 반면, 검사에 비해 인적·물적 제약이 많은 피고인의 방어권을 상대적으로 약화시키는 측면도 있다.

(1) 개시요구와 개시대상

검사는 피고인 또는 변호인이 공판준비 또는 공판기일에서 현장부재, 심신상실 또는 심신미약 등 법률상, 사실상 주장을 하는 경우에는 관련 서류 등과 그 증명력에 관한 서류 등의 열람·등사 또는 교부를 요구할 수 있다(동조 제1항). 다만, 증거개시의 대상은 (ⅰ) 피고인 또는 변호인이 증거로 신청할 서류 등, (ⅱ) 피고인 또는 변호인이 증인으로 신청할 사람의 성명, 사건과의 관계 등을 기재한 서면, (ⅲ) 위의 서류 등 또는 서면의 증명력과 관련된 서류 등, (ⅳ) 피고인 또는 변호인이 행한 법률상·사실상의 주장과 관련된 서류 등이다(동조 제1항). '서류 등'은 도

하였다(2015헌마632).

면·사진·녹음테이프·비디오테이프·컴퓨터용 디스크, 그 밖에 정보를 담기 위하여 만들어진 물건으로서 문서가 아닌 특수매체를 포함한다. 이 경우 특수매체에 대한 등사는 필요 최소한의 범위에 한한다(제266조의11 제5항, 제266조의3 제6항).

한편, 피고인 또는 변호인은 검사가 서류 등에 대한 증거개시를 거부한 때에는 검사의 증거개시요구를 거부할 수 있다. 다만, 법원이 피고인 또는 변호인의 증거개시신청을 기각하는 결정을 한 경우에는 그러하지 아니하다(동조 제2항).

(2) 피고인 또는 변호인의 개시 거부에 대한 불복

1) 개시허용의 신청

검사는 피고인 또는 변호인이 서류 등에 대한 증거개시를 거부하는 경우 법원에 그 서류 등의 증거개시를 허용하도록 할 것을 신청할 수 있다(제266조의11 제3항). 이 신청은 (ⅰ) 열람 또는 등사를 구하는 서류 등의 표목과 (ⅱ) 열람 또는 등사를 필요로 하는 사유를 기재한 서면으로 하여야 한다(규칙 제123조의4 제4항, 동조 제1항). 이 신청서에는 (ⅰ) 검사에 대한 열람·등사 신청서 사본, (ⅱ) 신청서 부본 1부를 각각 첨부하여야 한다(동조 제4항, 제2항). 법원은 검사의 신청이 있는 경우 즉시 신청서 부본을 피고인 또는 변호인에게 송부하여야 하고, 피고인 또는 변호인은 이에 대한 의견을 제시할 수 있다(동조 제4항 후단).

2) 법원의 결정

법원은 검사의 신청이 있는 때에는 열람·등사 또는 서면의 교부를 허용하는 경우에 생길 폐해의 유형·정도, 피고인의 방어 또는 재판의 신속한 진행을 위한 필요성 및 해당 서류 등의 중요성 등을 고려하여 피고인 또는 변호인에게 열람·등사 또는 서면의 교부를 허용할 것을 명할 수 있으며, 이 경우 열람 또는 등사의 시기·방법을 지정하거나 조건·의무를 부과할 수 있다. 법원은 이 결정을 하는 때에는 피고인 또는 변호인에게 의견을 제시할 수 있는 기회를 부여하여야 하며, 필요하다고 인정하는 때에는 피고인 또는 변호인에게 해당 서류 등의 제시를 요구할 수 있고, 검사나 그 밖의 이해관계인을 심문할 수 있다(제266조의11 제4항, 제266조의4 제2항-제4항).

3) 법원결정의 효력

법원이 열람·등사 또는 서면의 교부 등 증거개시를 결정한 경우 피고인 또는 변호인은 이를 지체없이 이행하여야 하며, 그렇지 않은 경우에는 피고인 또는 변호인은 해당 증인 및 서류 등에 대한 증거신청을 할 수 없다(제266조의11 제4항, 제266조의4 제5항). 그러나 피고인 또는 변호인이 법원의 결정을 이행하지 않는 경우에는 검사가 법원의 결정을 이행하지 않는 경우와 마찬가지로 법원이 직권증거조사를 할 수 있다(제266조의13 제2항, 제295조 후단 참조).

제 3 절 협의의 공판준비절차와 증거조사

Ⅰ. 협의의 공판준비절차

1. 의 의

공판절차는 크게 공판준비절차와 공판심리절차로 나눈다. 또한 공판준비절차는 공소장부본송달, 피고인의 의견서 제출, 공판기일의 지정, 피고인의 소환, 증거개시절차 등과 같이 공판기일을 열기 위하여 사전에 거쳐야 하는 일반적인 준비절차를 의미하는 광의의 공판준비절차와 사건의 효율적이고 집중적인 심리를 위하여 재판장이 특별히 진행하는 협의의 공판준비절차로 나눈다.

협의의 공판준비절차란 법원이 효율적이고 집중적인 심리를 위하여 수소법원이 주도하여 검사, 피고인 또는 변호인의 의견을 들어 제1회 공판기일 전에 사건의 쟁점과 증거를 정리하는 절차를 말한다. 이를 공판전 준비절차라고도 한다. 재판장은 검사·피고인 또는 변호인에게 기한을 정하여 공판준비절차의 진행에 필요한 사항을 미리 준비하게 하거나 그 밖에 공판준비에 필요한 명령을 할 수 있다(규칙 제123조의9 제1항).

2. 종 류

공판준비절차는 당사자의 주장 및 입증계획을 서면으로 준비하게 하는 경우와 공판준비기일을 직접 열어 검사, 피고인 또는 변호인이 참여한 가운데에 진행하는 경우로 나뉘어져 있다(제266조의5 제2항). 양자는 선택적 또는 중복적으로 사용될 수 있다.

한편, 공판준비절차는 보통 제1회 공판기일 전에 행하는 것이 보통이지만, 재판의 진행경과에 따라 제1회 공판기일 이후에도 열 수 있다. 전자를 기일전 공판절차라고 하고, 후자를 기일간 공판준비절차라고 한다. 기일간 공판준비절차는 기일전 공판절차에 관한 규정을 준용한다(제266조의15).

3. 공판준비절차에의 회부

재판장은 효율적이고 집중적인 심리를 위하여 사건을 공판준비절차에 부칠 수 있다(제266조의5 제1항). 이때 검사, 피고인 또는 변호인은 증거를 미리 수집·정리하는 등 공판준비절차가 원활하게 진행될 수 있도록 협력하여야 한다(동조 제3항). 이 공판준비절차는 법원이 공소제기된 사건의 난이도나 복잡성에 따라 심리의 효율성을 위해 재판장이 필요하다고 인정하는 경우에 진행하는 임의적 절차이다. 따라서 사안이 복잡하고 쟁점이 많은 사건, 증거관계가 많거나 복잡한 사건, 증거개시가 문제된 사건 등이 그 대상이 될 수 있다. 다만, 「국민의 형사재판 참여에 관한 법률」에 따른 국민참여재판에서는 공판전 준비절차가 필수적인 절차이다(국민의 형사재판 참여에 관한 법률 제36조 제1항).

II. 공판준비행위와 증거

1. 공판준비행위

법원은 공판준비절차에서 다음 행위를 할 수 있다(제266조의9 제1항). 즉, (ⅰ) 공소사실 또는 적용법조를 명확하게 하는 행위,[14] (ⅱ) 공소사실 또는 적용법조의 추가·철회 또는 변경을 허가하는 행위, (ⅲ) 공소사실과 관련하여 주장할 내용을 명확히 하여 사건의 쟁점을 정리하는 행위, (ⅳ) 계산이 어렵거나 그 밖에 복잡한 내용에 관해 설명하도록 하는 행위, (ⅴ) 증거신청을 하도록 하는 행위, (ⅵ) 신청된 증거와 관련하여 입증 취지 및 내용 등을 명확하게 하는 행위, (ⅶ) 증거신청에 관한 의견을 확인하는 행위, (ⅷ) 증거 채부(採否)의 결정을 하는 행위, (ⅸ) 증거조사의 순서 및 방법을 정하는 행위, (ⅹ) 서류 등의 열람 또는 등사와 관련된 신청의 당부를 결정하는 행위, (ⅺ) 공판기일을 지정 또는 변경하는 행위, (ⅻ) 그 밖에 공판절차의 진행에 필요한 사항을 정하는 행위 등이다. 여기서 증거와 관련된 것은 (ⅴ)에서부터 (ⅹ)까지이다. 즉, 공판준비기일에는 증거신청 또는 증거조사의 순서 및 방법 결정 등이 공판절차의 원활한 진행을 위해 허용된다.

2. 공판준비절차에서의 증거신청과 증거조사

사건이 공판준비절차에 부쳐진 때에는 검사는 증명하려는 사실을 밝히고 이를 증명하는 데 사용할 증거를 신청하여야 한다(규칙 제123조의7 제1항). 피고인 또는 변호인은 검사의 증명사실과 증거신청에 대한 의견을 밝히고, 공소사실에 관한 사실상·법률상 주장과 그에 대한 증거를 신청하여야 한다(동조 제2항). 이때 검사·피고인 또는 변호인은 필요한 경우 상대방의 주장 및 증거신청에 대하여 필요한 의견을 밝히고, 그에 관한 증거를 신청할 수 있다(동조 제3항). 검사·피고인 또는

---

14) 법원은 공소장에 불분명한 내용이 있는 경우에는 검사에게 석명권을 행사하여 명확하게 정리하여야 한다.

변호인은 특별한 사정이 없는 한 필요한 증거를 공판준비절차에서 일괄하여 신청하여야 한다(규칙 제123조의8 제2항).

또한 법원은 사건을 공판준비절차에 부친 때에는 집중심리를 하는 데 필요한 심리계획을 수립하여야 한다(동조 제1항). 또한 법원은 증인을 신청한 자에게 증인의 소재, 연락처, 출석 가능성 및 출석이 가능한 일시 등 증인의 신문에 필요한 사항의 준비를 명할 수 있다(동조 제3항).

한편, 공판준비절차에서도 검사, 피고인 또는 변호인은 증거조사에 관해 이의신청을 할 수 있으며, 법원은 이 신청에 대하여 결정을 하여야 한다(제266조의9 제2항, 제296조). 또한 검사, 피고인 또는 변호인은 재판장의 처분에 대하여 이의신청을 할 수 있으며, 이 이의신청이 있는 때에는 법원은 결정을 하여야 한다(제266조의9 제2항, 제304조).

III. 공판준비절차의 종결과 증거

1. 종결사유

법원은 (ⅰ) 쟁점 및 증거의 정리가 완료된 때, (ⅱ) 사건을 공판준비절차에 부친 뒤 3개월이 지난 때, (ⅲ) 검사·변호인 또는 소환 받은 피고인이 출석하지 아니한 때의 하나에 해당하는 사유가 있는 경우 공판준비를 종결하여야 한다. 다만, (ⅱ)와 (ⅲ)에 해당하는 경우로서 공판의 준비를 위하여 상당한 이유가 있는 때에는 종결하지 않을 수 있다(제266조의12).

법원은 필요하다고 인정한 때에는 직권 또는 검사·피고인이나 변호인의 신청에 의하여 결정으로 종결한 공판준비절차를 재개할 수 있다(제266조의14, 제305조).

2. 종결절차

법원은 공판준비기일을 종료하는 때에는 검사, 피고인 또는 변호인에게 쟁점 및 증거에 관한 정리결과를 고지하고, 이에 대한 이의의 유무를 확인하여야 한다(제266조의10 제1항). 법원은 쟁점 및 증거에 관한 정리결과를 공판준비기일조서에 기재하여야 한다(동조 제2항). 즉, 공판준비기일조서는 공판기일에 작성하는 공판조서와는 달리 쟁점 및 증거의 결과만을 기재한다.

법원이 공판준비기일을 진행한 경우에는 참여한 법원사무관 등이 조서를 작성하여야 한다(규칙 제123조의12 제1항). 이 조서에는 피고인, 증인, 감정인, 통역인 또는 번역인의 진술의 요지와 쟁점 및 증거에 관한 정리결과 그 밖에 필요한 사항을 기재하여야 하며(동조 제2항), 재판장 또는 법관과 참여한 법원사무관 등이 기명날인 또는 서명하여야 한다(동조 제3항).

3. 종결의 효과와 증거신청의 제한

공판준비절차의 실효성 담보를 위하여 공판준비기일에 신청하지 못한 증거는 (ⅰ) 그 신청으로 인하여 소송을 현저히 지연시키지 아니하는 때 또는 (ⅱ) 중대한 과실 없이 공판준비기일에 제출하지 못하는 등 부득이한 사유를 소명한 때가 아니면 공판기일에 증거신청을 할 수 없다(제266조의13 제1항). 그러나 이 경우에도 법원은 직권으로 증거조사를 할 수 있다(동조 제2항).

제 4 절 수사상 판사에 의한 증거조사

형사절차에서 증거조사는 공판정에서 수소법원에 의하여 행하여지는 것이 원칙이다. 그런데 공판정에서 증거조사가 있을 때까지 기다려서는 그 증거의 사용이 불가능하거나 현저히 곤란하게 될 염려가 있는 경우가 있다. 또한 당사자가 수소법원의 처분 이전에 미리 자신에게 유리한 증거를 수집·보전할 필요가 있는 경우가 있다. 이러한 경우에 판사가 미리 증거를 조사하고 그 결과를 보전하여 공판에 사용할 수 있도록 하는 제도가 증거보전(제184조, 제185조)과 증인신문청구(제221조의2)이다.

Ⅰ. 증거보전절차

1. 의 의

(1) 개 념

증거보전은 수소법원이 공판정에서 정상적인 증거조사를 할 때까지 기다릴 경우 그 증거의 사용이 불가능하거나 현저히 곤란하게 될 염려가 있는 때에 검사, 피고인·피의자 또는 변호인의 청구에 의하여 판사가 미리 증거조사를 하고 그 결과를 보전하여 두는 제도를 말한다. 형소법에서는 검사, 피고인, 피의자 또는 변호인은 미리 증거를 보전하지 아니하면 그 증거를 사용하기 곤란한 사정이 있는 때에는 제1회 공판기일 전이라도 판사에게 압수, 수색, 검증, 증인신문 또는 감정을 청구할 수 있도록 하고 있다(제184조 제1항).

(2) 필요성

해당 사건에 대한 증거조사는 공판기일에 수소법원에 의해 증거조사절차에서 행하여지는 것이 원칙이다. 하지만 수사기관이 제1회 공판기일 전에 미리 증거를 보전하지 않으면 해당 사건의 공판절차에서 증거사용이 어렵게 되는 경우가 있을 수 있다. 또한 피고인·피의자에게는 수사기관과 달리 수사절차에 있어서 증거를 수집·보전하기 위한 강제처분권이 인정되지 않기 때문에 증거의 수집·보전이 어려우며, 사실상 검사에게 피고인·피의자에게 이익되는 증거의 수집을 기대하기도 어렵다. 증거보전절차는 이러한 경우에 당사자로 하여금 법원의 도움을 받아 제1회 공판기일 전에 미리 증거를 확보할 수 있도록 제도화한 것이다. 따라서 증거보전절차는 수사기관뿐만 아니라, 특히 피고인·피의자의 방어권 행사에 유리한 제도로서 실체적 진실발견에 기여한다.

2. 요 건

(1) 증거보전의 필요성

증거보전을 청구하기 위하여는 검사, 피고인·피의자, 또는 변호인이 미리 증거를 보전하지 않으면 그 증거를 사용하기 곤란한 사정이 있어야 한다(동조 제1항). '증거를 사용하기 곤란한 사정'이란 그 증거에 대한 증거조사가 불가능하게 되거나 곤란하게 되는 경우뿐만 아니라 증거가치에 변화가 일어나 본래의 증명력에 변화가 예상되는 경우 등을 말한다. 증거물의 멸실, 훼손, 은닉 및 변경의 염려가 있는 경우, 증인의 사망이 임박하거나 장기 해외체류 예정에 있는 경우, 검증현장이나 원상의 훼손 또는 변경의 우려가 있는 경우, 감정이 어려운 사정에 놓일 수 있는 경우 등이 이에 해당한다.

한편, 피고인·피의자가 참고인의 진술변경 가능성을 이유로 증거보전을 위한 증인신문을 청구하는 것이 허용되는가에 대하여는 ① 긍정설과 ② 부정설이 있다. 증인신문에 관한 헌법재판소의 결정[15]의 취지를 고려하면 특별한 사정이 없는 한 진술변경의 가능성만으로는 증거보전이 허용되지 않는다고 할 것이다.

(2) 제1회 공판기일 전

증거보전은 제1회 공판기일 전에 한하여 할 수 있다(동조 제1항). 제1회 공판기일 전이라면 공소제기 전·후를 불문하지만 수사가 개시되기 전에는 증거보전을 청구할 수 없다(79도792). 증거보전은 제1회 공판기일 이후에는 허용되지 아니한

---

[15] 헌법재판소는 종전의 제221조의2(증인신문의 청구) 제2항(전조의 규정에 의하여 검사 또는 사법경찰관에게 임의의 진술을 한 자가 공판기일에 전의 진술과 다른 진술을 할 염려가 있고 그의 진술이 범죄의 증명에 없어서는 아니될 것으로 인정될 경우에는 검사는 제1회 공판기일 전에 한하여 판사에게 그에 대한 증인신문을 청구할 수 있다)에 대하여, "제221조의2 제2항에서는 범인필벌의 요구만을 앞세워 과잉된 입법수단으로 증거수집과 증거조사를 허용함으로써 법관의 합리적이고 공정한 자유심증을 방해하여 헌법상 보장된 법관의 독립성을 침해할 우려가 있으므로, 결과적으로 그 자체로서도 적법절차의 원칙 및 공정한 재판을 받을 권리에 위배되는 것이다"라고 하여 위헌결정을 하였으며(94헌바1), 이에 따라 동조항은 2007년 개정 형소법(법률 제8730호)에서 삭제되었다.

다. 따라서 재심청구사건에서는 증거보전절차가 허용되지 아니한다(84모15).

제1회 공판기일 전의 시점에 대하여는 ① 검사의 모두진술이 종료되면 수소 법원에 증거신청을 할 수 있기 때문에 검사의 모두진술이 종료되는 시점까지라는 견해, ② 형소법에서 증거조사의 시기를 제287조(재판장의 쟁점정리 및 검사·변호인 의 증거관계 등에 대한 진술)[16] 규정에 의한 절차가 끝난 후에 실시한다고 규정하고 있으므로 모두절차가 끝난 때까지라는 견해, ③ 제1회 공판기일은 수소법원에서 실질적인 증거조사가 가능한 단계를 의미하므로 증거조사가 개시되기 전이라는 견해, ④ 수소법원은 공판기일 전이라도 당사자의 신청에 의해 공판준비에 필요하 다고 인정하는 때에는 증거조사를 할 수 있으므로(제273조) 공판절차가 최초로 개 시되기 전, 즉 모두절차가 시작되기 전까지라는 견해 등이 있다. 제1회 공판기일 이란 수소법원에서 증거조사가 가능한 단계를 의미하고, 실무적으로는 모두절차가 진행된 후 바로 사실심리절차가 진행되며, 제1회 공판기일 전에 증거보전청구가 있더라도 수소법원이 제1회 공판기일을 진행하게 되면 증거보전절차를 진행할 수 없다는 점을 고려하면 제1회 공판기일 전이란 모두절차가 개시되기 전까지를 의 미한다고 할 것이다.

3. 절 차

(1) 증거보전의 청구

1) 청구권자

증거보전을 청구할 수 있는 자는 검사, 피의자, 피고인 또는 변호인이다(제184 조 제1항). 사법경찰관이나 입건 전 피조사자에게는 증거보전청구권이 인정되지 아

---

16) 제287조(재판장의 쟁점정리 및 검사·변호인의 증거관계 등에 대한 진술) ① 재판장은 피고인 의 모두진술이 끝난 다음에 피고인 또는 변호인에게 쟁점의 정리를 위하여 필요한 질문을 할 수 있다.
② 재판장은 증거조사를 하기에 앞서 검사 및 변호인으로 하여금 공소사실 등의 증명과 관련된 주장 및 입증계획 등을 진술하게 할 수 있다. 다만, 증거로 할 수 없거나 증거로 신청할 의사가 없는 자료에 기초하여 법원에 사건에 대한 예단 또는 편견을 발생하게 할 염려가 있는 사항에 서는 진술할 수 없다.

니한다. 변호인의 증거보전청구권은 독립대리권이므로 피의자 또는 피고인의 명시한 의사에 반해서도 변호인은 증거보전을 청구할 수 있다.

2) 청구방식

증거보전의 청구는 서면으로 하되, 그 사유를 소명하여야 한다(동조 제3항). 증거보전청구서에는 (ⅰ) 사건의 개요, (ⅱ) 증명할 사실, (ⅲ) 증거 및 보전의 방법, (ⅳ) 증거보전을 필요로 하는 사유를 기재하여야 한다(규칙 제92조).

또한 증거보전의 청구는 (ⅰ) 압수에 관하여는 압수할 물건의 소재지, (ⅱ) 수색 또는 검증에 관하여는 수색 또는 검증할 장소, 신체 또는 물건의 소재지, (ⅲ) 증인신문에 관하여는 증인의 주거지 또는 현재지, (ⅳ) 감정에 관하여는 감정대상의 소재지 또는 현재지를 관할하는 지방법원판사에게 하여야 한다(규칙 제91조 제1항). 다만, 감정의 청구는 감정함에 편리한 지방법원판사에게 할 수 있다(동조 제2항).

3) 청구내용

증거보전을 청구할 수 있는 것은 압수, 수색, 검증, 증인신문 또는 감정이다(제184조 제1항). 따라서 피의자신문 또는 피고인신문(72도2104)은 청구할 수 없다. 다만, 공동피고인이나 공범을 증인으로 신문하는 것은 허용된다(86도1646).[17]

(2) 증거보전의 처분

1) 판사의 결정

증거보전의 청구를 받은 판사는 청구가 적법하고 필요성이 있다고 인정할 때에는 증거보전을 하여야 한다. 청구가 부적법하거나 필요없다고 인정할 때에는 청구를 기각하는 결정을 하여야 한다. 이 기각결정에 대하여는 3일 이내에 항고할 수 있다(동조 제4항).

---

17) 공범인 공동피고인은 피고인의 범죄사실에 관해 증인적격이 없고, 증거보전절차에서 증인신문을 하더라도 변론이 분리된 것이 아니라는 이유로 공범인 공동피고인에 대해서는 증인신문을 청구할 수 없다는 견해가 있다.

2) 증거보전의 실시

증거보전청구를 받은 판사는 그 처분에 관해 법원 또는 재판장과 동일한 권한이 있다(동조 제2항). 즉, 공소제기 후 수소법원이 행하는 압수, 수색, 검증, 증인신문 및 감정에 관한 규정이 준용되므로, 판사는 증인신문을 위한 소환, 구인을 할 수 있고, 영장을 발부하여 압수·수색 등의 강제처분을 할 수 있다.

또한 증인신문을 할 때에는 검사 또는 피고인·피의자의 참여권을 보장하여야 한다. 따라서 판사는 증인신문의 일시와 장소를 사전에 검사와 피고인·피의자 또는 변호인에게 통지하여야 한다(제163조[18]). 판사가 이 통지를 하지 않아서 당사자가 증인신문에 참여하지 못한 경우에는 증인신문조서는 증거능력이 인정되지 아니한다(91도2337).

4. 증거보전 후의 조치

(1) 보전증거의 보관과 이용

증거보전에 의해 작성한 서류나 압수한 물건은 증거보전을 한 판사가 소속한 법원에서 보관한다. 따라서 검사가 청구한 때에도 증거보전결과를 검사에게 송부하지 아니한다.

검사, 피고인 또는 변호인이 증거보전절차에서 수집된 증거물이나 작성된 서류를 공판절차에서 증거로 이용하기 위하여는 수소법원에 그 서류나 증거물에 대한 증거신청을 하여야 하며, 수소법원은 증거보전을 한 법원으로부터 증거물과 기록을 송부받아 증거조사를 하여야 한다.

(2) 보전증거에 대한 열람·등사권

검사, 피의자, 피고인 또는 변호인은 판사의 허가를 얻어 증거보전절차에서

---

18) 제163조(당사자의 참여권, 신문권) ① 검사, 피고인 또는 변호인은 증인신문에 참여할 수 있다. ② 증인신문의 시일과 장소는 전항의 규정에 의하여 참여할 수 있는 자에게 미리 통지하여야 한다. 단, 참여하지 아니한다는 의사를 명시한 때에는 예외로 한다.

작성된 서류와 수집된 증거물을 열람 또는 등사할 수 있다(제185조). 이 권리는 증거보전청구권자에 한정되지 않으므로 증거보전을 청구한 자는 물론이고, 상대방에게도 인정된다. '피고인'에는 증거보전을 청구한 피고인뿐만 아니라 공동피고인이 포함된다. 다만, 공동피의자의 경우에는 피고인이 된 때에 열람·등사를 할 수 있다.

이때 열람·등사를 청구할 수 있는 시기에는 제한이 없다. 따라서 열람·등사의 청구는 제1회 공판기일 후에도 가능하다.

(3) 증거보전절차에서 작성된 조서의 증거능력

증거보전절차에서 작성된 각종 조서는 법원 또는 법관의 조서로서 절대적 증거능력이 인정된다(제311조). 압수·수색조서, 검증조서, 증인신문조서, 감정인신문조서 등이 이에 해당한다.

II. 판사에 의한 증인신문

1. 의 의

(1) 개 념

판사에 의한 증인신문은 중요한 참고인이 수사기관의 출석요구에 응하지 않거나 진술을 거부하는 경우에 제1회 공판기일 전까지 검사의 청구에 의하여 판사가 그를 증인으로 신문하여 그 진술증거를 수집·보전하는 제도를 말한다. 형소법에서는 범죄의 수사에 없어서는 아니될 사실을 안다고 명백히 인정되는 자가 수사기관에 의한 출석 또는 진술을 거부한 경우에는 검사로 하여금 제1회 공판기일 전에 한하여 판사에게 그에 대한 증인신문을 청구할 수 있도록 하고 있다(제221조의2 제1항).

(2) 필요성

수사기관의 참고인조사는 임의수사이므로 참고인이 출석 또는 진술을 거부하는 경우에는 이를 강제할 방법이 없다. 따라서 증인신문절차는 국가형벌권의 적정·신속한 실현이나 실체적 진실발견을 위해 수사기관으로 하여금 참고인의 출석과 진술을 미리 확보할 필요가 있는 경우를 고려한 것이다.

2. 요 건

(1) 증인신문의 필요성

증인신문의 청구는 제1회 공판기일 전에 한하여 증인신문의 필요성이 있을 때 허용된다. 따라서 증인의 진술에 의하여 증명할 범죄사실 내지 피의사실의 존재를 전제로 한다(89도648).

1) 범죄수사에 없어서는 아니될 사실

증인신문을 청구하기 위하여는 범죄수사에 없어서는 안 될 사실을 안다고 명백히 인정되는 자가 수사기관의 출석요구에 응하지 않거나 진술을 거부하는 경우이어야 한다(동조 제1항). '범죄수사에 없어서는 안 될 사실'은 수소법원이 유죄판결을 위해 증명하여야 할 범죄될 사실(제323조 제1항)보다 넓은 개념으로, 범죄성립 여부에 관한 사실과 정상에 관한 사실로서 기소·불기소의 결정과 양형에 중대한 영향을 미치는 사실을 포함한다.

증인신문의 청구대상에는 피의자의 소재를 알고 있는 자나 범죄의 증명에 없어서는 아니 될 지식을 가지고 있는 참고인 또는 그의 소재를 알고 있는 자도 포함된다. 또한 다른 피의자에 대해 증인이 될 수 있는 공범이나 공동피의자(86도1646)도 이에 포함된다. 다만, 이때 증인의 지식은 비대체적인 것이어야 하므로 감정인은 증인신문의 청구대상이 되지 아니한다.

2) 참고인의 출석 또는 진술의 거부

'참고인의 출석 또는 진술의 거부'는 참고인이 수사기관의 출석 또는 진술요구를 거부하는 것을 말한다. 거부에 정당한 이유가 있는 경우도 이에 해당한다. 따라서 증언거부권이 있는 자에 대해서도 증인신문을 청구할 수 있다. 참고인이 진술을 일체 거부한 경우는 물론, 일부에 대해서만 진술을 거부한 때에도 거부한 부분이 범죄수사에 없어서는 아니 될 부분에 해당하는 때에는 이에 해당한다.

또한 참고인이 진술거부권을 행사한 경우는 물론, 출석하여 진술은 하였지만 진술조서에 서명을 거부한 경우도 진술거부에 해당한다. 그러나 수사기관에게 임의의 진술을 한 자가 공판기일에 전의 진술과 다른 진술을 할 염려가 있는 경우는 그의 진술이 범죄의 증명에 없어서는 아니될 것으로 인정되는 경우라고 하더라도 증인신문의 청구대상이 되지 아니한다(94헌바1 참조).

(2) 제1회 공판기일 전

증인신문의 청구는 증거보전의 청구와 마찬가지로 제1회 공판기일 전에 한하여 허용되며(동조 제1항), 이때 '제1회 공판기일 전'이란 모두절차가 개시되기 전을 의미한다(전술 증거보전절차 참조).

3. 절 차

(1) 청구권자와 청구방식

증인신문의 청구권자는 검사이다(동조 제1항). 증인신문을 청구할 때에는 서면으로 그 사유를 소명하여야 한다(동조 제3항). 증거보전청구서에는 (ⅰ) 증인의 성명, 직업 및 주거, (ⅱ) 피의자 또는 피고인의 성명, (ⅲ) 죄명 및 범죄사실의 요지, (ⅳ) 증명할 사실, (ⅴ) 신문사항, (ⅵ) 증인신문청구의 요건이 되는 사실, (ⅶ) 피의자 또는 피고인에게 변호인이 있는 때에는 그 성명을 기재하여야 한다(규칙 제111조).

(2) 청구심사

판사는 증인신문의 청구가 적법하고 요건을 구비하였는가를 심사하여 요건을 구비한 경우에는 증인신문을 하여야 한다. 이때 별도의 결정을 요하지 아니한다. 그러나 만약 요건을 구비하지 못하였다면 결정으로 기각하여야 한다. 이 기각결정은 '판사의 결정'이므로 이에 대하여는 불복이 허용되지 아니한다(86모25).

(3) 증인신문의 방법

증인신문의 청구를 받은 판사는 증인신문에 관해 법원 또는 재판장과 동일한 권한이 있다(동조 제4항). 따라서(삭제) 법원 또는 재판장이 하는 증인신문에 관한 규정이 준용된다. 판사는 증인신문기일을 정한 때에는 피고인·피의자 또는 변호인에게 이를 통지하여 증인신문에 참여하게 하여야 한다(동조 제5항). 따라서 판사가 증인신문을 실시할 경우에는 피고인, 피의자 또는 변호인에게 신문기일과 장소 및 증인신문에 참여할 수 있다는 취지를 통지하여야 한다(규칙 제112조). 그러나 통지받은 피고인, 피의자 또는 변호인의 출석이 증인신문의 요건이 되는 것은 아니다.

4. 증인신문 후의 조치

(1) 서류의 송부

판사가 증인신문을 하는 때에는 참여한 법원사무관 등에게 증인신문조서를 작성하도록 하여야 하고(제48조), 증인신문 후 판사는 지체없이 증인신문조서 등 증인신문에 관한 서류를 검사에게 송부하여야 한다(제221조의2 제6항).

그러나 증인신문의 경우에는 증거보전과 달리(삭제) 피고인·피의자 또는 변호인에게 증인신문에 관한 서류의 열람·등사권이 인정되지 아니한다. 다만, 공소제기 이후에는 피고인 또는 변호인은 증거개시를 청구할 수 있으며(제266조의3), 공소제기 후 증인신문에 관한 서류가 법원에 제출된 경우에는 소송계속 중의 서류에 해당하므로 열람·등사를 할 수 있다(제35조 제1항).

(2) 증인신문조서의 증거능력

증인신문조서는 법관 면전조서로서 당연히 증거능력이 인정된다(제311조). 다만, 이를 증거로 이용하기 위하여는 검사가 증인신문조서를 수소법원에 제출하여 증거조사가 이루어져야 한다.

〈증거보전절차와 증인신문청구〉

	증거보전절차	증인신문청구
청구권자	• 검사, 피고인·피의자, 변호인 • 사법경찰관 ×	• 검사 • 사법경찰관 ×
신청기간	• 제1회 공판기일 전	
요 건	• 증거멸실과 증거가치 변화의 위험	• 참고인의 출석 또는 진술의 거부
내 용	• 압수, 수색, 검증, 증인신문, 감정	• 증인신문
판사권한	• 수소법원 또는 재판장과 동일한 권한	
절 차	• 당사자 참여권 인정	• 피고인·피의자, 변호인의 참여
기각결정에 대한 불복	• 3일 이내에 항고 가능	• 불복 불가
보전증거의 이용	• 보전을 행한 판사의 소속법원에 보관 • 당사자의 열람·등사권 인정 • 절대적 증거능력 인정	• 검사에게 증인신문조서 송부 • 당사자의 열람·등사권 없음 • 절대적 증거능력 인정

제 5 장

증거조사방법

형 / 사 / 증 / 거 / 법

제 5 장
증거조사방법

형소법은 증거조사의 구체적인 방법으로 서류와 물건에 대하여는 제2편 제3 장의 공판절차에서 규정하고 있고(제291조 이하), 검증, 증인신문, 감정, 통역과 번역 등에 대하여는 제1편 제11장 내지 제14장에서 각각 규정하고 있다.

제 1 절 증거물에 대한 조사

I. 증거대상에 대한 지시·설명

소송관계인이 증거로 제출한 서류나 물건, 공무소 등의 조회(제272조)나 공판기일 전의 증거조사(제273조)에 의하여 작성 또는 송부된 서류는 검사, 변호인 또는 피고인이 공판정에서 개별적으로 지시, 설명하여 조사하여야 한다(제291조 제1항). 지시·설명은 증거조사대상을 명확히 하기 위한 것이므로 서류나 물건의 표목(標目)을 특정하여 증거별로 이루어져야 하며, 개별적이고 구체적으로 행하여져야 한다.

지시·설명의 주체는 서류나 물건을 증거로 신청한 소송관계인이다. 만일 소송관계인이 지시·설명을 하지 않거나 재판장이 직권으로 이들 서류나 물건을 공판정에서 조사하는 경우에는 재판장이 지시·설명하여야 한다(동조 제2항).

II. 증거서류

증거서류(證據書類)는 서류 자체의 존재나 형상이 아닌 서류에 기재된 내용이 증거로 되는 보고적 문서를 말한다. 검사, 피고인 또는 변호인의 신청에 따라 증거서류를 조사하는 경우에는 신청인이 이를 낭독하며(제292조 제1항), 법원이 직권으로 증거서류를 조사하는 경우에는 소지인 또는 재판장이 이를 낭독하여야 한다(동조 제2항). 재판장은 필요하다고 인정하는 때에는 낭독에 갈음하여 그 요지를 진술하게 할 수 있다(규칙 제134조의6 제2항).

또한 증거서류는 재판장이 필요하다고 인정하는 경우에는 낭독이 아닌 내용을 고지하는 방법으로 조사할 수 있다(제292조 제3항). '내용의 고지'는 그 요지를 고지하는 방법으로 한다(규칙 제134조의6 제1항). 이때 재판장은 법원사무관 등으로 하여금 위의 낭독이나 고지를 하게 할 수 있다(제292조 제4항).

그리고 열람이 다른 방법보다 적절하다고 인정하는 때에는 증거서류를 제시하여 열람하게 하는 방법으로 조사할 수 있다(동조 제5항). 낭독이나 내용고지가 어려운 회계장부나 도표, 교통사고 실황조사서 등의 경우에 이용될 것이다.

III. 증거물

증거물은 범행에 사용된 흉기, 도구, 범행결과 취득된 장물 등 물건의 존재 또는 형상, 상태가 증거자료가 되는 것을 말한다. 검사, 피고인 또는 변호인의 신청에 따라 증거물을 조사하는 때에는 신청인이 이를 제시하여야 한다(제292조의2 제1항). 법원이 직권으로 증거물을 조사하는 때에는 소지인 또는 재판장이 이를 제시하여야 한다(동조 제2항). 이때 재판장은 법원사무관 등으로 하여금 증거물을 제시하게 할 수 있다(동조 제3항).

Ⅳ. 증거물인 서면

증거물인 서면(書面)은 위조문서, 협박편지 등과 같이 증거물의 성질과 그 내용이 동시에 문제가 되는 증거서류의 성질을 함께 가지는 증거를 말한다. 따라서 증거물인 서면의 증거조사는 증거물을 제시함과 동시에 이를 낭독하거나 내용을 고지 또는 열람하게 하여야 한다(2013도2511).

Ⅴ. 영상녹화물 등 그 밖의 증거

형소법은 도면, 사진, 녹음테이프, 비디오테이프, 컴퓨터용 디스크, 그 밖에 정보를 담기 위하여 만들어진 물건으로서 문서가 아닌 증거의 조사에 관해 필요한 사항에서는 대법원규칙으로 정하도록 위임하고 있다(제292조의3). 이에 따라 규칙에서는 영상녹화물 등 특수기록매체에 대한 조사방식을 별도로 규정하고 있다.

1. 영상녹화물

법원은 공판준비 또는 공판기일에서 봉인을 해체하고 영상녹화물의 전부 또는 일부를 재생하는 방법으로 조사하여야 한다. 이때 영상녹화물은 그 재생과 조사에 필요한 전자적 설비를 갖춘 법정 외의 장소에서 이를 재생할 수 있다(규칙 제134조의4 제3항). 그리고 재판장은 조사를 마친 후 지체없이 법원사무관 등으로 하여금 다시 원본을 봉인하도록 하고, 원진술자와 함께 피고인 또는 변호인에게 기명날인 또는 서명하도록 하여 검사에게 반환한다. 다만, 피고인의 출석 없이 개정하는 사건에서 변호인이 없는 때에는 피고인 또는 변호인의 기명날인 또는 서명을 요하지 아니한다(동조 제4항).

하지만 기억환기를 위한 영상녹화물의 재생(제318조의2 제2항)은 검사의 신청이 있는 경우에 한하고, 기억의 환기가 필요한 피고인 또는 피고인 아닌 자에게만 이를 재생하여 시청하게 하여야 한다(규칙 제134조의5 제1항). 영상녹화물의 조사신청 및 재생방법은 피고인이 아닌 피의자의 진술을 영상녹화한 경우(제134조의2 제3항부터 제5항까지와 제134조의4)를 준용한다(동조 제2항).

2. 컴퓨터디스크 등

컴퓨터용 디스크 그 밖에 이와 비슷한 정보저장매체(이하 '컴퓨터디스크 등'이라고 한다)에 기억된 문자정보를 증거자료로 하는 경우에는 이를 컴퓨터 화면에 불러내어 직접 조사하거나 읽을 수 있도록 출력하여 인증한 등본을 낼 수 있다(규칙 제134조의7 제1항). 이는 컴퓨터디스크 등의 특성을 고려하여 증거조사에서 편의를 도모하기 위한 것이다. 하지만 이때는 출력문서를 독립된 증거로 신청하는 경우와 달리 증거자료로 되는 것은 문자정보 자체이므로 출력문서에 대하여는 별도의 증거조사를 요하지 아니한다. 다만, 증거자료인 문자정보 등에 대하여는 증거물원본의 압수 시부터 출력 시까지 그 동일성이 유지되는 증거물보관의 연속성(chain of custody)이 입증되어야 한다(2007도7257). 이때 증거조사를 신청한 당사자는 법원이 명하거나 상대방이 요구한 때에는 컴퓨터디스크 등에 입력한 사람과 입력한 일시, 출력한 사람과 출력한 일시를 밝혀야 한다(동조 제2항).

한편, 컴퓨터디스크 등에 기억된 정보가 도면·사진 등에 관한 것인 때에도 문자정보의 경우에 관한 규정(동조 제1항과 제2항)이 준용된다(동조 제3항).

3. 녹음·녹화매체 등

녹음, 녹화테이프, 컴퓨터용 디스크 등에 음성이나 영상을 녹음, 녹화한 증거는 이를 재생하여 청취 또는 시청하는 방법으로 증거조사를 실시한다(규칙 제134조의8 제3항). 녹음·녹화테이프, 컴퓨터용 디스크, 그 밖에 이와 비슷한 방법으로 음성이나 영상을 녹음 또는 녹화(이하 '녹음·녹화 등'이라 한다)하여 재생할 수 있는 매체(이하 '녹음·녹화매체 등'이라 한다)에 대한 증거조사를 신청하는 때에는 음성이나 영상이 녹음·녹화 등이 된 사람, 녹음·녹화 등을 한 사람 및 녹음·녹화 등을 한 일시·장소를 밝혀야 한다(동조 제1항). 녹음·녹화매체 등에 대한 증거조사를 신청한 당사자는 법원이 명하거나 상대방이 요구한 때에는 녹음·녹음매체 등의 녹취서, 그 밖에 그 내용을 설명하는 서면을 제출하여야 한다(동조 제2항).

이때 제출된 녹음매체가 사본인 경우에는 원본의 내용 그대로 복사된 사본임이 입증되어야 하는데, 법원은 녹음파일의 생성과 전달 및 보관 등에 관여한 사람의 증언이나 진술, 원본이나 사본 파일 생성 직후의 해쉬(Hash)값과의 비교, 또는 녹음파일에 대한 검증·감정 결과 등 제반 사정을 종합하여 판단할 수 있다(2014도 10978).

4. 도면·사진 등

도면, 사진 그 밖의 정보를 담기 위하여 만들어진 물건으로서 문서가 아닌 증거의 조사에 관하여는 특별한 규정이 없으면 증거서류에 대한 조사방식(제292조)과 증거물에 대한 조사방식(제292조의2)을 준용하여 해당 증거의 성격이 증거서류, 증거물, 증거물인 서면인지에 따라 각각 증거조사방법을 달리한다(규칙 제134조의9).

제 2 절 증인신문

I. 증인과 증인신문의 의의

1. 증인의 의의

(1) 개 념

증인이란 법원 또는 법관에 대하여 자신이 직접 보고 듣고 체험한 바를 진술하는 제3자를 말한다. 증인은 증거조사에 있어서 증거방법의 하나인 인적 증거(人的 證據)에 해당한다.

한편, 체험사실을 진술하는 자 외에 체험한 사실로부터 추측한 사실을 진술하는 자도 체험사실에 대하여 비대체성을 가진다는 점에서 증인이 된다. 그러나 체험한 사실이 아니거나 체험한 사실과 관계없는 단순한 의견을 진술하는 자는 증인이 아니다.

(2) 구별개념

증인은 법원 또는 법관에 대하여 진술하는 자이므로 수사기관에 대하여 진술하는 참고인과 구별된다.

또한 증인은 과거에 체험한 사실을 진술한다는 점에서 전문적인 지식 또는 특별한 경험법칙에 대한 판단을 보고하는 감정인과 구별된다. 따라서 증인은 비대체적이므로 구인(拘引)이 허용되지만(제152조), 감정인은 대체가 가능하므로 구인이 허용되지 아니한다. 그러나 특별한 지식과 경험에 의하여 지득하게 된 과거의 사실을 진술하는 자로서 증인과 감정인의 성격을 동시에 갖는 감정증인은 대체성이 없으므로 증인이다. 따라서 감정증인에 대한 신문은 증인신문절차에 의한다(제179조). 성폭력피해자를 치료한 의사가 당시 환자를 치료한 내용과 관련한 증언을 하는 경우가 이에 해당한다.

2. 증인신문의 의의

(1) 개 념

증인신문이란 증인이 실제로 체험한 사실을 내용을 하는 진술을 얻는 증거조사, 즉 증인에 대한 증거조사를 말한다. 증인신문은 법관으로 하여금 증인의 진술내용과 함께 증인의 표정과 진술태도까지 직접 파악할 수 있게 한다는 점에서 법관의 심증형성에 중요한 영향을 미친다.

증인신문에는 검사, 피고인 또는 변호인의 신청에 의하여 법원이 행하는 경우

(제294조), 법원이 직권으로 행하는 경우(제295조) 및 범죄로 인한 피해자의 신청에 의해 행하여지는 경우(제29조의2)가 있다.

(2) 성 격

형소법은 증인에게 출석·선서 및 증언의 의무를 지우고, 이 의무를 이행하지 않을 때에는 직접·간접으로 강제를 가하고 있다는 점에서 증인신문은 강제처분의 성격을 가진다.

(3) 신문장소

증인신문은 공판정에서 하는 것이 원칙이지만, 법원은 증인의 연령, 직업, 건강상태 기타의 사정을 고려하여 검사, 피고인 또는 변호인의 의견을 묻고 법정 외에 소환하거나 현재지에서 신문할 수 있다(제165조).

II. 증인적격

1. 의 의

증인적격이란 증인이 될 수 있는 자격을 말한다. 제146조에서는 "법원은 법률에 다른 규정이 없으면 누구든지 증인으로 신문할 수 있다"고 규정하고 있다. 따라서 원칙적으로는 누구든지 증인이 될 수 있다. 형사미성년자도 마찬가지이다. 다만, 법률의 규정에 의하여 증인거부권이 인정되는 경우와 명문의 규정이 없지만 이론상 증인적격이 부인되는 경우가 있다.

2. 공무상 비밀과 증인거부권

공무원 또는 공무원이었던 자가 그 직무에 관해 알게 된 직무상 비밀에 관하여는 그 소속공무소 또는 감독관서의 승낙 없이는 증인으로 신문하지 못한다(제

147조 제1항). 다만, 그 소속 공무소 또는 해당 감독관공서는 국가에 중대한 이익을 해하는 경우를 제외하고는 승낙을 거부하지 못한다(동조 제2항).

공무상 비밀을 사유로 증인적격을 부정하는 경우에는 법원의 소환에도 응할 필요가 없다. 이 점에서 증인거부권은 법원의 소환에는 응할 의무가 있으나 일정한 사유로 증언을 거부할 수 있는 증언거부권과 구별된다.

3. 법관·검사·변호인의 증인적격

(1) 법　관

법관은 자신이 담당하고 있는 사건의 증인이 될 수 없다. 그러나 법관이 직무에서 벗어나게 되면 증인이 될 수 있다. 하지만 법관이 증인이 된 후에는 제17조의 제척사유(제4호)에 해당하므로 해당 사건의 직무집행에서 배제된다. 법원사무관 등도 마찬가지이다(제25조).

(2) 검　사

공소제기 전에 피고인을 피의자로 조사하였거나 그 조사에 참여하였던 자는 소송의 당사자가 아니라 제3자에 속하므로 증인적격이 인정된다(제316조 제1항 참조). 따라서 수사검사는 물론, 검찰수사관이나 사법경찰관도 증인적격이 인정된다(2001헌바41).

1) 공판검사

공판검사에게 증인적격이 인정되는가에 대하여는 ① 이를 금지하는 명문의 규정이 없고, 실체적 진실발견을 위해 검사를 증인으로 신문할 필요가 있는 경우가 있으며, 검사가 증언한 후에도 공소유지에 전혀 지장이 없다는 점을 이유로 긍정하는 견해, ② 검사는 소송절차에서 소송의 당사자이지 제3자가 아니고, 검사를 증인으로 신문하게 되면 공소유지의 직무를 제대로 수행할 수 없으며, 검사를 공판관여검사의 지위에서 물러나게 할 강제적 방법이 없다는 점에서 증인이 될 수 없다는 견해(다수설), ③ 검사에게 원칙적으로 증인적격이 인정되지 아니하지만 진실발견을 위해 증인신문을 하여야 할 필요성이 있는 때에 한하여 증인적격을 인정하여야 한다는 견해 등이 있다.

소송에 있어서 공소제기의 당사자로서의 검사의 지위를 고려하면 공판검사의 증인적격은 부정하여야 한다.

2) 증인으로 증언한 검사의 사건 관여

증인으로 증언한 검사가 공소유지검사로 사건에 다시 관여할 수 있는가에 대하여는 ① 검사에게는 제척규정이 없으므로 허용된다는 견해, ② 검사에게는 객관의무가 있으므로 법관의 제척에 관한 규정을 유추적용하여 공소유지의 직무에서 제척되어야 한다는 견해(다수설), ③ 원칙적으로는 해당 사건에 관여가 허용되지 아니하지만 검사가 자신의 직무수행 내지 직무의 적법성을 증명하기 위하여 증언한 경우, 즉 자백의 임의성이나 검사작성 조서의 증거능력을 증명하기 위하여 증언한 경우에는 예외를 인정하여야 한다는 견해 등이 있다.

공판검사가 해당 사건의 증인이었던 경우는 법령상 제척사유에 해당하지 아니하지만 공소유지의 객관성을 해할 수 있다는 점에서 증인으로 증언한 검사가 공소유지검사로 사건에 다시 관여하는 것은 허용되지 아니한다고 할 것이다.

(3) 변호인

변호인에게 증인적격이 인정되는가에 대하여는 ① 실체진실의 발견과 피고인의 이익보호를 위해 변호인에 대한 증인신문이 필요한 경우도 있다는 이유로 이를 긍정하는 견해와 ② 변호인은 소송당사자는 아니지만 피고인을 보호하는 지위에 있으므로 증인과 같은 제3자적 지위를 인정하기 어렵다는 점에서 변호인의 증인적격을 부정하는 견해(다수설)가 있다.

변호인에게 증인적격을 인정하더라도 피고인에게 불리한 사실에 대하여는 증언을 거부할 수 있으므로(제149조) 실익이 없으며, 피고인의 보호자로서의 변호인의 지위와 증인의 지위는 조화되기 어려우므로 변호인의 증인적격은 부정하여야 할 것이다.

4. 피고인의 증인적격

(1) 피고인

피고인은 소송에서 당사자로서의 지위를 가지고 있으므로 제3자임을 요하는 증인이 될 수 없고, 묵비권의 포괄적 포기를 인정할 수 없으므로 피고인의 증인적격은 부정된다(통설). 비교법적으로 영·미의 경우에는 피고인이 진술거부권을 포기하고 증인신청을 하는 경우에는 증언을 허용하고 있다. 영·미의 형사절차에서는 당사자주의의 원칙상 피고인신문을 허용하지 않으므로 피고인의 증인적격을 인정하여야 할 현실적 이유가 있는 반면, 우리나라는 피고인신문이 허용되고 있으므로 피고인의 증인적격을 인정할 필요가 없다.

(2) 공동피고인

공동피고인이란 공범 여부와 관계없이 2인 이상이 동일한 형사절차에서 재판을 받는 경우에 그 각각의 피고인을 말한다. 공동피고인의 진술은 자신의 사건에 대한 피고인의 진술이면서도 다른 공동피고인(상피고인)에게는 제3자로서의 진술이 되기 때문에 피고인의 증인적격을 부정하는 입장에서 이를 허용할 수 있는가가 문제된다.[1]

1) 부정설

부정설은 공동피고인은 서로 공범관계에 있는가의 여부를 떠나 해당 절차에서는 피고인이므로 증인적격을 인정할 수 없다는 견해이다. 공동피고인의 경우 피고인으로서의 진술거부권을 가지므로 반대신문을 할 수 없다는 것을 근거로 한다. 다만, 이 견해에 따르더라도 변론을 분리하여 공동피고인이었던 자를 다른 피고인에 대한 증인으로 신문하는 경우에는 공동피고인을 증인으로 신문할 수 있다고 한다.

---

[1] 변론이 분리되지 않은 상태에서 공범인 공동피고인이 증인이 아닌 피고인으로서 진술한 경우 그 진술의 증거능력이 문제가 되는데, 이에 대하여는 후술 자백의 보강법칙에서 설명한다.

2) 긍정설

긍정설은 병합심리되고 있는 공동피고인이라도 다른 피고인에 대한 관계에서는 피고인이 아닌 제3자이므로 증인적격을 인정할 수 있다는 견해이다. 이 견해에 따르면 공동피고인은 증인으로서 선서하고 다른 공동피고인에 대한 사실을 증언할 수 있다. 그러나 이 입장에서도 단순히 공동피고인의 지위에서 한 진술은 다른 공동피고인에 대한 관계에서는 증거로 사용할 수 없다고 한다.

3) 절충설

절충설은 공동피고인을 공동피고인 간에 공범관계에 있는 경우와 같이 실질적 관련성이 있는 경우와 공동피고인들이 별도의 사건으로 심리만 병합하여 재판을 받는 경우 등 실질적 관련성이 없는 경우로 구분하여, 전자의 경우에는 변론을 분리하지 않으면 증인적격을 부정하고, 후자의 경우에는 변론을 분리하지 않고서도 증인적격을 인정하는 견해이다(다수설). 다만, 후자의 경우에도 공동피고인이 다른 공동피고인의 범죄사실에 관해 진술할 때에는 증인으로 선서하고 증언하여야 한다고 한다.

4) 검 토

대법원은 공범이 아닌 공동피고인인 경우 서로 다른 공동피고인의 범죄사실에 관하여는 증인의 지위에 있다 할 것이므로, 피고인이 증거로 함에 동의한 바없는 공동피고인에 대한 피의자신문조서는 공동피고인의 증언에 의하여 그 성립의 진정이 인정되지 아니하는 한 피고인의 공소범죄사실을 인정하는 증거로 할 수없다고 한다(2005도7601). 또한 "공범인 공동피고인은 당해 소송절차에서는 피고인의 지위에 있어 다른 공동피고인에 대한 공소사실에 관하여 증인이 될 수 없으나, 소송절차가 분리되어 피고인의 지위에서 벗어나게 되면 다른 공동피고인에 대한 공소사실에 관하여 증인이 될 수 있다"고 한다(2010도10028).[2]

---

2) 판례는 여기의 공범에는 뇌물공여자와 뇌물수수자의 경우처럼 대향범인 경우는 공범에 포함되지만(2009도11249), 절도범과 장물범은 공범이 아니므로 서로 다른 공동피고인의 범죄사실에 관해 증인의 지위에 있다고 보아 실질적 관련성을 부정하였다(2005도7601).

공동피고인이 공범관계에 있거나 실질적 관련성이 있어서 이해관계가 있는 경우에는 공동피고인의 진술은 피고인의 진술과 동일시된다는 점에서 증인의 순수한 제3자적 지위를 인정할 수 없으므로 증인적격을 인정할 수 없지만, 실질적 관련성이 없는 공동피고인인 경우에는 제3자적 관련성을 인정할 수 있으므로 증인적격을 인정하여야 할 것이다.

III. 증인의 의무와 권리

1. 증인의 소송법상 의무

증인은 법원이 지정한 장소에 출석하여 선서하고 증언할 의무를 진다.

(1) 출석의무

1) 의 의

법원에 의하여 증인으로 소환된 사람은 출석의무가 있다. 증인의 출석의무는 공판기일의 증인신문에 소환을 받은 증인뿐만 아니라 공판기일 전의 증거조사절차(제273조)나 판사에 의한 증거보전절차(제184조)와 증인신문절차(제221조의2)의 증인신문에 소환을 받은 증인에게도 인정된다. 그러나 증인거부권자(제147조)에게는 출석의무가 없다. 반면에 증언거부권자는 증언을 거부할 권리는 있지만 출석을 거부할 권리는 없으므로 출석의무가 있다.

증인이 출석요구를 받고 기일에 출석할 수 없을 경우에는 법원에 바로 그 사유를 밝혀 신고하여야 한다(규칙 제68조의2). 다만, 증인의 출석의무는 소환이 적법한 경우에 한하여 인정되므로 소환의 방법이 위법하거나 무효인 때에는 증인에게 출석의무가 없다.

2) 증인의 소환과 동행명령

(가) 소 환

증인의 소환은 소환장의 송달, 전화, 전자우편, 모사전송, 휴대전화 문자전송 그 밖에 적당한 방법으로 할 수 있다(제150조의2 제1항, 규칙 제67조의2 제1항). 증인을 신청하는 자는 증인의 소재, 연락처와 출석 가능성 및 출석 가능 일시 그 밖에 증인의 소환에 필요한 사항을 미리 확인하는 등 증인 출석을 위한 합리적인 노력을 다하여야 한다(제150조의2 제2항, 규칙 제67조의2 제2항).

증인을 소환하는 때에는 소환장을 발부하되(제153조, 제73조), 재정 중인 증인은 소환하지 않고 신문할 수 있다(제154조). 소환장에 의한 증인의 소환에 관하여는 피고인의 소환에 관한 규정이 준용된다(제153조). 따라서 증인을 소환함에는 소환장을 발부하여야 하며(제73조), 증인에 대한 소환장에는 그 성명, 피고인의 성명, 죄명, 출석일시 및 장소, 정당한 이유없이 출석하지 아니할 경우에는 과태료에 처하거나 출석하지 아니함으로써 생긴 비용의 배상을 명할 수 있고 또 구인할 수 있음을 기재하고 재판장이 기명날인하여야 한다(제74조, 규칙 제68조 제1항).

증인에 대한 소환장은 늦어도 출석할 일시 24시간 이전에 송달하여야 한다. 다만, 급속을 요하는 경우에는 그러하지 아니하다(제76조, 규칙 제70조). 이는 피고인의 소환이 12시간 이내인 점[3]과 구별된다. 증인이 기일에 출석한다는 서면을 제출하거나 출석한 피고인에 대하여 차회기일을 정하여 출석을 명한 때에는 소환장의 송달과 동일한 효력이 있으며, 이때 출석을 명한 때에는 그 요지를 조서에 기재하여야 한다(제76조 제2항, 제3항). 구금된 증인에 대하여는 교도관에게 통지하여 소환하며, 증인이 교도관으로부터 소환통지를 받은 때에는 소환장의 송달과 동일한 효력이 있다(동조 제4항).

(나) 동행명령

증인의 소환과 구별되는 개념으로 동행명령이 있다(제166조 제1항). 동행명령

---

3) 규칙 제45조(소환의 유예기간) 피고인에 대한 소환장은 법 제269조(제1회 공판기일의 유예기간)의 경우를 제외하고는 늦어도 출석할 일시 12시간 이전에 송달하여야 한다. 다만, 피고인이 이의를 하지 아니하는 때에는 그러하지 아니하다.

은 원래 법정으로 소환한 증인을 법정 외에서 신문할 이유가 있을 때 동행할 것을 명령하는 제도이므로 처음부터 증인을 법정 외로 소환하는 경우와는 구별된다. 따라서 동행명령을 거부한 때에는 구인할 수는 있지만 증인소환과 같이 과태료나 비용배상은 부과할 수 없다(동조 제2항).

3) 출석의무위반에 대한 제재

소환장을 받은 증인이 정당한 사유 없이 소환에 불응하는 경우에는 다음의 제재를 할 수 있다.

(가) 소송비용 부담 또는 과태료부과

법원은 소환장을 송달받은 증인이 정당한 사유 없이 출석하지 아니한 경우에는 결정으로 해당 불출석으로 인한 소송비용을 증인이 부담하도록 명하거나 500만원 이하의 과태료를 부과할 수 있다. 이는 소환장의 송달과 동일한 효력이 있는 경우에도 적용된다(제151조 제1항). 다만, 전화나 전자우편 등의 간이한 방법으로 증인소환이 이루어진 경우(제150조의2)에는 이 제재를 가할 수 없으며, 동행명령의 경우에도 적용되지 아니한다. 이때 소송비용과 과태료의 부과는 법원의 재량이며, 양자를 함께 부과할 수도 있고, 그 중에서 하나를 부과할 수도 있다.

증인이 소환장을 받고 계속 불출석하는 경우에는 불출석 횟수에 따라 별도의 과태료를 부과할 수 있다. 이 결정에 대하여는 즉시항고할 수 있으나 집행정지의 효력은 인정되지 아니한다(동조 제8항).

(나) 감 치

증인이 과태료처분을 받고도 정당한 사유 없이 다시 출석하지 않는 때에는 법원은 결정으로 증인을 7일 이내의 감치에 처한다(제151조 제2항).

감치재판절차는 법원의 감치재판개시결정에 따라 개시된다. 이 경우 감치사유가 발생한 날부터 20일이 지난 때에는 감치재판개시결정을 할 수 없다(규칙 제68조의4 제1항). 감치재판절차를 개시한 후 감치결정 전에 그 증인이 증언을 하거나 그 밖에 감치에 처하는 것이 상당하지 아니하다고 인정되는 때에는 법원은 불처벌결정을 하여야 한다(동조 제2항). 감치재판개시결정과 불처벌결정에 대하여는 불복할 수 없다(동조 제3항).

법원은 감치재판기일에 해당 증인을 소환하여 정당한 사유가 있는가 여부를 심리하고(동조 제3항), 재판장의 명령에 따라 교도소, 구치소 또는 경찰서유치장에 유치하여 집행한다(동조 제4항). 감치에 처하는 재판을 받은 증인이 규정된 감치시설에 유치된 경우 해당 감치시설의 장은 즉시 그 사실을 법원에 통보하여야 하며(동조 제4항), 법원은 이 통보를 받은 때에는 지체없이 증인신문기일을 열어야 한다(동조 제5항). 감치의 재판을 받은 증인이 감치의 집행 중에 증언을 한 때에는 법원은 즉시 감치결정을 취소하고 그 증인을 석방하도록 명하여야 한다(동조 제7항). 법원의 감치결정에 대하여는 즉시항고를 할 수 있으나 집행정지의 효력은 인정되지 아니한다(동조 제8항).

(다) 구 인

법원은 정당한 사유 없이 소환에 응하지 아니하는 증인은 구인할 수 있다(제152조). 증인이 정당한 사유 없이 동행을 거부하는 때에도 구인할 수 있다(제166조 제2항).

증인의 구인에 관하여는 피고인의 구인에 관한 규정이 준용된다(제155조). 따라서 증인을 구인함에는 구속영장을 발부하여야 한다(제73조). 증인에 대한 구속영장에는 그 성명, 주민등록번호(주민등록번호가 없거나 이를 알 수 없는 경우에는 생년월일), 직업 및 주거, 피고인의 성명, 죄명, 인치할 일시 및 장소, 발부 연월일 및 유효기간과 그 기간이 경과한 후에는 집행에 착수하지 못하고 구속영장을 반환하여야 한다는 취지를 기재하고 재판장이 서명날인하여야 한다(규칙 제68조 제2항). 다만, 증인의 성명이 분명하지 아니한 때에는 인상, 체격, 기타 피고인을 특정할 수 있는 사항으로 증인을 표시할 수 있으며(제75조 제2항), 증인의 주거가 분명하지 아니한 때에는 그 주거의 기재를 생략할 수 있다(동조 제3항). 또한 법원은 증인의 현재지의 지방법원판사에게 증인의 구속을 촉탁할 수 있으며, 수탁판사는 구속영장을 발부하여야 한다(제77조 제1항, 제3항). 이때 수탁판사는 증인이 관할구역 내에 현재하지 아니한 때에는 그 현재지의 지방법원판사에게 전촉할 수 있다(동조 제2항). 이때 구속영장은 수통을 작성하여 사법경찰관리 수인에게 교부할 수 있으며(제82조 제1항), 이 경우에는 그 사유를 구속영장에 기재하여야 한다(동조 제2항).

구속영장은 검사의 지휘에 의하여 사법경찰관리가 집행한다. 다만, 급속을 요하는 경우에는 재판장, 수명법관 또는 수탁판사가 그 집행을 지휘할 수 있다(제81조 제1항). 다만, 단서의 경우에는 법원사무관 등에게 그 집행을 명할 수 있다. 이 경우에 법원사무관 등은 그 집행에 관하여 필요한 때에는 사법경찰관리·교도관 또는 법원경위에게 보조를 요구할 수 있으며, 관할구역 외에서도 집행할 수 있다(동조 제2항). 그러나 교도소 또는 구치소에 있는 증인에 대하여 발부된 구속영장은 검사의 지휘에 의하여 교도관이 집행한다(동조 제3항). 또한 검사는 필요에 의하여 관할구역 외에서 구속영장의 집행을 지휘할 수 있고 또는 당해 관할구역의 검사에게 집행지휘를 촉탁할 수 있으며(제83조 제1항), 사법경찰관리는 필요에 의하여 관할구역 외에서 구속영장을 집행할 수 있고 또는 당해 관할구역의 사법경찰관리에게 집행을 촉탁할 수 있다(동조 제2항).

구속영장을 집행함에는 증인에게 반드시 이를 제시하고 그 사본을 교부하여야 하며 신속히 지정된 법원 기타 장소에 인치하여야 한다(제85조 제1항). 다만, 수탁판사가 발부한 구속영장에 관하여는 이를 발부한 판사에게 인치하여야 한다(동조 제2항).

(2) 선서의무

1) 선서의 의의

출석한 증인은 선서무능력자가 아니면 신문 전에 선서하게 하여야 한다(제156조). 선서 후에 거짓말을 하면 위증죄로 처벌된다. 선서는 위증의 벌에 의한 심리적 강제를 통해 증인이 자신의 기억에 반하지 않는 증언을 하도록 하기 위함이다. 따라서 선서능력이 있음에도 선서를 하지 않고 증언한 경우 그 증언은 증거능력이 인정되지 아니한다(82도1000). 또한 별개의 사실로 공소제기되어 병합심리 중인 공동피고인은 피고인에 대한 관계에서는 증인의 지위에 있으므로 선서 없이 공동피고인의 피고인으로서 한 공판정에서의 진술은 피고인에 대한 관계에서는 증거능력이 인정되지 아니한다(78도1031).

2) 선서방법

선서는 법률에 다른 규정이 없는 한 신문 전에 하여야 하며(제156조), 선서서에 의하여야 한다(제157조 제1항). 재판장은 선서할 증인에 대하여 선서 전에 위증의 벌을 경고하여야 한다(제158조). 선서서에는 "양심에 따라 숨김과 보탬이 없이 사실 그대로 말하고 만일 거짓말이 있으면 위증의 벌을 받기로 맹세합니다"라고 기재하여야 한다(제157조 제2항). 재판장은 증인에게 선서서를 낭독하고 기명날인하거나 서명하게 하여야 한다. 다만, 증인이 선서서를 낭독하지 못하거나 서명을 하지 못하는 경우에는 참여한 법원사무관 등이 대행한다(동조 제3항). 선서는 일어서서 엄숙하게 하여야 한다(동조 제4항).

선서는 각 증인마다 하여야 한다.[4] 동일심급에서 같은 증인에 대한 선서는 1회의 선서로 충분하다. 따라서 실무에서는 선서 후에 신문를 하다가 중단하고 다시 신문을 재개한 경우는 물론, 일단 신문을 종료한 후에 새로 증인으로 채택한 경우에도 이전 기일의 신문 시에 행한 선서의 효력이 계속 유지되고 있음을 증인에게 고지하면 충분하고, 다시 선서하게 할 필요는 없다고 한다. 그러나 동일한 증인을 새로운 증거결정에 의하여 다시 신문하는 경우에는 별개의 증인신문이라 할 것이므로 다시 선서하게 하여야 할 것이다.

3) 선서무능력자

선서무능력자에게는 선서의무가 없다. 제159조에서는 '16세 미만의 자' 또는 '선서의 취지를 이해하지 못하는 자'를 선서무능력자로 규정하고 있다. '선서의 취지를 이해하지 못하는 자'란 정신능력의 결함으로 인해 선서의 의미를 이해하지 못하는 사람을 의미한다. 증인이 선서의 취지를 이해할 수 있는가에 대하여 의문이 있는 때에는 선서 전에 그 점에 대하여 신문하고, 필요하다고 인정할 때에는 선서의 취지를 설명하여야 한다(규칙 제72조).

선서무능력자가 비록 선서를 하고 증언을 하였더라도 그 선서는 효력이 없으며, 따라서 위증죄는 성립하지 아니한다. 다만, 이 경우에도 증인의 증언능력이 인정되면 증언 자체의 효력은 인정될 수 있다(84도619).[5]

---

4) 실무에서는 동일 사건의 여러 증인을 신문하는 경우에는 각 증인의 동일성을 확인하고 재판장이 한꺼번에 위증의 벌을 경고한 다음, 그 중 1인에게 대표로 선서서를 낭독하게 하는 것임을 고지한 후에 그 대표에게 선서서를 낭독하게 하고 있다.
5) 판례는 "증인의 증언능력은 증인 자신이 과거에 경험한 사실을 그 기억에 따라 공술할 수 있는

4) 의무위반에 대한 제재

법원은 증인이 정당한 이유 없이 선서를 거부한 때에는 결정으로 50만원 이하의 과태료에 처할 수 있다(제161조 제1항). 이 결정에 대하여는 즉시항고를 할 수 있다(동조 제2항).

(3) 증언의무

1) 의 의

선서한 증인은 신문받은 사항에 대하여 증언할 의무가 있다. 증인은 법원이나 법관뿐만 아니라 검사, 변호인 또는 피고인의 신문에 대하여 증언하여야 하며, 주신문뿐만 아니라 반대신문에 대하여도 증언하여야 한다. 증인이 주신문에 대해서만 증언하고 반대신문에 대하여는 증언을 거부한 때에는 반대신문의 기회를 박탈한 것이므로 그 증언은 증거능력이 인정되지 아니한다.

2) 증언능력

증언능력은 자신이 과거에 체험한 사실을 기억에 따라 진술하고 표현할 수 있는 능력을 말한다. 따라서 증인이 증인적격이 있는 자라고 하더라도 증언능력(증인능력)이 없는 때에는 그 증언을 증거로 할 수 없다. 증언능력은 선서능력과 구별된다. 따라서 16세 미만의 자는 선서능력은 없지만 증언능력은 인정될 수 있으므로 선서 없이 증언할 수 있다.

증언능력은 증언자의 지적 수준, 증언내용, 진술태도, 판단력, 이해력 등을 종합적으로 검토하여 판단하여야 한다. 만 3세, 4세 또는 5세의 유아에 대하여도 증언내용이 단순한 경우에 증언능력을 긍정한 판례가 있다(2005도9561, 99도3786, 91도579).

정신적인 능력이라 할 것이므로, 유아의 증언능력에 관해서도 그 유무는 단지 공술자의 연령만에 의할 것이 아니라 그의 지적 수준에 따라 개별적이고 구체적으로 결정되어야 함은 물론, 공술의 태도 및 내용 등을 구체적으로 검토하고, 경험한 과거의 사실이 공술자의 이해력, 판단력 등에 의하여 변식될 수 있는 범위 내에 속하는가의 여부도 충분히 고려하여 판단하여야 한다"고 하면서, 사고 당시 만 3세 3개월 내지 만 3세 7개월 가량이던 피해자인 여아의 증언능력 및 그 진술의 신빙성을 인정하였다(2005도9561).

3) 의무위반에 대한 제재

법원은 증인이 정당한 이유 없이 증언을 거부한 때에는 결정으로 50만원 이하의 과태료에 처할 수 있다(제161조 제1항). 이 결정에 대하여는 즉시항고를 할 수 있다(동조 제2항). '정당한 이유'란 증인이 법률상 증언을 거부할 수 있는 경우를 말한다. 증인에게 증인거부권(제147조) 또는 증언거부권이 있는 경우(제148조, 제149조)가 이에 해당한다.

2. 증인의 소송법상 권리

(1) 증언거부권

1) 의 의

증언거부권이란 증언의무가 있는 증인이 일정한 법률상 사유를 근거로 하여 증언의무의 이행을 거절할 수 있는 권리를 말한다. 증언거부권은 증인이 증인신문 자체를 거부할 수 있는 권리인 증인거부권(제147조)과 구별된다. 따라서 증인거부권이 있는 경우와 달리 증언거부권이 있는 경우에도 출석의무는 있다.

2) 증언거부권자
(가) 근친자의 형사책임과 증언거부

누구든지 자기나 친족이거나 친족이었던 사람 또는 법정대리인, 후견감독인은 형사소추 또는 공소제기를 당하거나 유죄판결을 받을 사실이 드러날 염려가 있는 증언을 거부할 수 있다(제148조). '자기'에 대한 증언거부권은 헌법 제12조 제2항에서 정한 불이익한 진술의 강요금지 원칙을 구체화한 자기부죄거부특권으로서 인정된다(2011도11994).[6] '친족 등'과 관련하여 증언거부권을 인정하는 것은 신분

---

6) 그러나 판례는 "'국회에서의 증언·감정 등에 관한 법률'은 위와 같은 증언거부권의 고지에 관한 규정을 두고 있지 아니한데, 증언거부권을 고지받을 권리가 형사상 자기에게 불리한 진술을 강요당하지 아니함을 규정한 헌법 제12조 제2항에 의하여 바로 국민의 기본권으로 보장받아야 한다고 볼 수는 없고, 증언거부권의 고지를 규정한 제160조 규정이 '국회에서의 증언·감정 등에 관한 법률'에도 유추적용되는 것으로 인정할 근거가 없다"(2009도13197)고 하였다.

관계의 보호와 더불어 근친자 또는 후견인에 대하여 진실한 증언을 기대하기 힘들다는 형사정책적 고려에 의한 것이다.

가) 형사소추 또는 공소제기를 당할 염려가 있는 증언

'형사소추 또는 공소제기를 당할 염려가 있는 증언'이란 자신의 증언으로 인하여 실제로 형사소추 또는 공소제기를 당할 가능성이 있는 경우뿐만 아니라 합리적·객관적으로 판단했을 때 그 가능성을 높이는 경우를 포함한다. '공소제기'는 정식기소뿐만 아니라 약식명령의 청구, 즉결심판의 청구, 재정신청에 의한 공소제기결정 등이 포함된다. 그러나 단순히 위증죄로 소추될 위험성이 있다는 염려만으로는 증언을 거부할 수 없다.

나) 유죄판결을 받을 사실이 드러날 염려가 있는 증언

'유죄판결을 받을 사실이 드러날 염려가 있는 증언'이란 공소제기가 되었으나 판결의 선고 전에 자신의 증언으로 인하여 유죄의 단서 또는 자료를 제공하게 되는 경우를 말한다. 이에는 자신이 범행을 한 사실뿐만 아니라 범행을 한 것으로 오인되어 유죄판결을 받을 우려가 있는 사실 등도 포함된다(2010도10028).

다) 증언거부의 대상

증언거부의 대상은 형사책임의 존부나 범위에 관해 불이익을 초래할 수 있는 모든 사실이다. 따라서 구성요건에 관한 사실은 물론이고, 누범가중이나 상습법가중과 같은 형의 가중사유나 형의 선고유예나 집행유예의 판결이 실효 또는 취소될 사유 등에 관한 진술도 증언거부의 대상이 된다.

그러나 이미 유죄나 면소의 판결이 확정된 사실은 일사부재리의 원칙에 의하여 당시 공소제기를 받거나 유죄판결을 받을 가능성이 없으므로 증언거부의 대상이 아니다. 따라서 자기가 이미 해당사실에 대하여 유죄판결을 받아 확정되었다면 일사부재리에 의하여 다시 처벌받지는 않으므로 설령 그 유죄판결에 대하여 재심을 청구할 예정이라고 하더라도 이후 별건으로 기소된 공범과 관련하여 증언거부권이 인정되지는 아니한다(2011도11994).

(나) 업무상 비밀과 증언거부

변호사, 변리사, 공증인, 공인회계사, 세무사, 대서업자, 의사, 한의사, 치과의사, 약사, 약종상, 조산사, 간호사, 종교의 직에 있는 자 또는 이러한 직에 있던 자가 그 업무상 위탁을 받은 관계로 알게 된 사실로서 타인의 비밀에 관한 것은 증언을 거부할 수 있다. 다만, 본인의 승낙이 있거나 중대한 공익상 필요한 때에는 예외로 한다(제149조). 본조의 증언거부권자는 제한적 열거로 본다.

이는 일정한 업무에 종사하는 자의 비밀을 보장하는 것은 물론, 이를 통해 위탁자와 수탁자 간의 신뢰와 거래관계를 보호하기 위한 것이다.

가) 직무보조자

형소법에서 규정한 증언거부권자를 직무상 보조하는 자가 증언거부권자에 포함되는가에 대하여는 ① 해당 비밀과 직접적인 관련이 있고, 위탁자와 실질적 신뢰관계를 인정할 수 있는 경우에는 증언거부권을 허용하여야 한다는 견해와 ② 개인의 비밀보호를 위해 실체 진실발견을 양보하는 것이므로 제한적으로 해석하여야 한다는 점에서 포함되지 아니한다는 견해(다수설)가 있다.

직무상 보조하는 자에게 증언거부권을 인정할 필요성이 인정되는 것은 사실이지만 이는 입법의 문제이고, 본조의 증언거부권자는 제한적 열거로서 예외적으로 인정된다는 점에서 엄격하게 해석하여야 할 것이므로 직무상 보조하는 자는 제외된다고 할 것이다.

나) 증언거부권의 범위

증언거부권의 범위에는 법정에서 직접 증언하는 것뿐만 아니라 증언거부권이 인정되는 자가 업무상 작성한 서류의 성립의 진정에 대하여 진술을 거부하는 것도 포함된다(2009도6788).

3) 증언거부권의 고지

증인이 증언거부권자에 해당하는 경우에는 재판장은 신문 전에 증언을 거부할 수 있음을 설명하여야 한다(제160조).

증언거부권의 고지하지 않고 신문한 경우에 그 증언의 증거능력에 대하여는 ① 증언거부권의 고지는 증언거부권에 대한 절차적 보장을 의미하므로 증거능력을 부정하여야 한다는 견해(다수설)와 ② 고지의무는 증인을 위한 것이므로 원칙적으로 증거능력을 인정하되, 증언거부권의 불고지와 증언 사이에 인과관계가 존재하는 경우에는 증거능력을 부정하여야 한다는 견해가 있다.

대법원은 증인이 법원으로부터 증언거부권을 고지받지 못하여 증언거부권을 행사하는 데 있어서 사실상 장애가 초래되었다고 볼 수 있는 경우에는 그 증언의 증거능력을 부정한다(2009도13257). 다만, 증언거부권을 고지받았더라도 그와 같이 증언을 하였을 것이라는 사정이 있는 때에는 선서 전에 재판장으로부터 증언거부권을 고지받지 아니하였더라도 증언거부권이 사실상 침해당한 것으로 평가되지 아니한다고 한다(2007도6273). 그러나 헌법상 적법절차의 원칙을 고려하면 증언거부권의 불고지는 그 자체가 위법이므로 증언거부권자에게 증언거부권을 고지하지 않고 행한 신문에서 한 증언은 위법수집증거로서 그 증거능력을 부정하여야 할 것이다.

4) 증언거부권의 행사와 포기

(가) 행 사

증언거부권은 증인의 권리이지 의무는 아니므로 증언거부권의 행사 여부는 증인의 자유이다. 다만, 증언을 거부하는 자는 거부사유를 소명하여야 한다(제150조). 이는 증언거부권의 적정한 행사를 담보하기 위한 것이다.

증언거부권을 포기하고 증언을 개시한 이후에도 도중에 증언을 거부할 수 있다.

(나) 포 기

증언거부권의 포기는 증언 전체에 대해서도 가능하고, 일부에 대해서도 가능하다.7) 다만, 증인이 주신문에 대하여 증언을 한 후에는 그 반대신문에 대하여 증언을 거부할 수 없다. 이때 증인이 반대신문에서 증언을 거부하는 것은 당사자의 실질적인 반대신문권을 침해하는 것이므로 주신문에서 취득한 증언은 증거능력이 인정되지 아니한다.

(2) 비용청구권

소환받은 증인은 법률의 규정한 바에 의하여 여비, 일당과 숙박료를 청구할 수 있다. 다만, 정당한 사유없이 선서 또는 증언을 거부한 자는 예외로 한다(제

---

7) 판례는 "증인신문절차에서 피고인에게 제160조에 정해진 증언거부권이 고지되었음에도 불구하고 자기의 범죄사실에 대하여 증언거부권을 행사하지 아니한 채 허위로 진술하였다면 위증죄가 성립된다"(2012도6848)고 하였다.

168조).

이때 여비 등의 액수에 관한 규정은 「형사소송비용 등에 관한 법률」에 따른다.

(3) 신변보호청구권

증인은 특정강력범죄사건의 피고인 또는 그 밖의 사람으로부터 생명·신체에 해를 입거나 입을 염려가 있다고 인정될 때에는 검사에게 신변안전을 위하여 필요한 조치를 하도록 청구할 수 있다(특정강력범죄의 처벌에 관한 특례법 제7조 제2항). 성폭력범죄사건의 증인의 경우도 마찬가지이다(성폭력범죄의 처벌 등에 관한 특례법 제22조).

Ⅳ. 증인신문의 방법과 절차

1. 증인신문의 준비

(1) 증인신문사항의 제출

재판장은 피해자·증인의 인적 사항의 공개 또는 누설을 방지하거나 그 밖에 피해자·증인의 안전을 위하여 필요하다고 인정할 때에는 증인의 신문을 청구한 자에 대하여 사전에 신문사항을 기재한 서면의 제출을 명할 수 있다(규칙 제66조). 재판장은 제출된 증인신문사항 중에 피해자·증인의 인적 사항이 포함되어 있는 때에는 소송지휘권을 행사하여 해당 신문사항의 수정을 명하여야 한다.

법원은 이 명을 받은 자가 신속히 그 서면을 제출하지 아니한 경우에는 증거결정을 취소할 수 있다(규칙 제67조). 그러나 실체적 진실발견을 위해 필요한 증인의 경우에는 신문사항을 제출하지 않더라도 증거결정을 취소할 필요는 없을 것이다.

(2) 증인의 동일성확인과 선서

재판장은 증인으로부터 주민등록증 등 신분증을 제시받거나 그 밖의 적당한 방법으로 증인임이 틀림없음을 확인하여야 한다(규칙 제71조). 또한 재판장은 선서할 증인에 대하여 선서 전에 위증의 벌을 경고하여야 한다(제158조).

한편, 증인에게는 신문 전에 선서하게 하여야 한다. 다만, 법률에 다른 규정이 있는 경우에는 예외로 한다(제156조). 증인이 증언거부권자(제148조, 제149조)에 해당하는 경우에는 재판장은 신문 전에 증언을 거부할 수 있음을 설명하여야 한다(제160조).

2. 당사자의 참여권

(1) 의 의

검사, 피고인 또는 변호인은 증인신문에 참여할 권리를 가진다(제163조 제1항). 따라서 증인신문의 일시와 장소는 증인신문에 참여할 수 있는 자에게 미리 통지하여야 한다. 다만, 참여하지 않겠다는 의사를 명시한 때에는 예외로 한다(동조 제2항).

당사자의 증인신문참여권은 특히, 피고인의 방어권행사에 매우 중요한 의미를 가지므로 피고인과 변호인에게 증인신문의 일시, 장소를 통지하지 않고 행한 증인신문은 위법이고, 따라서 그 증언은 증거능력이 없다(67도613). 피고인과 변호인이 미리 증인신문에 참여하게 하여 달라고 신청한 경우에 변호인만이 참여한 증인신문도 위법이다(68도1481).

(2) 신문의 청구

검사, 피고인 또는 변호인은 증인신문에 참여하지 아니할 경우 법원에 대하여 필요한 사항을 신문해 줄 것을 요청하는 신문청구가 허용된다(제164조 제1항). 또한 피고인 또는 변호인의 참여 없이 증인을 신문한 경우에 피고인에게 예기하지 아니한 불이익을 줄 수 있는 증언이 진술된 때에는 반드시 그 진술내용을 피고인 또는 변호인에게 알려주어야 한다(동조 제2항).

만일 피고인에게 증인신문을 고지하였음에도 피고인이 정당한 사유 없이 출석하지 않은 경우에는 출석한 증인에 대하여 증인신문을 한 다음 공판기일에 그 증인신문조서에 대한 서증조사를 할 수 있다(2000도3265). 그러나 피고인의 참여 없이 증인신문이 행하여지거나 당사자에게 통지하지 아니한 때에도 공판정에서의 증거조사를 거쳐 당사자가 이의를 하지 아니한 때에는 책문권의 포기로 하자가 치유된다(73도2967).

(3) 피고인의 퇴정

재판장은 증인이 피고인의 면전에서 충분한 진술을 할 수 없다고 인정한 때에는 피고인을 퇴정하게 하고 증인신문을 할 수 있다(제297조 제1항). 이처럼 피고인을 퇴정하게 한 경우에 증인의 진술이 종료한 때에는 퇴정한 피고인을 입정하게 한 후 법원사무관 등으로 하여금 진술의 요지를 고지하게 하여야 한다(동조 제2항). 그러나 이 경우에도 피고인의 반대신문권을 배제하는 것은 허용되지 아니한다. 따라서 피고인이 퇴정한 경우에도 변호인이 증인신문과정에 참여하고 반대신문의 기회를 가졌다면 증인신문절차가 위법한 것은 아니다(2011도15608).

한편, 대법원은 변호인이 없는 피고인을 일시 퇴정하게 하고 증인신문을 한 다음 피고인에게 실질적인 반대신문의 기회를 부여하지 아니한 채 이루어진 증인의 법정진술은 위법한 증거로서 증거능력이 없다고 볼 여지가 있으나, 그 다음 공판기일에서 재판장이 증인신문 결과 등을 공판조서(증인신문조서)에 의하여 고지하였는데 피고인이 '변경할 점과 이의할 점이 없다'고 진술하여 책문권 포기 의사를 명시하였다면 실질적인 반대신문의 기회를 부여받지 못한 하자가 치유되었다고 한다(2009도9344).

3. 증인신문방식

(1) 개별신문과 대질

증인신문은 각 증인에 대하여 개별적으로 신문하여야 하며, 신문하지 않는 증인이 재정하는 때에는 퇴정을 명하여야 한다(제162조 제1항, 제2항). 그러나 필요한 때에는 증인과 다른 증인 또는 피고인과 대질하게 할 수 있다(동조 제3항). 이를 대질신문이라고 한다. 대질신문이란 증인 상호 간의 증언 또는 증인의 증언과 피고인의 진술이 일치하지 아니한 경우에 이들을 함께 재정시켜 서로 모순되는 부분에 대하여 신문하는 방식을 말한다.

그러나 증인신문방식은 법원의 재량사항이므로, 법원은 필요한 경우 다른 증인을 퇴정시키지 않고 그 면전에서 증인신문을 하였더라도 위법한 것은 아니다 (4292형상725).

(2) 증인신문방법의 원칙

증인에 대한 신문은 원칙적으로 구두에 의하여야 한다. 그러나 증인이 들을 수 없는 경우에는 서면으로 묻고, 말할 수 없는 때에는 서면으로 답하게 할 수 있다(규칙 제73조).

재판장은 증인신문을 행함에 있어서 증명할 사항에 관해 가능한 한 증인으로 하여금 개별적이고 구체적인 내용을 진술하게 하여야 한다(규칙 제74조 제1항). 따라서 증인신문은 일문일답식(一問一答式)이어야 하며, 2개 이상의 사항을 하나의 질문으로 묻는 복합질문이나 포괄적이고 막연한 질문은 허용되지 아니한다.

또한 증인신문에 있어서는 (ⅰ) 위협적이거나 모욕적인 신문, (ⅱ) 전의 신문과 중복되는 신문, (ⅲ) 의견을 묻거나 의논에 해당하는 신문, (ⅳ) 증인이 직접 경험하지 아니한 사항에 해당하는 신문을 하여서는 아니된다. 다만, (ⅱ) 내지 (ⅳ)의 신문에 관해 정당한 이유가 있는 경우에는 그러하지 아니하다(동조 제2항).

(3) 서류 또는 물건 등의 사용에 의한 신문

증인에 대하여 서류 또는 물건의 성립, 동일성 기타 이에 준하는 사항에 관한 신문을 할 때에는 그 서류 또는 물건을 제시할 수 있다(규칙 제82조 제1항). 그러나 서류 또는 물건이 증거조사를 마치지 않은 것일 때에는 먼저 상대방에게 이를 열람할 기회를 주어야 한다. 다만, 상대방이 이의하지 아니할 때에는 그러하지 아니한다(동조 제2항).

또한 증인의 기억이 명백치 아니한 사항에 관해 기억을 환기시켜야 할 필요가 있을 때에는 재판장의 허가를 얻어 서류 또는 물건을 제시하면서 신문할 수 있으며(규칙 제83조 제1항),[8] 증인의 진술을 명확히 할 필요가 있을 때에는 도면, 사진, 모형, 장치 등을 이용하여 신문할 수 있다(규칙 제84조 제1항). 다만, 이들의 경우에는 제시하는 서류의 내용이 증인의 진술에 부당한 영향을 미치지 아니하도록 하여야 한다(규칙 제83조 제2항, 제84조 제2항).

(4) 비디오 등 중계장치 등에 의한 증인신문

1) 적용대상과 적용범위
(가) 적용대상

증인신문은 원칙적으로 직접대면에 의한 구두방식에 의하여야 하지만, 증인을 직접 대면하여 신문할 경우 특정 범죄피해자나 증인은 심리적 압박감과 고통을 받을 수 있다고 인정되는 경우에는 예외적으로 비디오 등 중계장치 또는 가림시설에 의한 증인신문을 허용하고 있다. 즉, 법원은 (ⅰ)「아동복지법」제71조 제1항 제1호부터 제3호까지에 해당하는 죄[9]의 피해자, (ⅱ)「아동·청소년의 성보호에 관한 법률」제7조, 제8조, 제11조부터 제15조까지 및 제17조 제1항의 규정에 해당하는 죄의 대상이 되는 아동·청소년 또는 피해자 또는 (ⅲ) 범죄의 성질, 증인의 연령, 심신의 상태, 피고인과의 관계, 그 밖의 사정으로 인하여 피고인 등과 대면하여 진술하는 경우 심리적인 부담으로 정신의 평온을 현저하게 잃을 우려가 있다고 인정되는 자를 증인으로 신문하는 경우 상당하다고 인정하는 때에는 검사와 피고인 또는 변호인의 의견을 들어 비디오 등 중계장치에 의한 중계시설을 통하여

---

8) 이 경우에도 서류 또는 물건이 증거조사를 마치지 않은 것일 때에는 먼저 상대방에게 이를 열람할 기회를 주어야 한다. 다만, 상대방이 이의하지 아니할 때에는 그러하지 아니한다(규칙 제83조 제3항, 제82조 제2항).

9) 제71조(벌칙) ① 제17조(금지행위)를 위반한 자는 다음 각 호의 구분에 따라 처벌한다.
    1. 제1호(「아동·청소년의 성보호에 관한 법률」제12조에 따른 매매는 제외한다)에 해당하는 행위를 한 자는 10년 이하의 징역에 처한다.
    1의2. 제2호에 해당하는 행위를 한 자는 10년 이하의 징역 또는 1억원 이하의 벌금에 처한다.
    2. 제3호부터 제8호까지의 규정에 해당하는 행위를 한 자는 5년 이하의 징역 또는 5천만원 이하의 벌금에 처한다.
    3. 제10호 또는 제11호에 해당하는 행위를 한 자는 3년 이하의 징역 또는 3천만원 이하의 벌금에 처한다.

신문하거나 가림시설 등을 설치하고 신문할 수 있다(제165조의2).

또한 「성폭력범죄의 처벌 등에 관한 특례법」에서는 동법 제2조 제1항 제3호부터 제5호까지의 성폭력범죄[10]의 피해자를 증인으로 신문하는 경우 검사와 피고인 또는 변호인의 의견을 들어 비디오 등 중계장치에 의한 중계를 통하여 신문할수 있도록 규정하고 있다(제40조 제1항).

(나) 적용범위

형소법에서는 비디오 등 중계장치 등에 의한 증인신문에 있어서 (iii)의 경우에 그 대면진술 대상을 '피고인'으로 한정하지 않고 '피고인 등'(제3호)이라고 하고있다. 따라서 비디오 등 중계장치 등에 의한 증인신문은 검사, 변호인, 방청인 등과 증인 사이에도 가능하다(2014도18006).

그러나 변호인에 대한 차폐시설의 설치는 피고인의 방어권에 중대한 영향을미칠 수 있으므로 「특정범죄신고자 등 보호법」 제7조[11]에서 규정한 것처럼 범죄신고자 또는 친족 등이 보복을 당할 우려가 있다고 인정되어 인적 사항에 대한 비밀조치를 취한 경우와 같이 특별한 사정이 있는 경우에 한하여 예외적으로 허용된다(2014도18006).[12]

2) 법원의 결정

법원은 신문할 증인이 비디오 등 중계장치 등에 의한 증인신문의 대상자에

---

10) 제2조(정의) ① 이 법에서 "성폭력범죄"란 다음 각 호의 어느 하나에 해당하는 죄를 말한다.
　　3. 「형법」 제2편 제32장 강간과 추행의 죄 중 제297조(강간), 제297조의2(유사강간), 제298조(강제추행), 제299조(준강간, 준강제추행), 제300조(미수범), 제301조(강간등 상해·치상), 제301조의2(강간등 살인·치사), 제302조(미성년자등에 대한 간음), 제303조(업무상위력등에 의한 간음) 및 제305조(미성년자에 대한 간음, 추행)의 죄
　　4. 「형법」 제339조(강도강간)의 죄 및 제342조(제339조의 미수범으로 한정한다)의 죄
　　5. 이 법 제3조(특수강도강간 등)부터 제15조(미수범)까지의 죄
11) 「특정범죄신고자 등 보호법」 제7조(인적 사항의 기재 생략) ① 검사 또는 사법경찰관은 범죄신고등과 관련하여 조서나 그 밖의 서류(이하 "조서등"이라 한다)를 작성할 때 범죄신고자등이나 그 친족등이 보복을 당할 우려가 있는 경우에는 그 취지를 조서등에 기재하고 범죄신고자등의 성명·연령·주소·직업 등 신원을 알 수 있는 사항은 기재하지 아니한다.
12) 헌법재판소는 변호인에 대한 가림시설의 설치는 피고인의 반대신문권을 일정 부분 제한하는 것이므로 더욱 한정적으로 이루어져야 한다고 하였다(2015헌바221).

해당한다고 인정될 경우, 증인으로 신문하는 결정을 할 때 비디오 등 중계장치에 의한 중계시설 또는 가림시설을 통한 신문 여부를 함께 결정하여야 한다. 이때 증인의 연령, 증언할 당시의 정신적·심리적 상태, 범행의 수단과 결과 및 범행 후의 피고인이나 사건관계인의 태도 등을 고려하여 판단하여야 한다(규칙 제84조의4 제1항).

또한 법원은 증인신문 전 또는 증인신문 중에도 비디오 등 중계장치에 의한 중계시설 또는 가림시설을 통하여 신문할 것을 결정할 수 있다(동조 제2항). 다만, 이 경우에도 피고인의 반대신문권은 보장되어야 한다.

3) 중계방법과 가림시설의 설치 등

비디오 등 중계장치 등에 의한 증인신문의 절차와 방법은 비디오 등 중계장치 등에 의한 공판준비기일의 절차를 준용한다(규칙 제84조의5).

(가) 신문방법

영상공판기일은 검사, 변호인을 비디오 등 중계장치에 의한 중계시설에 출석하게 하거나 인터넷 화상장치를 이용하여 지정된 인터넷주소에 접속하게 하고, 영상과 음향의 송수신에 의하여 법관, 검사, 변호인이 상대방을 인식할 수 있는 방법으로 한다(규칙 제123조의13 제1항). 다만, 통신불량, 소음, 서류 등 확인의 불편, 제3자 관여 우려 등의 사유로 영상공판준비기일의 실시가 상당하지 아니한 당사자가 있는 경우 법원은 기일을 연기 또는 속행하면서 그 당사자가 법정에 직접 출석하는 기일을 지정할 수 있다(동조 제5항).

(나) 설치장소와 방법

비디오 등 중계장치에 의한 중계시설은 법원 청사 안에 설치하되, 필요한 경우 법원 청사 밖의 적당한 곳에 설치할 수 있다(동조 제2항). 후자의 경우 법원은 비디오 등 중계장치에 의한 중계시설이 설치된 관공서나 그 밖의 공사단체의 장에게 영상공판준비기일의 원활한 진행에 필요한 조치를 요구할 수 있다(동조 제3항).

법원은 가림시설을 설치함에 있어 피고인과 증인이 서로의 모습을 볼 수 없도록 필요한 조치를 취하여야 한다(규칙 제84조의9 제1항).[13] 비디오 등 중계장치에

---

13) 헌법재판소는 "심판대상조항에 따른 차폐시설을 이용한 증인신문은 증인의 얼굴을 볼 수는 없

의한 중계시설을 통하여 증인신문을 할 때 중계장치를 통하여 증인이 피고인을 대면하거나 피고인이 증인을 대면하는 것이 증인의 보호를 위하여 상당하지 않다고 인정되는 경우 재판장은 검사, 변호인의 의견을 들어 증인 또는 피고인이 상대방을 영상으로 인식할 수 있는 장치의 작동을 중지시킬 수 있다(동조 제2항).

(다) 조사방법

영상공판기일에서의 서류 등의 제시는 비디오 등 중계장치에 의한 중계시설이나 인터넷 화상장치를 이용하거나 모사전송, 전자우편, 그 밖에 이에 준하는 방법으로 할 수 있다(규칙 제123조의13 제4항).

영상공판기일을 실시한 경우 그 취지를 조서에 적어야 한다(동조 제8항).

(라) 제 재

「법원조직법」 제58조 제2항[14])에 따른 명령을 위반하는 행위, 동법 제59조[15]) 에 위반하는 행위, 심리방해행위 또는 재판의 위신을 현저히 훼손하는 행위가 있는 경우 감치 또는 과태료에 처하는 재판에 관하여는 「법정 등의 질서유지를 위한 재판에 관한 규칙」에 따른다(동조 제7항).

4) 심리비공개

법원은 비디오 등 중계장치에 의한 중계시설 또는 가림시설을 통하여 증인을 신문하는 경우, 증인의 보호를 위하여 필요하다고 인정하는 경우에는 결정으로 이를 공개하지 아니할 수 있다(규칙 제84조의6 제1항). 이 결정을 한 경우에도 재판장은 적당하다고 인정되는 자의 재정을 허가할 수 있다(동조 제4항).

또한 증인으로 소환받은 증인과 그 가족은 증인보호 등의 사유로 증인신문의 비공개를 신청할 수 있으며(동조 제2항), 이 신청이 있는 때에는 재판장은 그 허가

지만 피고인, 변호인이나 방청인이 재정한 채로 주신문에 대한 증인의 답변을 생생히 들을 수 있으므로 비디오 등 중계장치에 의한 증인신문, 피고인 등의 퇴정 후 증인신문을 하는 방법보다 기본권의 침해 정도가 크다고 볼 수도 없다"(2015헌바221)고 하였다.

14) 「법원조직법」 제58조(법정의 질서유지) ② 재판장은 법정의 존엄과 질서를 해칠 우려가 있는 사람의 입정(入廷) 금지 또는 퇴정(退廷)을 명할 수 있고, 그 밖에 법정의 질서유지에 필요한 명령을 할 수 있다.

15) 「법원조직법」 제59조(녹화 등의 금지) 누구든지 법정 안에서는 재판장의 허가 없이 녹화, 촬영, 중계방송 등의 행위를 하지 못한다.

여부 및 공개, 법정외의 장소에서의 신문 등 증인의 신문방식 및 장소에 관해 결정하여야 한다(동조 제3항).

5) 신뢰관계 있는 자의 동석 등

법원은 비디오 등 중계장치에 의한 중계시설을 통하여 피해자를 증인신문을 하는 경우 신뢰관계에 있는 자를 동석하게 할 때(제163조의2)에는 비디오 등 중계장치에 의한 중계시설에 동석하게 한다(규칙 제84조의7 제1항).

한편, 비디오 등 중계장치에 의한 증인신문을 하는 경우 증인은 증언을 보조할 수 있는 인형, 그림 그 밖에 적절한 도구를 사용할 수 있으며(규칙 제84조의8 제1항), 증언을 하는 동안 담요, 장난감, 인형 등 증인이 선택하는 물품을 소지할 수 있다(동조 제2항).[16]

4. 교호신문제도

(1) 의 의

교호신문(交互訊問)이란 증인신문에 있어서 증인을 신청한 당사자와 그 상대방이 주신문 → 반대신문 → 재 주신문 → 재 반대신문의 순서로 신문하는 방식을 말한다. 이를 상호신문제도라고도 한다.

증인신문은 인정신문과 사실에 대한 신문으로 구분된다. 인정신문은 재판장이 행한다. 그러나 형소법에서는 사실에 대한 신문은 교호신문제도를 채택하여, 증인을 신청한 검사, 변호인 또는 피고인이 먼저 신문하고, 다음에 다른 검사, 변호인 또는 피고인이 신문하도록 한다(제161조의2 제1항). 교호신문제도는 소송의 주도적 지위를 가지는 당사자가 공격과 방어를 교환하는 당사자주의식 증인신문방식으로서, 당사자에 의한 공격과 방어를 통해 실체적 진실발견을 도모하고자 하는

---

16) 이외에도 형소규칙에서는 법원으로 하여금 특별한 사정이 없는 한 예산의 범위 안에서 증인의 보호 및 지원에 필요한 시설을 설치하도록 하고 있고(규칙 제84조의10 제1항), 이 시설을 설치한 경우 예산의 범위 안에서 그 시설을 관리·운영하고 증인의 보호 및 지원을 담당하는 직원을 두도록 하고 있다(동조 제2항).

것이다.

(2) 교호신문방식

1) 주신문

주신문은 증인을 신청한 당사자가 자신이 증명할 사항과 이와 관련된 사항에 관해 먼저 질문하는 직접신문을 말한다.

(가) 신문내용

주신문은 입증할 사항과 이에 관련된 사항에 관해 한다(규칙 제75조 제1항). '증명할 사항'이란 증인신문을 신청한 입증취지를 의미하며, '이와 관련된 사항'은 증언의 증명력을 보강하거나 다투기 위해 필요한 사항을 말한다. 즉, 주신문의 경우에는 증언의 증명력을 다투기 위하여 필요한 사항에 관한 신문을 할 수 있다(규칙 제77조 제1항). 이때의 신문은 증인의 경험, 기억 또는 표현의 정확성 등 증언의 신빙성에 관한 사항 및 증인의 이해관계, 편견 또는 예단 등 증인의 신용성에 관한 사항에 관해 한다. 다만, 증인의 명예를 해치는 내용의 신문을 하여서는 아니된다(동조 제2항).

(나) 유도신문의 금지와 예외

주신문에서는 원칙적으로 유도신문을 하여서는 아니된다(규칙 제75조 제2항). 주신문에서 유도신문을 하게 되면 증인을 신청한 자와 증인 간의 우호적인 관계 때문에 객관적인 증언이 이루어지지 않을 위험성이 있기 때문이다. 유도신문이란 신문하는 자가 원하는 내용을 진술하도록 증인을 유인하는 신문을 말한다.

그러나 유도신문을 하더라도 이러한 위험성이 없는 경우, 즉 (i) 증인과 피고인과의 관계, 증인의 경력, 교우관계 등 실질적인 신문에 앞서 미리 밝혀둘 필요가 있는 준비적인 사항에 관한 신문의 경우, (ii) 검사, 피고인 및 변호인 사이에 다툼이 없는 명백한 사항에 관한 신문의 경우, (iii) 증인이 주신문을 하는 자에 대하여 적의 또는 반감을 보일 경우, (iv) 증인이 종전의 진술과 상반되는 진술을 하는 때에 그 종전진술에 관한 신문의 경우, (v) 기타 유도신문을 필요로 하는 특별한 사정이 있는 경우에는 유도신문이 허용된다(동조 제2항 단서).

재판장은 위 각 호에 해당하지 아니하는 경우의 유도신문은 이를 제지하여야 하고, 유도신문의 방법이 상당하지 아니하다고 인정할 때에는 이를 제한할 수 있다(동조 제3항). 또한 검사, 피고인 또는 변호인은 주신문에서 유도신문이 행하여질 경우에는 이의신청을 할 수 있으며(제296조 제1항), 법원은 이 신청에 대하여 결정을 하여야 한다(동조 제2항). 허용되지 않는 유도신문에 의한 증언은 위법한 증거로서 증거능력이 부정될 수 있다. 그러나 대법원은 검사가 제1심 증인신문 과정에서 증인에게 주신문을 하면서 규칙상 허용되지 않는 유도신문을 하였다고 볼 여지가 있었는데, 그 다음 공판기일에 재판장이 증인신문 결과 등을 각 공판조서(증인신문조서)에 의하여 고지하였음에도 피고인과 변호인이 '변경할 점과 이의할 점이 없다'고 진술한 사안에서, 주신문의 하자가 치유되었다고 한다(2012도2937).

2) 반대신문

반대신문은 주신문 후에 반대당사자가 하는 신문을 말한다. 반대신문은 주신문의 모순된 점을 지적하고, 반대당사자에게 유리한 누락된 사항을 이끌어내며, 증인의 신용성을 탄핵하여 증언의 증명력을 감쇄시키는 것을 목적으로 한다.

(가) 신문내용

반대신문은 주신문에서 나타난 사항과 이와 관련된 사항에 대하여 신문할 수 있다(규칙 제76조 제1항). 또한 반대신문의 경우에도 증언의 증명력을 다투기 위하여 필요한 사항에 관한 신문을 할 수 있음은 주신문의 경우와 같다(규칙 제77조 제1항). 따라서 이때의 신문은 증인의 경험, 기억 또는 표현의 정확성 등 증언의 신빙성에 관한 사항 및 증인의 이해관계, 편견 또는 예단 등 증인의 신용성에 관한 사항에 관하여 한다. 다만, 증인의 명예를 해치는 내용의 신문을 하여서는 아니된다(동조 제2항).

반대신문의 기회에 주신문에 나타나지 아니한 새로운 사항에 관하여 신문하고자 할 때에는 재판장의 허가를 받아야 한다(제76조 제4항). 이때의 신문은 그 사항에 관하여는 주신문으로 본다(동조 제5항).

(나) 유도신문의 허용

반대신문에 있어서 필요할 때에는 유도신문을 할 수 있다(제76조 제2항). 반대신문의 경우 증인과 신문자 사이에 우호관계로 인한 사실 왜곡의 위험성이 적고,

주신문에 나타난 증언내용을 효과적으로 확인할 수 있기 때문이다. 그러나 재판장은 유도신문의 방법이 상당하지 아니하다고 인정할 때에는 이를 제한할 수 있다(동조 제3항).

한편, 간이공판절차에서의 반대신문에서는 법원이 상당하다고 인정하는 방법으로 신문하면 충분하다(제297조의2).

3) 재 주신문 및 재 반대신문

주신문을 한 검사, 피고인 또는 변호인은 반대신문이 끝난 후 반대신문에 나타난 사항과 이와 관련된 사항에 관하여 다시 신문을 할 수 있다(규칙 제78조 제1항). 이를 재 주신문이라고 한다. 재 주신문은 주신문의 예에 의한다(동조 제2항). 재 주신문의 기회에 반대신문에 나타나지 아니한 새로운 사항에 관해 신문하고자 할 때에는 재판장의 허가를 받아야 하며, 그 사항에 관하여는 주신문으로 본다(동조 제3항, 규칙 제76조 제4항, 제5항).

검사, 피고인 또는 변호인은 주신문, 반대신문 및 재 주신문이 끝난 후에도 재판장의 허가를 얻어 다시 신문을 할 수 있다(규칙 제79조). 이를 재 반대신문이라 한다. 재판장의 허가가 있는 때에는 계속해서 재재 주신문과 재재 반대신문도 가능하다.

4) 교호신문의 보충

형소법은 당사자주의 소송구조에 따라 증인신문에 관해 교호신문제도를 규정하고 있지만. 실체적 진실발견과 피고인의 방어권보장을 위하여 직권주의에 의해 보충하고 있다.

재판장은 원칙적으로 당사자의 신문 후에 신문할 수 있다(제161조의2 제2항). 그러나 재판장은 필요하다고 인정하면 어느 때나 신문할 수 있으며 신문순서를 변경할 수 있다(동조 제3항). 재판장이 검사, 피고인 및 변호인에 앞서 신문을 한 경우(동항 전단)에 있어서 그 후에 하는 검사, 피고인 및 변호인의 신문에 관하여는 이를 신청한 자와 상대방의 구별에 따라 교호신문방식에 관한 규정(제75조 내지 제79조)을 각 준용한다(규칙 제80조 제1항). 다만, 재판장이 신문순서를 변경한 경우(제

161조의2 제3항 후단)의 신문방법은 재판장이 정하는 바에 의한다(동조 제2항). 또한 합의부원은 재판장에게 고하고 신문할 수 있다(제161조의5 제5항).

한편, 법원이 직권으로 신문할 증인이나 범죄로 인한 피해자의 신청에 의하여 신문할 증인의 신문방식은 재판장이 정하는 바에 의하며(제161조의2 제4항), 이 경우 증인에 대하여 재판장이 신문한 후 검사, 피고인 또는 변호인이 신문하는 때에는 반대신문의 예에 의한다(규칙 제81조).

5. 증인신문의 일시와 장소

증인신문은 원칙적으로 공판기일에 공판정에서 하여야 한다. 다만, 법원은 증인의 연령, 직업, 건강상태 기타의 사정을 고려하여 검사, 피고인 또는 변호인의 의견을 묻고 법정 외에 소환하거나 현재지에서 신문할 수 있다(제165조).[17] 이를 위해 법원은 증인에게 지정한 장소로 동행할 것을 명할 수 있고, 증인이 정당한 사유 없이 동행을 거부하는 때에는 구인할 수 있다(제166조).

이때 법원은 합의부원에게 법정 외의 증인신문을 명할 수 있고(수명법관에 의한 증인신문), 증인 현재지의 지방법원 판사(수탁판사)에게 그 신문을 촉탁할 수 있으며(제167조 제1항), 수탁판사는 증인이 관할구역 내에 현재하지 아니한 때에는 그 현재지의 지방법원판사에게 전촉할 수 있다(동조 제2항). 수명법관 또는 수탁판사는 증인의 신문에 관해 법원 또는 재판장에 속한 처분을 할 수 있다(동조 제3항).

---

17) 판례는 "법원이 공판기일에 증인을 채택하여 다음 공판기일에 증인신문을 하기로 피고인에게 고지하였는데 그 다음 공판기일에 증인은 출석하였으나 피고인이 정당한 사유 없이 출석하지 아니한 경우, 그 사건이 제277조 본문에 규정된 다액 100만 원 이하의 벌금 또는 과료에 해당하거나 공소기각 또는 면소의 재판을 할 것이 명백한 사건이 아니어서 제276조의 규정에 의하여 공판기일을 연기할 수밖에 없더라도, 이미 출석하여 있는 증인에 대하여 공판기일 외의 신문으로서 증인신문을 하고 다음 공판기일에 그 증인신문조서에 대한 서증조사를 하는 것은 증거조사절차로서 적법하다"(2000도3265)고 하였다.

6. 증인신문조서의 작성과 열람·복사 등

(1) 조서의 작성

증인을 신문하는 때에는 신문에 참여한 법원사무관 등이 조서를 작성하여야 한다(제48조 제1항). 공판기일 외에서 증인신문이 행하여지는 경우도 마찬가지이다. 다만, 공판기일 외의 증인신문조서는 증거서류로서 공판기일에 공판정에서 이를 낭독하는 방법 등으로 다시 증거조사를 하여야 한다(제292조 참조).

(2) 조서의 열람·복사 등

증인은 자신에 대한 증인신문조서 및 그 일부로 인용된 속기록, 녹음물, 영상녹화물 또는 녹취서의 열람, 등사 또는 사본을 청구할 수 있다(규칙 제84조의2). 피고인과 변호인도 증인신문조서를 열람·복사할 수 있다(제35조, 제55조). 검사의 경우도 현행법상 명문규정은 없지만 증인신문조서를 열람·복사할 수 있다고 하여야 한다.

또한 소송계속 중인 사건의 피해자(피해자가 사망하거나 그 심신에 중대한 장애가 있는 경우에는 그 배우자·직계친족 및 형제자매를 포함한다), 피해자 본인의 법정대리인 또는 이들로부터 위임을 받은 피해자 본인의 배우자·직계친족·형제자매·변호사는 소송기록의 열람 또는 등사를 재판장에게 신청할 수 있다(제294조의4 제1항). 재판장은 이 신청이 있는 때에는 지체없이 검사, 피고인 또는 변호인에게 그 취지를 통지하여야 한다(동조 제2항). 이때 재판장은 피해자 등의 권리구제를 위하여 필요하다고 인정하거나 그 밖의 정당한 사유가 있는 경우 범죄의 성질, 심리의 상황, 그 밖의 사정을 고려하여 상당하다고 인정하는 때에는 열람 또는 등사를 허가할 수 있다(동조 제3항). 재판장이 등사를 허가하는 경우에는 등사한 소송기록의 사용목적을 제한하거나 적당하다고 인정하는 조건을 붙일 수 있다(동조 제4항). 이에 관한 재판에 대하여는 불복할 수 없다(동조 제6항).

소송기록을 열람 또는 등사한 자는 열람 또는 등사에 의하여 알게 된 사항을 사용함에 있어서 부당히 관계인의 명예나 생활의 평온을 해하거나 수사와 재판에 지장을 주지 아니하도록 하여야 한다(동조 제5항).

V. 범죄피해자의 진술권

1. 피해자 등의 증인신청과 법원의 결정

(1) 피해자 등의 증인신청

헌법 제27조 제5항에서는 "형사피해자는 법률이 정하는 바에 의하여 해당 사건의 재판절차에서 진술할 수 있다"고 규정함으로써 형사피해자의 진술권을 기본권인 재판청구권의 내용으로 보장하고 있으며, 형소법에서는 이를 구체화하여 규정하고 있다.[18] 즉, 법원은 범죄로 인한 피해자 또는 그 법정대리인(피해자가 사망한 경우에는 배우자·직계존속·형제자매를 포함한다. 이하 '피해자 등'이라 한다)의 신청이 있는 때에는 그 피해자 등을 증인으로 신문하여야 한다. 다만, (i) 피해자 등 이미 해당 사건에 관해 공판절차에서 충분히 진술하여 다시 진술할 필요가 없다고 인정되는 경우 또는 (ii) 피해자 등의 진술로 인하여 공판절차가 현저하게 지연될 우려가 있는 경우는 예외로 한다(제294조의2 제1항). '피해자'는 실체법상 보호법익의 주체뿐만 아니라 범죄로 인해 법률상 불이익을 받게 되는 자를 포함한다(92헌마48).

법원은 동일한 범죄사실에서 신청인이 여러 명인 경우에는 진술할 자의 수를 제한할 수 있다(동조 제3항).

(2) 법원의 결정

피해자 등의 증거신청에 대하여는 법원은 결정을 하여야 한다(제295조). 다만,

---

18) 범죄피해자는 형사절차상 공판절차에서의 진술권 외에 고소권 및 고소취소권(제223조, 제232조), 재정신청권(제260조 제1항) 등이 있으며, 이외에 범죄피해구조청구권(헌법 제30조, 범죄피해자 보호법 제16조), 특정사건에 대한 배상신청권(소송촉진 등에 관한 특례법 제25조 제1항), 유죄판결에 대한 판결공시청구권(형법 제58조 제1항) 등의 권리가 인정된다.

신청인이 출석통지를 받고도 정당한 이유없이 출석하지 아니한 때에는 그 신청을 철회한 것으로 본다(제294조의2 제4항).[19)

2. 피해자의 신문방식

(1) 증인신문에 의한 경우

1) 신문방식

범죄피해자를 증인으로 신문하는 경우에는 일반적인 교호신문절차를 따를 필요가 없이 재판장이 정하는 바에 의한다(제161조의2 제4항). 법원은 피해자 등을 증인으로 신문하는 경우 피해의 정도 및 결과, 피고인의 처벌에 관한 의견, 그 밖에 해당 사건에 관한 의견을 진술할 기회를 주어야 한다(제294조의2 제2항).

이때 법원은 해당 피해자, 법정대리인 또는 검사의 신청에 따라 피해자의 사생활의 비밀이나 신변보호를 위하여 필요하다고 인정하는 때에는 결정으로 심리를 공개하지 아니할 수 있다(제294조의3 제1항). 이는 범죄피해자의 사생활과 안전을 보장함으로써 범죄피해자가 평온한 상태에서 진술할 수 있도록 배려한 규정이다. 다만, 이 결정은 이유를 붙여 고지하여야 한다(동조 제2항). 그러나 법원은 심리비공개의 결정을 한 경우에도 적당하다고 인정되는 자의 재정(在廷)을 허가할 수 있다(동조 제3항). 또한 이 경우에도 전술한 피해자의 증인신문상 보호제도가 적용된다.

2) 피해자보호제도
(가) 신뢰관계 있는 자의 동석

법원은 범죄로 인한 피해자를 증인으로 신문하는 경우 증인의 연령, 심신의 상태, 그 밖의 사정을 고려하여 증인이 현저하게 불안 또는 긴장을 느낄 우려가

---

19) 형소법에서는 피해자의 진술권을 보장하기 위하여 검사는 범죄로 인한 피해자 또는 그 법정대리인(피해자가 사망한 경우에는 그 배우자·직계친족·형제자매를 포함한다)의 신청이 있는 때에는 해당 사건의 공소제기 여부, 공판의 일시·장소, 재판결과, 피고인·피의자의 구속·석방 등 구금에 관한 사실 등을 신속하게 통지하도록 하고 있다(제259조의2).

있다고 인정하는 때에는 직권 또는 피해자·법정대리인·검사의 신청에 따라 피해자와 신뢰관계에 있는 자를 동석하게 할 수 있다(제163조의2 제1항).[20] 이 동석 신청에는 동석하고자 하는 자와 피해자 사이의 관계, 동석이 필요한 사유 등을 명시하여야 한다(규칙 제84조의3 제2항). 또한 법원은 범죄로 인한 피해자가 13세 미만이거나 신체적 또는 정신적 장애로 사물을 변별하거나 의사를 결정할 능력이 미약한 경우에 재판에 지장을 초래할 우려가 있는 등 부득이한 경우가 아닌 한 피해자와 신뢰관계에 있는 자를 동석하게 하여야 한다(제163조의2 제2항). '피해자와 동석할 수 있는 신뢰관계에 있는 자'는 피해자의 배우자, 직계친족, 형제자매, 가족, 동거인, 고용주, 변호사, 그 밖에 피해자의 심리적 안정과 원활한 의사소통에 도움을 줄 수 있는 사람을 말한다(규칙 제84조의3 제1항).

동석한 자는 법원·소송관계인의 신문 또는 증인의 진술을 방해하거나 그 진술의 내용에 부당한 영향을 미칠 수 있는 행위를 하여서는 아니된다(제163조의2 제3항). 만일 동석한 자가 부당하게 재판의 진행을 방해하는 때에는 재판장은 동석을 중지시킬 수 있다(규칙 제84조의3 제3항).

(나) 진술조력인의 참여

법원은 성폭력범죄의 피해자가 13세 미만 아동이거나 신체적인 또는 정신적인 장애로 의사소통이나 의사표현에 어려움이 있는 경우 원활한 증인신문을 위하여 직권 또는 검사, 피해자, 그 법정대리인 및 변호사의 신청에 의한 결정으로 진술조력인으로 하여금 증인신문에 참여하여 중개하거나 보조하게 할 수 있다(성폭력범죄의 처벌 등에 관한 특례법 제37조 제1항).[21] 따라서 법원은 증인이 이에 해당하는 경우에는 신문 전에 피해자, 법정대리인 및 변호사에게 진술조력인에 의한 의

---

20) 검사 또는 사법경찰관이 범죄로 인한 피해자를 조사하는 경우에도 마찬가지이다(제221조 제3항).

21) 검사 또는 사법경찰관은 성폭력범죄의 피해자가 13세 미만의 아동이거나 신체적인 또는 정신적인 장애로 의사소통이나 의사표현에 어려움이 있는 경우 원활한 조사를 위하여 직권이나 피해자, 그 법정대리인 또는 변호사의 신청에 따라 진술조력인으로 하여금 조사과정에 참여하여 의사소통을 중개하거나 보조하게 할 수 있다. 다만, 피해자 또는 그 법정대리인이 이를 원하지 아니하는 의사를 표시한 경우에는 그러하지 아니하다(성폭력범죄의 처벌 등에 관한 특례법 제36조 제1항). 이는 수사상 검증에 관해 그대로 준용된다(동조 제5항).

사소통 중개나 보조를 신청할 수 있음을 고지하여야 한다(동조 제2항).[22]

　진술조력인은 수사 및 재판 과정에 참여함에 있어 중립적인 지위에서 상호간의 진술이 왜곡 없이 전달될 수 있도록 노력하여야 한다(동법 제38조 제1항). 또한 진술조력인은 그 직무상 알게 된 피해자의 주소, 성명, 나이, 직업, 학교, 용모, 그 밖에 피해자를 특정하여 파악할 수 있게 하는 인적사항과 사진 및 사생활에 관한 비밀을 공개하거나 다른 사람에게 누설하여서는 아니된다(동조 제2항).[23]

　진술조력인에 관한 내용은 아동학대범죄의 경우에 학대피해아동의 조사·심리에 있어서 준용된다(아동학대범죄의 처벌 등에 관한 특례법 제17조).

(다) 피해자변호사제도

　「성폭력범죄의 처벌 등에 관한 법률」상 성폭력범죄의 피해자 및 그 법정대리인(이하 '피해자 등'이라 한다.)은 형사절차상 입을 수 있는 피해를 방어하고 법률적 조력을 보장하기 위하여 변호사를 선임할 수 있다(제27조 제1항). 이를 피해자변호사라고 한다.

　피해자변호사는 검사 또는 사법경찰관의 피해자 등에 대한 조사에 참여하여 의견을 진술할 수 있다. 다만, 피해자변호사는 조사 도중에는 검사 또는 사법경찰관의 승인을 받아 의견을 진술할 수 있으며(동조 제2항), 피의자에 대한 구속 전 피의자심문, 증거보전절차, 공판준비기일 및 공판절차에 출석하여 의견을 진술할 수 있다(동조 제3항). 이외에도 피해자변호사는 증거보전 후 관계 서류나 증거물, 소송계속 중의 관계 서류나 증거물을 열람하거나 등사할 수 있으며(동조 제4항), 형사절차에서 피해자 등의 대리가 허용될 수 있는 모든 소송행위에 대한 포괄적인 대리권을 가진다(동조 제5항). 그리고 검사는 피해자에게 변호사가 없는 경우 국선변호사를 선정하여 형사절차에서 피해자의 권익을 보호할 수 있다(동조 제6항).[24]

---

22) 법무부장관은 의사소통 및 의사표현에 어려움이 있는 성폭력범죄의 피해자에 대한 형사사법절차에서의 조력을 위하여 진술조력인을 양성하여야 하며, 진술조력인은 정신건강의학, 심리학, 사회복지학, 교육학 등 아동·장애인의 심리나 의사소통 관련 전문지식이 있거나 관련 분야에서 상당 기간 종사한 사람으로 법무부장관이 정하는 교육을 이수하여야 한다(동법 제35조).
23) 「성폭력범죄의 처벌 등에 관한 특례법」 제39조(벌칙적용에 있어서 공무원의 의제) 진술조력인은 「형법」 제129조부터 제132조까지에 따른 벌칙의 적용에 있어서 이를 공무원으로 본다.

이는 「아동·청소년의 성보호에 관한 법률」상 아동·청소년대상 성범죄의 피해자 및 그 법정대리인(제30조)과 「아동학대범죄의 처벌 등에 관한 특례법」상 아동학대범죄의 피해아동 및 그 법정대리인(제16조) 및 「장애인복지법」상 장애인학대사건의 피해장애인 및 그 법정대리인(제59조의15)에게 준용된다.

(2) 의견진술에 의한 경우

법원은 필요하다고 인정하는 경우에는 직권으로 또는 피해자 등의 신청에 따라 피해자 등을 공판기일에 출석하게 하여 제294조의2 제2항에 정한 사항25)으로서 범죄사실의 인정에 해당하지 않는 사항에 관해 증인신문에 의하지 아니하고 의견을 진술하게 할 수 있다(규칙 제134조의10 제1항). 이 경우에는 피해자에 대한 증인신문에 있어서의 신뢰관계 있는 자의 동석제도(제163조의2 제1항, 제3항 및 제84조의3)가 준용된다(규칙 제134조의10 제7항).

1) 질문의 제한

재판장은 (ⅰ) 피해자 등이나 피해자 변호사가 이미 해당 사건에 관해 충분히 진술하여 다시 진술할 필요가 없다고 인정되는 경우, (ⅱ) 의견진술 또는 질문으로 인하여 공판절차가 현저하게 지연될 우려가 있다고 인정되는 경우, (ⅲ) 의견진술과 질문이 해당 사건과 관계없는 사항에 해당된다고 인정되는 경우, (ⅳ) 범죄사실의 인정에 관한 것이거나, 그 밖의 사유로 피해자 등의 의견진술로서 상당하지 아니하다고 인정되는 경우에는 피해자 등의 의견진술이나 검사, 피고인 또는 변호인의 피해자 등에 대한 질문을 제한할 수 있다(동조 제6항).

2) 방 법

의견진술에 의한 경우 재판장은 재판의 진행상황 등을 고려하여 피해자 등의

---

24) 피해자국선변호사의 운영에 관하여는 「검사의 국선변호사 선정 등에 관한 규칙」(법무부령) 참조.

25) 제294조의2(피해자등의 진술권) ② 법원은 제1항에 따라 피해자등을 신문하는 경우 피해의 정도 및 결과, 피고인의 처벌에 관한 의견, 그 밖에 당해 사건에 관한 의견을 진술할 기회를 주어야 한다.

의견진술에 관한 사항과 그 시간을 미리 정할 수 있다(동조 제2항). 또한 재판장은 피해자 등의 의견진술에 대하여 그 취지를 명확하게 하기 위하여 피해자 등에게 질문할 수 있고, 설명을 촉구할 수 있으며(동조 제3항), 합의부원은 재판장에게 알리고 이 행위를 할 수 있다(동조 제4항).

한편, 검사, 피고인 또는 변호인은 피해자 등이 의견을 진술한 후 그 취지를 명확하게 하기 위하여 재판장의 허가를 받아 피해자 등에게 질문할 수 있다(동조 제5항).

(3) 서면제출에 의한 경우

재판장은 재판의 진행상황, 그 밖의 사정을 고려하여 피해자 등에게 이 의견진술에 갈음하여 의견을 기재한 서면을 제출하게 할 수 있다(규칙 제134조의11 제1항). 피해자 등의 의견진술에 갈음하는 서면이 법원에 제출된 때에는 검사 및 피고인 또는 변호인에게 그 취지를 통지하여야 한다(동조 제2항). 이 통지는 서면, 전화, 전자우편, 모사전송, 휴대전화 문자전송 그 밖에 적당한 방법으로 할 수 있다(동조 제4항).

이 서면이 제출된 경우 재판장은 공판기일에서 의견진술에 갈음하는 서면의 취지를 명확하게 하여야 한다. 이 경우 재판장은 상당하다고 인정하는 때에는 그 서면을 낭독하거나 요지를 고지할 수 있다(동조 제3항).

제3절 검 증

I. 의 의

검증이란 법관이 오관의 작용에 의하여 사물의 존재, 형상, 상태를 직접 인식하는 증거조사의 방법을 말한다. 특히, 범죄현장이나 법원 이외의 일정한 장소에서 행하는 검증을 현장검증이라고 한다.

검증은 그 대상에 대하여 수인의무를 부과하고 강제력을 수반하기 때문에 강제처분의 성격을 가진다. 따라서 수사기관에 의한 검증은 영장을 요하지만, 법원의 검증은 증거조사의 일환이므로 영장주의가 적용되지 아니한다.

II. 주체와 대상

1. 주 체

법원은 사실을 발견함에 필요한 때에는 검증을 할 수 있다(제139조). 검증은 증거조사의 일환이므로 원칙적으로 수소법원이 행한다. 다만, 법원은 합의부원에게 검증을 명할 수 있고(수명법관에 의한 검증), 지방법원판사(수탁판사에 의한 검증)에게 촉탁할 수도 있다. 또한 수탁판사는 검증의 목적물이 그 관할구역 내에 없는 때에는 그 목적물 소재지지방법원 판사에게 전촉할 수 있다. 수명법관, 수탁판사가 행하는 검증에 관하여는 법원이 행하는 검증에 관한 규정을 준용한다(제145조, 제136조).

증거보전처분을 받은 판사도 검증을 할 수 있으며, 이때 판사는 재판장과 동일한 권한을 가진다(제184조 제1항, 제2항).

2. 대 상

검증의 목적물은 제한이 없다. 목적물의 존재나 상태 또는 성질이 증거자료로 되는 경우에는 유체물이나 무체물, 동산이나 부동산, 생물이나 무생물 모두 검증의 대상이 된다. 사람의 신체나 사체도 그 상태에 대한 인식이 필요한 경우에는 검증의 대상이 된다.

III. 절차와 방법

1. 준비절차

(1) 검증기일의 지정과 통지

1) 기일의 지정

공판기일의 검증에는 별도의 절차를 요하지 아니하지만 공판기일 외의 일시와 장소에서 검증을 하는 경우에는 검증기일을 지정하여야 한다.

검증기일의 지정은 공판기일의 지정에 준하여 재판장이 하지만, 수명법관 또는 수탁판사가 검증을 하는 경우에는 그 판사가 기일을 지정한다.

2) 기일의 통지

검사, 피고인 또는 변호인은 검증에 참여할 수 있다(제145조, 제121조). 따라서 재판장은 검증기일을 정한 때에는 미리 이들에게 검증의 일시와 장소를 통지하여야 한다. 다만, 참여권자가 참여하지 아니한다는 의사를 명시한 때 또는 급속을 요하는 때에는 예외로 한다(제145조, 제122조).

또한 공무소, 군사용의 항공기 또는 선박·차량 안에서 검증을 할 때에는 그 책임자에게 참여할 것을 통지하여야 하며(제145조, 제123조 제1항), 타인의 주거, 간수자가 있는 가옥, 건조물, 항공기 또는 선박·차량 안에서 검증을 하는 경우에는 주거주, 간수자 또는 이에 준하는 자를 참여하게 하여야 한다(제145조, 제123조 제2항). 이때 이에 해당하는 자를 참여하게 하지 못할 때에는 이웃 사람 또는 지방공공단체의 직원을 참여하게 하여야 한다(제145조, 제123조 제3항).

(2) 신체검사와 소환

법원은 신체를 검사하기 위하여 피고인의 신체를 검사하기 위하여 소환할 수 있으며(제68조), 피고인 아닌 자도 법원 기타 지정한 장소에 소환할 수 있다(제142조).

피고인에 대한 신체검사를 하기 위한 소환장에는 신체검사를 하기 위하여 소환한다는 취지를 기재하여야 한다(규칙 제64조). 피고인이 아닌 자에 대한 신체검사를 하기 위한 소환장에는 그 성명 및 주거, 피고인의 성명, 죄명, 출석일시 및 장소와 신체검사를 하기 위하여 소환한다는 취지를 기재하고 재판장 또는 수명법관이 기명날인하여야 한다(규칙 제65조).

2. 검증방법

(1) 검증에 필요한 처분

검증을 할 때에는 신체의 검사, 사체의 해부, 분묘의 발굴, 물건의 파괴 기타 필요한 처분을 할 수 있다(제140조). 즉, 검증 중에는 타인의 출입을 금지할 수 있으며, 이를 위배한 자에게는 퇴거하게 하거나 집행종료 시까지 간수자를 붙일 수 있다(제145조, 제119조). 또한 검증을 함에 있어서는 건정을 열거나 개봉 기타 필요한 처분을 할 수 있다(제145조, 제120조). 다만, 시체의 해부 또는 분묘의 발굴을 하는 때에는 예(禮)에 어긋나지 아니하도록 주의하고 미리 유족에게 통지하여야 한다(제141조 제4항). 한편, 검증을 중지한 경우에 필요한 때에는 집행이 종료될 때까지 그 장소를 폐쇄하거나 간수자를 둘 수 있다(제145조, 제127조).

법원은 검증을 함에 필요한 때에는 사법경찰리에게 보조를 명할 수 있다(제144조).

(2) 신체검사에 있어서 주의사항

신체의 검사에 관하여는 검사를 받는 사람의 성별, 나이, 건강상태, 그 밖의 사정을 고려하여 그 사람의 건강과 명예를 해하지 아니하도록 주의하여야 한다(제141조 제1항).

특히, 피고인 아닌 사람의 신체검사는 증거가 될 만한 흔적을 확인할 수 있는 현저한 사유가 있는 경우에만 할 수 있다(동조 제2항). 또한 여자의 신체를 검사하는 경우에는 의사나 성년 여자를 참여하게 하여야 한다(동조 제3항).

(3) 검증의 제한

1) 시간적 제한

검증은 원칙적으로 일출 전·일몰 후에는 가주(家主), 간수자 또는 이에 준하는 자의 승낙이 없으면 검증을 하기 위하여 타인의 주거, 간수자 있는 가옥, 건조물, 항공기, 선박 또는 차량 안에 들어가지 못한다. 다만, 일출 후에는 검증의 목적을 달성할 수 없을 염려가 있는 경우에는 예외로 한다(제143조 제1항).

그러나 일몰 전에 검증에 착수한 때에는 일몰 후라도 검증을 계속할 수 있다(동조 제2항). 또한 야간 압수·수색이 허용되는 장소, 즉 도박 기타 풍속을 해하는 행위에 상용된다고 인정하는 장소 또는 여관, 음식점 기타 야간에 공중이 출입할 수 있는 장소(다만, 공개한 시간 내에 한한다)에는 시간에 의한 제한을 받지 아니한다(동조 제3항).

2) 장소적 제한

군사상 비밀을 요하는 장소는 그 책임자의 승낙이 없으면 검증을 할 수 없다. 다만, 그 책임자는 국가의 중대한 이익을 해하는 경우를 제외하고는 승낙을 거부하지 못한다(제145조, 제110조).

IV. 검증조서의 작성과 그 증거능력

검증 후에는 검증의 결과를 기재한 검증조서를 작성하여야 한다(제49조 제1항). 이 검증조서에는 검증목적물의 현상을 명확하게 하기 위하여 도화나 사진을 첨부할 수 있다(동조 제2항).

검증조서는 법원 또는 법관에 의한 조서로서 무조건 증거능력이 인정된다(제311조). 다만, 검증조서를 증거로 사용하기 위하여는 공판기일에 낭독 등의 방법으로 증거조사를 실시하여야 한다(제292조). 증거보전절차에서 작성된 검증조서의 경우도 마찬가지이다.

그러나 공판기일에 공판정에서 행한 검증은 별도의 검증조서를 작성할 필요 없이 공판조서에 기재하며(제51조 제2항 제10호), 법원에 검증에 의하여 취득한 결과는 바로 증거자료가 된다.

제 4 절 감정·통역·번역

I. 감 정

1. 의 의

(1) 개 념

감정이란 전문적인 지식이나 경험을 가진 제3자가 그의 지식이나 경험법칙을 법원에 보고하거나 그 지식과 경험을 특정 사안에 적용하여 그 결과를 보고하는 것을 말한다. 법원 또는 법관으로부터 감정의 명을 받은 자를 감정인이라고 한다.

감정인은 수사기관으로부터 위촉을 받은 감정수탁자(제221조 제2항)와 구별된다. 즉, 감정인은 선서를 하고 감정결과를 서면으로 보고하여야 하며, 감정절차에 당사자의 참여권이 보장될 뿐만 아니라 허위감정을 하면 허위감정죄(형법 제154조)가 성립한다는 점에서 감정수탁자와 다르다.

(2) 성 격

법원이 감정을 명하는 것은 재량에 속한다. 하지만 법률에 의하여 감정이 필요적으로 요구되는 경우(제306조[26] 제3항)나 사실인정을 위해 감정을 명하는 것이

[26) 제306조(공판절차의 정지) ① 피고인이 사물의 변별 또는 의사의 결정을 할 능력이 없는 상태에 있는 때에는 법원은 검사와 변호인의 의견을 들어서 결정으로 그 상태가 계속하는 기간 공판절차를 정지하여야 한다.
② 피고인이 질병으로 인하여 출정할 수 없는 때에는 법원은 검사와 변호인의 의견을 들어서

합리적이라고 판단되는 경우에는 감정을 명할 의무가 있다고 할 것이다.[27]

한편, 감정인은 감정결과에 따른 진술내용이 증거방법이 되므로 증인과 유사하여 증인에 관한 규정이 준용된다. 다만, 특별한 지식에 의하여 알게 된 과거의 사실을 진술하는 감정증인은 증인에 해당하므로 증인신문에 관한 규정이 적용된다(제179조).

2. 절 차

(1) 감정인의 지정

1) 감정인의 자격

법원은 학식과 경험이 있는 자에게 감정을 명할 수 있다(제169조). 따라서 감정사항에 관해 전문적인 학식과 경험을 가진 자는 누구라도 감정인이 될 수 있다. 여러 명의 감정인을 지정할 수도 있다.

감정의 경우에는 증인신문에 관한 규정이 적용되므로 감정인적격 및 감정거부권에 대하여는 증인적격 및 증언거부권에 관한 내용이 그대로 적용된다. 따라서 감정인은 자기 또는 근친자(친족이거나 친족이었던 사람, 법정대리인, 후견감독인)가 형사소추 또는 공소제기를 당하거나 유죄판결을 받을 사실이 드러날 염려가 있는 감정을 거부할 수 있으며(제177조, 제148조), 변호사, 변리사, 공증인, 공인회계사, 세무사, 대서업자, 의사, 한의사, 치과의사, 약사, 약종상, 조산사, 간호사, 종교의 직에 있는 자 또는 이러한 직에 있던 자가 그 업무상 위탁을 받은 관계로 알게 된

결정으로 출정할 수 있을 때까지 공판절차를 정지하여야 한다.

③ 전2항의 규정에 의하여 공판절차를 정지함에는 의사의 의견을 들어야 한다.

27) 판례는 "피고인이 정신장애 3급의 장애자로 등록되어 있고, 진료소견서 등에도 병명이 '미분화형 정신분열증 및 상세불명의 간질' 등으로 기재되어 있을 뿐만 아니라, 수사기관에서부터 자신의 심신장애 상태를 지속적으로 주장하여 왔으며, 변호인 또한 공판기일에서 피고인의 심신장애를 주장하는 내용의 진술을 하였다면, 비록 피고인이 항소이유서에서 명시적으로 심신장애 주장을 하지 않았다고 하더라도, 직권으로라도 피고인의 병력을 상세히 확인하여 그 증상을 밝혀보는 등의 방법으로 범행 당시 피고인의 심신장애 여부를 심리하였어야 한다"고 하면서, 원심이 피고인의 심신장애 여부에 관하여는 아무런 심리도 하지 아니한 채 피고인의 항소를 기각한 것은 위법이라고 하였다(2009도870).

사실로서 타인의 비밀에 관한 것은 감정을 거부할 수 있다. 다만, 본인의 승낙이 있거나 중대한 공익상 필요있는 때에는 예외로 한다(제177조, 제149조).

2) 감정인 신청

감정인의 지정과 관련하여 당사자가 특정인을 감정인으로 지정하여 줄 것을 법원에 신청할 권리가 있는가에 대하여는 ① 직권에 의한 감정인의 지정만을 규정하고 있는 「민사소송법」(제335조)과 달리 형소법에는 이에 대한 제한규정이 없고, 당사자의 변론활동을 최대한 보장할 필요가 있으며, 제169조는 감정인적격에 관한 규정에 불과하다는 점에서 이를 긍정하는 견해와 ② 제169조에서는 법원에게 감정인지정권을 부여하고 있다는 점에서 이를 부정하는 견해가 있다.

감정인은 대체가능성이 있을 뿐만 아니라 감정인의 감정결과가 재판에 미치는 영향이 크다는 점을 고려하면 감정의 공정성과 객관성의 담보는 매우 중요할 것이므로 중립적인 입장에 있는 법원이 감정인을 지정하여야 할 것이다. 따라서 법원은 당사자가 특정 감정인의 지정을 요청하더라도 이에 구애되지 않고 감정인을 지정할 수 있다. 실무에서도 감정 자체에 대한 신청과 감정에 대한 결정 후에 별도로 감정인의 지정이 이루어지고 있으며, 법원 또한 감정인의 지정신청에 구속됨이 없이 감정인을 지정하고 있다. 다만, 법원이 당사자의 신청내용을 고려하여 감정인을 지정하는 것은 가능하지만, 이 경우에도 반대당사자의 의견을 청취하여 감정과 그 결과에 대한 공정성이 의심받지 않도록 하여야 한다.

3) 감정촉탁

감정은 개인에게 명하는 것이 원칙이다. 하지만 법원은 필요하다고 인정하는 때에는 공무소, 학교, 병원 기타 상당한 설비가 있는 단체 또는 기관에 대하여 감정을 촉탁할 수 있다. 이를 감정촉탁제도라고 한다. 감정촉탁의 경우에는 선서에 관한 규정이 적용되지 아니한다(제179조의2 제1항). 따라서 이 경우에는 허위감정에 따른 처벌의 부담은 없다. 이는 선서가 불가능한 단체나 기관의 감정결과를 증거로 활용하기 위한 것이다.

감정촉탁의 경우 법원은 해당 공무소·학교·병원·단체 또는 기관이 지정한 자로 하여금 감정서의 설명을 하게 할 수 있다(동조 제2항).

(2) 감정인의 소환

법원은 감정인이 지정되면 신문을 위하여 감정인을 출석시켜야 한다. 감정인의 소환은 원칙적으로 증인의 소환방법에 의하지만 증인과 달리 대체가능성이 있으므로 구인에 관한 규정을 제외하고는 증인신문에 관한 규정이 적용된다(제177조). 따라서 법원은 감정인을 소환하거나 동행명령은 할 수 있으며, 이에 불응하는 경우 과태료 및 비용배상을 명할 수 있다(제177조, 제151조). 다만, 단체 또는 기관에 대한 감정촉탁의 경우에는 감정인의 소환은 행하여지지 아니한다.

(3) 감정인 선서

감정인에게는 감정 전에 선서하게 하여야 한다(제170조 제1항). 선서는 선서서에 의하여야 하며(동조 제2항), 선서서에는 「양심에 따라 성실히 감정하고 만일 거짓이 있으면 허위감정의 벌을 받기로 맹세합니다」라고 기재하여야 한다(동조 제3항). 선서는 일어서서 엄숙하게 하여야 하며(제170조 제4항, 제157조 제4항), 재판장은 선서할 감정인에 대하여 선서 전에 위증의 벌을 경고하여야 한다(제170조 제4항, 제158조). 특히, 감정인은 선서무능력자일 수가 없으므로 감정 전에 반드시 선서하여야 하며, 따라서 선서를 하지 않고 한 감정은 증거능력이 없다. 다만, 감정촉탁의 경우에는 선서에 관한 규정은 이를 적용하지 아니한다(제179조의2 단서).

재판장은 감정인에게 선서서를 낭독하고 기명날인하거나 서명하게 하여야 한다. 다만, 감정인이 선서서를 낭독하지 못하거나 서명을 하지 못하는 경우에는 참여한 법원사무관 등이 대행한다(제170조 제4항, 제157조 제3항).

(4) 감정인신문

감정인을 최초로 소환하여 선서시킨 후 감정사항을 알리고 감정을 명하는 것을 감정인신문이라고 한다. 이 감정인신문은 필요적 절차로서, 증인신문에 관한 규정이 준용된다(제177조). 다만, 감정인신문은 재판장이 직권으로 감정인의 학력·경력·감정경험의 유무 등 감정을 명함에 적합한 능력이 있는가를 확인하는 신문을 먼저 한 후에 검사, 피고인 또는 변호인에게 신문의 기회를 부여하고, 다시 재판장이 감정사항을 알리고 감정결과를 보고하도록 명하는 순서로 진행된다.

(5) 감정의 실시

1) 감정의 실시와 자료제공

감정인은 감정사항에 대한 자료를 수집하기 위하여 감정을 실시한다. 다만, 법원은 필요한 때에는 감정인으로 하여금 법원 외에서 감정하게 할 수 있으며(제172조 제1항), 이 경우에는 감정을 요하는 물건을 감정인에게 교부할 수 있다(동조 제2항). '법원 외에서 감정하게 할 수 있다'란 감정에 필요한 사실행위를 법원 외에서 할 수 있다는 의미이며, 실무상 대부분의 감정은 법정 외에서 행하여진다.

재판장은 필요하다고 인정하는 때에는 감정인에게 소송기록에 있는 감정에 참고가 될 자료를 제공할 수 있다(규칙 제89조의2).

2) 감정에 필요한 처분

(가) 필요한 처분과 그 행사

감정인은 감정에 관해 필요한 때에는 법원의 허가를 얻어 타인의 주거, 간수자 있는 가옥, 건조물, 항공기, 선박 또는 차량 안에 들어 갈 수 있고, 신체의 검사, 사체의 해부, 분묘발굴, 물건의 파괴를 할 수 있다(제173조 제1항). 이 허가에는 피고인의 성명, 죄명, 들어갈 장소, 검사할 신체, 해부할 사체, 발굴할 분묘, 파괴할 물건, 감정인의 성명과 유효기간을 기재 및 감정인의 직업, 유효기간을 경과하면 허가된 처분에 착수하지 못하며 허가장을 반환하여야 한다는 취지 및 발부연월일을 기재하고 재판장 또는 수명법관이 서명날인한 허가장을 발부하여야 한다. 법원이 감정에 필요한 처분의 허가에 관해 조건을 붙인 경우에는 허가장에 이를 기재하여야 한다(제173조 제2항, 규칙 제89조). 다만, 법원은 합의부원으로 하여금 감정에 관해 필요한 처분을 하게 할 수 있다(제175조).

감정인이 이 처분을 하기 위하여는 처분을 받는 자에게 허가장을 제시하여야 한다(제173조 제3항). 다만, 감정인이 공판정에서 행하는 처분에는 허가장을 요하지 아니한다(동조 제4항).

(나) 주의사항

감정처분에 있어서도 검증에 있어서 신체검사에 관한 주의(제141조)와 시각의 제한(제143조)에 관한 규정이 준용된다(제173조 제5항).

따라서 신체의 검사에 관하여는 검사를 받는 사람의 성별, 나이, 건강상태, 그밖의 사정을 고려하여 그 사람의 건강과 명예를 해하지 아니하도록 주의하여야 하며, 피고인 아닌 사람의 신체검사는 증거가 될 만한 흔적을 확인할 수 있는 현저한 사유가 있는 경우에만 할 수 있고, 여자의 신체를 검사하는 경우에는 의사나 성년 여자를 참여하게 하여야 한다. 또한 시체의 해부 또는 분묘의 발굴을 하는 때에는 예(禮)에 어긋나지 아니하도록 주의하고 미리 유족에게 통지하여야 한다(제141조).

또한 일출 전, 일몰 후에는 가주, 간수자 또는 이에 준하는 자의 승낙이 없으면 감정을 하기 위하여 타인의 주거, 간수자 있는 가옥, 건조물, 항공기, 선차 내에 들어가지 못한다. 다만, 일출 후에는 감정의 목적을 달성할 수 없을 염려가 있는 경우에는 예외로 한다. 그리고 도박 기타 풍속을 해하는 행위에 상용된다고 인정하는 장소나 여관, 음식점 기타 야간에 공중이 출입할 수 있는 장소(다만, 공개한 시간 내에 한한다)에서 감정을 하는 경우에는 시간적 제한을 받지 아니한다. 그러나 일몰 전에 감정에 착수한 때에는 일몰 후라도 감정을 계속할 수 있다(제143조).

(다) 당사자의 감정참여

검사, 피고인 또는 변호인은 이러한 감정절차에 참여할 수 있다(제176조 제1항). 따라서 감정허가장을 집행함에는 미리 집행의 일시와 장소를 검사, 피고인 또는 변호인에게 통지하여야 한다. 다만, 이들이 참여하지 아니한다는 의사를 명시한 때 또는 급속을 요하는 때에는 예외로 한다(동조 제2항, 제122조).

3) 감정인의 증인신문 참여

감정인은 감정에 관해 필요한 경우에는 재판장의 허가를 얻어 서류와 증거물을 열람 또는 등사하고, 피고인 또는 증인의 신문에 참여할 수 있다(제174조 제1항). 이때 감정인은 피고인 또는 증인의 신문을 구하거나 재판장의 허가를 얻어 직접 발문할 수 있다(동조 제2항).

4) 감정인의 비용청구

감정인은 법률의 정하는 바에 의하여 여비, 일당, 숙박료 외에 감정료와 체당
금의 변상을 청구할 수 있다(제178조).

(6) 감정유치

1) 의 의

감정유치란 피의자 또는 피고인의 정신 또는 신체를 감정하기 위하여 일정기
간 동안 병원 기타 적당한 장소에 유치하는 강제처분을 말한다. 형소법에서는 법
원은 피고인의 정신 또는 신체에 관한 감정이 필요한 때에는 그 기간을 정하여 병
원 기타 적당한 장소에 피고인을 유치하게 할 수 있도록 하고 있다(제172조 제3항).
그리고 피고인에 대한 감정유치에 관한 규정은 피의자의 감정유치(다만, 검사의 청
구를 요함)에 준용하고 있다(제221조의3 제2항). 이하에서는 증거법과 관련된 피고인
의 감정유치에 대하여 설명한다.

감정유치는 피고인의 신체의 자유를 침해하는 강제처분이라는 점에서 형소법
상 특별한 규정이 없는 경우에는 보석에 관한 규정을 제외하고는 구속에 관한 규
정을 적용한다(제172조 제7항). 법원의 감정유치에 관한 결정에 대하여는 항고할 수
있다(제403조 제2항).

2) 감정유치장의 발부와 집행
(가) 감정유치장의 발부

감정유치를 하는 경우에는 법원이 감정유치장을 발부하여야 한다(제172조 제7
항). 감정유치장은 법적 성격은 명령장이다. 감정유치장에는 피고인의 성명, 주민
등록번호 등, 직업, 주거, 죄명, 범죄사실의 요지, 유치할 장소, 유치기간, 감정의
목적 및 유효기간과 그 기간 경과 후에는 집행에 착수하지 못하고 영장을 반환하
여야 한다는 취지를 기재하고, 재판장 또는 수명법관이 서명날인하여야 한다(규칙
제85조 제1항).

(나) 감정유치장의 집행

감정유치장의 집행에 관하여는 구속영장의 집행에 관한 규정이 준용된다(제172조 제7항). 따라서 감정인은 그 처분을 받는 자에게 감정허가장을 제시하여야 한다.

또한 법원은 유치를 함에 있어서 필요한 때에는 직권 또는 피고인을 수용할 병원 기타 장소의 관리자의 신청에 의하여 사법경찰관리에게 피고인의 간수를 명할 수 있다(제172조 제5항). 이 신청은 피고인의 간수를 필요로 하는 사유를 명시하여 서면으로 하여야 한다(규칙 제86조). 법원은 감정하기 위하여 피고인을 병원 기타 장소에 유치한 때에는 그 관리자의 청구에 의하여 입원료 기타 수용에 필요한 비용을 지급하여야 하며, 이 비용은 법원이 결정으로 정한다(규칙 제87조).

3) 유치장소와 유치기간

(가) 유치장소

유치장소는 '병원 기타 적당한 장소'이다. '기타 적당한 장소'란 감정이 가능하고 시설면에서 계호가 가능한 장소를 말한다. 법원은 유치할 장소를 변경할 수 있으며, 그 변경은 결정으로 한다(규칙 제85조 제2항).

(나) 유치기간

감정유치에 필요한 기간은 제한이 없다. 따라서 법원은 필요한 때에는 유치기간을 연장하거나 단축할 수 있다(제172조 제6항). 감정유치기간의 연장이나 단축은 결정으로 한다(규칙 제85조 제2항).

그러나 감정이 완료되면 즉시 유치를 해제하여야 하며(제172조 제3항), 감정을 계속할 필요가 없다고 판단되는 경우에는 감정을 해제하고 피고인을 석방하여야 한다(동조 제7항 참조).

3. 감정의 보고와 감정인의 신문

(1) 감정보고

감정의 경과와 결과는 감정인으로 하여금 서면으로 제출하게 하여야 한다(제

171조 제1항). 감정인이 구두로 감정결과를 보고하는 것은 허용되지 아니한다. 감정인이 수인인 때에는 각각 또는 공동으로 제출하게 할 수 있다(동조 제2항). 감정의 결과에는 그 판단의 이유를 명시하여야 한다(동조 제3항).

(2) 감정인신문과 조서의 작성

법원은 필요한 때에는 감정인에게 감정의 경과와 결과를 설명하게 할 수 있다(동조 제4항). 이때에는 증인신문에 관한 규정이 적용된다(제177조). 다만, 이 감정인신문은 임의적 절차이다.

감정인을 신문한 때에는 참여한 법원사무관 등이 감정인신문조서를 작성하여야 한다(제48조 제1항). 공판기일 외의 감정인신문의 경우에도 마찬가지이다. 감정인신문조서는 증거서류이므로, 증거로 사용하기 위하여는 공판기일에 공판정에서 낭독하는 방법 등에 의한 증거조사를 하여야 한다(제292조 참조). 다만, 감정인의 감정결과는 하나의 증거에 불과하므로 법원은 이에 구속되지 아니한다.[28]

한편, 감정촉탁의 경우에는 법원은 해당 공무소·학교·병원·단체 또는 기관이 지정한 자로 하여금 감정서의 설명을 하게 할 수 있다(제179조의2 제2항). 이때 감정서의 설명을 하게 할 때에는 검사, 피고인 또는 변호인을 참여하게 하여야 하며, 그 설명의 요지는 조서에 기재하여야 한다(규칙 제89조의3).

4. 감정유치의 효력

감정유치는 원칙적으로 구속에 관한 규정을 적용한다(제172조 제7항). 따라서 감정유치된 피고인에 대해서는 접견교통권이 인정되고(제89조), 따라서 피고인을 유치한 때에는 변호인이 있는 경우에는 변호인에게, 변호인이 없는 경우에는 피고

---

28) 판례는 "과학적 증거와 관련하여 판례는 과학적 증거방법이 사실인정에 있어서 상당한 정도로 구속력을 갖기 위하여는 감정인이 전문적인 지식·기술·경험을 가지고 공인된 표준 검사기법으로 분석한 후 법원에 제출하였다는 것만으로는 부족하고, 시료의 채취·보관·분석 등 모든 과정에서 시료의 동일성이 인정되고 인위적인 조작·훼손·첨가가 없었음이 담보되어야 하며 각 단계에서 시료에 대한 정확한 인수·인계 절차를 확인할 수 있는 기록이 유지되어야 한다"(2017도14222)고 하였다.

인 또는 피의자의 법정대리인, 배우자, 직계친족과 형제자매 중 피고인이 지정한 자에게 피고사건명, 유치일시·장소, 범죄사실의 요지, 유치의 이유와 변호인을 선임할 수 있는 취지를 알려야 한다(제87조 제1항). 이 통지는 지체없이 서면으로 하여야 한다(동조 제2항).

한편, 감정유치는 미결구금일수의 산입에 있어서는 구속으로 간주한다(제172조 제8항). 그러나 구속 중인 피고인에 대하여 감정유치장이 집행되었을 때에는 피고인이 유치되어 있는 기간 구속은 그 집행이 정지된 것으로 간주되므로(제172조의 2 제1항) 구속기간에는 산입되지 아니한다. 유치처분이 취소되거나 유치기간이 만료된 때에는 구속의 집행정지가 취소된 것으로 간주한다(동조 제2항).

II. 통역과 번역

법정에서는 국어를 사용한다(법조법 제62조). 따라서 외국어에 의한 진술이나 서류의 제출은 통역 또는 번역을 통해 이루어진다. 통역과 번역은 전문지식인에 의한 보고라는 점에서 감정에 관한 규정을 준용한다(제183조). 따라서 통역과 번역의 경우에는 구인에 관한 규정을 제외하고는 증인신문에 관한 규정이 적용된다(제177조).

법원으로부터 통역과 번역의 명을 받은 자를 통역인 또는 번역인이라고 한다. 통역인과 번역인에게는 선서의무가 있으며, 허위통역이나 허위번역을 한 때에는 「형법」상 허위통역·번역죄(제154조)가 성립한다.

1. 통 역

국어에 통하지 아니한 자의 진술에는 통역인으로 하여금 통역하게 하여야 한다(제180조). '국어에 통하지 아니 한 자'란 국어에 의한 일상적 회화에 상당히 지장이 있는 자를 말하며, 내·외국인을 불문한다(2007도9327). 따라서 외국인뿐만 아니라 듣거나 말하는 데 장애가 있는 사람의 진술에는 통역인으로 하여금 통역하게 할 수 있다(제181조). 하지만 외국인이라도 국어에 의하여 의사표현과 전달이 어렵지 않다면 통역을 요하지 아니한다.

통역인에게도 법관의 제척, 기피, 회피의 규정이 준용된다(제25조).

2. 번 역

국어 아닌 문자 또는 부호는 번역하게 하여야 한다(제182조). 이때의 '국어 아닌 문자 부호'는 우리나라에서 일반적으로 통용되고 있지 않는 문자나 부호를 말한다. 따라서 방언이나 외래어라고 하더라도 널리 통용되고 있는 문자나 부호는 번역을 요하지 아니한다.

제 5 절 피고인의 지위와 증거

I. 피고인의 소송법상 지위

형소법상 피고인은 당사자로서의 지위, 증거방법으로서의 지위, 절차대상으로서의 지위를 가진다.

1. 당사자로서의 지위

형소법상 피고인의 지위는 소송구조와 관련성이 있다. 직권주의에서는 피고인은 '소송주체'로서 파악하여, (i) 피고인 자신의 방어를 위한 권리향유의 주체인 적극적 지위와 (ii) 형사절차의 진행에 대한 부담을 감당해야 할 의무주체인 소극적 지위로 구분한다. 반면에 당사자주의에서는 피고인은 검사와 대등한 당사자로서의 지위를 가지고 소송진행에서 주도적인 역할을 담당한다. 당사자주의 소송구조를 원칙으로 하는 형소법에서는 피고인은 당사자로서의 지위를 보장하기 위하여 방어권과 소송절차참여권을 보장하고 있다.

(1) 방어권

피고인은 자기의 정당한 이익을 방어할 수 있는 권리를 가진다.

1) 방어준비를 위한 권리

피고인의 방어기회를 보장하기 위하여 공소사실의 특정이 요구되고(제254조), 공소장변경에는 일정한 절차를 거치도록 함으로써 심판대상을 한정하고 있으며(제298조), 제1회 공판기일의 유예기간을 두도록 하고 있다(제269조). 또한 피고인에게는 서류·증거물의 열람·복사권(제35조),[29] 공판조서의 열람·등사 및 낭독청구권(제55조), 공판정 심리의 전부 또는 일부에 대한 속기·녹음·영상녹화청구권(제56조의2), 공소장부본을 송달받을 권리(제266조), 증거개시청구권(제266조의3 이하), 공판기일변경신청권(제270조), 공소장변경사유를 고지받을 권리(제298조 제3항), 증거된 서류의 낭독청구권(제292조 제1항) 등이 인정되고 있다.

2) 진술권과 진술거부권

피고인에게는 자기에게 이익되는 사실을 진술할 권리(제286조)와 진술거부권(제283조의2)이 있으며, 최후진술권(제303조)이 보장되어 있다.

3) 증거조사에 있어서 방어권행사

증거조사에 있어서 피고인의 방어권을 보장하기 위하여 피고인에게는 증인신문권(제161조의2), 의견진술권(제293조), 증거신청권(제294조) 및 이의신청권(제296조) 등이 인정되며, 제1회 공판기일 전에는 증거보전청구권이 인정되고 있다(제184조).

---

29) 피고인의 법정대리인, 특별대리인, 보조인 또는 피고인의 배우자·직계친족·형제자매로서 피고인의 위임장 및 신분관계를 증명하는 문서를 제출한 자도 소송계속 중의 관계 서류 또는 증거물을 열람하거나 복사할 수 있다(제35조 제2항). 다만, 재판장은 피해자, 증인 등 사건관계인의 생명 또는 신체의 안전을 현저히 해칠 우려가 있는 경우에는 위의 열람·복사에 앞서 사건관계인의 성명 등 개인정보가 공개되지 아니하도록 보호조치를 할 수 있다(동조 제3항).

4) 방어능력의 보충

피고인은 방어능력을 보충하기 위하여 헌법상 변호인의 조력을 받을 권리(헌법 제12조 제4항)를 가지며, 구체적으로 변호인선임권(제30조)과 변호인의뢰권(제90조) 및 접견교통권(제34조, 제89조)이 인정되고, 국선변호인제도(제33조)와 필요적 변호제도(제282조, 제283조)를 두고 있다

(2) 소송절차참여권

피고인은 소송절차 전반에 걸쳐 소송절차를 형성할 권리를 가진다. 이 권리는 피고인의 방어권행사를 위해 전제되는 권리이다.

1) 법원구성에 관여할 수 있는 권리

피고인에게는 기피신청권(제18조), 관련사건에 대한 병합심리청구권(제6조), 관할이전신청권(제15조), 관할위반신청권(제320조) 및 변론의 분리·병합·재개신청권(제300조, 제305조) 등이 있다.

2) 공판절차의 진행에 관여할 권리

피고인은 공판정 출석권(제276조)을 가지며, 경미사건(제277조)이나 구속된 피고인의 출석거부(제277조의2) 등의 경우를 제외하고는 피고인이 공판정에 출석하지 않으면 개정하지 못한다. 다만, 피고인의 공판정출석은 권리이자 의무이므로, 피고인이 정당한 이유 없이 출석하지 아니할 때에는 법원은 구속영장을 발부하여 피고인을 법원에 인치할 수 있다.

또한 피고인에게는 소송지휘에 관한 재판장의 처분에 대한 이의신청권(제304조), 변론재개신청권(제305조), 공소장변경 시 공판절차정지신청권(제298조 제4항) 등이 있다.

이외에도 피고인에게는 상소의 제기와 포기·취하권(제338조, 제349조), 상소권회복청구권(제345조)이 있고, 약식명령에 대한 정식재판청구권(제453조)과 청구의 취하·포기권(제454조) 등이 있다. 그리고 피고인의 상소권을 보장하기 위하여 불이익변경금지의 원칙이 인정된다(제368조, 제399조).

3) 증거조사 및 강제처분절차에의 참여권

피고인에게는 증인신문과 검증·감정 등에의 참여권(제145조, 제163조, 제176조, 제183조)이 있으며, 공판준비절차에서의 증거조사(제273조), 증거보전절차에서의 증거조사(제184조) 및 검사의 청구에 의한 증인신문(제221조의2 제5항)에의 참여권이 있다. 또한 피고인에게는 압수·수색영장의 집행에의 참여권(제121조)이 있다.30)

2. 증거방법으로서의 지위

피고인은 범죄의 직접적 체험자라는 점에서 증거방법으로서의 지위를 가진다. 피고인의 증거방법으로서의 지위는 당사자로서의 지위에 영향을 주지 않는 범위 내에서 인정되는 보조적 지위이므로 양자는 서로 모순되는 것은 아니며, 증거방법으로서의 지위를 인정한다고 하여 피고인을 조사객체로 취급하는 것도 아니다.

(1) 인적 증거방법

피고인은 공소사실의 직접적 체험자이므로 임의의 진술에 대하여는 증거능력을 인정할 수 있다(예, 피고인신문제도(제287조)). 다만, 영·미의 경우와 달리 현행법상 피고인은 증인적격이 인정되지 아니한다. 피고인의 증인적격을 인정하여 진술의무를 강제하는 것은 그의 진술거부권을 무의미하게 하여 당사자 지위를 침해하는 것이기 때문이다.

한편, 피고인이 신문의 객체가 되는 것을 막기 위하여 헌법상 무죄추정의 원칙(헌법 제27조 제4항)과 고문의 금지 및 자기부죄거부특권(헌법 제12조 제2항)이 인

---

30) 이외에 피고인은 형사절차에서 국가로부터 자신의 인격을 보호받을 권리, 특히 사적 영역을 침해당하지 않을 인격권을 갖는다는 견해가 있다. 인격권은 인간의 존엄과 가치(헌법 제10조)와 법치국가요청인 비례성원칙에서부터 나온다고 한다. 그 내용으로 공판절차의 매스컴 비공개를 요구할 권리나 인격의 본질적 내용을 침해하는 증거수집(예컨대, 일기장의 증거사용)을 금지하는 정보지배권 등을 들고 있다.

정되며, 이를 실현하기 위해 공판정에서는 피고인의 신체를 구속하지 못하게 하는 한편(제280조), 피고인에게 진술거부권을 인정하고 있다(제283조의2).

(2) 물적 증거방법

피고인의 신체나 정신상태는 검증의 대상이 된다(제139조). 또한 증인신문에 있어서 대질의 대상(제162조 제3항)이 되거나 신체감정의 상대방이 될 수 있다(제172조 제3항). 이 경우에도 피고인의 인격이 침해되어서는 아니된다.

3. 절차대상으로서의 지위

피고인은 소환·체포·구속·압수·수색 등의 강제처분의 객체가 된다. 따라서 피고인은 적법한 소환이나 구속에 응하여야 하며(제68조, 제69조), 신체 또는 물건에 대한 압수·수색을 거부할 수 없다. 다만, 이 경우에도 피고인은 인격권의 주체이므로 자신의 인격가치에 대한 침해를 방지하거나 배제할 것을 요구할 수 있는 권리를 가진다. 형소법도 이를 보장하기 위하여 피고인의 신체를 검사할 경우 건강과 명예를 해하지 않도록 주의할 것을 요구하고(제141조 제1항), 여자피고인의 신체를 검사하는 경우에는 의사나 성년의 여자를 참여하도록 하고 있다(동조 제3항).

II. 피고인신문

공판절차에서 사실심리절차가 종료하고 난 뒤 검사, 변호인 및 재판장은 피고인을 신문할 수 있다(제296조의2 제1항). 영미법에서는 피고인은 당사자이므로 피고인신문이 허용되지 않으며, 피고인에게 증인적격을 인정하여 피고인이 증언을 원하는 경우에만 검사 및 변호인이 피고인을 증인으로서 신문할 수 있다. 그러나 우리나라 형사소송절차에서는 피고인이 당사자로서의 지위와 증거방법으로서의 지위를 동시에 가지므로 피고인신문을 인정하고 있다. 다만, 형소법은 피고인에게 진술거부권을 인정하고(제283조의2 제1항), 피고인신문 시에 증인신문의 방법에 의하도록 규정하여 당사자로서의 지위가 과도하게 침해되지 않도록 하고 있다. 그러나 피고인이 신문에 대하여 진술거부권을 행사하더라도 검사의 신문권이 배제되는 것은 아니다.

1. 의 의

피고인신문이란 피고인에 대하여 공소사실과 그 정상에 관한 필요한 사항을 신문하는 절차를 말한다. 이는 피고인의 증거방법으로서의 지위에 근거한 것이다.

피고인신문은 검사에게는 피고인의 진술을 통하여 공소사실을 입증하는 절차인 반면, 피고인에게는 자신에게 유리한 사실을 주장하는 절차이다. 다만, 피고인신문은 임의절차(제296조의2 제1항 참조)이므로 검사와 변호인이 필요한 경우에 행하여진다.

2. 신문순서

검사 또는 변호인은 증거조사 종료 후에 순차로 피고인에게 공소사실 및 정상에 관해 필요한 사항을 신문할 수 있다. 다만, 재판장은 필요하다고 인정하는 때에는 증거조사가 완료되기 전이라도 이를 허가할 수 있다(제296조의2 제1항). 따라서 증거조사 도중에 피고인 신문을 전혀 할 수 없는 것은 아니다. 또한 재판장은 필요하다고 인정하는 때에는 피고인을 직접 신문할 수 있다(동조 제2항).

피고인신문의 순서는 증인신문에 관한 사항이 준용된다(동조 제3항). 따라서 피고인신문은 교호신문의 방식으로 진행되므로, 피고인신문을 신청한 검사 또는 변호인이 먼저 신문하고 다음에 상대방이 신문한다(제161조의2 제1항). 재판장은 검사, 변호인의 신문이 끝난 후에 신문하는 것이 원칙이지만(동조 제2항), 필요하다고 인정하는 때에는 어느 때나 신문할 수 있으며 그 순서를 변경할 수 있다(동조 제3항). 합의부원도 재판장에게 고하고 피고인을 신문할 수 있다(동조 제5항).

3. 신문방법

피고인을 신문하는 때에는 피고인은 증인석에 좌석한다(제275조 제3항 단서). 피고인을 신문함에 있어서 그 진술을 강요하거나 답변을 유도하거나 그 밖에 위압적·모욕적 신문을 하여서는 아니된다(규칙 제140조의2).

재판장은 피고인이 다른 피고인의 면전에서 충분한 진술을 할 수 없다고 인정한 때에는 그를 퇴정하게 하고 진술하게 할 수 있다(제297조 제1항). 이때 피고인의 진술이 종료한 때에는 퇴정한 다른 피고인을 입정하게 한 후 법원사무관 등으로 하여금 진술의 요지를 고지하게 하여야 한다(동조 제2항). 또한 재판장은 피고인이 법정에 재정한 특정인의 면전에서 충분히 진술을 할 수 없다고 인정할 때에는 그 사람을 퇴정하게 하고 진술하게 할 수 있다(규칙 제140조의3). 이는 피고인의 진술권을 충분히 보장하기 위한 것이다.

4. 신뢰관계 있는 자의 동석

재판장 또는 법관은 피고인을 신문하는 경우에 (i) 피고인이 신체적 또는 정신적 장애로 사물을 변별하거나 의사를 결정, 전달할 능력이 미약한 경우 또는 (ii) 피고인의 연령, 성별, 국적 등의 사정을 고려하여 그 심리적 안정의 도모와 원활한 의사소통을 위하여 필요한 경우에는 직권 또는 피고인, 법정대리인, 검사의 신청에 따라 피고인과 신뢰관계에 있는 자를 동석하게 할 수 있다(제276조의2). '피고인과 동석할 수 있는 신뢰관계에 있는 자'는 피고인의 배우자, 직계친족, 형제자매, 가족, 동거인, 고용주 그 밖에 피고인의 심리적 안정과 원활한 의사소통에 도움을 줄 수 있는 자를 말한다(규칙 제126조의2 제1항).

신뢰관계 있는 자의 동석 신청에는 동석하고자 하는 자와 피고인 사이의 관계, 동석이 필요한 사유 등을 밝혀야 한다(동조 제2항). 피고인과 동석한 신뢰관계에 있는 자는 재판의 진행을 방해하여서는 아니 되며, 재판장은 동석한 신뢰관계 있는 자가 부당하게 재판의 진행을 방해하는 때에는 동석을 중지시킬 수 있다(동조 제3항).

5. 조서의 작성

피고인을 신문하는 때에는 신문에 참여한 법원사무관 등이 조서를 작성하여야 한다(제48조 제1항). 조서에는 피고인의 진술을 기재하여야 하며(동조 제2항), 피고인에게 그 권리를 보호함에 필요한 진술의 기회를 준 사실과 그 진술한 사실을 공판조서에 기재하여야 한다(제51조 제2항 제7호).

조서는 피고인에게 읽어 주거나 열람하게 하여 기재 내용이 정확한지를 물어야 하며(제48조 제3항), 피고인이 조서에 대하여 추가, 삭제 또는 변경의 청구를 한 때에는 그 진술내용을 조서에 기재하여야 한다(동조 제4항). 신문에 참여한 검사, 피고인 또는 변호인이 조서 기재 내용의 정확성에 대하여 이의(異議)를 진술한 때에는 그 진술의 요지를 조서에 기재하여야 하며(동조 제5항), 이 경우 재판장이나 신문한 법관은 그 진술에 대한 의견을 기재하게 할 수 있다(동조 제6항). 조서에는 피고인으로 하여금 간인(間印)한 후 서명날인하게 하여야 한다. 다만, 피고인이 서명날인을 거부한 때에는 그 사유를 기재하여야 한다(동조 제7항).

제 6 장

자유심증주의

형 / 사 / 증 / 거 / 법

제6장

자유심증주의

제1절 자유심증주의의 의의

I. 개 념

　　자유심증주의는 증거의 증명력 판단을 법으로 규정하지 않고 사실인정자인 법관의 자유롭고 합리적인 판단에 맡기는 것을 말한다. 이를 증거평가자유의 원칙이라고도 한다. 제308조에서는 "증거의 증명력은 법관의 자유판단에 의한다"고 규정하여 자유심증주의를 선언하고 있다.

　　형소법에서 자유심증주의에 따라 증거의 증명력을 법관의 자유판단에 의하도록 한 것은 법관으로 하여금 사실인정에 있어서 법적 제한을 받지 않고 증거의 실질적 가치를 판단하게 하는 것이 실체적 진실발견에 적합하기 때문이다(2012도2409).

II. 법정증거주의와의 구별

자유심증주의에 대비되는 개념으로 법정증거주의가 있다. 법정증거주의는 규문주의 형사절차의 증거법칙으로, 일정한 증거가 있으면 반드시 유죄로 하거나 일정한 증거가 없으면 무죄로 하여야 한다는 원칙이다. 이러한 법정증거주의는 법관의 자의를 배제하고 법적 안정성을 확보할 수 있다는 장점이 있다.

그러나 서로 다른 증거의 증명력을 법률로 규정하게 되면 개별 사안에서 구체적 타당성을 결하게 되어 결과적으로 실체적 진실의 발견이 저해될 수도 있다. 더구나 법정증거주의 하에서는 자백을 증거의 왕으로 취급한 까닭에 자백을 얻기 위한 강요나 고문의 폐해가 극심해졌다. 이에 따라 대륙법계에서는 프랑스혁명 이후로 법관의 합리적인 이성에 대한 신뢰를 바탕으로 하는 자유심증주의로 변화되었다. 반면에 개인에 대한 인권보장을 추구하였던 영·미법계에서는 일찍부터 엄격한 증거배제법칙의 확립과 더불어 증거의 증명력판단에 있어서는 자유심증주의를 취하고 있었다.

제 2 절 자유심증주의의 내용

I. 자유판단의 주체

증거의 증명력을 판단하는 주체는 개개의 법관이다. 합의부의 경우에는 개개 법관의 자유심증의 결과를 기초로 하여 합의를 통해 결정되므로 개별 법관의 심증과 합의 내용이 다를 수 있다. 그러나 이는 합의제에 따른 결과이므로 자유심증주의에 위반되는 것은 아니다.

II. 자유판단의 대상

자유심증주의는 증거의 증명력은 법관의 자유로운 판단에 맡긴다는 것을 그 내용으로 한다. 따라서 법관의 자유판단의 대상은 증거의 증명력이다. '증거의 증명력'이란 사실인정을 위한 증거의 실질적 가치를 의미한다는 점에서, 증거로 될 수 있는 법률적·형식적 자격을 의미하는 증거능력과는 구별된다. 이때 증명력은 신용력과 협의의 증명력, 즉 추인력을 포함하는 개념이다. 신용력은 요증사실과의 관계를 떠나 증거 그 자체가 진실한가를 판단하는 것을 말하며, 협의의 증명력은 신용력을 전제로 하여 어느 정도로 요증사실을 증명할 수 있는가를 판단하는 것을 말한다.

형사소송에서 법관은 증거조사를 거친 개별 증거에 대한 판단의 형식으로 사실인정이 이루어진다. 이 점에서 법원은 변론 전체의 취지와 증거조사의 결과를 참작하여 자유로운 심증으로 사회정의와 형평의 이념에 입각하여 논리와 경험의 법칙에 따라 사실주장이 진실한지 아닌지를 판단하는 민사소송의 경우(민사소송법 제202조 참조)와 다르다. 다만, 형사소송에서도 증거 자체뿐만 아니라 증인의 표정이나 피고인의 반응 등 심리의 전체과정에서 얻은 정보를 기초로 증거조사의 결과를 판단하는 것은 가능하다.

III. 자유판단의 의미

자유판단이란 법관이 사실인정을 함에 있어서 형식적인 법률적 제한을 받지 아니한다는 것으로, 증거의 취사선택은 법관의 자유로운 판단에 맡겨져 있다는 것을 말한다. 이는 법관이 증거능력 있는 증거 중 필요한 증거를 선별하고 그 실질적 가치를 평가하여 사실을 인정하는 것은 자유심증에 속한다는 것을 의미한다. 이에 따르면 충분한 증명력이 있는 증거를 합리적인 근거 없이 배척하거나 반대로 객관적인 사실에 명백히 반하는 증거를 아무런 합리적인 근거 없이 채택·사용하는 등으로 논리와 경험의 법칙에 어긋나는 것이 아닌 이상, 법관은 자유심증으로 증거를 선택하여 사실을 인정할 수 있다(2016도3753). 따라서 법관은 증거능력 있는 증거라도 증명력을 부인하여 채택하지 않을 수 있고, 상호 모순하는 증거가 대립하는 경우에 어느 증거를 믿고 인정하는가도 자유이다(94도2092). 증거의 내용이 가분(可分)적인 경우에는 그 중에서 일부에 대해서만 증명력을 인정할 수도 있다(95도2043). 또한 여러 개의 증거가 있는 경우에 이들을 모두 결합한 종합증거에 의하여 사실을 인정할 수도 있고,1) 그 중 하나의 증거에 의하여 사실인정을 할 수도 있다.

자유심증에 의한 증명력 판단에 있어서는 인적 증거와 물적 증거에 차이가 없다. 또한 법관은 증거에 대한 심증형성에 있어서 증거신청자의 입증취지에 구속되지 아니하므로 증거제출자에게 불리하게 사용될 수도 있다.

1. 피고인의 진술

피고인의 진술은 증거자료로서 증명력 판단대상이 된다. 법관은 피고인이 자백한 경우에도 허위자백일 수 있으므로 이와 모순되는 다른 증거에 의해 사실을 인정할 수 있고, 피고인의 법정진술보다 수사기관에서의 진술을 믿을 수도 있으며(2001도4112), 제1심 법정에서 자백하였다가 항소심에서 이를 번복한 경우에 제1심 법정에서의 자백이 객관적으로 합리성이 있다는 이유로 그 자백을 믿을 수도 있다(2001도4091).

대법원은 "자백의 신빙성 유무를 판단할 때에는 자백 진술의 내용 자체가 객

---

1) 판례는 "국회의원 피고인이 甲 주식회사 대표이사 乙에게서 3차례에 걸쳐 약 9억 원의 불법 정치자금을 수수하였다는 내용으로 기소되었는데, 乙의 법정진술을 믿을 수 없는 사정 아래에서 乙이 법정에서 검찰진술을 번복하였다는 이유만으로 조성 자금을 피고인에게 정치자금으로 공여하였다는 검찰진술의 신빙성이 부정될 수는 없고, 진술내용 자체의 합리성, 객관적 상당성, 전·후의 일관성, 이해관계 유무 등과 함께 다른 객관적인 증거나 정황사실에 의하여 진술의 신빙성이 보강될 수 있는지, 반대로 공소사실과 배치되는 사정이 존재하는지 두루 살펴 판단할 때 자금 사용처에 관한 乙의 검찰진술의 신빙성이 인정되므로, 乙의 검찰진술 등을 종합하여 공소사실을 모두 유죄로 인정한 원심판단에 자유심증주의의 한계를 벗어나는 등의 잘못이 없다"(2013도11650)고 하였다.

관적으로 합리성이 있는지, 자백의 동기나 이유는 무엇이며, 자백에 이르게 된 경위는 어떠한지, 그리고 자백 외의 정황증거 중 자백과 저촉되거나 모순되는 것은 없는지 등 제반 사정을 고려하여 판단하여야 한다"고 하고, 나아가 "피고인이 수사기관에서부터 공판기일에 이르기까지 일관되게 범행을 자백하다가 어느 공판기일부터 갑자기 자백을 번복한 경우에는, 자백 진술의 신빙성 유무를 살피는 외에도 자백을 번복하게 된 동기나 이유 및 경위 등과 함께 수사기관 이래의 진술 경과와 진술의 내용 등에 비추어 번복 진술이 납득할 만한 것이고 이를 뒷받침할 증거가 있는지 등을 살펴보아야 한다"고 한다(2015도17869).

2. 증인의 증언

법관은 증인의 연령이나 책임능력 유무 등과 관계없이 합리적으로 증언의 증명력을 판단할 수 있다(2005도9591). 또한 선서한 증인의 증언이라도 이를 채택하지 않을 수 있으며, 선서하지 않은 증인의 증언과 모순되는 경우에는 이를 배척할 수도 있다. 증인의 증언 중에 일부에 대해서만 증명력을 인정하는 것도 가능하다.

대법원은 "사람의 진술만으로 유죄를 인정하기 위하여는, 그 사람의 진술이 증거능력이 있어야 함은 물론, 합리적인 의심을 배제할 만한 신빙성이 있어야 한다"고 하면서, "법원은 증인신문 절차를 진행한 뒤 그 진술의 신빙성 유무를 판단할 때에는 진술내용 자체의 합리성·논리성·모순 또는 경험칙 부합 여부나 다른 증거들과의 부합 여부 등은 물론, 공개된 법정에서 진술에 임하고 있는 증인의 모습이나 태도, 진술의 뉘앙스 등 증인신문조서에는 기록하기 어려운 여러 사정을 직접 관찰함으로써 얻게 된 심증까지 모두 고려하여 신빙성 유무를 평가하여야 한다"고 한다(2018도17748).[2] 구체적 사례를 살펴보면 다음과 같다.

---

2) 판례는 "신빙성 유무를 판단할 때에는 그 진술 내용 자체의 합리성, 객관적 상당성, 전·후의 일관성뿐만 아니라 그의 인간됨, 그 진술로 얻게 되는 이해관계 유무 등을 아울러 살펴보아야 한다. 특히, 그에게 어떤 범죄의 혐의가 있고 그 혐의에 대하여 수사가 개시될 가능성이 있거나 수사가 진행 중인 경우에는, 이를 이용한 협박이나 회유 등의 의심이 있어 그 진술의 증거능력이 부정되는 정도에까지 이르지 않는 경우에도, 그로 인한 궁박한 처지에서 벗어나려는 노력이 진술에 영향을 미칠 수 있는지 여부 등을 살펴보아야 한다"(2018도6352)고 하였다.

(1) 성폭력범죄사건에서 피해자진술

성폭력범죄사건에서의 피해자진술에 관하여, 대법원은 "성폭행이나 성희롱 사건의 피해자가 피해사실을 알리고 문제를 삼는 과정에서 오히려 피해자가 부정적인 여론이나 불이익한 처우 및 신분 노출의 피해 등을 입기도 하여 온 점 등에 비추어 보면, 성폭행 피해자의 대처 양상은 피해자의 성정이나 가해자와의 관계 및 구체적인 상황에 따라 다르게 나타날 수밖에 없다. 따라서 개별적·구체적인 사건에서 성폭행 등의 피해자가 처하여 있는 특별한 사정을 충분히 고려하지 않은 채 피해자 진술의 증명력을 가볍게 배척하는 것은 정의와 형평의 이념에 입각하여 논리와 경험의 법칙에 따른 증거판단이라고 볼 수 없다"고 한다(2020도15259). 또한 친족 간의 성범죄에 있어서는 "미성년자인 피해자가 자신을 보호·감독하는 지위에 있는 친족으로부터 강간이나 강제추행 등 성범죄를 당하였다고 진술하는 경우에 그 진술의 신빙성을 판단함에 있어서, 피해자가 자신의 진술 이외에는 달리 물적 증거 또는 직접 목격자가 없음을 알면서도 보호자의 형사처벌을 무릅쓰고 스스로 수치스러운 피해 사실을 밝히고 있고, 허위로 그와 같은 진술을 할 만한 동기나 이유가 분명하게 드러나지 않을 뿐만 아니라, 진술 내용이 사실적·구체적이고, 주요 부분이 일관되며, 경험칙에 비추어 비합리적이거나 진술 자체로 모순되는 부분이 없다면, 그 진술의 신빙성을 함부로 배척해서는 안 된다"(2020도2433)고 한다. 따라서 피고인의 친딸로 가족관계에 있던 피해자가 '마땅히 그러한 반응을 보여야만 하는 피해자'로 보이지 않는 사정이 있었다는 이유만으로 진술의 신빙성을 함부로 배척하거나(2020도8533), '성추행 피해자가 추행 즉시 행위자에게 항의하지 않은 사정'이나 '피해 신고 시 성폭력이 아닌 다른 피해사실을 먼저 진술한 사정'만으로 곧바로 피해자 진술의 신빙성을 부정할 것이 아니라고 한다(2020도7869).

또한 강간죄에서 공소사실을 인정할 증거로 사실상 피해자의 진술이 유일한 경우에 피고인의 진술이 경험칙상 합리성이 없고 그 자체로 모순되어 믿을 수 없다고 하여 그것이 공소사실을 인정하는 직접증거가 되는 것은 아니지만, 이러한 사정은 법관의 자유판단에 따라 피해자 진술의 신빙성을 뒷받침하는 간접정황이 될 수 있다고 한다(2018도7709).

(2) 범인식별절차에서의 목격자진술

범인식별절차에 관하여, 대법원은 "일반적으로 용의자의 인상착의 등에 의한 범인식별절차에서 용의자 한 사람을 단독으로 목격자와 대질시키거나 용의자의 사진 한 장만을 목격자에게 제시하여 범인 여부를 확인하게 하는 것은, 사람의 기억력의 한계 및 부정확성과 구체적인 상황하에서 용의자나 그 사진상의 인물이 범인으로 의심받고 있다는 무의식적 암시를 목격자에게 줄 수 있는 가능성으로 인하여, 그러한 방식에 의한 범인식별절차에서의 목격자의 진술은, 그 용의자가 종전에 피해자와 안면이 있는 사람이라든가 피해자의 진술 외에도 그 용의자를 범인으로 의심할 만한 다른 정황이 존재한다든가 하는 등의 부가적인 사정이 없는 한 그 신빙성이 낮다고 보아야 한다"고 하면서, "범인식별절차에서 목격자의 진술의 신빙성을 높게 평가할 수 있게 하려면, 범인의 인상착의 등에 관한 목격자의 진술 내지 묘사를 사전에 상세히 기록화한 다음, 용의자를 포함하여 그와 인상착의가 비슷한 여러 사람을 동시에 목격자와 대면시켜 범인을 지목하도록 하여야 하고, 용의자와 목격자 및 비교대상자들이 상호 사전에 접촉하지 못하도록 하여야 하며, 사후에 증거가치를 평가할 수 있도록 대질 과정과 결과를 문자와 사진 등으로 서면화하는 등의 조치를 취하여야 한다"고 한다(2008도12111)(자세한 것은 후술 참조).3)

(3) 검사에 의한 증인의 사전 면담 후의 증언

대법원은 "검사가 공판기일에 증인으로 신청하여 신문할 사람을 특별한 사정 없이 미리 수사기관에 소환하여 면담하는 절차를 거친 후 증인이 법정에서 피고인에게 불리한 내용의 진술을 한 경우, 검사가 증인신문 전 면담 과정에서 증인에

---

3) 다만, 판례는 "범죄 발생 직후 목격자의 기억이 생생하게 살아있는 상황에서 현장이나 그 부근에서 범인식별절차를 실시하는 경우에는, 목격자에 의한 생생하고 정확한 식별의 가능성이 열려 있고 범죄의 신속한 해결을 위한 즉각적인 대면의 필요성도 인정할 수 있으므로, 용의자와 목격자의 일대일 대면도 허용된다"고 하면서, 피해자가 경찰관과 함께 범행 현장에서 범인을 추적하다 골목길에서 범인을 놓친 직후 골목길에 면한 집을 탐문하여 용의자를 확정한 경우, 그 현장에서 용의자와 피해자의 일대일 대면이 허용된다고 하였다(2008도12111).

대한 회유나 압박, 답변 유도나 암시 등으로 증인의 법정진술에 영향을 미치지 않았다는 점이 담보되어야 증인의 법정진술을 신빙할 수 있다"고 하고, "증인에 대한 회유나 압박 등이 없었다는 사정은 검사가 증인의 법정진술이나 면담 과정을 기록한 자료 등으로 사전면담 시점, 이유와 방법, 구체적 내용 등을 밝힘으로써 증명하여야 한다"고 한다(2020도15891).

(4) 항소심에서의 증언

항소심에서의 증언의 신빙성 판단에 관하여, 대법원은 "제1심 증인이 한 진술에 대한 항소심의 신빙성 유무 판단은 원칙적으로 증인신문조서를 포함한 기록만을 그 자료로 삼게 되므로, 진술의 신빙성 유무 판단을 할 때 가장 중요한 요소 중의 하나라 할 수 있는 진술 당시 증인의 모습이나 태도, 진술의 뉘앙스 등을 그 평가에 반영하기가 어렵다"고 하면서, "제1심 판결 내용과 제1심에서 증거조사를 거친 증거들에 비추어 제1심 증인이 한 진술의 신빙성 유무에 대한 제1심의 판단이 명백하게 잘못되었다고 볼 특별한 사정이 있거나, 제1심의 증거조사 결과와 항소심 변론종결 시까지 추가로 이루어진 증거조사 결과를 종합하면 제1심 증인이 한 진술의 신빙성 유무에 대한 제1심의 판단을 그대로 유지하는 것이 현저히 부당하다고 인정되는 예외적인 경우가 아니라면, 항소심으로서는 제1심 증인이 한 진술의 신빙성 유무에 대한 제1심의 판단이 항소심의 판단과 다르다는 이유만으로 이에 대한 제1심의 판단을 함부로 뒤집어서는 안 된다"(2019도4047)고 한다.[4]

---

4) 위 판결에서 "항소심법원이 피해자 등의 제1심 증언의 신빙성을 받아들였던 제1심의 판단을 뒤집으면서 지적한 사정들이 주로 제1심에서 적법하게 채택하여 조사한 증거 등에 기초하여 수사 및 제1심 과정에서 이미 지적이 되었던 사정들이고, 원심에서 추가로 이루어진 증거조사 결과 밝혀진 사정은 범행 이후 문자메시지 발송 등의 사정에 불과한 경우 위 '특별한 사정'에 해당한다고 보기 어렵다"고 하고, 또한 "항소심법원이 제1심의 판단을 뒤집으면서 지적한 사정들이 제1심이 피해자 진술의 신빙성을 판단함에 있어 이미 고려했던 여러 정황들 중 일부에 불과한 것으로 보이는 경우에도 제1심의 판단을 뒤집을 만한 특별한 사정으로 내세울 만한 사정이 달리 존재하지 아니한 이상 마찬가지라 할 것이다"라고 하였다.

3. 감정인의 감정결과

법관은 감정인의 감정의견에 구속되지 아니한다. 따라서 감정의견의 판단과 그 채부 여부는 법원의 자유심증에 따르며, 법원이 감정결과를 전문적으로 비판할 능력을 가지지 못하는 경우에는 그 결과가 사실상 존중되는 수가 많다고 하더라도 감정의견은 법원이 가지고 있지 못한 경험칙 등을 보태준다는 이유로 항상 따라야 하는 것도 아니고, 감정의견이 상충된 경우 다수 의견을 따르지 않고 소수 의견을 채용해도 되고, 여러 의견 중에서 그 일부씩을 채용하여도 무방하며, 여러 개의 감정의견이 일치되어 있어도 이를 배척하기 위해 특별한 이유를 밝히거나 또는 반대 감정의견을 구하여야 되는 것은 아니다(75도2068).

또한 「형법」 제10조에 규정된 심신장애의 유무 및 정도의 판단도 법률적 판단으로서 반드시 전문감정인의 의견에 기속되어야 하는 것은 아니고, 정신질환의 종류와 정도, 범행의 동기, 경위, 수단과 태양, 범행 전·후의 피고인의 행동, 반성의 정도 등 여러 사정을 종합하여 법원이 독자적으로 판단할 수 있다(2007도8333).

(1) 과학적 증거의 감정

유전자검사나 혈액형검사 등 과학적 증거방법은 그 전제로 하는 사실이 모두 진실임이 입증되고, 그 추론의 방법이 과학적으로 정당하여 오류의 가능성이 전무하거나 무시할 정도로 극소한 것으로 인정되는 경우에는 법관이 사실인정을 함에 있어 상당한 정도로 구속력을 가지므로, 비록 사실의 인정이 사실심의 전권이라 하더라도 아무런 합리적 근거 없이 함부로 이를 배척하는 것은 자유심증주의의 한계를 벗어나는 것으로서 허용될 수 없다(2007도1950).

그러나 과학적 증거방법이 사실인정에 있어서 상당한 정도로 구속력을 갖기 위하여는 감정인이 전문적인 지식·기술·경험을 가지고 공인된 표준 검사기법으로 분석한 후 법원에 제출하였다는 것만으로는 부족하고, 시료의 채취·보관·분석 등 모든 과정에서 시료의 동일성이 인정되고 인위적인 조작·훼손·첨가가 없었음이 담보되어야 하며 각 단계에서 시료에 대한 정확한 인수·인계 절차를 확인할 수 있는 기록이 유지되어야 한다(2017도14222).[5]

(2) 모발감정

대법원은 "마약류 투약사실을 밝히기 위한 모발감정은 실제로는 개인에 따라 적지 않은 차이가 있고, 동일인이라도 모발의 채취 부위, 건강상태 등에 따라 편차가 있으며, 채취된 모발에도 성장기, 휴지기, 퇴행기 단계의 모발이 혼재함으로 인해 정확성을 신뢰하기 어려운 문제가 있으므로 모발감정결과만을 토대로 마약류 투약기간을 추정하고 유죄로 판단하는 것은 신중하여야 한다"고 한다(2017도44).

4. 증거서류

증거서류의 증명력 판단에 있어서 법률상 제한은 없다. 따라서 법원은 동일인의 법정에서의 증언과 수사기관에서의 자술서나 피의자신문조서의 기재내용과 상반되는 경우에 공판정에서의 증언(86도1547)이나 증거보전절차에서의 증언(79도2125)보다 수사기관에서의 진술이나 신문조서를 더 신뢰할 수도 있다.

5. 간접증거

형사재판에 있어 심증형성은 반드시 직접증거에 의하여 형성되어야만 하는 것은 아니고 간접증거에 의할 수도 있다.[6] 다만, 간접증거는 이를 개별적·고립적

---

5) 판례는 "어떠한 과학적 분석기법을 사용하여 제출된 것으로서 공소사실을 뒷받침하는 1차적 증거방법 자체에 오류가 발생할 가능성이 내포되어 있고, 그와 동일한 분석기법에 의하여 제출된 2차적 증거방법이 공소사실과 배치되는 소극적 사실을 뒷받침하고 있는 경우, 법원은 각 증거방법에 따른 분석 대상물과 분석 주체, 분석 절차와 방법 등의 동일 여부, 내포된 오류가능성의 정도, 달라진 분석결과가 일정한 방향성을 가지는지 여부, 상반된 분석결과가 나타난 이유의 합리성 유무 등에 관해 면밀한 심리를 거쳐 각 증거방법의 증명력을 판단하여야 한다. 이때 각 분석결과 사이의 차이점이 합리적인 의심 없이 해명될 수 있고 1차적 증거방법에 따른 결과의 오류가능성이 무시할 정도로 극소하다는 점이 검증된다면 공소사실을 뒷받침하는 1차적 증거방법만을 취신하더라도 그것이 자유심증주의의 한계를 벗어났다고 할 수는 없을 것이나, 그에 이르지 못한 경우라면 그 중 공소사실을 뒷받침하는 증거방법만을 섣불리 취신하거나 이와 상반되는 증거방법의 증명력을 가볍게 배척하여서는 아니된다"(2013도9605)고 하였다.
6) 판례는 "강간죄에서 공소사실을 인정할 증거로 사실상 피해자의 진술이 유일한 경우에 피고인

으로 평가하여서는 아니 되고 모든 관점에서 빠짐없이 상호 관련시켜 종합적으로 평가하고, 치밀하고 모순 없는 논증을 거쳐야 한다(2016도6757). 즉, 간접증거에 의하여 주요 사실의 전제가 되는 간접사실을 인정함에 있어서는 그 증명이 합리적인 의심을 허용하지 않을 정도에 이르러야 하고, 그 하나하나의 간접사실은 그 사이에 모순, 저촉이 없어야 함은 물론, 논리와 경험칙, 과학법칙에 의하여 뒷받침되어야 한다(2011도1902).

Ⅳ. 자유판단의 한계

자유심증주의를 규정한 제308조가 증거의 증명력을 법관의 자유판단에 의하도록 하고 있지만, 증거의 증명력 판단을 법관의 양심과 합리성에 맡겨두고 있으므로 법관의 자의가 개입할 수 있기 때문에 이에 대한 통제가 요구된다. 즉, 자유심증주의에서도 법관의 판단은 당연히 논리법칙7)과 경험법칙8)에 구속되는 내재적 한계가 있다.9) 따라서 증거의 증명력 판단은 논리와 경험칙에 합치하여야 하

의 진술이 경험칙상 합리성이 없고 그 자체로 모순되어 믿을 수 없다고 하여 그것이 공소사실을 인정하는 직접증거가 되는 것은 아니지만, 이러한 사정은 법관의 자유판단에 따라 피해자 진술의 신빙성을 뒷받침하거나 직접증거인 피해자 진술과 결합하여 공소사실을 뒷받침하는 간접정황이 될 수 있다"(2018도7709)고 하였다.

7) 논리법칙이란 인간의 추론능력에 비추어 보아 명백한 사고법칙을 말한다. 즉, 일정한 증거로부터 추론과정을 거쳐 일정한 판단을 도출하고, 그 판단을 전제로 하여 다시 다른 판단에 도달하는 일련의 과정이 모순되지 않고 일관성이 있어야 하며, 객관적 합리성이 있어야 한다.

8) 경험법칙이란 인간이 사회생활에서 개별적인 현상의 관찰과 체험으로 얻어진 일반화된 법칙을 의미한다. 경험법칙은 그 확실성에 따라 과학적 경험법칙과 일반적 경험법칙으로 나뉘어져 있다. 과학적 경험법칙은 학문적으로 확립된 과학적 법칙으로서 법관의 심증형성을 상당한 정도로 구속하게 된다(2007도1950). 그러나 일반적 경험법칙은 비록 규칙성은 있지만 예외가 발생할 수 있는 사회생활상의 경험법칙이므로 법관은 증거자료들을 종합적으로 판단하여 증명력의 인정 여부를 판단하여야 한다(2007도4977 참조).

9) 판례는 "혈중알코올농도 측정 없이 위드마크 공식을 사용해 피고인이 마신 술의 양을 기초로 피고인의 운전 당시 혈중알코올농도를 추산하는 경우로서 알코올의 분해소멸에 따른 혈중알코올농도의 감소기(위드마크 제2공식, 하강기)에 운전이 이루어진 것으로 인정되는 경우에는 피고인에게 가장 유리한 음주 시작 시점부터 곧바로 생리작용에 의하여 분해소멸이 시작되는 것으로 보아야 한다. 이와 다르게 음주 개시 후 특정 시점부터 알코올의 분해소멸이 시작된다고

고, 형사재판에 있어서 유죄로 인정하기 위한 심증형성의 정도는 합리적인 의심을 할 여지가 없을 정도여야 하되, 모든 가능한 의심을 배제할 정도에 이를 것까지 요구하는 것은 아니다(2020도15259).

그러나 증명력이 있는 것으로 인정되는 증거를 합리적인 근거가 없는 의심을 일으켜 이를 배척하는 것은 자유심증주의의 한계를 벗어나는 것으로 허용될 수 없다(2016도6757). 따라서 증인의 진술이 그 주요 부분에 일관성이 있는 경우에는 그 밖의 사소한 사항에 관한 진술에 다소 일관성이 없다는 등의 사정만으로 진술의 신빙성을 함부로 부정할 것은 아니다(2018도3577). '합리적 의심'이라 함은 모든 의문, 불신을 포함하는 것이 아니라 논리와 경험칙에 기하여 요증사실과 양립할 수 없는 사실의 개연성에 대한 합리성 있는 의문을 의미하는 것으로서, 피고인에게 유리한 정황을 사실인정과 관련하여 파악한 이성적 추론에 그 근거를 두어야 하는 것이므로 단순히 관념적인 의심이나 추상적인 가능성에 기초한 의심은 합리적 의심에 포함되지 않는다(2018도2642).

제 3 절 증명력 판단의 합리성 보장

I. 증거능력의 제한

증거능력이 없는 증거는 엄격한 증명을 요하는 공소범죄사실 등의 인정에 있어서 심증형성의 자료로 할 수 없을 뿐만 아니라 공판정에서의 증거조사도 허용되지 아니한다. 이를 위하여 형소법에서는 위법수집증거배제법칙(제308조의2), 자백배제법칙(제309조), 전문법칙(제310조의2) 등을 규정하여 증거능력이 없는 증거는 유죄입증의 자료로 사용할 수 없도록 하고 있다. 다만, 증거능력이 없는 증거라도

인정하려면 알코올의 분해소멸이 시작되는 시점이 다르다는 점에 관한 과학적 증명 또는 객관적인 반대 증거가 있거나, 음주 시작 시점부터 알코올의 분해소멸이 시작된다고 보는 것이 그렇지 않은 경우보다 피고인에게 불이익하게 작용되는 특별한 사정이 있어야 한다"(2021도14074)고 하였다.

일정한 경우에 탄핵증거로서 증인 등의 진술의 증명력을 다투는 것은 허용하고 있다(제318조의2).

II. 증거조사에의 당사자 참여

재판장은 피고인에게 각 증거조사의 결과에 대한 의견을 물을 수 있고(제293조), 증거조사에 관해 이의신청을 할 수 있도록 하고 있다(제296조의2). 이는 법관의 심증형성에 도움이 된다.

III. 유죄판결이유의 기재

형의 선고를 하는 때에는 판결이유에 범죄될 사실 외에 증거의 요지와 법령의 적용을 명시하여야 한다(제323조). 판결이유에 증거요지를 기재하는 것은 법관으로 하여금 증명력판단에 신중을 기하게 함과 동시에 당사자에게는 증거평가의 오류를 시정할 수 있는 기회를 제공하는 것으로 된다.

IV. 상소에 의한 구제

자유심증주의에 의하여 증거의 취사와 이를 근거로 한 사실의 인정은 그것이 경험칙에 위배된다는 등의 특단의 사정이 없는 한 사실심법원의 전권에 속하므로(87도2709), 법관의 확신에 의한 심증형성은 원칙적으로 상소의 대상이 되지 아니한다. 그러나 유죄판결에 증거요지를 명시하지 않거나 모순이 있는 경우에는 '판결에 이유를 붙이지 아니하거나 이유에 모순이 있는 때'에 해당하므로 절대적 항소이유가 된다(제361조의5 제11호).[10] 또한 증거의 취사선택의 잘못으로 인하여 사

---

10) 다만, 판례는 "피고인의 범죄사실을 인정한 이상 피고인이 제출한 증거를 배척한 이유를 설시하

실인정의 합리성이 의심되고, 그 사실의 오인이 판결에 영향을 미친 때에도 마찬가지이다(동조 제14호).[11]

한편, 법관의 심증형성에 있어서 합리적인 증거평가에 위배하는 채증법칙위반이나 증거조사의무를 다하지 않은 심리미진의 위법이 있는 경우에는 상고이유가 될 수 있다(2009도5858). 따라서 자유심증주의의 한계를 벗어나거나 필요한 심리를 다하지 아니하는 등으로 판결 결과에 영향을 미친 때에는, 사실인정을 사실심 법원의 전권으로 인정한 전제가 충족되지 아니하므로 당연히 상고심의 심판대상에 해당한다(2015도17869).

V. 국민참여재판에서의 배심원의 평결 존중

국민참여재판에 있어서 배심원의 평결과 의견은 원칙적으로 법관을 기속하지 아니한다(국민의 형사재판 참여에 관한 법률 제46조 제5항). 다만, 재판장은 판결선고시 배심원의 평결결과와 다른 판결을 선고하는 때에는 피고인에게 그 이유를 설명하여야 하며(동법 제48조 제4항), 판결서에 그 이유를 기재하여야 한다(동법 제49조 제2항). 따라서 배심원의 의견은 증거의 취사와 사실의 인정에 관한 전권을 가지는 사실심 법관의 판단을 돕기 위한 권고적 효력을 가지는 것에 불과하지만, 국민참여재판의 도입취지를 고려해 볼 때 재판장은 사실상 배심원의 판단을 존중할 수밖에 없다.

대법원은 "재판장이 배심원이 증인신문 등 사실심리의 전 과정에 함께 참여한 후 증인이 한 진술의 신빙성 등 증거의 취사와 사실의 인정에 관해 만장일치의 의견으로 내린 무죄의 평결이 재판부의 심증에 부합하여 그대로 채택된 경우라면, 이러한 절차를 거쳐 이루어진 증거의 취사 및 사실의 인정에 관한 제1심의 판단은

지 않았다 하여 위법이라 할 수 없다"(84도682)고 하였다. 또한 "직접증거를 뒷받침할 수 있는 간접 또는 정황증거가 있는 경우에 그 직접증거를 배척하려면 이를 배척할 수 있는 상당한 합리적 이유가 있어야 할 것이다"(85도1572)라고 하였다.

11) 판례는 "직접증거를 뒷받침할 수 있는 간접 또는 정황증거가 있는 경우에 그 직접증거를 배척하려면 이를 배척할 수 있는 상당한 합리적 이유가 있어야 할 것이다"(85도1572)라고 하였다.

실질적 직접심리주의 및 공판중심주의의 취지와 정신에 비추어 항소심에서의 새로운 증거조사를 통해 그에 명백히 반대되는 충분하고도 납득할 만한 현저한 사정이 나타나지 않는 한 한층 더 존중될 필요가 있다"고 한다(2009도14065).

　　그러나 국민참여재판의 배심원은 평소 법에 관한 지식을 충분히 갖추고 있지 않은 것이 일반적이다. 따라서 배심제가 발달한 불문법체계인 영·미법계와 달리 성문법체계를 취하고 있는 우리나라 현실에서 배심원의 판단, 특히 법률적 사항에 대해서는 오류가 있을 수 있으므로 사법적 정의 실현을 위하여 무죄의 평결을 포함한 모든 평결결과에 대하여 해당 재판부는 물론, 항소심에서는 엄격한 심의와 판단이 요구된다고 할 것이다.

제 4 절 자유심증주의의 제한

I. 자백의 증명력 제한

　　피고인의 자백이 그 피고인에게 불이익한 유일한 증거인 때에는 이를 유죄의 증거로 하지 못한다(제310조). 따라서 자백만으로 법관의 심증을 형성하더라도 다른 보강증거가 없는 경우에는 유죄판결을 할 수 없기 때문에 법관의 자유심증을 제한하는 것으로 된다(83도1372).

II. 공판조서의 배타적 증명력

　　공판기일의 소송절차로서 공판조서에 기재된 것은 그 조서만으로써 증명한다(제56조). 공판조서의 배타적 증명력을 인정하는 것은 소송절차의 진행과정을 공판조서에 기재된 대로만 인정함으로써 상소심에서 원심의 소송절차를 확인하기 위해 법관이나 법원사무관을 증인으로 신문하는 불필요한 절차를 밟지 않기 위한 것이다. 따라서 공판조서에 기재된 것은 법관의 심증 여부를 떠나 기재된 대로 인정하여야 하므로 자유심증주의의 제한으로 볼 수 있다.

Ⅲ. 피고인의 진술거부권

형소법에서는 피고인에게 진술거부권을 인정하고 있다(제283조의2). 따라서 피고인이 진술거부권을 행사하는 경우에도 법원은 이를 피고인에게 불이익한 증거로 사용할 수 없다. 따라서 피고인의 진술거부권의 행사는 법관의 자유심증주의를 제한하는 결과를 초래하게 된다. 증인이 증언거부권을 행사하는 경우(제148조, 제149조)에도 마찬가지이다.

제 7 장

위법수집증거배제법칙

제 7 장

위법수집증거배제법칙

제 1 절 위법수집증거배제법칙의 의의와 근거

I. 의 의

1. 개 념

위법수집증거배제법칙은 위법하게 수집된 증거의 증거능력을 부정하는 증거법상 원칙을 말한다. 제308조의2는 "적법한 절차에 따르지 아니하고 수집한 증거는 증거로 할 수 없다"고 규정하여 위법수집증거배제법칙을 선언하고 있다. 위법수집증거배제법칙은 진술증거뿐만 아니라 비진술증거에도 적용된다.

위법수집증거배제법칙을 구체화한 규정으로는 제308조의2 외에, 자백에 관한 헌법 제12조 제7항[1]과 이를 구현한 제309조[2] 및 불법검열이나 불법감청에 의해

---

1) 헌법 제12조 ⑦ 피고인의 자백이 고문·폭행·협박·구속의 부당한 장기화 또는 기망 기타의 방법에 의하여 자의로 진술된 것이 아니라고 인정될 때 또는 정식재판에 있어서 피고인의 자백이 그에게 불리한 유일한 증거일 때에는 이를 유죄의 증거로 삼거나 이를 이유로 처벌할 수 없다.

수집한 증거의 증거능력을 부정한 「통신비밀보호법」 제4조[3] 등을 들 수 있다.

2. 법적 지위

위법수집증거배제법칙의 법적 지위에 대하여는 ① 헌법상 원칙이라는 견해와 ② 사법상 형성된 법칙으로 이해하는 견해가 있다. 위법수집증거배제법칙은 피고인·피의자의 인권보장을 담보하기 위한 증거법 원칙으로서 헌법상 요구되는 원칙이라고 할 것이다. 즉, 헌법적 형사소송의 요청에 따라 헌법 제12조 제1항과 제3항[4]에서 규정하고 있는 적법절차의 보장원칙을 제308조의2에서 구체적으로 구현하고 있는 것이다.

II. 이론적 근거

1. 적법절차의 보장과 사법적 염결성의 확보

국가형벌권의 집행은 국가기관이 적법절차를 지켜 시민을 처벌할 때만이 그 정당성이 인정된다. 따라서 수사기관이 적법절차를 위반하여 국민의 인권을 침해

---

2) 제309조(강제등 자백의 증거능력) 피고인의 자백이 고문, 폭행, 협박, 신체구속의 부당한 장기화 또는 기망 기타의 방법으로 임의로 진술한 것이 아니라고 의심할 만한 이유가 있는 때에는 이를 유죄의 증거로 하지 못한다.

3) 「통신비밀보호법」 제4조(불법검열에 의한 우편물의 내용과 불법감청에 의한 전기통신내용의 증거사용 금지) 제3조의 규정에 위반하여, 불법검열에 의하여 취득한 우편물이나 그 내용 및 불법감청에 의하여 지득 또는 채록된 전기통신의 내용은 재판 또는 징계절차에서 증거로 사용할 수 없다.

4) 헌법 제12조 ① 모든 국민은 신체의 자유를 가진다. 누구든지 법률에 의하지 아니하고는 체포·구속·압수·수색 또는 심문을 받지 아니하며, 법률과 적법한 절차에 의하지 아니하고는 처벌·보안처분 또는 강제노역을 받지 아니한다.

③ 체포·구속·압수 또는 수색을 할 때에는 적법한 절차에 따라 검사의 신청에 의하여 법관이 발부한 영장을 제시하여야 한다. 다만, 현행범인인 경우와 장기 3년 이상의 형에 해당하는 죄를 범하고 도피 또는 증거인멸의 염려가 있을 때에는 사후에 영장을 청구할 수 있다.

함으로써 취득한 위법수집증거를 허용하게 되면 헌법과 형소법이 보장하는 적법절차의 원칙에 위배된다. 뿐만 아니라 수사기관이 불법으로 취득한 증거를 사용할 수 있도록 허용한다면 헌법을 수호하고 개인의 헌법적 권리를 보호하여야 할 의무가 있는 국가가 위법행위에 가담하게 되는 결과를 초래하므로 사법의 염결성(Judicial Integrity)을 해치게 된다. 따라서 위법수집증거배제법칙은 법원으로 하여금 수사기관의 위법에 가담하지 않게 차단함으로써 사법의 염결성 확보를 통해 수사기관에서 침해된 인권을 회복하는데 기여한다.

하지만 사법적 염결성의 추구를 도덕적 명령으로 이해하게 되면 적법절차에 위반한 모든 증거를 배제하여야 하기 때문에 위법수집증거배제법칙의 예외를 인정하기 어렵게 된다는 점에서 오늘날 미국에서는 사법적 염결성을 위법수집증거배제법칙의 주된 근거로는 인정하지 않고 있다.

2. 위법수사의 억제효과

위법수집증거를 배제하는 것은 수사기관의 불법행위를 억제하기 위한 것이다. 수사기관이 특정 혐의범죄에 대한 증거를 수집하는 목적은 피의자의 공소제기 및 공소유지에 있고, 궁극적으로는 법정에서 유죄판결을 확정받아 처벌하기 위한 것이다. 따라서 수사기관이 적법한 절차를 거쳐 증거를 수집하지 않으면 유죄의 증거를 확보하더라도 법정에서 이를 증거로 사용하지 못하게 하면 결국 수사의 목적을 달성할 수 없게 될 것이므로 수사기관으로서는 각종 위법수사의 유혹으로부터 벗어나게 될 것이다.

그러나 위법수집증거배제법칙에 대하여는, 실무상황을 고려하지 않은 엄격한 적용으로 인해 수사기관이 증거수집을 함에 있어서 상당한 시간과 노력 및 비용이 들고 위법수사를 이유로 신빙성 있는 유죄의 증거를 사용할 수 없기 때문에 실체적 진실발견이 저해되며, 위법수사를 한 수사기관에 대하여 다른 제재, 즉 민사상 손해배상 청구나 행정상 징계 또는 형사처벌 등을 통해서도 위법수사의 억지효과를 달성할 수 있다는 등의 비판이 있다. 따라서 위법수집증거배제법칙에서도 수사기관이 과실 또는 선의에 의해 위법하게 수집한 증거에 대하여는 수사기관의 위법수사 억제효과(deterrence effect)를 기대하기 힘들다는 이유로 그 예외를 인정하고 있다. 특히, 1970년대 이후 미국 연방대법원은 위법수집증거배제법칙을 완화시키기 위하여 사법적 염결성보다는 위법수사 억제효과를 위법수집증거배제법칙의 주된 근거로 하고 있다.

제 2 절 미국법상 위법수집증거배제법칙

I. 발전과정

위법수집증거배제법칙은 미국 증거법상 원칙이다. 미국 연방대법원에서 처음으로 위법수집증거배제법칙을 인정한 것은 1886년 보이드 사건(Boyd v. U. S.[5])이다. 이 사건은 관세법위반의 몰수사건이었는데, 제출명령을 받은 피고인의 수입물품송달장이 위법하게 수집되었다. 이에 대하여 연방대법원은 연방헌법 수정 제4조(불합리한 압수·수색의 금지규정)와 수정 제5조(자기부죄금지특권)를 근거로 증거를 배제하였다. 수정 제4조가 수사에 있어서 영장주의를 선언한 것인데, 수정 제5조를 원용함으로써 자기부죄거부특권을 침해하여 얻은 증거는 배제된다는 것을 확인한 것이었다. 그러나 이 판례는 시대적으로 선례로서는 기능하지 못하였다.

그러다가 연방대법원은 1914년 윅스 사건(Weeks v. U. S.[6])에서 위법하게 수집한 증거물의 증거능력을 배제하였다. 이 사건은 경찰관이 우편에 의한 도박혐의로 윅스를 근무처에서 체포하는 한편, 별동대가 멀리 떨어진 그의 주거를 수색하여 편지 등의 증거물을 압수한 것이었다. 이에 대하여 연방대법원은 "위법하게 압수한 물건을 시민인 피고인에게 불이익한 증거로 이용하는 것을 인정한다면 수정 제4조의 보장은 무의미하게 되므로 본건에서 압수물을 환부하지 않고 채증한 것은 위법이다"라고 하였다. 이 판례는 연방법위반사건에 대한 것이었지만, 위법수집증거배제법칙을 헌법상 요청으로 인정하게 되면서, 주(州) 사건에 대해서도

---

5) 116 U. S. 616 (1886).
6) 232 U. S. 383 (1914).

적정절차의 내용으로 위법수집증거배제법칙이 적용되어야 한다는 논의의 계기가 되었다는 점에서 의의가 있다.

그러나 1949년 울프 사건(Wolf v. Colorado7))에서 연방대법원은 주사건을 취급하면서 배제법칙의 적용에 소극적 태도를 취하였다. 이 사건은 산부인과 의사인 울프가 낙태공모죄로 주 경찰에 의해 자신의 사무소를 수색당한 것이었다. 이에 대하여 연방대법원은 "영장 없이 수색을 해서 아니된다는 점은 적정절차의 내용이 되지만 그에 위반하여 압수한 물건을 어떻게 취급하는가는 적정절차와 무관하다"고 하였다. 하지만 1955년 칸 사건(People v. Cahan8))에서 연방대법원은 사법의 염결성을 강조하면서 위법수집증거배제법칙을 적용하였다. 즉, 위법한 도청에서 얻은 증거와 영장 없이 수차례에 걸친 강제적 침입의 결과 압수된 증거에 의거한 도박공모죄의 인정 여부와 관련하여, "헌법상 보장을 침해하여 얻은 증거는 허용되지 아니한다"고 하면서, 경찰관의 헌법규정 준수를 확보하기 위하여는 다른 수단은 무력하기 때문이라는 점(억지효)과 위법수집증거를 금지하는 것은 법원으로 하여금 위법에 가담하지 않게 하여 사법의 염결성을 보장하기 위한 것이라고 하였다.

한편, 주 사건에서는 1952년 로친 사건(Rochin v. California9))에서 처음으로 적정절차위반을 이유로 위법수집증거배제법칙을 적용하였다. 이 사건은 로친이 마약매매를 하고 있다는 정보를 입수한 경찰이 영장 없이 로친의 집에 들어가 침대 위에 있는 마약캡슐에 대하여 질문하는 중에 로친이 경찰관의 면전에서 마약캡슐을 삼키자, 경찰관이 그를 병원으로 연행하여 구토제를 통해 위에서 캡슐을 배출하게 하여 이를 증거물로 압수한 것이었다. 이에 대하여 연방대법원은 그와 같은 육체적 학대는 고문과 같은 것이고, 문명된 사회의 '양심에 큰 충격(shock the conscience)'을 주는 것으로, 그와 같은 충격적인 방법의 사용은 최저한의 '정의감각에 반하는 방법으로 범인을 처벌하여서는 아니된다'는 것을 요청하는 적정절자 관념에 반하는 것이므로 이것을 증거로 사용할 수 없다고 하였다.

이후 몇 차례 판례를 통해 논란이 되다가 1961년 맵 사건(Mapp v. Ohio10))에

---

7) 338 U. S. 25 (1949).
8) 44 Cal.2d 434 (1955).
9) 342 U. S. 165 (1952).

서 "위법수집증거배제법칙은 헌법에서 유래하는 원칙으로서 수정 제4조의 본질적 부분을 구성하며, 동조가 수정 제14조의 적정절차(due process)조항의 본질적 내용을 이루는 것이므로 위법수집증거배제법칙은 주에도 적용된다"고 하였다. 이 사건은 협박과 사제폭발혐의의 범죄정보에 따라 수명의 주 경찰관이 영장 없이 맵의 집에 들어가려고 하였으나 맵이 거절하자 추가로 달려온 경찰관들과 함께 무리하게 밀고 집안으로 들어 갔으며, 이때 달려 온 변호인의 접견도 불허하였고 이 과정에서 맵의 영장 제시 요구에 경찰이 한 장의 종이를 보이자 맵이 이것을 빼앗으려고 하는 과정에서 경찰이 맵에게 수갑을 채운 뒤에 그녀의 주거를 수색하여 음란문서를 발견·압수한 것이었다. 이에 대하여 연방대법원은 연방헌법 수정 제4조는 주 사건에도 적용되어야 한다고 하면서 적정절차위반을 이유로 증거를 배제하였다. 이후 위법수집증거배제법칙은 미국 증거법상 확고한 원칙이 되었다.

그러나 1950년대와 1960년대에 걸쳐 형사사법의 지나친 자유화로 인해 위법수집증거배제법칙을 엄격하게 적용한 것에 대한 반동이 일어났으며, 이로 인해 1970년대에 들어서는 형사사법을 통한 범죄에의 강력한 대처 및 질서유지라고 하는 정치적 요청이 위법수집증거배제법칙에 반영되었다. 이에 따라 이후 미국에서는 다양한 판례의 축적을 통해 위법수집증거배제법칙의 적용에 있어서 원칙과 예외가 균형있게 발전해 오고 있다. 하지만 1974년 클렌드라 사건(U. S. v. Calandra[11])과 1976년 포웰 사건(Stone v. Powell[12])에서는 위법수집증거배제법칙을 사법상 제도에 지나지 아니한다고 판시하기도 하였다.[13]

---

10) 367 U. S. 643 (1961).

11) 414 U. S. 338 (1974).

12) 428 U. S. 465, 492 (1976).

13) 독일에서는 법치국가의 원리에 의거하여 증거금지(Beweisverbot)의 원칙이 적용되고 있다. 독일 제136조의a에서는 금지된 신문방법에 대하여 규정하고 있다.

제136조a(금지된 신문방법) ① 가혹행위, 혹사, 신체침해, 투약, 학대, 기망 또는 최면에 의하여 피의자의 의사결정 및 의사표현의 자유를 침해하여서는 아니된다. 형사절차법이 허용하는 경우에 한하여 강제수단을 허용한다. 형사절차규정에서 허용하지 않는 처분을 수반한 협박 및 법률로 규정하고 있지 않은 이익의 약속은 금지된다.

② 피의자의 기억력이나 통찰력을 침해하는 처분은 허용되지 아니한다.

③ 제1항과 제2항의 금지는 피의자의 승낙과 관계없이 효력을 갖는다. 이들 금지에 위반하여 얻어진 진술은 설령 피의자가 동의할지라도 이를 증거로 사용할 수 없다.

II. 선의의 예외이론

선의의 예외이론(Good Faith Exception)은 수사기관이 위법하게 수집한 증거라고 하더라도 그 위법이 경찰관에 의하여 행하여지지 않았거나 경찰에 의해 행하여진 경우에도 선의 또는 과실로 인한 때에는 위법수집증거의 증거능력을 인정하는 것이다.

이에 대한 미국 연방대법원의 최초 사례는 1984년 레온 사건(U. S. v. Leon[14])이다. 1981년 8월 캘리포니아 경찰은 용의자 2명이 마약상이라는 첩보를 입수한 후 용의자들의 집을 감시하던 중 다른 용의자 레온도 그 범죄에 가담하고 있다고 판단하고, 자신들이 지켜본 사항과 다른 정보원으로부터 얻은 첩보를 근거로 치안판사에게 영장을 신청하여 압수·수색영장을 발부받아 수색한 후 마약을 발견하였다. 하지만 그 영장은 영장발부의 요건인 '범죄혐의의 상당한 이유'가 없는 것으로서 영장발부요건을 충족하지 못한 것으로 밝혀졌다. 이에 대하여 연방대법원은 선의로 한 경찰관의 행동 또는 단순 과실로 인한 행위는 증거를 배제한다고 해도 경찰관의 불법행위를 억제하는 효과를 기대하기 힘들고, 따라서 증거능력을 부정하여 유죄판결을 받아야 할 범죄자를 석방하는 사회적 손실과 비용이 그 이익에 비해 너무 크기 때문에 형사사법시스템의 기본이념을 훼손한다는 이유로 증거능력을 인정하였다.

다른 사례는 1995년 에반스 사건(Arizona v. Evans[15])이다. 경찰관이 일상적인 차량검문을 위해 전산조회결과 차량운전자 에반스에 대한 체포영장이 발부되어 있음을 확인하고, 에반스를 체포한 후 체포에 수반된 수색을 하던 도중 차량에서 마리화나를 발견하였다. 그러나 에반스에 대한 체포영장은 이미 법원에 의해 기각되었음에도 법원직원이 실수로 에반스의 이름을 삭제하지 않아서 오해가 발생한 것이었다. 이에 대하여 연방대법원은 위법수집증거배제법칙은 경찰관의 불법행위를 억제하기 위한 원칙인데 증거능력을 배제한다고 하여 법원직원으로 하여금 이

---

14) 468 U. S. 897 (1984).
15) 514 U. S. 1 (1995).

러한 잘못을 억제하는 효과를 기대하기 힘들며, 컴퓨터기록을 믿고 에반스를 체포한 경찰관은 객관적으로 불합리한 행위를 하였다고 인정할 수 없다는 이유로 증거능력을 인정하였다.

이외에도 선의의 예외를 인정한 것으로는 경찰이 위법을 하였으나 압수·수색영장을 신청하기 위한 보고서가 정확한 것으로 정직하고 이성적으로 믿은 경우(Maryland v. Garrison[16]), 경찰관을 가옥에 들어오게 한 사람이 동의할 권한이 있다고 이성적으로 믿은 경우(Illinois v. Rodriguez[17]), 경찰관의 행위가 후에 위헌결정된 법률에 근거한 경우(Illinois v. Krull[18]) 등이 있다.

III. 독수독과의 원칙과 그 예외

1. 의 의

독수독과(毒樹毒果)의 원칙(Doctrine of the Fruit of the Poisonous Tree)은 '독나무에 열린 열매에는 역시 독이 들어 있다'는 단어의 의미처럼, 위법하게 수집된 제1차적 증거(독수)에 의하여 발견된 제2차 증거(독과)는 오염된 것이므로 증거능력을 부정하여야 한다는 원칙을 말한다. 이는 미국 판례상 확립된 원칙으로서, 위법수집증거배제법칙의 실효성 확보 및 사법의 염결성과 피고인의 인권보장을 위한 형사정책적 고려에 따른 것이다.

'Fruit of the Poisonous Tree'라는 용어를 최초로 사용한 사건은 1939년 나르돈 사건(Nardone v. U. S.[19])으로, 연방대법원은 도청으로 수집된 증거는 유죄의 증거능력이 없다고 하였다.[20] 그러나 독수독과의 문제를 처음 다룬 것은 1920년

---

16) 480 U. S. 79 (1986).

17) 497 U. S. 177 (1990).

18) 480 U. S. 340 (1987).

19) 308 U. S. 338 (1939).

20) 미국 연방대법원은 1928년 불법적인 도청과 관련된 올름스태드 사건(Olmstead v. United States(277 U. S. 438))에서 불법으로 수집된 증거라도 그 수단의 불법성에 의해 손상되지 않는

실버손 사건(Silverthorne Lumber Co. v. U. S.[21])이다. 연방관리가 실버손의 책들과 서류들을 부당하게 압수하였는데, 실버손이 법원의 명령에 의해 이것들을 돌려받았지만 관리들이 이미 사진을 찍은 후였다. 그 후 심리과정에서 소추자측은 실버손에게 그 서류들의 원본을 제출하라고 하는 법원의 명령장을 받기 위하여 그 사진을 사용하였다. 이에 대하여 연방대법원은 "어떤 방법으로 증거를 수집하는 것을 금지하는 규정은 그렇게 얻어진 증거를 법정에서 사용하는 것을 금지할 뿐만 아니라 그 증거는 어떠한 경우에도 사용되어서는 아니된다"고 하면서, 불법으로 취득된 그 사진을 이와 같이 사용하는 것은 부당하다고 하였다. 즉, 위법수집증거배제법칙은 불법한 수색에 의하여 오염된 모든 증거에 적용되고, 그 증거에는 그 수색 동안에 얻어진 정보를 사용함으로써 그 후에 획득된 증거도 포함된다고 하였다.

이후 위법수집증거배제법칙은 위헌적인 수색뿐만 아니라 다른 위헌적인 침해에 의하여 얻어진 증거(독수독과)에도 마찬가지로 적용되는 것으로 발전하였다. 즉, 연방대법원은 위법한 압수·수색뿐만 아니라 위법한 체포로 얻은 자백(Wong Sun v. U. S.[22]), 연방헌법 수정 제6조에 의한 변호권을 침해하여 얻은 진술을 기초로 하여 수집한 증거(Escobedo v. Illinois[23]), 진술거부권 등의 고지를 하지 않고 얻은 진술에서 나온 증거(Miranda v. Arizona[24]), 위헌적인 범인식별을 위한 라인 업(line up) 절차에서 나온 과실(U. S. v. Wade[25]), 위법수집증거배제법칙에 의하여 강행되는 어떤 비헌법적인 제약을 침범하여 얻은 과실(Harrison v. U. S.[26]2.968)) 등에 대대하여 증거능력을 부정하였다.

그러나 연방대법원은 1차 증거가 위법하게 수집된 경우에도 2차 증거의 증거

다고 하였다. 옴름스태드 판결 이후 연방의회는 연방요원들의 전화도청 활동을 금지하는 법안들을 제출하였지만 통과되지는 않았다.

21) 251 U. S. 385 (1920).
22) 371 U. S. 471 (1963).
23) 378 U. S. 478 (1964).
24) 384 U. S. 436 (1966).
25) 388 U. S. 218 (1967).
26) 392 U. S. 219 (1968).

능력을 인정할 수 있는 예외사유를 판례를 통하여 인정하고 있다. 이러한 예외원칙은 후술하는 것처럼 우리나라 판례에서도 적용되고 있다.

2. 예 외

(1) 독립한 원천에 의한 예외

독립한 원천의 예외이론(Independent Source Doctrine)은 2차적 증거가 수사기관의 불법행위와 인과적으로 연관되지 않은 경우에는 증거능력을 인정하는 것이다. 대표적인 것은 1988년 머레이 사건(Murray v. U. S.[27])이다. 경찰관들은 머레이의 집을 영장 없이 불법으로 수색하여 마리화나가 들어 있는 가방을 보게 되었다. 그러나 경찰관들은 그 가방을 압수하지 않고 그대로 나온 뒤에 법원에 사전수색영장을 발부받았는데, 범죄혐의의 상당한 이유를 적시한 진술서에는 위 가방에 대한 언급은 없고 사전에 합법적으로 수사한 내용만을 토대로 기재한 것이었다. 이후 경찰관들은 그 영장을 집행하여 합법적으로 마리화나 가방을 압수하였다. 압수한 마리화나의 증거능력에 대하여, 연방대법원은 경찰관들이 압수한 마리화나는 영장에 의해 압수되었으며, 그 영장에서 범죄혐의의 상당한 이유를 적시한 근거가 어떠한 불법적인 행위를 통해 취득된 내용이나 증거가 아니므로 이는 독립된 원천에 의해 취득된 증거에 해당한다고 하였다.

(2) 희박성의 원리에 의한 예외

대표적인 것은 1939년 나르돈 사건(Nardone v. U. S.[28])이다. 이 사건에서 연방대법원은 위법한 도청에 의하여 수집된 증거의 사용은 금지하면서도, 문제된 증거가 독립한 근원을 갖지 아니한다고 하더라도 불법한 도청에 의하여 얻은 정보와 정부의 증거 사이의 인과관계가 그 오염을 소실시킬 만큼 희박한 경우에는 증거로 사용할 수 있다고 하였다.

---

27) 487 U. S. 533 (1988).
28) 308 U. S. 338 (1939).

(3) 불가피하게 발견될 규칙

  불가피하게 발견될 규칙(Inevitable Discovery Rule)은 수사기관이 불법행위로 증거를 취득하였지만 그 불법행위와 관계없이 수사기관의 합법적인 수사에 의해서도 그 증거가 발견될 것이었다면 그 증거의 증거능력을 인정하는 것이다. 대표적인 것은 1984년 닉스 사건(Nix v. Williams[29])이다. 1968년 12월 24일 부모와 함께 운동경기를 보러 온 한 10세의 여자 어린이가 아이오와(Iowa)주 YMCA 빌딩에서 실종되었다. 당시 14세 소년이 목격한 바에 따르면, 윌리엄스라는 남자가 YMCA 건물을 나갔고 그 당시 담요로 무엇을 싼 채로 나갔는데 담요 밖으로 두 발이 보였다고 하였다. 다음 날 윌리엄스의 차량이 발견되었는데 차량과 주위에는 소녀의 옷가지가 있었고 소년이 증언한 담요도 있었다. 한편, 경찰관들은 윌리엄스를 용의자로 체포, 사건 관할경찰서에서 기소인부절차(起訴認否節次, arraignment)를 거치기 위해 데려가면서 윌리엄스의 변호인에게 사건에 관해 일체의 질문을 하지 않겠다고 약속하였다. 그러나 차량 안에서 형사 중 한 명이 윌리엄스에게 "오늘 밤 폭설이 내린다고 하는데 그 소녀가 묻힌 곳을 아는 것은 윌리엄스 당신뿐이야. 눈이 많이 내리면 당신조차도 그 시체를 찾지 못하겠지. 우리가 가는 길에 그 소녀가 묻혀 있으니까 그 소녀의 시체를 찾아서 부모들이 기독교식으로 장례를 해주게 하는 게 좋을 거 같다. 그러나 당신이 답변을 하기를 원하지는 않아. 다만, 생각해 보기를 바란다"라고 하였다. 윌리엄스는 아무런 말이 없다가 소녀의 시체가 묻혀 있는 곳으로 형사를 안내했다. 이때 수색대는 소녀의 시체가 있는 장소에서 불과 몇 킬로 떨어져 있었고, 잠시 수색이 중단된 상태였다. 윌리엄스의 변호사는 경찰관이 수정 제6조를 위반하여 윌리엄스의 진술을 불법으로 유도하여 취득한 자백을 통해 발견된 시체의 증거능력도 부정하여야 한다고 주장하였다.

  그러나 연방대법원은 정부측이 문제된 증거를 헌법위반행위 없이 통상적인 수사절차를 통해서도 발견되었을 것이라는 사실을 우세한 증거(preponderance of the evidence)로서 입증할 수 있으면 그 증거는 사용될 수 있다고 하면서, 경찰관의

---

29) 467 U. S. 431 (1984).

연방헌법 수정 제6조의 위반이 없었더라도 경찰관들의 수색을 통해 시체를 발견할 수 있었던 상황이었으므로 불가피하게 발견될 원칙에 의해 증거능력이 인정된다고 하였다.

(4) 희석이론

희석이론(Attenuated Connection Principle)은 2차 증거가 어떤 요소에 의해 그 오염이 상당히 희석되었다면 2차 증거의 증거능력을 인정할 수 있다는 것이다. 즉, 피고인이 자의에 의하여 행한 행위는 그 행위로 인해 위법한 경찰행위와 오염된 증거 사이의 인과관계를 단절시키므로 위법성의 오염을 희석시킨다는 것이다. 이를 오염성순환에 의한 예외(The Purged Taint Exception)라고도 한다.

1) 오염성 순화에 의한 희석

1차 위법행위 후 시간이 경과할수록 2차 증거의 오염의 희석정도는 증가한다고 하였다. 대표적인 것은 1963년 웡선 사건(Wong Sun v. U. S.[30])이다. 연방 마약단속관리가 토이(Toy)의 세탁소에 불법침입하여 토이가 그의 가족과 함께 사는 거실로 가자 그 뒤를 따라가 그가 서랍에 손을 넣는 것을 보고 권총을 들이대어 체포하였다. 이때 토이는 이(Yee)라는 사람이 마약을 팔고 있다는 것을 그 관리에게 알려 주었고, 그 관리들은 곧바로 이(Yee)에게 갔는데, 이(Yee)는 그 마약을 관리에게 내어 놓으면서 그것은 토이와 웡선이 갖고 왔다고 하였다. 이에 토이와 웡선은 마약법위반으로 소추되었으며, 이후 보석으로 풀려난 뒤 임의로 출두하여 마약관리에게 묵비권과 변호인의뢰권을 고지받은 뒤 자백하였다. 다만, 자백서에는 서명이 없었다. 이에 대하여 연방대법원은 본건에서 관리의 활동으로서의 불법침입과 불법체포에 있어서 유래된 언어적 증거도 흔히 있는 불법한 침입에서 얻어진 유형적 과실과 마찬가지로 관리에 의한 불법과실이라고 하였다. 다만, 토이와 웡선이 보석으로 풀려 난 뒤 며칠 뒤에 임의로 출석하여 진술한 것은 불법체포와 진술 사이에 관련성의 오염을 해소할 만큼 희박하게 되었다고 하였다. 이후 피고인 또는 제3자의 처음의 불법과 관계없이 독립하게 개입한 행위에 의하여 그 인과적

---

30) 371 U. S. 471 (1963).

관련을 소실시킬 수 있다는 예외가 확립되었다. 1970년 맥만 사건(McMann v. Richardson)에서, 연방대법원은 유죄답변 당시에는 변호인의 조력을 받았지만 그 이전에 강요당한 사실로 인한 자백이 있어서 유죄답변을 했다고 주장하더라도 그 사실만으로 그 답변이 비임의적인 것으로 되는 것은 아니라고 하면서, 변호인의 조력을 받고서 답변하려고 결심한 것을 그 이전의 오염성을 순화한 독립한 개재행위로 인정하였다.

그러나 일반적으로 1차 증거에 의한 2차 증거의 오염을 단절시킬 수 있는 행위 또는 사건이 없는 경우에는 희석이론을 부정하였다. 대표적인 것은 1939년 카우프 사건(Kaupp v. Texas[31])이다. 3명의 정복경찰관과 2명의 사복형사가 새벽에 17세 소년인 카우프의 집에 무단으로 들어와 살인사건에 대해 조사할 것이 있다면서 수갑 채우고 경찰서로 데려간 뒤 수갑을 풀고 미란다원칙을 고지한 후 살인에 대한 자백을 받았다. 이에 대하여 연방대법원은 미란다원칙의 고지 이외에는 오염을 희석시키는 행위가 없었다고 지적하면서 증거능력을 부정하였다.

2) 오염된 증인의 증언의 증거능력

대표적인 것은 1978년 체콜리니 사건(U. S. v. Ceccolini[32])이다. 경찰관은 체콜리니의 상점에 들러 서기와 이야기 하면서, 계산대 위의 동봉투를 발견하고 몰래 열어 돈과 함께 일종의 도박용지가 있는 것을 보고 그대로 다시 놓아두면서 그 봉투가 주인의 것임을 확인하였다. 몇 달 뒤 이 사실을 전해 들은 FBI요원이 방문하여 그 서기에게 주인의 활동에 대하여 질문하자, 그 서기는 기꺼이 협조하고 그 순찰경관과 그 봉투에 관한 사건을 진술하였고, 공판정에 증인으로 출석하여 주인인 체콜리니에게 불리한 증언을 하였다.

이에 대하여 연방대법원은 살아있는 증인에 대하여는 생명 없는 물건에 대해서 보다 배제법칙이 훨씬 더 적용되어야 한다고 하면서도, 증인의 증언을 고려함에 있어서는 그 증거를 배제함에 따른 희생과 이익을 분석하여야 하고, 위법수집증거배제법칙의 기능은 증인의 증언결심에 관련되었을 '자유의사의 요소에 대하여

31) 538 U. S. 626 (2003).
32) 435 U. S. 268 (1978).

특별한 배려가 있어야 한다'고 하였다. 따라서 본 건에서 증인의 증언이 강요되거나 관리의 권위에 의해 유도된 것이 아니고, 불법으로 발견된 도박용지가 수사기관의 증인질문에 사용되지 않았다는 것, 불법수색과 FBI요원이 증인과의 접촉 사이에, 그리고 그 접촉에 상당한 시간이 경과하였다는 것, 그 상점은 이미 FBI의 감시하에 있었다는 것, 경찰의 수색이 증인의 증언을 발견할 의도로 행하여진 것이 아니라는 것 등을 이유로 증거능력을 인정하였다.

(5) 기타 예외사유

연방대법원은 1974년 클란다 사건(U. S. v. Clanda[33]))에서 대배심절차에서는 증인에게 과하는 질문이 불법한 수색에서 얻어진 증거에 기초를 두었다는 이유로 그 증인은 질문에 대답하는 것을 거부할 수 없다고 하였다. 또한 1954년 월더 사건(Walder v. U. S.[34])과 1971년 해리스 사건(Harris v. N. Y.[35]))에서는 위법수집증거의 과실을 탄핵용으로 사용하는 것은 허용된다고 하였다. 다만, 이 경우에도 임의성 없는 진술은 탄핵목적으로도 사용할 수 없다고 하였다(Mincey v. Arizona[36])). 한편, 양형단계에서도 원칙적으로 위법수집증거배제법칙은 적용되지 아니한다고 하였다.

IV. 사인이 위법하게 수집한 증거의 증거능력

연방대법원은 불합리한 수색과 압수를 규정하고 있는 연방헌법 수정 제4조에서는 국가기관에 의한 행위만 규정하고 있으므로 국가기관이 아닌 민간인에 의한 압수와 수색은 그것이 불합리하거나 불법적인 것이라고 해도 증거능력이 인정된다고 하였다(Burdeau v. McDowell[37])). 따라서 사인이 무단으로 수색하여 증거물을

---

33) 414 U. S. 338 (1970).
34) 347 U. S. 62 (1954).
35) 401 U. S. 222 (1971).
36) 437 U. S. 385 (1978).
37) 256 U. S. 465 (1921).

찾아낸 경우나 컴퓨터 해커가 우연히 다른 사람의 컴퓨터에서 불법 아동포르노 사진을 발견하고 수사기관에 제공한 경우 등에서 해당 증거의 증거능력을 인정하였다(U. S. v. Jarrett[38]).

그러나 사인이 수사기관의 요청이나 지시에 의해 증거물을 불법으로 수집한 경우에는 사인이 수사기관의 대리인으로서 불법증거물을 수집한 것이라는 이유로 증거능력을 부정하였다(U. S. v. Jacobsen[39]).

V. 피해자의 주장적격과 위법수집증거배제법칙

위법수사의 피해자가 위법수집증거의 배척을 주장할 수 있는 자격을 주장적격(standing)이라고 한다. 미국에서는 위법한 압수·수색에 의하여 '침해받는 자'는 그 증거를 묵살할 것을 청구할 수 있다. 따라서 연방헌법 수정 제4조에서 유래하는 위법수집증거배제법칙은 형사절차에 있어서 당사자의 권리이므로 이 법칙을 적용하여 위법수집증거의 배척을 주장할 수 있는 자는 피고인이다. 따라서 위법수집증거가 피고인이 아닌 타인의 프라이버시를 침해하여 취득한 것이라면 피고인은 위법수집증거배제법칙을 주장하여 그 증거의 증거능력배제를 주장할 수 없다.

대표적인 것은 1980년 페이너 사건(U. S. v. Payner[40])이다. 국세청(IRS) 수사요원이 목표로 삼은 페이너의 탈세수사를 위해 사립탐정을 고용하여 은행 직원 A의 아파트에 잠입하게 한 뒤, 서류가방을 가져오게 해서 가방에 있던 페이너에 관한 서류를 사진으로 찍은 다음 제자리에 돌려 놓게 한 후 그 사진을 페이너에 대한 탈세혐의 증거물로 제출하였다. 이에 대하여 연방대법원은 그 증거물이 정부의 지시에 의해 민간인이 불법으로 취득하였다고 하더라도 피고인인 페이너는 A의 서류에 대하여는 합리적 프라이버시를 갖지 못한다는 이유로 주장적격을 부정하고 서류를 찍은 사진의 증거능력을 인정하였다.

---

38) 338 F.3d 339(4th Cir. 2003).
39) 446 U. S. 109 (1984).
40) 447 U. S. 727 (1980).

제3절 위법수집증거배제법칙의 적용과 예외

Ⅰ. 발전과정

우리나라에서 위법수집증거배제법칙은 진술증거와 관련하여 일찍부터 적용되어 왔다. 따라서 진술거부권을 고지하지 않은 상태에서 작성한 피의자신문조서(92도682), 변호인의 접견교통권을 침해하여 작성된 피의자신문조서의 증거능력을 부정해 왔다(90도1586).

그러나 비진술증거, 즉 증거물에 대하여 종래 대법원은 영장주의에 위반하여 압수한 증거물에 대하여는 압수절차가 위법하더라도 압수물건 자체의 성질, 형상에 변경을 가져오는 것은 아니어서 증거가치에 변화가 없다는 이유로 증거능력을 인정하였었다(형상불변설, 93도3318). 이에 반해 학설은 위법수집증거배제법칙은 적정절차 및 인권보호, 수사기관의 위법수사를 억제하기 위한 것이므로 비진술증거에 대하여도 적용되어야 한다는 입장을 견지해 왔다. 그러다가 대법원은 2007년 전원합의체판결(2007도3061)을 통하여 비진술증거에 대하여도 위법수집증거배제법칙이 적용된다고 인정하기에 이르렀다. 즉, 대법원은 "기본적 인권 보장을 위하여 압수·수색에 관한 적법절차와 영장주의의 근간을 선언한 헌법과 이를 이어받아 실체적 진실 규명과 개인의 권리보호 이념을 조화롭게 실현할 수 있도록 압수·수색절차에 관한 구체적 기준을 마련하고 있는 형소법의 규범력은 확고히 유지되어야 한다. 그러므로 헌법과 형소법이 정한 절차에 따르지 아니하고 수집한 증거는 기본적 인권 보장을 위해 마련된 적법한 절차에 따르지 않은 것으로서 원칙적으로 유죄 인정의 증거로 삼을 수 없다. 수사기관의 위법한 압수·수색을 억제하고 재발을 방지하는 가장 효과적이고 확실한 대응책은 이를 통하여 수집한 증거는 물론, 이를 기초로 하여 획득한 2차적 증거를 유죄 인정의 증거로 삼을 수 없도록 하는 것이다"라고 하여 증거물에 대해서도 위법수집증거배제법칙이 적용된다는 것을 명확히 하였다.

하지만 위 전원합의체 판결에서는 위법수집증거배제법칙의 예외사유를 인정하고 있다. 즉, "수사기관의 증거 수집과정에서 이루어진 절차 위반행위와 관련된 모든 사정 즉, 절차 조항의 취지와 그 위반의 내용 및 정도, 구체적인 위반 경위와 회피가능성, 절차 조항이 보호하고자 하는 권리 또는 법익의 성질과 침해 정도 및 피고인과의 관련성, 절차 위반행위와 증거수집 사이의 인과관계 등 관련성의 정도, 수사기관의 인식과 의도 등을 전체적·종합적으로 살펴 볼 때, 수사기관의 절차 위반행위가 적법절차의 실질적인 내용을 침해하는 경우에 해당하지 아니하고, 오히려 그 증거의 증거능력을 배제하는 것이 헌법과 형소법이 형사소송에 관한 절차 조항을 마련하여 적법절차의 원칙과 실체적 진실 규명의 조화를 도모하고 이를 통하여 형사사법 정의를 실현하려 한 취지에 반하는 결과를 초래하는 것으로 평가되는 예외적인 경우라면, 법원은 그 증거를 유죄 인정의 증거로 사용할 수 있다고 보아야 한다. 이는 적법한 절차에 따르지 아니하고 수집한 증거를 기초로 하여 획득한 2차적 증거의 경우에도 마찬가지여서, 절차에 따르지 아니한 증거 수집과 2차적 증거 수집 사이 인과관계의 희석 또는 단절 여부를 중심으로 2차적 증거 수집과 관련된 모든 사정을 전체적·종합적으로 고려하여 예외적인 경우에는 유죄 인정의 증거로 사용할 수 있다"고 하였다.

이후 2007년 개정 형소법(법률 제8730호)에서 제308조의2에 위법수집증거배제법칙을 명문화하였으며, 대법원은 현재도 위 전원합의체 판결의 태도를 그대로 유지하고 있다(2020도10729 등). 구체적 사례를 살펴보면 다음과 같다.

II. 위법수집증거배제의 개별적 기준

1. 영장주의에 위반하여 수집된 증거

(1) 영장주의에 위반하여 압수한 증거물

수사기관이 영장주의에 위반하여 수집한 증거물은 증거능력이 부정된다. 즉, 영장 없이 압수·수색한 증거물(2012도13607), 영장에 기재되지 않은 물건(2020도

14654), 영장 없이 체포, 압수·수색할 수 있도록 규정한 형소법상 요건을 충족하지 않은 상태에서 취득한 증거(2009도11401), 긴급압수·수색요건에 해당하여 적법하게 압수·수색을 하였지만 사후영장을 발부받지 않은 증거물(2011도15258), 압수·수색영장의 집행 후 지체없이 압수목록을 작성하여 교부하지 않은 경우(2017도13263), 「경찰관 직무집행법」상 불심검문과 관련하여 소지자의 동의 없는 소지품검사를 통해 수집한 경우, 「통신비밀보호법」을 위반하여 법원의 허가 없이 이루어진 도청과 비밀녹음 등은 증거능력이 부정된다. 또한 수사기관이 사전에 정보를 입수하고, 「마약류 불법거래 방지에 관한 특례법」상 통제배달을 통해 범인을 검거하기 위해 세관공무원으로 하여금 해당 화물을 사무실로 가져오게 한 뒤, 그로부터 임의제출받은 경우에는 수사상 압수에 해당하므로 사전 또는 사후에 영장을 발부받지 않으면 그 압수물에 대한 감정서의 증거능력은 부정된다(2014도8719).

그러나 영장주의가 적용되지 않거나 상당성을 일탈하지 않은 경우에는 증거능력이 인정된다. 즉, 수사기관이 피고인의 국가보안법위반 증거확보를 위해 공개적인 장소에서 북한 공작원들과의 회합모습을 촬영한 경우 증거보전의 긴급성, 필요성, 방법의 상당성이 있으므로 증거능력이 인정된다(2013도2511). 또한 우편물 통관검사절차에서 압수·수색 영장 없이 이루어지는 우편물의 개봉, 시료채취, 성분분석 등의 검사는 수출입물품에 대한 적정한 통관을 목적으로 하는 행정조사의 성격을 가지는 것이므로 수사기관의 강제처분이라고 볼 수 없어 특별한 사정이 없는 한 위법하지 않다(2013도7718).

(2) 영장의 집행이나 범위를 일탈한 압수물

영장을 발부받아 적법하게 압수하였더라도 그 기재된 방식을 따르지 않았거나 영장에 기재된 사건과 관련 없는 증거를 압수한 경우에는 그 증거의 증거능력이 부정된다. 즉, 수사기관이 감청을 위한 통신제한조치허가서를 발부받아 통신회사에 집행을 위탁하였는데, 통신회사가 이미 송수신이 완료되어 서버에 저장되어 있는 대화내용을 추출하여 수사기관에 제공하였다면, 이는 허가서에 기재된 감청의 방식이 아니므로 위법수집증거가 된다(2016도8137). 또한 압수·수색영장에 甲의 공직선거법위반 사건과 관련하여 乙이 소지하는 휴대폰을 압수하도록 기재된 경우에 乙의 휴대폰에서 녹음된 乙과 丙 사이의 공직선거법위반의 대화내용을 乙과 丙의 공소사실에 대한 증거로 사용하는 것은 영장주의의 실질적 내용을 침해하는 것이므로 그 증거능력이 부정된다(2013도7101).

그러나 압수·수색·검증 영장의 집행을 위한 처분 범위와 관련하여, 수사기관이 피고인에 대한 마약투약 첩보를 입수하고 피고인의 소변 및 모발 등을 채취하기 위하여 판사로부터 영장을 발부받았으나 피고인이 완강히 거부하자 피고인을 제압하고 수갑과 포승을 채운 뒤 병원 응급실로 데려가 소변 등을 채취한 행위는 형소법(제219조, 제120조 제1항)상 영장의 집행에 필요한 처분에 해당하므로 적법하다(2018도6219).

2. 적정절차를 위반하여 수집한 증거

적정절차를 위반하여 수집한 증거는 원칙적으로 증거능력이 부정된다. 즉, 피의자에게 진술거부권을 고지하지 않은 상태에서 작성된 피의자신문조서(2010도1755)나 사실상의 피의자를 상대로 작성된 진술서, 확인서, 반성문(2014도5939), 사법경찰관이 압수·수색영장의 첫 페이지와 혐의사실만을 보여주고 압수·수색할 물건, 장소 등의 기재사항을 확인하지 못하게 한 상태에서 압수한 휴대전화(2015도12400), 변호인과의 접견교통권을 침해하여 취득한 진술(90도1586), 당사자의 참여권과 신문권을 침해하여 이루어진 증인신문, 당사자의 참여권을 보장하지 않은 검증과 감정, 의사나 성년의 여자를 참여시키지 않고 행한 여자의 신체검사를 통해 취득한 증거 등은 증거능력이 부정된다.

또한 공소가 제기된 후에는 그 사건에 관한 모든 형사절차의 권한은 수소법원에 속하고 피고인은 검사와 대등한 당사자로서 방어권을 행사할 수 있어야 하므로, 피고인에 대한 제1심 무죄판결에 대하여 검사가 항소한 후에 항소심 공판기일에 증인으로 신청하여 신문할 수 있는 사람을 검사가 특별한 사정없이 미리 소환하여 작성한 진술서나 피의자신문조서는 피고인이 증거에 동의하지 않는 이상 참고인 등이 나중에 법정에 출석하여 그 진술조서 등의 진정성립을 인정하고 피고인 측에 반대신문의 기회가 보장되더라도 증거능력이 부정된다(2018도2236).

그러나 절차의 적정성이 본질적으로 침해되지 않았다고 인정되는 경우에는 증거능력이 인정된다. 즉, 피처분자가 현장에 없거나 발견할 수 없어서 영장제시가 현실적으로 불가능한 상황에서 영장의 제시 없이 압수·수색을 하였거나, 수사기관이 피고인 등에게 압수·수색의 일시, 장소를 통지하지 않았더라도 현장 압수·수색과정에 피고인 등이 참여한 경우 또는 수사관들이 압수·수색 장소에서 30분가량 참여인 없이 수색을 하였으나 곧바로 임차인에게 연락하여 참여시킨 경우(2014도10978) 등과 같이 절차위반이 수사기관의 고의가 아니거나 불가피한 측면이 있는 경우에는 증거능력이 인정된다. 또한 헌법에서 보장하는 진술거부권을 고지받을 권리는 헌법상 직접적으로 도출될 수 없어 입법적 뒷받침이 필요하므로, 선거관리위원이 선거범죄 조사와 관련하여 별도의 진술거부권 고지 규정이 없는 구「공직선거법」에 따라 진술거부권을 고지하지 않고 작성된 문답서는 당연히 위법한 것이 아니다(2013도5441).

3. 형소법상 효력규정에 위반하여 수집한 증거

형소법의 훈시규정이 아닌 효력규정에 위반하여 증거를 취득한 경우에도 위법수집증거배제법칙이 적용된다. 선서 없이 행한 증인에 대한 신문이나 증언거부권을 증인에게 고지하지 않은 경우 등이 이에 해당한다. 즉, 재판공개금지사유가 없음에도 불구하고 재판의 심리에 관한 공개금지결정을 하고 행한 증인신문의 증거능력은 부정된다(2013도2511).

그러나 증인의 소환절차에 문제가 있었던 경우, 위증의 벌을 경고하지 않고 선서한 증인의 증언, 단순히 압수조서나 압수목록의 작성·교부절차가 제대로 이행되지 않은 잘못이 있는 경우 등은 절차위반의 정도가 크지 않으므로 당연히 증거능력이 배제되는 것은 아니다(2011도1902).

4. 형사재판 이외에의 적용

위법수집증거배제법칙은 형사재판 이외의 행정소송과 같은 재판에서도 적용된다. 즉, 경찰관이 사고로 의식이 없는 운전자의 어머니로부터 동의를 받아 채혈을 한 뒤 음주운전 사실을 확인하고 이를 근거로 운전면허를 정지처분한 경우, 해당 채혈은 「도로교통법」을 위반하여 위법하게 수집한 증거이므로 그 운전면허 정지처분은 위법하다(2014두46850).

Ⅲ. 독수독과의 원칙과 예외의 적용

1. 독수독과원칙의 원칙

대법원은 "수사기관의 위법한 압수·수색을 억제하고 재발을 방지하는 가장 효과적이고 확실한 대응책은 이를 통하여 수집한 증거는 물론, 이를 기초로 하여 획득한 2차적 증거를 유죄 인정의 증거로 삼을 수 없도록 하는 것이다"(2007도3061)라고 함으로써 독수독과의 원칙을 인정하고 있다.

2. 예외인정의 기준과 입증책임

(1) 예외인정의 기준

대법원은 법원이 구체적인 사안이 위법수집증거배제법칙의 예외적인 경우에 해당하는지를 판단하는 과정에서, 적법한 절차를 따르지 않고 수집된 증거를 유죄의 증거로 삼을 수 없다는 원칙을 훼손하는 결과가 초래되지 않도록 유념하여야 한다고 한다(2009도10412). 따라서 법원이 2차적 증거의 증거능력 인정 여부를 최종적으로 판단할 때에는 먼저 절차에 따르지 아니한 1차적 증거수집과 관련된 모든 사정들, 즉 절차 조항의 취지와 그 위반의 내용 및 정도, 구체적인 위반 경위와 회피가능성, 절차 조항이 보호하고자 하는 권리 또는 법익의 성질과 침해 정도 및 피고인과의 관련성, 절차 위반행위와 증거수집 사이의 인과관계 등 관련성의 정도, 수사기관의 인식과 의도 등을 살펴야 하고, 나아가 1차적 증거를 기초로 하여 다시 2차적 증거를 수집하는 과정에서 추가로 발생한 모든 사정들까지 구체적인 사안에 따라 주로 인과관계 희석 또는 단절 여부를 중심으로 전체적·종합적으로 고려하여야 한다고 한다(2018도4075).

　따라서 체포 시에 진술거부권을 고지하지 않아 위법한 강제연행 상태에서 호흡측정 방법에 의한 음주측정을 한 다음, 강제연행상태로부터 시간적·장소적으로 단절되었다고 볼 수도 없고 피의자의 심적 상태 또한 강제연행상태로부터 완전히 벗어났다고 볼 수 없는 상황에서 피의자가 호흡측정 결과에 대한 탄핵을 위하여 스스로 혈액채취 방법에 의한 측정을 할 것을 요구하여 혈액채취가 이루어졌다면 "그 사이에 위법한 체포상태에 의한 영향이 완전하게 배제되고 피의자의 의사결정의 자유가 확실하게 보장되었다고 볼 만한 다른 사정이 개입되지 않은 이상 불법체포와 증거수집 사이의 인과관계가 단절된 것으로 볼 수는 없고, 따라서 그러한 혈액채취에 의한 측정 결과 역시 유죄 인정의 증거로 쓸 수 없"으며, "이는 수사기관이 위법한 체포상태를 이용하여 증거를 수집하는 등의 행위를 효과적으로 억지하기 위한 것이므로, 피고인이나 변호인이 이를 증거로 함에 동의하였다고 하여도 달리 볼 것은 아니다"(2010도2094).

(2) 예외의 거증책임

　수사기관의 절차 위반행위에도 불구하고 이를 유죄 인정의 증거로 사용할 수 있는 예외적인 경우에 해당한다고 볼 수 있으려면, 그러한 예외적인 경우에 해당한다고 볼 만한 구체적이고 특별한 사정이 존재한다는 것을 검사가 증명하여야 하고(2009도10412), 그 증명의 정도는 합리적 의심을 배제할 수 있을 정도이어야 한다(2013도11233).

3. 독수독과원칙의 예외이론 적용사례

(1) 독립한 원천에 의한 예외이론

　피해자의 신고를 받고 현장에 출동한 경찰서 과학수사팀이 범인과 함께 술을 마신 테이블 위에 놓여 있던 맥주컵 등에서 지문을 각각 직접 채취하고, 수사기관이 그 이후에 다른 지문채취 대상물을 적법한 절차에 의하지 아니한 채 압수한 경우, "1차적으로 채취한 지문은 위법하게 압수한 지문채취 대상물로부터 획득한 2차적 증거에 해당하지 아니함이 분명하므로 이를 가리켜 위법수집증거라고 할 수 없으며, 이 사건 지문채취 대상물인 맥주컵 등은 피해자가 운영하는 주점 내에 있던 피해자의 소유로서 이를 수거한 행위가 피해자의 의사에 반한 것이라고 볼 수 없으므로, 이를 가리켜 위법한 압수라고 보기도 어렵다"(2008도7471).

또한 강도 현행범으로 체포된 피고인에게 진술거부권을 고지하지 아니한 채 강도범행에 대한 자백을 받고 이를 기초로 여죄에 대한 진술과 증거물을 확보한 후에 진술거부권을 고지하여 피고인의 임의자백 및 피해자의 피해사실에 대한 진술을 수집한 경우, "제1심 법정에서의 피고인의 자백은 진술거부권을 고지받지 않은 상태에서 이루어진 최초 자백 이후 40여 일이 지난 후에 변호인의 충분한 조력을 받으면서 공개된 법정에서 임의로 이루어진 것이고, 피해자의 진술은 법원의 적법한 소환에 따라 자발적으로 출석하여 위증의 벌을 경고받고 선서한 후 공개된 법정에서 임의로 이루어진 것이어서, 예외적으로 유죄 인정의 증거로 사용할 수 있는 2차적 증거에 해당한다"(2008도11437). 이를 증거로 함에 동의하였다고 하여도 달리 볼 것은 아니다(2010도2094).

(2) 희석이론

마약 투약혐의를 받고 있는 피고인이 임의동행을 거부하는 의사표시를 하였음에도 경찰관들이 영장 없이 강제로 연행한 후, 마약 투약 여부의 확인을 위한 1차 채뇨를 하였었지만, 그 후 압수영장에 의하여 2차 채뇨가 정상적으로 이루어졌다면 1차 채뇨의 결과를 바탕으로 작성된 '소변검사시인서'는 증거능력이 없으나 압수영장에 의하여 이루어진 채뇨결과를 바탕으로 분석한 감정결과는 인과관계의 희석 등을 이유로 증거능력이 인정된다(2012도13611). 또한 수사기관이 금융회사 등이 발행하는 매출전표의 거래명의자에 대한 정보를 취득하기 위해 필요한 영장을 발부받지 않고 거래명의자에 대한 정보를 취득한 경우, 그 증거가 위법한 증거에 해당하지만 체포된 피의자가 석방된 후 약 3개월이 지난 시점에 다시 동일한 내용의 자백을 한 경우에는 그 자백의 증거능력이 인정된다(2012도13607).

마찬가지로 수사기관이 영장 집행 시에 범죄혐의 사실과 관련성이 없는 증거를 수집한 경우 원칙적으로 위법한 증거이지만 이후에 해당 압수물을 피압수자에게 환부하고 다시 임의로 제출을 받았다면 불법으로 인한 인과관계가 희석되므로 증거능력이 인정될 수 있다(2013도11233). 또한 수사기관이 1차 압수영장에 기하여 서류와 장부를 압수·수색하면서 서류 등의 제목이나 개략적 내용만으로 혐의사실과 무관하다고 단정하기 어려웠고, 의도적으로 영장주의 원칙을 회피하려는 의도를 가지고 서류 등을 압수하지는 않았으며, 1차 압수 당시 해당 서류가 포함된 압수목록을 피압수자에게 교부하였고, 검사가 그 압수경위를 밝히면서 2차 압수영장을 청구하여 발부받은 후 피고인이 참여한 가운데 그 서류 등을 피고인에게 반환하였다가 다시 압수하였다면 1차 압수단계에서의 절차위반이 2차 압수에 미치는 인과관계는 희석되었다고 볼 수 있다(2017도3449).[41)]

(3) 선의의 예외이론

압수·수색영장에는 영장을 발부하는 판사가 서명날인하여야 한다(제219조, 제114조 제1항). 하지만 판사의 서명만 있고 날인이 없는 경우는 적법한 영장발부라고 할 수 없지만, 영장에는 야간집행을 허가하는 판사의 수기와 날인, 그 아래 서명날인란에 판사 서명, 영장 앞면과 별지 사이에 판사의 간인이 있으므로, 판사의 의사에 기초하여 진정하게 영장이 발부되었다는 점은 외관상 분명하며, 당시 수사기관으로서는 영장이 적법하게 발부되었다고 신뢰할 만한 합리적인 근거가 있었고, 의도적으로 적법절차의 실질적인 내용을 침해한다거나 영장주의를 회피할 의도를 가지고 이 영장에 따른 압수·수색을 하였다고 보기 어려우므로 그 영장에 따라 수집한 압수물의 증거능력은 인정될 수 있다(2018도20504).

---

41) 그러나 판례는 "검사가 1차 압수영장 집행 당시 '이미징'의 형태로 대상 컴퓨터에 있는 전자정보를 추출해 휴대용 저장매체에 복제한 다음 검찰 사무실로 옮겨와 이를 탐색하는 과정에서 1차 압수영장의 혐의사실과 무관한 전자정보임을 확인하였음에도 그 탐색을 중단하지 않았으며, 그 탐색과정에 피고인 등의 참여기회를 보장하지도 않았고, 해당 정보에 대하여 2차 압수영장을 발부받아 1차에 압수한 전자정보가 담긴 복제본을 탐색·복제·출력할 때에도 피고인 등에게 참여의 기회를 부여하지 않았다면 2차 영장에 의한 압수도 적법절차를 위반한 것이어서 증거능력이 없다"(2017도3449)고 하였다.

(4) 주장적격과 관련된 사례

수사기관이 피고인이 아닌 자를 상대로 적법한 절차에 따르지 아니하고 수집한 증거는 원칙적으로 피고인에 대한 유죄 인정의 증거로 인정하지 아니한다. 즉, 유흥주점 업주와 종업원인 피고인들이 이른바 '티켓영업' 형태로 성매매를 하면서 금품을 수수하였다고 하여 기소된 경우, 경찰이 피고인 아닌 甲, 乙을 사실상 강제연행한 상태에서 받은 각 자술서 및 이들에 대하여 작성한 각 진술조서는 위법수사로 얻은 진술증거에 해당하여 증거능력이 없으므로 이를 피고인들에 대한 유죄인정의 증거로 삼을 수 없다(2009도6717).

그러나 이 사안에서 절차적 기본권이 침해당한 사람은 피고인이 아닌 유흥주점종업원이므로 전술한 미국의 주장적격 개념을 인정하게 되면 피고인에 대하여는 증거능력을 인정할 수도 있다. 하지만 대법원은 위 사안에서 해당 조서의 증거능력을 부정하고 있으므로 주장적격의 개념을 부정한 것으로 평가할 수 있다.

Ⅳ. 사인이 위법하게 수집한 증거의 증거능력

1. 원 칙

수사기관이 아닌 사인(私人)이 위법하게 증거물을 수집한 경우에 위법수집증거배제법칙을 적용할 것인가가 문제된다. 미국의 경우에는 전술한 것처럼 위법수집증거배제법칙의 근거가 되는 연방헌법 수정 제4조에서는 국가기관의 행위에만 적용되고, 사인에게는 적용되지 않으므로 형사재판에서 사인이 불법으로 취득한 증거물의 증거능력은 인정되고 있다.

(1) 사인이 스스로 수집한 경우

사인이 스스로 위법하게 수집한 증거의 증거능력 인정 여부에 대하여는 ①

위법수집증거는 국가기관인 수사기관의 위법수집증거에 대하여 적용되는 법칙이라는 이유로 증거능력을 인정하는 견해, ② 사인에 의하여 위법수집된 증거도 기본권침해를 이유로 증거능력을 배제하여야 한다는 견해, 절충설로서 ③ 침해되는 권리의 중요성을 기준으로 기본권의 핵심적 영역을 침해하는 경우에는 사인의 위법수집증거도 증거능력이 부정된다는 견해(권리범위설)와 ④ 효과적인 형사소추 및 민사소송에서의 진실발견이라는 공익과 피고인의 개인적 이익을 비교형량하여 증거능력 여부를 판단하여야 한다는 견해(이익형량설, 다수설) 등이 있다.

　　위법수집증거배제법칙의 근거에 대하여 적정절차 또는 사법적 염결성을 중시하는 입장에서는 사인의 행위라도 그 위법의 정도가 중대한 경우에는 그 증거능력을 부정한다. 반면에 위법수사의 억제에 중점을 두는 입장에서는 사인에 대하여는 위법수사의 억제효과를 기대할 수 없다는 점에서 증거능력을 부정할 이유가 없다. 하지만 위법수집증거배제법칙의 주된 목적이 수사기관의 위법수사 억제에 있다고 하더라도 사인이 타인의 기본권을 침해하는 것은 분명하고, 위법하게 수집한 증거의 증거능력을 인정하게 되면 법원이 개인의 불법행위에 동조하는 것이 되므로 형사사법정의가 훼손될 수밖에 없게 된다. 따라서 사인이 개인의 기본권을 중대하게 침해하여 얻은 위법수집증거는 그 증거능력은 부정하여야 한다. 제308조의2에서는 "적법한 절차에 따르지 아니하고 수집한 증거는 증거로 할 수 없다"라고 규정하고 있을 뿐이므로 그 증거수집의 주체를 국가기관의 행위로 제한할 이유가 없을 것이다.

(2) 수사기관의 위탁에 의해 수집한 경우

　　사인이 수사기관의 위탁을 받아 증거를 위법하게 수집한 경우에는 그 행위는 수사기관의 행위가 되므로 당연히 위법수집증거배제법칙이 적용된다. 즉, "수사기관으로부터 통신제한조치의 집행을 위탁받은 통신기관 등이 그 집행에 필요한 설비가 없을 때에는 수사기관에 그 설비의 제공을 요청하여야 하고, 그러한 요청 없이 통신제한조치허가서에 기재된 사항을 준수하지 아니한 채 통신제한조치를 집행하였다면, 그러한 집행으로 인하여 취득한 전기통신의 내용 등은 헌법과「통신비밀보호법」이 국민의 기본권인 통신의 비밀을 보장하기 위해 마련한 적법한 절차를 따르지 아니하고 수집한 증거에 해당하므로(제308조의2), 이는 유죄 인정의 증거로 할 수 없다"(2016도8137).

2. 판단기준

사인이 수집한 위법수집증거는 수사기관에 의한 위법수집증거와는 달리 그 증거의 수집으로 인해 침해되는 개인의 기본권과 문제되는 증거의 중요성 등을 감안하여 종합적으로 판단할 필요가 있다. 대법원은 "국민의 인간으로서의 존엄과 가치를 보장하는 것은 국가기관의 기본적인 의무에 속하는 것이고 이는 형사절차에서도 당연히 구현되어야 하는 것이지만, 국민의 사생활 영역에 관계된 모든 증거의 제출이 곧바로 금지되는 것으로 볼 수는 없으므로 법원으로서는 효과적인 형사소추 및 형사소송에서의 진실발견이라는 공익과 개인의 인격적 이익 등의 보호이익을 비교형량하여 그 허용 여부를 결정하여야 한다"고 하면서, "이때 법원이 그 비교형량을 함에 있어서는 증거수집 절차와 관련된 모든 사정 즉, 사생활 내지 인격적 이익을 보호하여야 할 필요성 여부 및 그 정도, 증거수집 과정에서 사생활 기타 인격적 이익을 침해하게 된 경위와 그 침해의 내용 및 정도, 형사소추의 대상이 되는 범죄의 경중 및 성격, 피고인의 증거동의 여부 등을 전체적·종합적으로 고려하여야 하고, 단지 형사소추에 필요한 증거라는 사정만을 들어 곧바로 형사소송에서의 진실발견이라는 공익이 개인의 인격적 이익 등의 보호이익보다 우월한 것으로 섣불리 단정하여서는 아니된다"고 한다(2010도12244).

3. 구체적 사례

(1) 사인이 몰래 녹음한 녹음테이프의 증거능력

「통신비밀보호법」 제3조 제1항에서는 공개되지 않은 타인의 대화를 녹음, 청취하지 못하도록 금지하고 있고, 제4조에서는 타인의 대화를 비밀녹음한 경우 그 녹음내용을 재판 등에서 증거로 사용할 수 없도록 규정하며, 이를 위반한 경우 10

년 이하의 징역과 5년 이하의 자격정지에 처한다(제16조 제1항). 따라서 타인 간의 대화를 몰래 녹음하거나 청취하면 통신비밀보호법위반죄가 성립한다.

그러나 대법원은 대화당사자 중 일방이 대화내용을 몰래 녹음한 경우에는 통신비밀보호법위반이 아니므로 그 녹음테이프의 증거능력이 인정된다고 한다(2007도10804). 즉, 택시 운전기사인 피고인이 인터넷 방송을 목적으로 자신의 택시에 승차한 피해자들에게 질문하여 피해자들의 지속적인 답변을 유도하는 등의 방법으로 그 대화 내용을 공개한 경우에 대부분의 대화가 피해자들의 것이라고 하더라도 피고인이 대화의 당사자임이 분명한 이상 「통신비밀보호법」상 '타인의 대화'에 해당하지 아니한다(2013도16404). 또한 강연이나 토론, 발표 등과 같이 당사자 중 1명이 일방적으로 말하고, 상대방은 듣기만 하는 경우에도 그 강연, 토론, 발표는 「통신비밀보호법」상 대상자와 상대방 사이의 대화에 해당하므로 그 녹음의 증거능력이 인정된다(2014도10978). 하지만 대화의 당사자가 아닌 제3자가 대화당사자 중 어느 일방의 동의만 받아 대화의 녹음을 한 경우는 통신비밀보호법위반에 해당하므로 그 녹음테이프의 증거능력은 부정된다(2010도9016). 그러나 상대방과 통화를 마친 후 전화가 끊기지 않은 상태에서 휴대전화를 통하여 '악'하는 비명소리와 '우당탕'하는 음향을 들은 사안에서, 사람의 목소리라고 하더라도 상대방에게 의사를 전달하는 말이 아닌 단순한 비명소리나 탄식 등은 타인과 의사소통을 하기 위한 것이 아니라면 특별한 사정이 없는 한 타인 간의 '대화'에 해당한다고 볼 수 없고, 특별히 사생활에 관한 다른 정보를 제공하는 것도 아니어서 진실발견이라는 공익적 목적이 개인의 인격적 이익보다 우월하다고 볼 수 있으므로 증거능력이 인정될 수 있다(2016도19843).

한편, 선거관리위원회 위원·직원이 법에 위반하여 관계인에게 진술이 녹음된다는 사실을 미리 알려 주지 아니한 채 진술을 녹음한 경우, 대법원은 그와 같은 조사절차에 의하여 수집한 녹음파일 내지 그에 터 잡아 작성된 녹취록은 제308조의2에서 정하는 '적법한 절차에 따르지 아니하고 수집한 증거'에 해당하여 원칙적으로 유죄의 증거로 쓸 수 없다고 한다(2011도3509).

(2) 사인이 비밀리에 촬영한 사진의 증거능력

상대방 몰래 사진이나 비디오를 촬영하는 경우 헌법이 보장하는 초상권 또는 프라이버시권을 침해하는 것이므로 위법이다. 다만, 대법원은 사인의 불법촬영물에 대하여는 이익형량에 의한 종합적 심사를 통하여 증거능력 여부를 결정하고 있다.

제3자가 공갈할 목적을 숨기고 피고인의 동의를 받아 촬영한 나체사진이 피고인에 대한 다른 범죄의 증거물로 제출된 경우, 피고인의 동의하에 촬영된 나체사진의 존재만으로 피고인의 인격권과 초상권을 침해하는 것으로 볼 수 없고, 가사 사진을 촬영한 제3자가 그 사진을 이용하여 피고인을 공갈할 의도였다고 하더라도 사진의 촬영이 임의성이 배제된 상태에서 이루어진 것이라고 할 수는 없으며, 그 사진은 범죄현장의 사진으로서 피고인에 대한 형사소추를 위하여 반드시 필요한 증거로 보이므로, 공익의 실현을 위하여는 그 사진을 범죄의 증거로 제출하는 것이 허용되어야 하고, 이로 말미암아 피고인의 사생활의 비밀을 침해하는 결과를 초래한다 하더라도 이는 피고인이 수인하여야 할 기본권의 제한에 해당된다고 한다(97도1230).

(3) 기타 사인의 불법행위로 취득한 증거의 증거능력

대법원은 저작권 피해자의 의뢰를 받은 甲이 피고인이 운영하는 웹스토리지 서비스 제공 사이트에 적용된 검색제한 조치를 무력화하는 기술인 '패치프로그램'을 이용하여 수집한 저작권 침해자료(2011도1435), 고소인이 매입하여 제출한 제3자가 절취한 위조문서(2008도1584), 피고인 甲, 乙의 범행을 고소한 甲의 남편 丙이 甲의 주거에 침입하여 수집한 후 수사기관에 제출한 압수물을 목적물로 하여 이루어진 감정의뢰회보(2008도3990) 등을 범죄의 증거로 제출하는 것은 공익의 실현을 위하여 허용되어야 하고, 이로 말미암아 피고인의 사생활 영역을 침해하는 결과가 초래된다고 하더라도 이는 피고인이 수인하여야 할 기본권의 제한에 해당되므로 그 증거능력이 인정된다고 한다.

또한 해당 시청 공무원 甲이 권한 없이 전자우편에 대한 비밀보호조치를 해제하여 수집한 피고인의 전자우편은 불법으로 취득한 증거이지만 피고인이 해당 증거에 대하여 증거동의를 한 경우 하였고, 형사소추상 중요한 증거라면 증거능력이 인정된다고 한다(2010도12244). 마찬가지로 직원이 회사로부터 폐기를 지시받고도 무단으로 보관하고 있던 압수물은 "회사가 위 자료의 소유권을 포기한 상태였거나 이로 인하여 침해되는 법익이 그렇게 크다고 볼 수 없고, 모두 회사의 내부자료로 영업비밀로 보이지 않아 개인 사생활의 비밀과 같이 공개됨으로써 침해되는 법익이 크다고 볼 수 없으며, 그 외 형사소추에 필요한 증거로서 가지는 중요성 및 위법성 조각 가능성 등 여러 사정에 비추어 증거능력이 있다"고 한다(2020도3972).

제 4 절 관련문제

Ⅰ. 자백배제법칙과의 관계

진술거부권을 침해한 상태에서 얻은 증거가 자백에 해당하는 경우에 그 증거능력을 부정하는 근거에 대하여는 ① 진술거부권의 침해라는 형식적 기준을 가지고 진술의 임의성을 판단할 수는 없다는 점을 고려하면, 적정절차에 위반한 위법수집증거이지만 자백의 임의성이 인정되는 경우에는 위법수집증거배제법칙에 의하여 자백의 증거능력을 부정해야 한다는 견해와 ② 진술거부권을 침해하여 얻은 자백은 그 임의성에 의심이 있는 경우에 해당하므로 자백배제법칙에 의하여 자백의 증거능력을 부정해야 한다는 견해가 있다.

대법원은 전술한 것처럼 진술거부권을 침해하여 얻은 피의자의 진술은 위법하게 수집된 증거로서 진술의 임의성이 인정되는 경우라도 그 증거능력을 부인한다(2014도1779). 그러나 자백배제법칙을 위법수집증거배제법칙의 특칙으로 이해하게 되면 진술거부권을 침해한 자백은 자백배제법칙에 의하여 증거능력을 부인하는 것이 합리적일 것이다. 하지만 진술거부권을 침해하여 얻은 자백이라도 반드시 진술의 임의성이 의심되는 것은 아니고, 따라서 위법수집증거배제법칙을 적용할 경우에는 진술의 임의성 여부에 대한 판단 없이 진술거부권의 침해만으로도 자백의 증거능력을 부인할 수 있다는 점에서 진술거부권을 침해하여 얻은 자백에 대하여는 위법수집증거배제법칙을 적용하여 그 자백의 증거능력을 부정하는 것이 자백자의 이익보호에는 유리할 것이다.

II. 위법수집증거와 증거동의

위법수집증거라도 피고인이 증거로 함에 동의한 경우에 증거능력을 인정할 것인가에 대하여는 ① 증거수집절차의 위법이 고문에 의한 자백 강요나 영장주의의 위반, 선서 결여 등 본질적인 것과 진술거부권이나 증언거부권의 불고지, 증인신문참여권의 침해 등 그렇지 않은 것을 구분하여, 후자의 경우에는 피고인이 증거동의를 하면 증거능력을 인정하여야 한다는 견해와 ② 위법수집증거에 대하여는 피고인의 증거동의가 있더라도 모두 증거능력을 부정하여야 한다는 견해(다수설)가 있다.

대법원은 위법수집증거배제법칙은 수사기관의 위법수사를 효과적으로 억지하기 위한 것이므로, 피고인이나 변호인이 이를 증거로 함에 동의하였다고 하여도 달리 볼 것은 아니라고 한다(2010도2094). 위법수집증거에 대하여 증거동의를 허용하게 되면 수사기관이 피고인에게 동의를 강요할 우려가 있고, 피고인이 증거동의를 의미를 정확히 알고 있지 않은 경우에는 부당하게 불이익을 당할 수 있을 뿐만 아니라 위법수집증거배제법칙의 적용을 회피하기 위한 수단으로 이용될 가능성이 크다는 점에서 증거동의 여부에 관계없이 위법수집증거는 그 증거능력을 부정하여야 한다.

III. 위법수집증거와 탄핵증거

위법수집증거를 탄핵증거로 사용할 수 있는가에 대하여는 ① 위법수집증거는 원칙적으로 탄핵증거로 허용될 수 있지만 임의성 없는 진술이나 고문, 폭행 등과 같이 중대한 인권침해를 수반하는 진술에 한하여 탄핵증거로 사용될 수 없다는 견해와 ② 위법수집증거는 탄핵증거로도 사용할 수 없다는 견해(다수설)가 있다.

위법수집증거에 대하여 증거능력을 인정하게 되면 위법수집증거배제법칙에 따른 증거배제의 효과를 사실상 회피하는 결과가 되므로 위법수집증거는 탄핵증거로도 사용할 수 없다고 할 것이다.

제 8 장

자백배제법칙

형 / 사 / 증 / 거 / 법

제 8 장

자백배제법칙

제 1 절   자백과 자백배제법칙

I. 자   백

1. 의   의

자백이란 피의자 또는 피고인이 자신의 범죄사실의 전부 또는 일부를 인정하는 진술이다. 자백은 범죄사실의 인정이면 충분하기 때문에 범죄사실을 시인하면서 위법성조각사유나 책임조각사유의 존재를 주장하며 형사책임을 부인하는 경우에도 자백에 해당한다. 따라서 간이공판절차에서 요구되는 자백과는 구별된다.

영·미법에서는 자백(confession)과 자인(admission)을 구분하여, 자인은 자신에게 불리한 사실을 진술하는 것을 말하고, 자백은 자신의 형사책임까지 인정하는 것을 말한다. 따라서 피고인이 자백을 하게 되면 사실심리절차 없이 양형절차로 넘어간다. 그러나 형소법은 자백과 자인을 구분하지 않고 있으며, 자백을 하더라도 바로 양형절차로 진행하는 것이 아니기 때문에 우리나라에서는 자백과 자인을 구별할 실익이 없다.

2. 주체와 형식

(1) 주 체

제309조 및 제310조에서는 '피고인의 자백'으로 규정함으로써 자백의 주체를 피고인으로 하고 있다. 하지만 이는 단지 '현재 피고인의 지위에 있는 자'를 의미한다. 따라서 자백 당시에 자백자가 어떠한 지위에 있었는가는 문제되지 않으므로 피고인 이외에 피의자, 참고인, 증인 등 그 지위를 가리지 아니하고 자신의 범죄사실을 인정하는 진술하였다면 이는 자백에 해당한다. 일반인의 입장에서 자신의 범죄사실을 인정하는 진술하는 경우도 마찬가지이다.

(2) 형 식

자백에 있어서 그 진술의 형식이나 상대방이 누구인가는 묻지 아니한다. 구두, 서면, 공판정 외에서의 진술뿐만 아니라 자신의 처에게 범죄사실을 시인하는 경우나 자신의 일기장에 범죄를 인정하는 내용을 기재한 것과 같이 그 상대방이 없는 경우도 자백에 해당한다.

제309조 등의 자백은 반드시 재판상 자백에 제한되지 않는다는 점에서 공판정에서의 자백임을 요구하는 간이공판절차(제318조의3)의 경우와는 다르다. 임의성이 문제되는 자백은 대부분 수사기관에 의한 자백의 경우이다. 다만, 부당한 장기구속에 의한 자백이나 공판정 출정 전에 검사의 강요나 협박에 의하여 이루어진 자백의 경우(80도2688)는 공판정에서의 자백이 문제되기도 한다.

3. 자백관련 증거법제

헌법 제12조 제7항에서는 "피고인의 자백이 고문·폭행·협박·구속의 부당한 장기화 또는 기망 기타의 방법에 의하여 자의로 진술된 것이 아니라고 인정될 때 또는 정식재판에 있어서 피고인의 자백이 그에게 불리한 유일한 증거일 때에는 이를 유죄의 증거로 삼거나 이를 이유로 처벌할 수 없다"고 규정하여 자백배제법칙과 자백의 보강법칙을 규정하고 있다. 이 헌법규정을 구체화하여 제309조에서는 임의성 없는 자백의 증거능력을 부정하는 자백배제법칙을, 제310조에서는 자백의 증명력을 제한하는 자백의 보강법칙을 규정하고 있다.

이는 자백이 가진 높은 증명력에도 불구하고 수사기관이 자백을 강요하기 위하여 인권침해 등을 야기할 가능성이 있고, 다른 한편에서는 피고인이 자신이 저지른 더 큰 범죄를 숨기거나 공범에게 혐의를 전가하기 위한 목적으로 허위자백할 가능성이 있어서 오판의 위험성을 줄이기 위한 것이다.

II. 자백배제법칙

1. 의 의

자백배제법칙은 임의성이 없는 자백의 증거능력을 부정한다는 원칙이다. 이를 자백법칙이라고도 한다. 제309조에서는 "피고인의 자백이 고문, 폭행, 협박, 신체구속의 부당한 장기화 또는 기망 기타의 방법으로 임의로 진술한 것이 아니라고 의심할 만한 이유가 있는 때에는 이를 유죄의 증거로 하지 못한다"고 규정하고 있다.

2. 발전과정

(1) 연 혁

자백배제법칙은 영·미 형사증거법에서 유래하는 원칙이다.

1) 영 국

영국 초기 보통법(common law)에서는 아무런 제약 없이 자백은 허용되었지만 18세기 후반 이후에 이르러 이익이나 희망에 의한 유인이나 공포의 고문에 의한 자백의 허용성을 제한하기 시작하였다.

그러나 부당한 유인에 의한 자백배제법칙은 고문에 의한 자백이 배제되기 시작한 때로부터 1세기 후의 일이었다. 이 당시의 자백의 임의성법칙은 자백의 신뢰성 내지 진실성의 보장에 근거를 둔 것으로 이해되었다. 그리고 이를 판단하기 위한 테스트기준으로 (ⅰ) 피고인이 이익의 약속이나 해악의 위협에 의하여 자백하도록 유인되었는가, (ⅱ) 피고인이 진술의 신뢰성을 침해하는 사정하에서 진술했는가, (ⅲ) 자백이 임의적으로 행하여졌는가 등이 문제되었다. 이 중에서도 (ⅲ)의 기준이 가장 일반적인 것으로 사용되었으며, 이 테스트기준을 충족하지 못한 자백은 증거능력이 배제되었다. 19세기에 이르러 그 허용기준은 매우 엄격하게 적용되었다. 이러한 기준에 따라 진술 자체의 진실 여부가 불확실하면 그 유인이 특정인에게 영향을 미쳤는가와 상관없이 자백을 배제하였다. 반면에 불법수사에 의한 자백이더라도 구체적 사정을 종합하여 임의성이 인정되면 증거능력을 인정하기도 하였다. 그러나 자백획득과정을 고려할 때 절차의 공정성을 해할 염려가 있는 경우에는 임의성 유무와 관계없이 자백의 증거능력을 부인하였다.

2) 미 국

영국에서 발달한 자백배제법칙은 미국에 계수되었다. 미국 연방대법원은 초기에는 영국의 경우와 마찬가지로 자백의 신뢰성을 기준으로 그 허용 여부를 결정하였다2.884년 Hopt v. Utah[1]). 그러다가 1897년 브람 사건(Bram v. U. S.[2])에서 태도를 바꾸어 자백의 임의성의 근거를 연방헌법 수정 제5조의 자기부죄거부특권에서 구하고, 수사기관의 신문에 부수하는 강요성이 임의성을 결정하는데 고려되어야 한다고 하면서, 임의성의 요건은 자백이 약속이나 위협에 의하여 유발되지 않았다는 것만으로 충족되는 것은 아니고 사실상 임의적으로 행하여진 경우에 한하여 임의성이 인정된다고 하였다. 또한 1936년 브라운 사건(Brown v. Mississippi[3])

---

1) 110 U. S. 574 (1884).
2) 168 U. S. 532, 542 (1897).
3) 297 U. S. 278 (1936).

에서는 주 사건에서 수사기관의 폭력에 의한 자백을 연방헌법 수정 제14조의 법의 적정절차를 침해한 것으로 인정하였다. 마찬가지로 1941년 리젠바 사건(Lisenba v. California[4])에서는 자백채취과정의 위법만으로 바로 증거능력이 배제되는 것은 아니고 '여러 사정을 종합적으로 판단(totality of circumstances)'하여 임의성의 존부를 실질적으로 판단함으로써 자백배제법칙을 허위배제의 관점이 아니라 적정절차의 위반의 문제로 취급하였다.

하지만 1940년대에서 1950년대에 들어 자백배제법칙은 자백의 신뢰성 부정에 근거한 것이 아니라 자백채취과정의 위법배제이론으로 발전하였다. 대표적인 것으로는 연방 형소규칙 제5조(a)[5]에 위반하여 체포자를 치안판사에게 신속하게 인도하지 않고 피고인의 불법구속 중에 얻은 자백에 대하여 증거능력을 부정한 1943년의 맥납 사건(McNapp v. U. S.[6])과 1957년의 멜로리 사건(Mallory v. U. S.[7])을 들 수 있다. 이들 사건에서는 외부와 단절된 상태에서의 신문은 경찰의 권한남용을 조성하고 부당한 압력을 피의자에게 가하는 것이므로, 신문을 허용하기 위한 지연은 그 자체가 위협적인 요소가 된다고 하였다(McNapp – Mallory Rule).

1960년대에 들어서는 연방대법원은 자백배제법칙과 연방헌법의 적정절차조항과 관련성을 더욱 명백히 하였다. 즉, 1961년 로저스 사건(Rogers v. Richmond[8])에서는 임의성 없는 자백이 배제되는 이유는 형법의 실현을 위한 기본원칙을 침해

---

4) 314 U. S. 219 (1941).

5) 미국 연방 형소규칙 제5조 치안판사 앞에의 최초의 출두(Initial Appearance before the Magistrate)

　(a) 총칙(In General) 고발에 의하여 발부된 구속영장에 의하여 체포하는 관리 또는 구속영장 없이 체포하는 자는 체포한 자를 지체없이 바로 위의 연방치안판사에게 인치하거나 연방치안판사가 상당한 이유로 인하여 접근을 위임받은 주 또는 지방 사법관(a state or local judical officer)에게 인치하여야 한다. 구속영장 없이 체포한 자를 치안판사에게 인치한 경우에는 상당한 이유(probable cause)가 있는 점에 대하여 이 규칙 제4조(a)항의 요건을 구비한 고발장을 제출하여야 한다. 구속영장에 의하여 체포되거나 또는 구속영장 없이 체포된 자 또는 소환을 받은 자가 치안판사 앞에 최초로 출두한 경우에는 치안판사는 이 규칙의 규정 중 적용 가능한 항(項)의 규정에 따라 이를 진행하여야 한다.

6) 318 U. S. 332 (1943).

7) 354 U. S. 449 (1957).

8) 365 U. S. 534 (1961).

하였기 때문임을 명백히 하였고, 1964년 에스코베도 사건(Escobedo v. Illinois[9])[10])에서는 변호인과의 접견교통권을 침해하여 획득한 자백의 증거능력을 부정하였으며, 1966년 미란다 사건(Miranda v. Arizona[11])에서는 변호인선임권과 접견교통권 및 진술거부권을 불고지한 상태에서 한 자백의 증거능력을 부정하였다.[12]

이처럼 연방대법원이 채택한 적정절차에 의한 임의성기준은 유죄를 신뢰할 수 있는 증거에 기초를 두도록 하는 것, 부당한 경찰활동을 저지하는 것, 피고인의 자백이 자유롭고 합리적인 선택의 산물이 되도록 하는 것을 목표로 한 것이었다.

(2) 진술거부권과의 관계

미국법상 자백배제법칙과 진술거부권은 피고인 또는 피의자의 인권보장의 요청에 따른 것으로 피고인 또는 피의자의 진술의 임의성 담보를 그 내용으로 하고 있다는 점에서 양자는 공통적인 요소를 가지고 있다. 따라서 양자의 구별이 문제된다.

1) 구별필요설

구별필요설은 미국법상 자백배제법칙은 미국 판례법상 증거법칙으로 인정되고 있지만, 진술거부권은 연방헌법상의 기본권으로서 보장되고 있다는 점에서 양자를 구별하는 견해이다.

구체적으로 다음의 점에서 구별된다고 한다. 첫째, 연혁적으로 자백의 임의성 법칙은 18세기 보통법에서 유래하는 것이지만, 진술거부권은 17세기에 확립된 원칙이다. 둘째, 자백배제법칙은 허위자백의 방지나 위법수사의 객관적 통제를 목적으로 하는 증거법칙이지만, 진술거부권은 피고인 또는 피의자가 신문의 객체로 전

---

9) 378 U. S. 478 (1964).
10) 연방대법원은 에스코베도 판결 이전에는 '일반시민은 경찰서에서 그러한 신문을 필요로 하며, 그것이 공정하게 행하여지는 한 완전히 금지되는 것은 아니다'라고 하였다.
11) 384 U. S. 436 (1966).
12) 독일에서는 법치국가의 원칙에 의거해 피고인의 인권옹호를 위해서 제136조의a에 증거금지규정을 두고 있다.

락하지 않고 독자적인 기본권 향유의 주체로서 자유롭게 자신의 의사내용을 결정하며, 이를 표시할 수 있는 권리를 나타내는 것으로서 진술의 내용을 문제삼지 아니한다. 셋째, 자백배제법칙은 폭행·협박·기망 등의 사실상 불법행위에 의한 자백강요를 금지하는 것이지만, 진술거부권은 피고인 또는 피의자에게 진술의무를 가하여 진술을 강요하는 것을 금지하는 것이다. 넷째, 자백배제법칙은 피고인·피의자를 포함한 모든 사람을 대상으로 하지만, 진술거부권은 공판정출석 피고인을 대상으로 발전되어 온 것이다.

이 견해에서는 헌법소원의 제기에 있어서는 침해된 기본권을 적시하여야 하므로 양자의 구별실익이 있다고 한다.

〈진술거부권과 자백배제법칙의 비교〉

진술거부권	자백배제법칙
미 연방헌법상 기본권으로서의 보장	미국 판례법상 증거법칙으로서 인정됨
17세기에 확립된 원칙	18세기 보통법에서 유래
진술내용은 묻지 않음	허위배제를 목적으로 하는 증거법칙
진술강요금지	폭행, 협박 등의 사실상의 불법행위에 의한 자백강요금지
공판정출석 피고인을 대상으로 함	제한 없음

2) 구별불요설

구별불요설은 자백배제법칙과 진술거부권은 역사적 기원은 달리하지만, 자백배제법칙은 보통법상 허위배제의 목적에서 오늘날 자백획득과정의 적정절차를 실현하는 원칙으로 발전함으로써 위법수집증거를 배제하는 원칙이 되었고, 따라서 적정절차의 보장의 실현으로서의 자기부죄거부특권과 성질을 같이하게 되었기 때문에 양자를 구별할 필요가 없다고 하는 견해이다(다수설).

특히, 1966년 미란다(Miranda)사건 이후 진술거부권을 침해하여 얻은 증거는 위법수집증거로서 공판정에서 증거로 사용할 수 없게 됨에 따라 진술거부권의 보장은 증거법칙의 내용으로 되었다고 한다. 더구나 현행법상 자백배제법칙과 진술거부권이 피고인뿐만 아니라 피의자의 권리로 인정되고 있으며, 진술거부권의 침해가 자백배제법칙에 관한 제309조의 '기타의 방법'에 해당하고, 진술거부권이 금지하는 강요도 사실상의 강요를 포함하므로 양자를 구별할 필요가 없다고 한다.

3) 검 토

자백배제법칙과 진술거부권은 역사적 기원을 달리하지만, 오늘날에 이르러 양자 모두 헌법상 보장된 피고인 또는 피의자의 인권보장과 적정절차의 보장을 위한 원칙이면서, 증거법칙으로 발전되었다는 점에서 성질상 유사점을 가지고 있다. 그러나 진술거부권과 자백배제법칙에 따른 자백의 강요금지는 그 구체적 내용과 실천적 방법에 있어서 다르므로 양자를 구별하는 것이 피고인 또는 피의자의 보호에 보다 적절할 것이다. 이는 헌법 및 형소법에서 자백배제법칙과는 별도로 진술거부권에 관한 규정을 따로 두고 있는 입법태도와도 조화된다.

III. 자백배제법칙의 이론적 근거

자백배제법칙에 의하여 자백의 증거능력을 배제하는 근거에 대하여는 견해가 나뉘어져 있다. 자백배제법칙의 이론적 근거가 무엇인가에 따라 제309조의 적용범위가 달라진다.

1. 허위배제설

허위배제설은 임의성이 없는 자백은 허위일 가능성이 크므로 오판의 방지를 위해서 증거능력을 부정하여야 한다는 견해이다. 이 견해에 따르면 임의성 없는 자백은 허위의 진술을 할 염려가 있는 상황에서 행하여진 자백을 의미한다. 따라서 이때 자백을 배제하기 위하여는 자백의 임의성이 부정될 수 있는 사유의 존재만으로는 부족하고, 그 사정과 자백 사이에 인과관계가 인정되어야 한다. 그러나 이 견해에 따르면 수사기관이 사술이나 기망에 의하여 자백을 취득한 경우에는 허위자백이 아니라면 자백의 임의성을 인정할 수 있다.

이 설에 대하여는 허위의 진술을 할 염려가 있는 상황이 어떤 것인가에 대한 실질적 기준을 제시하기가 힘들고, 자백내용의 진실 여부에 대한 판단을 한 후 자백의 임의성을 판단하는 것은 증명력을 먼저 판단하고 증거능력을 결정하는 모순이 발생하며, 자백의 내용이 진실하다면 수사기관의 강요에 의해 취득된 자백이라고 하더라도 자백의 증거능력을 부정할 수 없다는 비판이 있다.

2. 인권옹호설

인권옹호설은 임의성에 의심이 있는 자백을 증거로 사용하게 되면 고문 등에 의한 인권침해를 조장하게 되고, 피고인이 불이익한 진술을 강요당할 위험성이 있으므로 피고인 또는 피의자의 인권보장을 위하여 그 자백의 증거능력을 부정하여야 한다는 견해이다. '임의성 없는 자백'이란 범죄사실을 인정하는 피고인의 내심의 의사결정과 진술의 자유를 침해하는 위법, 부당한 상황에서 취득된 자백을 의미한다. 이 견해에서도 피고인의 입장에서 볼 때 진술의 자유에 영향을 미치는 사유와 자백의 임의성 사이에 인과관계를 요구한다.

이 설에 대하여는 약속, 기망 등과 같이 진술의 자유를 침해하지 않는 사유에 대하여 그 증거능력을 인정하기 어렵고, 진술의 자유를 침해하였는가는 결국 진술인의 관점에서 주관적으로 판단할 수밖에 없어 현실적인 기준이 될 수 없다는 비판이 있다.

3. 절충설

절충설은 허위배제설과 인권옹호설을 결합하여 임의성이 없는 자백이란 허위의 진술을 할 염려가 있는 상태에서 행하여진 자백 또는 진술의 자유를 침해하는 위법, 부당한 상황에서 취득된 자백을 의미한다는 견해이다. 이 견해에서는 고문, 폭행, 협박, 신체구속의 부당한 장기화에 의한 자백을 인권침해에 의한 자백이라고 보고, 기망 기타 방법에 의한 자백을 허위배제설에 입각한 것이라고 한다(종래의 다수설). 이 견해에서도 임의성을 침해하는 사유와 자백 사이에 인과관계가 있을 것을 요한다.

이 설에 대하여는 임의성 유무를 자백의 허위성, 위법·부당한 절차로 인한 인권옹호적 측면을 모두 고려하므로 결국은 종합적인 상황을 고려하자는 일반적인 기준을 제시하는 데 그치며, 허위배제설과 인권옹호설의 결함을 결합한 것에 지나지 아니한다는 비판이 있다.

4. 위법배제설

위법배제설은 자백배제법칙을 자백취득과정에서의 적정절차를 담보하기 위한 장치로 보고 자백의 임의성 여부의 개념에서 벗어나 수사기관의 행위에 중점을 둠으로써 수사기관이 적정절차를 위반하여 취득된 자백은 그것이 위법하게 수집된 증거이기 때문에 증거능력을 배제하여야 한다는 견해이다. 따라서 자백의 임의성을 침해하는 사유만 있으면 그것은 적정절차에 위배되므로 그 자백에 대한 증거능력을 인정하지 아니하며, 임의성 침해 사유와 자백 사이에 인과관계가 있을 것은 요하지 아니한다. 이 견해에서는 자백배제법칙을 자백에 관한 위법수집증거배제법칙의 특칙으로 본다(다수설).

이 설에 대하여는 제309조가 규정한 '자백의 임의성'이라는 문언을 도외시하고 있어 해석론으로 적합하지 않고, 자백의 임의성이 없는 경우와 자백의 임의성은 있으나 절차만 위반된 경우와 같이 자백의 질적 차이를 고려하지 않기 때문에 자백배제법칙을 불필요하게 확장시킬 염려가 있으며, 수사기관의 적정절차보장을 주요 근거로 하므로 사인에게 또는 상대방이 없는 상태에서 행해진 자백에 대하여는 제한의 근거가 되지 못한다는 비판이 있다.

5. 검 토

자백배제법칙의 이론적 근거에 대한 판례의 태도는 일관적이지 않다. 대법원은 1970년대까지는 허위배제설의 입장을 취하다가 1980년대 이후는 인권옹호설의 입장에서 판결하는 경향을 보이기도 하고, 때로는 위법배제설의 입장을 취하기도 하였다. 그러다가 현재는 허위배제설과 인권옹호설을 결합한 절충설의 입장에서 진술의 임의성을 판단하고 있다. 즉, "임의성 없는 진술의 증거능력을 부정하는 취지는, 허위진술을 유발 또는 강요할 위험성이 있는 상태하에서 행하여진 진술은 그 자체가 실체적 진실에 부합하지 아니하여 오판을 일으킬 소지가 있을 뿐만 아니라 그 진위를 떠나서 진술자의 기본적 인권을 침해하는 위법·부당한 압박이 가하여지는 것을 사전에 막기 위한 것"이라고 한다(2012도9879).

제309조는 허위자백의 배제를 통한 오판의 방지는 물론, 자백을 하는 사람의 인권보호와 수사기관에 의한 고문, 강요, 협박, 기망 등 위법수사를 방지하기 위한 목적이 종합적으로 고려된 것이다. 그러나 2007년 형소법 개정(법률 제8730호)에 의해 위법수집증거배제법칙이 명문화된 현행법 하에서는 자백의 증거능력도 위법수집증거배제법칙의 일반적 기준과 원칙에 의해 판단하여야 한다. 위법수집증거배제법칙과의 관계상 자백배제법칙은 허위의 자백뿐만 아니라 진술인의 인권을 침해하여 취득한 자백과 적정절차를 위반하여 불공정하게 취득한 자백을 모두 배제하는 규정으로 보는 것이 합리적이기 때문이다. 따라서 자백배제법칙은 위법수집증거배제법칙의 특별규정으로 이해하여야 한다.

제 2 절 자백배제법칙의 적용범위

제309조에서 규정하고 있는 피고인의 진술의 자유를 침해하는 위법사유는 원칙적으로 예시사유로 보아야 한다(82도2413). 따라서 '기타 임의로 진술한 것이 아니라고 의심할 만한 이유'란 단지 임의성의 거증책임과 입증의 정도를 규정하는 데 그치는 것이 아니라 법에서 예시하고 있는 것과 같은 정도의 위법수단에 의한

자백을 의미한다.

I. 고문, 폭행, 협박에 의한 자백

수사기관의 고문, 폭행, 협박에 의한 자백은 그 수단 자체가 위법하므로 위법배제설에 의하면 당연히 그 증거능력이 배제된다. 고문이란 사람에게 신체적·정신적 위해를 가하여 고통을 주는 것을 말한다. 폭행은 사람의 신체에 대한 유형력의 행사를 말하며, 협박은 사람에게 해악을 고지하여 공포심을 일으키게 하는 것을 말한다. 다만, 고문 등에 대한 제한은 없으므로 피의자가 직접 고문 등을 당한 경우뿐만 아니라 다른 공범이 고문 등을 당하는 것을 보거나 듣고 자백한 경우도 이에 해당할 수 있다.

한편, 피고인이 검사 이전의 수사기관에서 고문 등 가혹행위로 인하여 임의성 없는 자백을 하고 그 후 검사의 조사단계에서도 임의성 없는 심리상태가 계속되어 동일한 내용의 자백을 하였다면 검사의 조사단계에서 고문 등 자백의 강요행위가 없었다고 하더라도 검사 앞에서의 자백도 임의성 없는 자백이라고 볼 수밖에 없다 (2010도11788). 피고인이 경찰에서 가혹행위 등으로 인하여 임의성 없는 자백을 하고 그 후 검찰뿐만 아니라 법정에서도 임의성 없는 심리상태가 계속되어 동일한 내용의 자백을 한 경우도 임의성 없는 자백에 해당한다(2012도9879). 이때 심리상태가 계속되었는지 여부는 경찰조사 시 담당경찰관의 동행 여부, 검찰 조사시기와 조사받은 횟수 및 장소, 검사 앞에서 한 자백진술 자체의 객관적 합리성과 구체성, 임의성 등 검찰수사과정에서의 모든 정황을 종합적으로 고려하여 결정하여야 한다(83도2436 참조).

II. 신체구속의 부당한 장기화에 의한 자백

'신체구속의 부당한 장기화로 인한 자백'이란 적법하게 구속되었지만 구속의 필요성이 없게 되었음에도 불구하고 부당하게 장기간에 걸친 구속 후의 자백을 말한다. 이는 자백의 임의성이 아니라 구속의 위법성 때문에 자백의 증거능력이 배제되는 경우로서 위법배제설에 따른 것이라고 할 수 있다. 적법하게 체포·구속된 후 체포·구속의 사유가 없음에도 계속 체포·구속하는 경우가 '신체구속의 부당한 장기화'의 전형적인 사례이다. 이때 신체구속의 부당한 장기화에 따른 자백인가 여부는 구체적 사정을 고려하여 구속의 필요성과 비례성을 기준으로 개별적으로 판단하여야 한다.

한편, '신체구속의 부당한 장기화'의 범위와 관련하여 ① 체포·구속기간이 만료되었음에도 불구하고 위법하게 구금하고 있는 경우뿐만 아니라 최초의 불법체포·구속한 경우도 이에 포함된다는 견해와 ② 최초의 체포·구속 자체가 영장주의에 반하는 불법인 경우에는 구속기간의 장·단을 고려할 필요 없이 독수독과의 원칙에 의하여 증거능력을 배제하여야 하기 때문에 후술하는 '기타 사유'에 해당한다는 견해가 있다. 대법원은 "긴급체포 당시의 상황으로 보아서도 그 요건의 충족 여부에 관한 검사나 사법경찰관의 판단이 경험칙에 비추어 현저히 합리성을 잃은 경우에는 그 체포는 위법한 체포라 할 것이고, 이러한 위법은 영장주의에 위배되는 중대한 것이니 그 체포에 의한 유치 중에 작성된 피의자신문조서는 위법하게 수집된 증거로서 특별한 사정이 없는 한 이를 유죄의 증거로 할 수 없다"고 한다 (2000도5701)고 하였다. 불법체포·구속은 그 자체가 위법수사에 해당하므로 위법 수집증거로서 배척하여야 할 것이다.

Ⅲ. 기망에 의한 자백

기망에 의한 자백은 적극적인 계략이나 사술을 사용하여 상대방을 착오에 빠뜨려서 얻은 자백을 말한다. 거짓말탐지기결과 거짓반응이 나오지 않았는데도 거짓반응이 나왔다고 기망하여 얻은 자백, 공범이 자백하지 않았는데도 자백하였다고 기망하여 얻은 자백, 증거가 발견되었다고 기망하여 얻은 자백 등이 이에 해당한다.

기망은 사실에 관한 것뿐만 아니라 법률문제에 관한 것도 포함된다. 대법원은 피고인의 자백이 신문에 참여한 검찰주사가 피의사실을 자백하면 피의사실부분은 가볍게 처리하고 보호감호의 청구를 하지 않겠다는 각서를 작성하여 주면서 자백을 유도한 것에 기인한 것이라면 위 자백은 기망에 의한 자백에 해당한다고 한다 (85도2182).

IV. 기타 방법에 의한 자백

제309조에서는 고문 등과 같은 전형적인 위법사유 외에 '기타의 방법'을 추가하여 자백의 증거능력 배제사유로 하고 있다. '기타의 방법'으로 논의되고 있는 것을 보면 다음과 같다.

1. 약속에 의한 자백

약속에 의한 자백은 자백의 대가로 일정한 이익을 제공할 것을 약속하여 얻은 자백을 말한다. 약속은 반드시 형사처벌에 관련된 것임을 요하지 않고, 가족의 보호와 같은 일반적·세속적 이익도 포함될 수 있지만, 담배나 커피제공과 같은 통상의 편의제공은 특별한 사정이 없는 한 공평의 원칙에 반한다고 할 수 없다. 또한 약속은 구체적이고 특수한 것이어야 하고, 진실을 말하는 것이 유리하다는 일반적인 약속만으로는 부족하다. 위법배제설에 따르면 약속의 내용이 공평의 원칙에 반하여 적정절차를 위반한 정도라고 인정될 수 있어야 한다. 자백의 약속이 검사의 강요나 위계에 의하여 이루어졌다던가 또는 불기소나 경한 죄의 소추 등 이익과 교환조건으로 된 경우(83도712), 특정범죄가중처벌등에관한법률위반이 아니라 가벼운 「형법」상 뇌물죄로 기소해 주겠다고 한 경우(83도2782), 피의사실을 자백하면 피의사실부분은 가볍게 처리하고 보호감호의 청구를 하지 않겠다는 각서를 작성하여 주면서 자백을 유도한 경우(85도2182) 등이 이에 해당한다.

이때 약속의 내용은 약속을 하는 사람의 권한의 범위 내에 있어야 하며, 만일 그 범위를 넘는 경우에는 약속이 아닌 기망에 해당한다.

2. 위법한 신문방법에 의한 자백

수사상 필요에 의하여 장시간조사 또는 야간신문이나 철야신문(밤샘조사)이 요구되는 경우도 있으므로 이들을 무조건 위법한 것이라고 할 수는 없다. 하지만 장시간조사나 야간신문 등으로 인해 진술의 임의성에 의심이 있는 경우에는 그 자백은 증거로 사용할 수 없다. 대법원은 검사 2명이 피의자를 30시간 동안 잠을 재우지 않은 상태에서 교대로 신문하여 얻은 자백과 같이 밤샘조사가 피의자가 정상적인 판단능력을 잃을 정도에 해당한다면 위법한 수사에 의해 취득한 자백에 해당한다고 한다(95도1964). 또한 별건으로 수감 중인 자를 약 1년 3개월의 기간 동안 무려 270회나 검찰청으로 소환하여 다음날 새벽까지 조사를 하거나, 국외로 출국하여야 하는 상황에 놓여있는 자를 심리적으로 압박하여 조사를 한 경우 그 진술은 임의성을 인정하기 어렵다고 한다(2004도517).

「검사와 사법경찰관의 상호협력과 일반적 수사준칙에 관한 규정」(이하 '수사준칙규정'이라고 한다)에서는 원칙적으로 심야조사를 금지하고 불가피한 경우에만 예외적으로 허용하고 있으며(제21조13)), 장시간조사를 제한하고(제22조14)) 신문도중

---

13) 수사준칙규정 제21조(심야조사 제한) ① 검사 또는 사법경찰관은 조사, 신문, 면담 등 그 명칭을 불문하고 피의자나 사건관계인에 대해 오후 9시부터 오전 6시까지 사이에 조사(이하 "심야조사"라 한다)를 해서는 안 된다. 다만, 이미 작성된 조서의 열람을 위한 절차는 자정 이전까지 진행할 수 있다.
② 제1항에도 불구하고 다음 각 호의 어느 하나에 해당하는 경우에는 심야조사를 할 수 있다. 이 경우 심야조사의 사유를 조서에 명확하게 적어야 한다.
1. 피의자를 체포한 후 48시간 이내에 구속영장의 청구 또는 신청 여부를 판단하기 위해 불가피한 경우
2. 공소시효가 임박한 경우
3. 피의자나 사건관계인이 출국, 입원, 원거리 거주, 직업상 사유 등 재출석이 곤란한 구체적인 사유를 들어 심야조사를 요청한 경우(변호인이 심야조사에 동의하지 않는다는 의사를 명시한 경우는 제외한다)로서 해당 요청에 상당한 이유가 있다고 인정되는 경우
4. 그 밖에 사건의 성질 등을 고려할 때 심야조사가 불가피하다고 판단되는 경우 등 법무부장관, 경찰청장 또는 해양경찰청장이 정하는 경우로서 검사 또는 사법경찰관의 소속

휴식시간을 부여(제23조)[15]하도록 하고 있다.

3. 진술거부권을 불고지한 상태에서의 자백

진술거부권을 고지하지 않고 얻은 자백은 위법배제설에 따르면 위법한 절차에 의하여 취득된 자백이므로 자백배제법칙이 적용된다.

그러나 대법원은 "피의자의 진술거부권은 헌법이 보장하는 형사상 자기에 불리한 진술을 강요당하지 않는 자기부죄거부의 권리에 터 잡은 것이므로 수사기관이 피의자를 신문함에 있어서 피의자에게 미리 진술거부권을 고지하지 않은 때에는 그 피의자의 진술은 위법하게 수집된 증거로서 진술의 임의성이 인정되는 경우라도 증거능력이 부인되어야 한다"고 한다(2010도1755).

기관의 장이 지정하는 인권보호 책임자의 허가 등을 받은 경우

14) 수사준칙규정 제22조(장시간 조사 제한) ① 검사 또는 사법경찰관은 조사, 신문, 면담 등 그 명칭을 불문하고 피의자나 사건관계인을 조사하는 경우에는 대기시간, 휴식시간, 식사시간 등 모든 시간을 합산한 조사시간(이하 "총조사시간"이라 한다)이 12시간을 초과하지 않도록 하여야 한다. 다만, 다음 각 호의 어느 하나에 해당하는 경우에는 예외로 한다.
   1. 피의자나 사건관계인의 서면 요청에 따라 조서를 열람하는 경우
   2. 제21조 제2항 각 호의 어느 하나에 해당하는 경우
   ② 검사 또는 사법경찰관은 특별한 사정이 없으면 총조사시간 중 식사시간, 휴식시간 및 조서의 열람시간 등을 제외한 실제 조사시간이 8시간을 초과하지 않도록 하여야 한다.
   ③ 검사 또는 사법경찰관은 피의자나 사건관계인에 대한 조사를 마친 때부터 8시간이 지나기 전에는 다시 조사할 수 없다. 다만, 제1항 제2호에 해당하는 경우에는 예외로 한다.
15) 수사준칙규정 제23조(휴식시간 부여) ① 검사 또는 사법경찰관은 조사에 상당한 시간이 소요되는 경우에는 특별한 사정이 없으면 피의자 또는 사건관계인에게 조사 도중에 최소한 2시간마다 10분 이상의 휴식시간을 주어야 한다.
   ② 검사 또는 사법경찰관은 조사 도중 피의자, 사건관계인 또는 그 변호인으로부터 휴식시간의 부여를 요청받았을 때에는 그때까지 조사에 소요된 시간, 피의자 또는 사건관계인의 건강상태 등을 고려해 적정하다고 판단될 경우 휴식시간을 주어야 한다.
   ③ 검사 또는 사법경찰관은 조사 중인 피의자 또는 사건관계인의 건강상태에 이상 징후가 발견되면 의사의 진료를 받게 하거나 휴식하게 하는 등 필요한 조치를 하여야 한다.

4. 변호인선임권과 접견교통권을 침해한 상태에서의 자백

변호인선임권과 접견교통권은 헌법 제12조 제4항에서 규정하고 있는 변호인의 조력을 받을 권리의 핵심적 권리이므로 이를 침해한 상태에서 취득한 자백은 위법배제설에 따르면 자백배제법칙이 적용된다.

그러나 대법원은 "피의자가 변호인의 참여를 원한다는 의사를 명백하게 표시하였음에도 수사기관이 정당한 사유 없이 변호인을 참여하게 하지 아니한 채 피의자를 신문하여 작성한 피의자신문조서는 제312조에 정한 '적법한 절차와 방식'에 위반된 증거일 뿐만 아니라, 제308조의2에서 정한 '적법한 절차에 따르지 아니하고 수집한 증거'에 해당하므로 이를 증거로 할 수 없다"고 한다(2010도 3359). 변호인선임권과 접견교통권을 침해한 상태에서 얻은 자백(90도1285)도 마찬가지이다.

5. 거짓말탐지기에 의한 자백

거짓말탐지기의 검사결과 취득한 자백의 증거능력을 인정할 것인가에 대하여는 ① 피검사자의 자발적인 동의가 있는 경우에는 위법한 절차라고 할 수 없으므로 증거능력을 인정하여야 한다는 견해(다수설)와 ② 거짓말탐지기의 사용은 인간의 인격권을 침해하는 것이므로 피검사자의 동의 여부를 불문하고 증거능력을 부정하여야 한다는 견해가 있다.

대법원은 거짓말탐지기의 검사결과에 대하여 그 결과의 정확성을 확보할 수 있는 경우에는 증거능력을 인정하고 있다.[16] 수사과정에서 진술자가 거짓말탐지

---

16) 판례는 "거짓말탐지기의 검사 결과에 대하여 사실적 관련성을 가진 증거로서 증거능력을 인정할 수 있으려면, 첫째로 거짓말을 하면 반드시 일정한 심리상태의 변동이 일어나고, 둘째로 그 심리상태의 변동은 반드시 일정한 생리적 반응을 일으키며, 셋째로 그 생리적 반응에 의하여 피검사자의 말이 거짓인지 아닌지가 정확히 판정될 수 있다는 세 가지 전제요건이 충족되어야 할 것이며, 특히 마지막 생리적 반응에 대한 거짓 여부 판정은 거짓말탐지기가 검사에 동의한 피검사자의 생리적 반응을 정확히 측정할 수 있는 장치이어야 하고, 질문사항의 작성과 검사의 기술 및 방법이 합리적이어야 하며, 검사자가 탐지기의 측정내용을 객관성 있고 정확하게 판독

기의 검사를 적극적으로 요구하거나 동의한 경우에는 위법수사라고 할 수 없으며, 그 검사결과의 정확성이 과학적으로 입증된 경우에는 검사결과에 대하여 증거능력을 인정하여야 할 것이다. 따라서 수사기관이 거짓말탐지기의 검사결과를 가지고 추궁하여 자백을 받아 내거나 거짓말탐지기 검사결과가 거짓으로 나오면 자백하겠다고 약속하여 자백하게 한 경우도 증거능력을 인정하여야 한다.[17]

제 3 절 자백의 임의성 증명

I. 인과관계의 요부

자백배제법칙의 근거에 관한 학설 중 허위배제설과 인권옹호설에서는 각각 문제가 되는 상황과 허위의 자백 또는 진술의 자유를 침해한 자백 사이에 인과관계를 요구한다. 반면에 위법배제설에서는 위법절차로 인해 취득한 자백은 임의성 여부를 묻지 않고 증거능력을 부정하므로 위법절차와 임의성 없는 자백과의 인과관계는 요하지 않는다.

대법원은 임의성이 의심되는 상황과 자백의 임의성과는 인과관계가 필요하다고 하면서도, 피고인의 자백이 임의성이 없다고 의심할 만한 사유가 있더라도 그 임의성이 없다고 의심하게 된 사유들과 피고인의 자백과의 사이에 인과관계가 존재하지 않은 것이 명백한 때에는 그 자백은 임의성이 있는 것으로 인정된다고 한다(84도2252). 따라서 검찰에 연행된 이후 약 30시간 동안 잠을 재우지 않고 검사 2명이 교대로 신문을 하거나(95도1964), 별건으로 수감 중인 자를 약 1년 3개월 동안 270회나 검찰청으로 소환하여 밤늦게 또는 새벽까지 조사를 받은 경우(2004도

할 능력을 갖춘 경우라야만 그 정확성을 확보할 수 있는 것이므로, 이상과 같은 여러 가지 요건이 충족되지 않는 한 거짓말탐지기 검사결과에 대하여 형소법상 증거능력을 부여할 수는 없다"(2005도130)고 하였다.

17) 마취분석은 피분석자에게 약물을 투여한 후 무의식상태에서 진술을 얻어내는 방법으로서 인격의 해체를 가져오는 위법한 수사방법이므로 피분석자가 동의하더라도 그 분석결과는 증거로서 허용할 수 없다.

517)의 사례에서 검사가 진술의 임의성을 입증하지 못하였다는 이유로 법원은 진술의 증거능력을 부정하였다. 다만, 피해자인 검사가 그 수사에 관여하였다고 하여 그에 따른 참고인이나 피의자의 진술에 임의성이 없다고는 볼 수 없다고 한다 (2011도12918).

그러나 위법배제설에 따라 위법수사의 억제라는 측면에서 보면 위법한 절차에 의해 얻은 자백은 위법수집증거이므로 인과관계 여부를 고려함이 없이 증거능력을 부정하여야 한다.

II. 거증책임

증거능력의 기초되는 사실의 거증책임은 증거의 제출자에게 있다. 자백은 피고인에 대하여 검사가 제출하는 증거이므로 자백의 임의성에 대한 거증책임은 당연히 검사에게 있다(99도4940). 대법원은 "임의성 없는 진술의 증거능력을 부정하는 취지는, 허위진술을 유발 또는 강요할 위험성이 있는 상태하에서 행하여진 진술은 그 자체가 실체적 진실에 부합하지 아니하여 오판을 일으킬 소지가 있을 뿐만 아니라 그 진위를 떠나서 진술자의 기본적 인권을 침해하는 위법·부당한 압박이 가하여지는 것을 사전에 막기 위한 것이므로, 그 임의성에 다툼이 있을 때에는 그 임의성을 의심할 만한 합리적이고 구체적인 사실을 피고인이 증명할 것이 아니고 검사가 그 임의성의 의문점을 없애는 증명을 하여야 하고, 검사가 그 임의성의 의문점을 없애는 증명을 하지 못한 경우에는 그 진술증거는 증거능력이 부정된다"고 한다(2012도9879).

III. 증명의 정도

임의성의 증명의 정도에 대하여는 ① 임의성의 기초가 되는 사실은 순수한 소송법적 사실과는 질적으로 차이가 있고, 임의성이 인정되는 자백은 피고인에게 불이익한 증거가 된다는 점에서 엄격한 증명을 요한다는 견해와 ② 자백의 임의성 여부는 소송법적 사실이므로 자유로운 증명으로 충분하다는 견해(다수설)가 있다.

대법원은 "피고인이 피의자신문조서에 기재된 피고인의 진술 및 공판기일에서의 피고인의 진술의 임의성을 다투면서 그것이 허위자백이라고 다투는 경우, 법원은 구체적인 사건에 따라 피고인의 학력, 경력, 직업, 사회적 지위, 지능 정도, 진술의 내용, 피의자신문조서의 경우 그 조서의 형식 등 제반 사정을 참작하여 자유로운 심증으로 위 진술이 임의로 된 것인지의 여부를 판단하면 된다"(2010도3029)고 하였다. 임의성의 기초가 사실은 소송법적 사실이므로, 설령 그 자백이 피고인의 유죄인정의 자료로 사용된다고 하더라도 통일적인 법리유지를 위하여 임의성 여부는 자유로운 증명으로 충분하다고 할 것이다.

제 4 절 자백배제법칙의 효과

Ⅰ. 증거능력의 부정

임의성에 의심이 있는 자백은 그 증거능력이 절대적으로 배제되므로 피고인의 동의가 있더라도 유죄의 증거로 할 수가 없으며(2004도7900), 탄핵증거로도 사용할 수 없다(2013도12507).

한편, 자백의 임의성에 의심할 만한 사정이 있는 경우에는 법원은 직권으로 조사하여야 한다(2011도6380). 만일 임의성 없는 자백을 증거로 하여 유죄를 인정하게 되면 이는 자백배제법칙과 증거재판주의에 반하는 법령위반으로 상대적 상소이유가 된다(제361조의5 제1호, 제383조 제1호).

Ⅱ. 임의성이 의심되는 자백에 의해 수집한 2차 증거의 증거능력

임의성이 의심되는 자백에 의해 수집한 2차 증거는 위법수집증거로서 독수독과의 원칙에 따라 증거능력을 배제하여야 한다(통설). 다만, 독수독과의 원칙의 예외가 적용되는 경우에는 2차 증거의 증거능력을 인정할 수 있다.

제 9 장

자백의 보강법칙

형 / 사 / 증 / 거 / 법

제 9 장

자백의 보강법칙

제 1 절 자백의 보강법칙의 의의와 필요성

I. 의 의

　　자백의 보강법칙이란 법관이 증거능력과 신용성이 있는 피고인의 자백을 통하여 유죄의 심증을 형성한 경우에도 자백에 대한 보강증거가 없으면 유죄로 인정할 수 없다는 원칙을 말한다. 헌법 제12조 제7항 후단에서는 "정식재판에 있어서 피고인의 자백이 그에게 불리한 유일한 증거일 때에는 이를 유죄의 증거로 삼거나 이를 이유로 처벌할 수 없다"고 규정하고, 형소법에서는 이를 구현하여 제310조에서 "피고인의 자백이 그 피고인에게 불이익한 유일의 증거인 때에는 이를 유죄의 증거로 할 수 없다"고 규정하고 있다.

　　자백의 보강법칙은 자백에 의해 법관이 유죄의 심증을 얻은 때에도 보강증거가 없으면 증명력이 인정되지 않기 때문에 유죄판결을 할 수 없다는 것을 의미하므로 자유심증주의의 예외가 된다.

II. 필요성

자백의 보강법칙은 피고인의 자백만이 유일한 증거일 경우에 허위자백에 의한 오판의 위험성을 줄이는(진실성담보) 한편, 자백을 취득하기 위한 수사기관의 인권침해를 사전에 방지(인권침해방지)하기 위한 것이다.

제2절 자백의 보강법칙의 적용범위

I. 형사소송법에 의한 절차

헌법 제12조 제7항 후단에서는 자백의 보강법칙이 적용되는 대상을 정식재판으로 규정하고 있다. '정식재판'이라 함은 검사에 의해 공소가 제기되어 공판절차가 진행되는 형소법에 의한 형사재판을 말한다. 따라서 「소년법」에 따른 소년보호사건의 처리절차는 형소법에 의한 절차가 아니므로 법원은 피고인의 자백만으로 보호처분을 할 수 있다(82모36).

또한 형사사건인 이상 정식 공판절차는 물론이고, 간이공판절차나 약식절차에 의한 재판도 포함된다. 다만, 「즉결심판에 관한 절차법」에 따른 즉결심판절차는 경찰서장에 의한 간이절차이기 때문에 자백의 보강법칙이 적용되지 아니한다(제10조).

II. 피고인의 자백

자백의 보강법칙은 피고인의 자백에 대하여 적용된다. 피고인의 자백은 반드시 피고인의 지위에서 행한 자백을 의미하는 것은 아니며, 피의자, 참고인, 증인 등 어떤 지위에 있었더라도 그 자백이 나중에 피고인 자신에 대한 유죄의 증거로 사용될 때에는 피고인의 자백에 해당한다. 또한 자백의 상대방이 수사기관인 경우는 물론, 제3자인 경우나 자백의 상대방이 없이 자신의 일기장, 수첩 등에 기재한 경우에도 자백에 해당한다. 자백장소도 법정의 내·외를 불문한다.

한편, 자백은 증거능력이 있는 자백이어야 하므로, 위법수집증거이거나 임의성 없는 자백 또는 전문법칙의 예외요건을 충족하지 않은 증거는 보강증거가 있어도 유죄의 증거가 될 수 없다. 또한 자백은 신빙성이 인정되어야 한다. 자백의 신빙성 판단은 법관의 자유심증에 의하게 되는데, 그 유무를 판단할 때에는 자백 진술의 내용 자체가 객관적으로 합리성이 있는가, 자백의 동기나 이유는 무엇이며, 자백에 이르게 된 경위는 어떠한가, 그리고 자백 외의 정황증거 중 자백과 저촉되거나 모순되는 것은 없는가 등 제반 사정을 고려하여 판단하여야 한다. 나아가 피고인이 수사기관에서부터 공판기일에 이르기까지 일관되게 범행을 자백하다가 어느 공판기일부터 갑자기 자백을 번복한 경우에는, 자백 진술의 신빙성 유무를 살피는 외에도 자백을 번복하게 된 동기나 이유 및 경위 등과 함께 수사기관 이래의 진술 경과와 진술의 내용 등에 비추어 번복 진술이 납득할 만한 것이고 이를 뒷받침할 증거가 있는가 등을 살펴보아야 한다(2015도17869).

III. 공판정에서의 자백

피고인이 공판준비 또는 공판기일에 행한 자백에 대하여도 자백의 보강법칙이 적용되는가가 문제된다. 영·미법에서는 기소인부절차를 통해 피고인의 법정자백이 있는 경우에는 유죄의 평결과 같은 효력을 발휘하여 곧바로 양형절차로 진행하게 되므로 자백의 보강법칙이 적용되지 아니한다.

공판준비 또는 공판기일에서는 피고인이 자백을 강요당할 위험성이 적다는 점에서 피고인신문 시의 자백은 임의성과 신빙성에 있어서 우월한 것은 사실이다. 하지만 (ⅰ) 공판정의 자백이라고 하더라도 언제나 진실일 수는 없을 뿐만 아니라 자백편중으로 인한 오판의 위험성은 존재하고, (ⅱ) 자백의 보강법칙은 임의성 있는 자백을 전제로 하므로 공판정의 자백에 임의성이 있다고 하여 보강법칙이 적용되지 않는다고 할 수 없으며, (ⅲ) 우리나라 형소법에서는 기소인부절차제도를 인정하지 않으므로 법정자백이 있는 경우에 간이공판절차를 거치더라도 사실심리를 생략할 수는 없다는 점 등을 고려하면 공판정에서의 자백에 대하여도 보강법칙을 적용하여야 한다. 대법원은 피고인의 법정에서의 진술은 피고인의 법정에서의 자백으로서 제310조에서 규정하는 자백의 개념에 포함되므로 그 자백만으로는 유죄의 증거로 삼을 수 없다고 한다(2007도10937).

IV. 공범의 자백

1. 공범의 공판정 자백의 증거능력

공범이라도 피고인과 공동피고인의 관계가 아니면 제3자에 불과하여 증인으로서의 지위를 가지게 되므로 공동피고인을 증인으로 신문하지 않는 한 그 자백은 증거로 사용할 수 없게 된다. 다만, 공범의 공판정 자백이 다른 공범인 피고인의 범죄사실에 대한 증거로 될 수 있는가에 대하여는 견해가 나뉘어져 있다. 이는 공동피고인의 증인적격과 관련되어 있다.

전술한 것처럼 공동피고인의 증인적격에 대하여는 ① 공범인 공동피고인도 다른 피고인에 대하여 제3자로 볼 수 있으므로 증인적격이 인정된다는 견해, ② 공동피고인은 공범관계 여부를 떠나 변론을 분리하지 않는 한 증인으로 신문할 수 없다는 견해, ③ 공범인 공동피고인은 증인적격이 없지만 자기의 피고사건과 실질적 관련성이 없는 사건으로 병합심리되고 있는 공동피고인은 증인적격이 있다는 견해(다수설) 등이 있다.

대법원은 공범이 아닌 공동피고인의 증인적격을 인정하고 있다.[1] 공동피고인

---

1) 판례는 "공동피고인은 다른 공동피고인의 범죄사실에 관하여는 증인의 지위에 있다 할 것이므로, 피고인이 증거로 함에 동의한 바 없는 공동피고인에 대한 피의자신문조서는 공동피고인의

에게 증인적격이 인정되면 공동피고인은 증인으로 선서하고 증언하면 되지만, 공동피고인의 증인적격을 부정하면 공동피고인은 증인으로 증언할 수 없게 된다. 그러나 공범인 공동피고인의 진술은 피고인의 범죄사실과 관련성을 갖기 때문에 피고인의 진술과 동일시 되므로 공범인 공동피고인의 증인적격은 부정하여야 할 것이다. 다만, 공범인 공동피고인의 공판정에서의 자백의 증거능력에 대하여는 견해가 나뉘어져 있다.

(1) 소극설

소극설은 공범인 공동피고인의 공판정에서의 자백은 다른 공동피고인의 공소사실에 대한 증거로 사용할 수 없다는 견해이다. 이 견해는 공동피고인의 공판정에서의 진술은 선서에 의한 증언이 아니므로 그 진실성이 담보되지 아니하며, 다른 공동피고인에 의한 반대신문권이 보장되어 있지 않을 뿐 아니라 반대신문을 하더라도 진술인이 진술을 거부하면 반대신문은 의미가 없으므로 변론을 분리하여 증인으로 선서하지 않는 이상 공동피고인의 진술을 다른 공동피고인에 대한 증거로 사용할 수 없다는 것 등을 근거로 한다.

이 설에 대하여는 선서를 한다고 해서 반드시 진실성이 담보되는 것은 아니며, 공동피고인을 반대신문하기 위해서 변론을 반드시 분리하여야 하는 것은 아니라는 비판이 있다.

(2) 적극설

적극설은 공범인 공동피고인의 공판정에서의 자백은 다른 공동피고인의 공소사실에 관해 당연히 증거능력이 인정된다는 견해이다. 이 견해는 공범인 공동피고인이 피고인신문과정에서 자백하는 경우에는 그 자백이 법관의 앞에서 이루어져 신빙성이 있고, 공동피고인 자신에게도 유죄의 증거로 사용될 수 있으며, 피고인이 그 공동피고인에게 사실상 반대신문을 할 수 있으므로 피고인의 반대신문권도 침해되지 아니한다는 것 등을 근거로 한다. 이 견해에서는 피고인의 자백이 있고

증언에 의하여 그 성립의 진정이 인정되지 아니하는 한 피고인의 공소 범죄사실을 인정하는 증거로 할 수 없다"(2005도7601)고 하였다.

공범의 자백이 있는 때에는 공범의 자백을 보강증거로 하여 유죄로 인정할 수 있어야 하고, 공범의 자백만으로 유죄로 할 수 없다는 것은 보강증거가 될 수 있다는 것과 반드시 모순하는 것은 아니라고 한다.

이 설에 대하여는 피고인이 공범인 공동피고인에 대하여 반대신문을 할 수 있는 권리가 법적으로 보장된 것이 아니고, 설령 반대신문을 할 수 있다고 하더라도 공동피고인이 진술을 거부하게 되면 피고인에게는 반대신문의 기회가 사실상 박탈되는 것이며, 공범인 공동피고인이 책임전가적 허위자백을 할 위험성이 있기 때문에 자백이 자신의 범죄사실에 대하여 증거로 사용되는 것과 다른 공동피고인의 범죄사실에 대하여 증거가 된다는 것은 다르다는 비판이 있다.

(3) 절충설

절충설은 공판정에서 피고인이 공범인 공동피고인을 반대신문하였거나 실질적인 반대신문의 기회가 주어졌다면 공동피고인의 진술을 피고인에 대한 증거로 사용할 수 있다는 견해이다(다수설).

이 설에 대하여는 피고인에게 반대신문의 기회가 주어졌더라도 공범인 공동피고인이 진술을 거부한 때에는 실질적인 반대신문의 기회가 주어졌다고 할 수 없다는 비판이 있다.

(4) 검 토

대법원은 제310조의 '피고인의 자백'에는 공범인 공동피고인의 진술은 포함되지 아니하며, 이러한 공동피고인의 진술에 대하여는 피고인의 반대신문권이 보장되어 있어 증인으로 신문한 경우와 다를 바 없으므로 독립한 증거능력이 있으며, 이는 피고인들 간에 이해관계가 상반된다고 하여도 마찬가지라고 한다(2006도1944).

그러나 피고인에게 공범인 공동피고인의 진술에 대하여 법적으로 반대신문권이 확실하게 보장되어 있는 것은 아니므로 적극설에 따르면 피고인의 반대신문권이 침해될 소지가 크다. 또한 소극설은 공범인 공동피고인의 증인적격의 개념에 중점을 두어 변론의 분리를 요구하지만 공동피고인의 진술을 피고인에 대한 증거로 사용할 수 있는가의 문제는 증인적격의 문제라기보다는 피고인의 반대신문권

보장의 문제이므로 적절하지 않다. 따라서 공범인 공동피고인의 공판정에서의 자백에 대하여는 피고인의 반대신문권이 실질적으로 보장된 경우에 한하여 예외적으로 증거능력을 인정하여야 할 것이다.

2. 공범의 자백과 보강증거의 요부

공범의 자백이 있는 경우 피고인을 유죄로 인정하기 위하여 자백의 보강법칙에 따라 별도의 보강증거를 요하는가에 대하여는 견해가 나뉘어져 있다.

(1) 보강증거필요설

보강증거필요설은 공범의 자백은 피고인의 자백에 포함되므로 별도의 보강증거가 필요하다는 견해이다. 이 견해는 공범은 다른 공범에게 책임을 전가하는 경향이 있으므로 공범의 자백이 있는 경우에 보강증거를 요하지 않게 되면 허위진술을 할 가능성이 있기 때문에 오판의 위험성이 있고, 공범의 자백을 피고인의 자백에 포함시키지 않게 되면 공범이 피고인에게 불리한 자백을 한 경우에 다른 증거가 없으면 자백한 공범은 무죄가 되고 자백하지 않은 피고인은 유죄가 되어 불합리한 결과가 발생한다는 것을 근거로 한다.

(2) 보강증거불요설

보강증거불요설은 공범의 자백은 피고인의 자백이라고 할 수 없으므로 공범의 자백에 대하여는 별도의 보강증거가 필요 없다는 견해이다(다수설). 이 견해는 공범의 자백은 피고인과의 관계에서는 제3자의 진술이므로 피고인의 자백이라고 할 수 없고, 법문상 '피고인의 자백'에 공범의 자백을 포함시키는 것은 부당한 확장해석이며, 자백한 공범이 무죄판결을 받는 것은 자백의 보강법칙상 당연한 결론일 뿐만 아니라 범죄를 부인한 피고인이 유죄로 되는 것은 법관의 자유심증주의에 의한 증거평가의 결과이므로 불합리하다고 할 수 없다는 것을 근거로 한다.

(3) 절충설

절충설은 공동피고인인 공범의 자백에는 보강증거가 필요하지 아니하지만 공동피고인이 아닌 공범의 자백에는 보강증거가 필요하다고 하는 견해이다. 이를 공판정 자백기준설이라고도 한다. 이 견해는 공범이 공동피고인으로 심리받고 있는 공판절차에서 자백을 한 경우에는 법관이 그 진술태도를 직접 관찰할 수 있고 피고인은 반대신문권을 행사할 수 있으므로 보강증거가 필요 없지만, 공범이 피고사건의 수사절차나 별개 사건의 공판절차에서 자백한 경우에는 이것이 불가능하므로 보강증거를 통해 법관으로 하여금 신중하게 심증형성을 하게 할 것이 요청된다는 것을 근거로 한다.

(4) 검 토

전술한 것처럼 대법원은 제310조의 피고인의 자백에는 공범인 공동피고인의 진술은 포함되지 아니한다고 하면서, 이러한 공동피고인의 진술에 대하여는 피고인의 반대신문권이 보장되어 있어 독립한 증거능력이 있다고 한다(92도917).

공범은 피고인과의 관계에서는 제3자에 불과하므로 공범의 자백은 피고인의 자백이 아닌 독립한 증거로서 피고인의 자백에 대한 보강증거가 될 수 있을 것이다. 이 점은 공범인 공동피고인의 자백의 경우도 마찬가지이다. 이렇게 될 경우에 보강증거필요설에서 우려하는 불합리한 결과가 초래될 수 있지만, 이것은 법관의 자유심증주의에 의해서 보완할 수밖에 없을 것이다.

제 3 절 보강증거의 자격

자백의 보강증거도 증거능력이 있는 증거일뿐만 아니라 자백과 독립된 증거이어야 한다. 따라서 증거능력에 관하여는 위법수집증거배제법칙, 전문법칙 등 일반적인 증거능력에 관한 규정이 모두 적용된다. 따라서 보강증거의 자격에 관하여는 해당 증거의 독립성 여부 및 보강의 범위가 문제가 된다.

I. 독립증거

1. 자백 이외의 증거

자백의 보강증거는 자백과는 별개의 독립된 증거여야 한다. 따라서 피고인의 자백은 그 취득 일시와 장소, 형태를 불문하고 보강증거가 될 수 없다. 피고인의 자백이 분리된 것이든 독립된 것이든 불문하며, 언제 행하여진 것인가도 묻지 아니한다. 따라서 피고인의 자백을 기재한 메모, 수첩, 일기장 등은 별도의 독립된 증거가 될 수 없다.

또한 자백은 아무리 반복되더라도 피고인의 자백만 있는 경우에 해당한다. 피고인이 범행장면을 재현하는 것도 실연(實演)에 의한 자백이므로 별도의 독립증거가 될 수 없으며, 피고인이 범행을 자백하는 것을 들었다는 타인의 진술내용도 보강증거가 되지 아니한다(2007도10937).

2. 상업장부, 진료일지, 항해일지 등과 같이 업무상 통상적으로 작성한 문서

상업장부, 진료일지, 항해일지 등과 같이 피고인이 업무상 통상적으로 작성한 문서의 성격에 대하여는 ① 업무상 작성한 일지의 내용이 범죄사실을 인정하는 피고인의 진술에 해당하는 경우에는 자백으로 보아야 한다는 견해와 ② 업무상 작성된 일지 등은 재판을 인식하고 행하여진 것이 아니라 업무의 일환으로 계속적, 반복적으로 기재하는 문서로서 피고인이 아닌 다른 사람도 작성할 수 있는 것이므로 피고인의 자백이라고 보기 어렵고, 허위의 가능성도 극히 적으므로 피고인의 자백과는 독립된 증거가 된다는 견해가 있다(다수설).

대법원은 "상법장부나 항해일지, 진료일지 또는 이와 유사한 금전출납부 등과 같이 범죄사실의 인정 여부와는 관계없이 자기에게 맡겨진 사무를 처리한 사무내역을 그때그때 계속적·기계적으로 기재한 문서 등의 경우는 사무처리 내역을 증명하기 위하여 존재하는 문서로서 그 존재 자체 및 기재가 그러한 내용의 사무가 처리되었음의 여부를 판단할 수 있는 별개의 독립된 증거자료이고, 설사 그 문서가 우연히 피고인이 작성하였고 그 문서의 내용 중 피고인의 범죄사실의 존재를 추론해 낼 수 있는, 즉 공소사실에 일부 부합되는 사실의 기재가 있다고 하더라도, 이를 일컬어 피고인이 범죄사실을 자백하는 문서라고 볼 수는 없다"고 한다(94도 2865).[2] 업무상 작성된 일지 등은 허위가 개재할 여지가 적다는 점에서 자백의 보강법칙의 근거인 자백편중의 수사방지와 오판의 위험성 배제의 요청에 반하지 아니한다는 점에서 자백이 아닌 독립된 증거라고 할 것이다.

Ⅱ. 독립증거의 성질

자백 이외의 독립증거로서 증거능력이 인정되면 인증, 물증, 증거서류 등 증거방법의 형태를 묻지 않고 모두 보강증거가 될 수 있다.

또한 자백에 대한 보강증거는 직접증거가 아닌 간접증거나 정황증거도 보강증거가 될 수 있고, 자백과 보강증거가 서로 어울려서 전체로서 범죄사실을 인정할 수 있으면 유죄의 증거가 된다(2017도4827). 구체적으로 살펴보면 다음과 같다. 즉, 피고인이 위조신분증을 제시, 행사하였다고 범행사실을 자백하는 경우에는 그 위조신분증의 존재(82도3107), 사기사건에서 피고인이 반지를 편취하였다고 자백한 경우에 피고인으로부터 반지를 매입하였다고 한 참고인의 진술(85도1838), 뇌물공여자의 자백에 대하여 뇌물공여의 상대방이 뇌물수수 사실을 부인하면서도 뇌물공여자를 만났던 사실 및 청탁을 받은 사실을 시인한 것(94도993), 피고인이 그

---

2) 판례는 "피고인이 뇌물공여 혐의를 받기 전에 이와는 관계없이 준설공사에 필요한 각종 인·허가 등의 업무를 위임받아 이를 추진하는 과정에서 그 업무수행에 필요한 자금을 지출하면서, 스스로 그 지출한 자금내역을 자료로 남겨두기 위하여 뇌물자금과 기타 자금을 구별하지 아니하고 그 지출 일시, 금액, 상대방 등 내역을 그때그때 계속적·기계적으로 기입한 수첩의 기재 내용은, 피고인이 자신의 범죄사실을 시인하는 자백이라고 볼 수 없으므로, 증거능력이 있는 한 피고인의 금전출납을 증명할 수 있는 별개의 증거라고 할 것인즉, 피고인의 검찰에서의 자백에 대한 보강증거가 될 수 있다"고 하였다(94도2865).

차량을 운전하였다는 사실의 자백에 대하여 자동차등록증에 차량의 소유자가 피고인으로 등록·기재된 것(2000도2365), 절도의 공소사실에 대한 피고인의 자백에서 충분히 진실성이 인정되는 경우에 피고인의 집에서 해당 피해품을 압수한 압수조서와 압수물 사진(2008도2343), 메스암페타민 투약사실에 관한 피고인 甲의 자백에 대하여 메스암페타민을 甲에게 매도하였다는 乙의 진술(2008도7883), 피고인이 2010. 2. 18. 02:00경의 필로폰 투약으로 정상적으로 운전하지 못할 우려가 있는 상태에 있었다는 자백에 대하여 2010. 2. 18. 01:35경 자동차를 타고 온 피고인으로부터 필로폰을 건네받은 후 피고인이 위 차량을 운전해 갔다고 한 甲의 진술과 2010. 2. 20. 피고인으로부터 채취한 소변에서 나온 필로폰 양성반응(2010도11272), 피고인이 타인으로부터 마약을 전달받아 투약하였다는 자백에 대하여 그 타인이 피고인의 지시에 따라 투약 당일 메트암페타민이 담긴 쇼핑백을 피고인에게 전달하고 피고인과 함께 모텔에 갔다가 바로 집으로 돌아왔고 피고인은 위 모텔에 그대로 남았다는 진술(2017도4827), 피고인이 향정신성의약품인 러미라를 甲에게 제공하고, 스스로 투약하였다는 자백에 대하여 乙에 대한 검찰 진술조서(2017도20247) 등은 보강증거가 될 수 있다.

그러나 정황증거가 공소사실과는 관련이 없는 범행의 동기에 관한 것에 지나지 않은 때에는 자백의 보강증거가 될 수 없다(90도2010).

III. 공범의 자백과 보강증거의 자격

공범의 자백이 피고인의 자백에 대한 보강증거가 될 수 있는가에 대하여는 견해가 나뉘어져 있다.

1. 긍정설

긍정설은 공범의 자백은 피고인의 자백에 대한 보강증거가 될 수 있다고 하는 견해이다(다수설). 전술한 보강증거불요설에 따르면 공범의 자백은 독립된 증거이므로 당연히 피고인의 자백의 보강증거가 될 수 있다.

한편, 보강증거필요설과 절충설의 입장에서도 피고인이 자백한 경우에 공범이 자백하면 보강증거가 될 수 있다는 견해가 있다. 즉, 공범의 자백만으로 유죄를 인정할 수 없다는 것과 공범의 자백을 피고인의 자백의 보강증거로 사용하는 것은 다르고, 이 경우에는 공범에게 책임전가의 위험이 없으며, 공범의 자백에 대하여 보강증거능력을 부정하게 되면 법관의 실체해명의무를 지나치게 제약하게 된다고 한다.

2. 부정설

부정설은 공범의 자백은 피고인의 자백에 대한 보강증거가 될 수 없다는 견해이다. 전술한 보강증거필요설에 따르면 공범의 자백은 제310조의 피고인의 자백에 포함된다고 하면서, 공범의 자백을 피고인의 자백을 보강하는 증거라는 것은 논리모순이며, 긍정설의 태도는 다수인이 참가한 범죄를 빠짐없이 처벌하겠다는 형사정책적 사고가 밑받침되어 있다는 점에서 타당하지 않다고 한다.

3. 검 토

대법원은 제310조의 피고인의 자백에는 공범인 공동피고인의 진술은 포함되지 아니하며, 이러한 공동피고인의 진술에 대하여는 피고인의 반대신문권이 보장되어 있어 증인으로 신문한 경우와 다를 바 없으므로 독립한 증거능력이 있고, 이는 피고인들 간에 이해관계가 상반된다고 하여도 마찬가지라고 하면서 공동피고인들의 자백은 보강증거가 된다고 한다(2006도1944).

전술한 것처럼 공범은 공동피고인이라고 하더라도 피고인과의 관계에서는 제3자에 불과하고, 따라서 공범의 자백은 피고인과의 관계에서는 증언에 해당하므로 보강증거불요설에 따라 공범의 자백은 피고인의 자백의 보강증거가 될 수 있다고 하여야 한다. 따라서 공범 전원이 자백한 경우는 물론이고, 일부는 자백을 하고 일부는 부인하고 있는 경우에도 자백한 공동피고인의 자백은 피고인의 자백에 대한 보강증거가 될 수 있다.

제 4 절 보강증거의 범위

Ⅰ. 증거의 보강범위

보강증거의 범위는 보강증거가 자백의 어느 범위까지 보강하여야 하는가의 문제이다. 보강증거가 자백의 범죄사실 모두를 보강하는 것은 현실적으로 불가능하다는 점에서 증거의 보강범위에 대하여는 견해가 나뉘어져 있다.

1. 죄체설

죄체설(罪體說)은 자백한 사실의 죄체의 모든 부분 또는 중요부분에 대하여 보강증거가 필요하다고 한다. '죄체'란 객관적 범죄구성사실을 의미한다. 이는 보강증거의 범위를 가능한 한 객관화하여 명확한 기준에 따르게 함으로써 법관의 주관이 개입할 여지를 줄이고, 구체적인 사건에 따라 차이가 나지 않도록 할 필요가 있다는 것을 근거로 한다.

2. 진실성담보설

진실성담보설은 보강증거의 범위는 자백의 진실성을 담보할 수 있는 정도이면 충분하다고 한다(다수설). 자백의 보강법칙은 오판의 위험성을 배제하기 위한 것이므로 자백의 진실성이 담보되면 충분하다는 것을 근거로 한다.

3. 검 토

대법원은 자백에 대한 보강증거는 범죄사실의 전부 또는 중요부분을 인정할 수 있는 정도가 되지 아니하더라도 피고인의 자백이 가공적인 것이 아닌 진실한 것임을 인정할 수 있는 정도만 되면 족한 것으로서, 자백과 서로 어울려서 전체로

서 범죄사실을 인정할 수 있으면 유죄의 증거로 충분하고, 나아가 사람의 기억에
는 한계가 있는 만큼 자백과 보강증거 사이에 어느 정도의 차이가 있어도 중요부
분이 일치하고 그로써 진실성이 담보되면 보강증거로서의 자격이 있다고 한다
(2017도4827).

자백의 보강법칙은 오판의 위험성을 줄이기 위한 것이라는 점에서 자백의 보
강증거는 자백의 진실성을 담보할 수 있는 정도면 충분하다고 할 것이다. 죄체의
개념은 영·미법상 개념으로 의미가 불분명할 뿐만 아니라 그 중요부분의 판단도
쉽지 않다.

II. 보강증거의 요부

범죄의 어느 부분에 대하여 보강증거가 요하는가에 대하여는 죄체설과 진실
성담보설에 따라 달라진다. 즉, 진실성담보설에 따르면 죄체설에 비하여 보강증거
를 요하지 않는 범위가 넓어진다. 하지만 진실성담보설에 따르더라도 자백의 신용
성이 높으면 보강을 요하는 범위의 정도가 상대적으로 낮게 되고, 자백의 신용성
이 낮으면 보강을 요하는 범위의 정도가 상대적으로 높게 된다. 범죄구성요건사실
중 객관적 사실 이외의 자백에 대하여는 다음의 것들이 문제된다.

1. 범죄의 주관적 구성요건요소

고의나 목적과 같은 주관적 구성요건요소에 대하여는 ① 보강증거를 요하지
아니한다는 견해(통설)와 ② 고의는 범죄성립의 중요한 요소이므로 고의를 추정하
게 하는 정황증거에 의한 보강을 요한다는 견해가 있다.

대법원은 "고의는 피고인이 자백하지 않는 한 범행 전·후 피고인의 재력, 환
경, 범행의 내용, 거래의 이행과정, 피해자와의 관계 등과 같은 객관적인 사정을
종합하여 판단하여야 한다"(2017도20682)고 하여 피고인의 자백만으로 인정할 수
있음을 암시하고 있다. 범죄의 주관적 요소는 현실적으로 증거를 통하여 입증하기

어려울 뿐만 아니라 피고인의 자백이 있는 경우에 오판의 위험성도 적기 때문에 보강증거를 요하지 않다고 할 것이다.

2. 범죄구성요건사실 이외의 사실

범죄구성요건 이외의 사실인 객관적 처벌조건, 누범가중의 원인사실, 전과 및 정상에 관한 사실 등은 엄격한 의미에서 범죄사실과 구별되므로 이에 대한 자백은 보강증거 없이 피고인의 자백만으로 인정할 수 있다(통설). 대법원도 전과에 관한 사실은 피고인의 자백만으로 인정할 수 있다고 한다(81도1353).

3. 범인과 피고인의 동일성

범인과 피고인의 동일성에 대하여 보강증거를 요하는가에 대하여는 ① 피고인이 범인이라는 사실은 공소범죄사실의 핵심에 해당하므로 피고인의 자백에 대하여 보강증거를 요한다는 견해와 ② 범죄사실에 대한 보강증거가 있는 이상 그 범인이 피고인이라는 사실은 자백만으로 충분하다는 견해가 있다.

현실적으로 목격자 없는 범죄의 경우에 범인과 피고인의 동일성을 보강할 증거를 확보하는 것은 불가능하다. 따라서 이미 범죄사실에 대한 피고인의 자백과 보강증거를 통해 법관이 증명력을 인정한 경우에는 범인과 피고인의 동일성에 대한 보강증거를 요하지 않는다고 할 것이다.

4. 죄수와 관련된 문제

(1) 경합범

경합범은 실체법상 수죄이므로 각각의 범죄에 대하여 보강증거가 있어야 한다.

(2) 상상적 경합범

상상적 경합범에 대하여는 ① 상상적 경합범은 실체법상 수죄이지만 과형상 일죄이므로 중한 죄에 대한 보강증거만 있으면 된다는 견해와 ② 상상적 경합범은 실체법상 수죄이므로 각각의 범죄에 대하여 보강증거가 있어야 한다는 견해가 있다.

자백의 보강법칙은 소송법상의 원칙이므로 상상적 경합범의 경우에는 중한 죄에 대한 보강증거만 있으면 충분하다고 할 것이다. 다만, 통상 하나의 행위가 여러 개의 죄에 해당하는 경우이므로 일반적으로 하나의 죄에 대한 보강증거는 다른 죄에 대해서도 보강증거가 될 것이므로 이론적 귀결에는 큰 차이가 없다.

(3) 포괄일죄

포괄일죄에 대하여는 ① 포괄일죄는 실질적으로 수죄이므로 각각의 범죄에 대하여 보강증거가 필요하다는 견해, ② 포괄성 내지 집합성을 인정할 수 있는 범위에서 보강증거가 있으면 충분하다는 견해, ③ 포괄일죄의 개별행위가 구성요건상 독립된 의미를 가지는 경우에는 개별 범죄사실에 대하여 보강증거를 요하지만, 그렇지 않은 경우에는 개개 행위에 대한 보강증거를 요하지 아니한다는 견해(다수설) 등이 있다.

대법원은 포괄일죄인 상습범에 있어서 이를 구성하는 각 행위에 관해 개별적으로 보강증거를 요구하고 있다(95도1794). 그러나 자백의 보강법칙의 근거인 오판의 위험방지 요청을 고려하면, 포괄일죄를 유형별로 나누어 상습범이나 연속범과 같이 개별행위가 특정되는 경우에는 개개 행위에 대하여 보강증거를 요하지만, 영업범과 같이 침해법익과 범죄행위의 유사성 등으로 인해 여러 개의 행위가 일죄를 구성할 뿐 개별 행위가 독립적인 의미를 가지지 않는 경우에는 개개 행위에 대하여 보강증거를 요하지 아니한다고 할 것이다.

Ⅲ. 보강증거의 증명력

보강증거는 증거능력이 인정되는 경우에도 증명력을 갖추어야 하며, 이는 법관의 자유심증에 의한다. 다만, 진실성담보설에 따르면, 보강증거가 그 자체만으로는 객관적 구성요건을 인정할 수 없다고 하더라도 자백과 서로 어울려서 전체로서 범죄사실을 인정할 수 있으면 유죄의 증거로 충분하다(2017도4827).

제 5 절 보강법칙위반의 효과

자백만을 유일한 증거로 하여 유죄를 인정한 경우에는 헌법 제12조 제7항뿐만 아니라 제310조에 위반한 것이 되므로 법령위반에 해당하여 상소이유가 된다(제361조의5 제1호, 제383조 제1호). 유죄판결이 확정된 경우에도 비상상고를 통한 구제가 가능하다(제441조).

그러나 유죄판결이 자백의 보강법칙을 위반하였다고 하더라도 무죄의 증거가 새로 발견된 경우에 해당하지 않으므로 재심사유(제420조 제5호)는 되지 아니한다.

제10장

전문법칙

형 / 사 / 증 / 거 / 법

제10장
전문법칙

제 1 절 전문증거와 전문법칙의 의의

Ⅰ. 전문증거

1. 의 의

전문증거(傳聞證據, hearsay evidence)란 요증사실을 직접 체험한 자의 진술을 내용으로 하는 타인의 진술이나 진술을 기재한 서면을 말한다. 전자를 전문진술 또는 전문증언이라고 하고, 후자를 전문서류라고 한다. 전문진술은 원진술자의 진술을 들은 제3자가 법원에 대해 전문한 내용을 증언의 형태로 현출하는 것을 말한다. 전문서류는 경험자가 자신이 경험한 사실을 직접 기재한 진술서와 경험자가 경험사실을 진술한 것을 수사기관 등 제3자가 서류에 기재한 진술기재서류를 말한다.

2. 범 위

(1) 진술증거

전문증거는 요증사실을 직접 지각한 자의 진술을 내용으로 하는 진술증거이다. 따라서 반대신문이 불가능하고 신용성이 문제될 여지가 없는 증거물과 같은 비진술증거는 전문증거에 해당하지 아니한다. 따라서 피고인이 수표를 발행하고 예금부족으로 지급되지 않게 하였다는 부정수표 단속법위반의 공소사실을 증명하기 위해 제출되는 수표는 그 서류의 존재 또는 상태 자체가 증거가 되는 증거물인 서면에 해당하므로 특정사실을 직접 경험한 사람의 진술을 대체하는 것이 아니어서 전문법칙이 적용될 여지가 없다(2015도2275). 다만, 진술증거인 인상 전문진술인가 전문서류인가는 불문한다.

또한 경험자가 경험사실을 언어가 아니라 행동으로 표현한 경우, 즉 전문으로서의 행동이 범인의 지적 또는 사건현장의 지시 같이 언어적 진술에 해당하는 경우에는 전문증거에 해당한다. 따라서 甲이 乙에게 범인을 지목해 줄 것을 요구하자 乙이 범인을 지목하였고, 甲이 그 사실을 법정에서 증언한 경우에도 전문증거가 된다. 그러나 도망이나 침묵 등과 같이 특정의사를 표현하려는 의도를 가지지 않은 행동은 진술에 포함되지 아니한다(이설 있음). 마찬가지로 甲이 乙을 붙잡고 흔든 행위가 폭행인가 여부를 설명하기 위해 그 장면을 목격한 사람이 법정에서 "당시에 甲이 乙에게 화난 목소리로 "이 나쁜 놈아"라고 하는 것을 들었다"고 증언한 경우와 같이 타인의 애매한 행동의 의미를 설명하기 위해 행한 진술은 그 행동에 부수된 언어적 행동으로 진술에 해당하지만 전문증거는 아니다.

(2) 요증사실과 관련된 증거

전문증거는 원진술 내용에 의하여 요증사실을 증명하는 경우, 즉, 타인의 진술 또는 서류에 포함된 원진술자의 진술내용의 진실성이 요증사실로 된 경우이어야 한다. 진술자체가 요증사실인 경우에는 원본증거이지 전문증거가 아니다(2020도17109). 즉, 甲이 런던에 있는 乙과 통화를 하면서 乙이 "지금 여기 런던에는 비가 와"라고 했던 말을 들었다고 甲이 법정에서 증언한 경우, 甲과 乙이 통화할 당시 실제 런던에 비가 왔다는 사실을 입증하기 위한 경우라면 甲이 직접 보고 들은 내용이 아니므로 전문증거가 되지만, 그 시각에 乙이 살아 있었다는 것을 입증하기 위한 것이라면 전문증거가 아니다.

또한 녹음된 대화 내용이 진술 당시에 진술자가 술에 취해 횡설수설하였는지 등 진술자의 상태를 확인하기 위한 경우에는 전문증거가 아니다(2007도10755). 마찬가지로 피고인 甲이 아무런 능력도 없으면서 乙에게 "88체육관 부지를 공시지가로 매입하게 해 주고 KBS와의 시설이주 협의도 2개월 내로 완료하겠다"고 말한 사실이 있는 경우, 위 진술의 진위 여부를 떠나 진술의 존재 자체가 사기죄 또는 변호사법위반죄의 요증사실이므로 乙이 들은 사실을 증언하는 것은 직접 경험한 사실을 대상으로 하는 것이므로 전문증거가 아니다(2012도2937).

1) 간접사실에 대한 정황증거로 사용될 경우

원진술자의 진술이 요증사실에 대한 직접증거로 사용되는 것이 아니라 진술하였다는 것 자체 또는 그 진술의 진실성과 관계없는 간접사실에 대한 정황증거로 사용될 때에는 반드시 전문증거가 되는 것은 아니다.[1]

즉, 지령문, 대북 보고문이 존재하는 것 자체가 국가보안법위반사건의 증거가 되거나 회합과 금품수수로 인한 국가보안법위반 범죄사실에 대하여 그 내용의 진실성과 무관하게 정황증거가 되는 경우에는 전문증거가 아니다(2017도9747). 또한 甲이 "나는 신이다"라고 하는 말은 들었다고 乙이 법정에서 증언한 경우, 원진술자인 甲의 진술이 甲이 신이라는 사실이 아니라 甲의 심리적·정신적 상태와 같이 간접사실을 증명하기 위한 정황증거로 사용되는 경우에는 전문증거가

---

1) 판례는 "어떤 진술이 기재된 서류가 그 내용의 진실성이 범죄사실에 대한 직접증거로 사용될 때는 전문증거가 되지만, 그와 같은 진술을 하였다는 것 자체 또는 진술의 진실성과 관계없는 간접사실에 대한 정황증거로 사용될 때는 반드시 전문증거가 되는 것이 아니다. 그러나 어떠한 내용의 진술을 하였다는 사실 자체에 대한 정황증거로 사용될 것이라는 이유로 서류의 증거능력을 인정한 다음 그 사실을 다시 진술내용이나 그 진실성을 증명하는 간접사실로 사용하는 경우에 그 서류는 전문증거에 해당한다. 서류가 그곳에 기재된 원진술의 내용인 사실을 증명하는 데 사용되어 원진술의 내용인 사실이 요증사실이 되기 때문이다. 이러한 경우 제311조부터 제316조까지 정한 요건을 충족하지 못한다면 증거능력이 없다"(2018도14303)고 하였다.

아니다.

2) 증인의 신용성을 탄핵하기 위한 경우 등

증인의 신용성을 탄핵하기 위하여 공판정 외에서의 자기모순의 진술을 증거로 제출하는 경우, 즉 탄핵증거로 사용하는 경우에는 전문법칙이 적용되지 아니한다.

또한 전문증거로서 증거능력이 부정되는 증거도 당사자가 증거로 함에 동의한 경우에는 증거능력이 인정된다.

II. 전문법칙과 그 예외

1. 의 의

전문법칙은 전문증거는 증거가 아니므로(hearsay is no evidence) 증거능력이 인정되지 아니한다는 원칙을 말한다. 제310조의2에서는 "제311조 내지 제316조에 규정한 것 이외에는 공판준비 또는 공판기일에서의 진술에 대신하여 진술을 기재한 서류나 공판준비 또는 공판기일 외에서의 타인의 진술을 내용으로 하는 진술은 이를 증거로 할 수 없다"고 규정하여 전문증거의 증거능력을 원칙적으로 부정하고 있다.

2. 이론적 근거

전문법칙은 배심재판을 기본으로 하고 있는 영·미법에서 자백배제법칙과 함께 배심원의 합리적 심증형성을 위해 발달해 온 증거법칙이다. 영·미법에서 법정증언의 증거능력이 인정되기 위한 전통적인 3대 요소는 증인의 (i) 법정에의 출석, (ii) 선서, (iii) 당사자의 반대신문(cross-examination)이었다. 따라서 영·미법에서는 17세기를 전·후로 당사자주의의 요청과 더불어 이러한 요건을 충족하지 못한 전문증거의 증거능력을 부정하는 원칙이 발전하였는데, 이를 전문법칙(The rule against hearsay)이라고 한다.

우리나라에서는 전문법칙의 근거에 대하여 ① 반대신문권의 보장을 포함한 신용성의 보장에 있다고 하는 견해와 ② 반대신문권의 보장과 함께 직접주의의 요청에 따른 것이라는 견해가 있다(다수설). 헌법재판소는 제310조의2는 "공개법정의 법관의 면전에서 진술되지 아니하고, 피고인에게 반대신문의 기회를 부여하지 않은 전문증거의 증거능력을 배척함으로써 피고인의 반대신문기회를 보장하고, 직접심리주의에서 공판중심주의를 철저히 함으로써, 피고인의 공정한 재판을 받을 권리를 보장하기 위한 것"이라고 한다(2004헌바45). 대법원도 "형사소송에서 헌법이 요구하는 적법절차의 원칙을 구현하기 위하여 사건의 실체에 대한 심증형성은 법관의 면전에서 본래 증거에 대한 반대신문이 보장된 증거조사를 통하여 이루어져야 한다는 실질적 직접심리주의와 전문법칙을 기본원리로서 채택"하고 있다고 하였다(2011도6035).

전문법칙은 반대신문권의 보장과 태도증거에 의한 정확한 심증형성이라는 의미에서는 직접주의와 밀접한 관련성을 갖게 된다. 직접주의(Immediacy principle)는 법원이 공판기일에 공판정에서 직접 조사한 원본증거만을 재판의 기초로 하여 사건을 심리·판단하여야 한다는 원칙을 말한다. 이를 직접심리주의라고 한다. 직접주의는 법원은 공판기일에 공판정에서 직접 조사한 증거를 토대로 심증을 형성하여야 한다는 형식적 직접주의와 원본증거 또는 원본증거에 가까운 가장 우량의 증거에 의하여 사실을 인정하여야 한다는 실질적 직접주의(최우량증거의 원칙)를 그 내용을 한다. 따라서 최우량증거의 원칙(Best evidence rule)에 의하면 진술증거의 경우에는 전문법칙과 유사한 결론에 이르게 된다. 이처럼 전문법칙과 직접주의는 모두 공판중심주의를 통한 공정한 재판의 실현에 있다는 점에서 유사점이 있는 것이 사실이지만, 전문법칙에 의하여 배제되지 않는 전문증거도 법원에서 진술하지 아니한 경우에는 직접주의에 위반되는 경우가 있으며, 전문증언의 경우는 직접주의에 반하지 아니한다고도 할 수 있다. 더구나 전문법칙과 직접주의는 그 유래를 달리하는 구별되는 개념이므로 제310조의2를 직접주의와 연관시킬 필요는 없다. 따라서 전문법칙은 선서의 결여와 반대신문권의 보장을 이유로 형성된 영·미법상 원칙이라는 점에서 반대신문권의 보장을 포함한 신용성의 보장에 그 근거가 있는 것으로 이해하여야 할 것이다.

3. 전문법칙의 예외

(1) 예외요건

모든 재판에서 원진술자를 법정으로 소환하여 증언하게 하면 재판의 지연 등, 형사재판의 효율성이 크게 저하될 수밖에 없다. 또한 원진술자가 소재불명 등으로 법정에서 증언할 수 없는 경우에는 전문증거라도 신빙성이 인정되는 것은 재판의 원활한 진행을 위하여 사용할 필요성이 인정되었다. 이에 영·미법에서는 판례를 통하여 '신용성의 정황적 보장'과 '필요성'이라고 하는 요건의 충족을 전제로 하여 예외적으로 전문증거의 사용을 인정하고 있다. 따라서 전문법칙을 '전문법칙의 예외의 법칙'이라고도 한다.

1) 신용성의 정황적 보장

'신용성의 정황적 보장'이란 진술내용 자체의 진실성을 의미하는 것이 아니라, 당시의 외부적 상황에 비추어 공판정 외에서의 진술의 진실성을 인정할 수 있는 경우를 말한다. 형소법에서는 원진술이 '특히 신빙할 수 있는 상태하에서 행하여짐이 증명된 때'(제312조 제4항, 제314조)라고 규정하고 있다. 이는 그 진술의 내용이나 조서 또는 서류의 작성에 허위 개입의 여지가 거의 없고 그 진술내용의 신빙성이나 임의성을 담보할 구체적이고 외부적인 정황이 있는 때를 말한다(2011도6035).

구체적으로 영·미법상 신용성의 정황적 보장이 인정되는 경우로는 (ⅰ) 사건 직후의 충동적 발언과 같은 자연적·반사적 진술(진술의 자연성), (ⅱ) 죽음에 직면한 자의 임종 진술(진술의 양심성), (ⅲ) 재산상 이익에 반하는 진술(진술의 불이익성), (ⅳ) 공문서·업무상 문서와 같이 업무상 통상의 과정에서 작성된 문서(진술의 공시성) 등을 들 수 있다.

2) 필요성

'필요성'이란 원진술자의 진술과 같은 가치의 증거를 얻는 것이 불가능하거나 현저히 곤란하기 때문에 전문증거이지만 증거로 사용할 필요가 있는 경우를 말한다. 형소법에서는 '진술을 요하는 자가 사망·질병·외국거주·소재불명 그 밖에 이에 준하는 사유로 인하여 진술할 수 없는 때'(제314조)라고 규정하고 있다.

3) 양자의 관계

전문법칙의 예외가 인정되기 위하여는 '신용성의 정황적 보장'과 '필요성'의 요건을 모두 갖추어야 한다. 하지만 양자는 상호보완적 관계 내지 반비례의 관계에 있는 것이므로 신용성이 강하게 보장된 경우에는 필요성의 요건은 완화될 수 있다.

그러나 전문법칙의 인정근거가 신용성의 결여에 있으므로 필요성만을 이유로 전문법칙의 예외를 인정하는 것은 허용되지 아니한다.

(2) 형소법 체계

형소법은 제311조부터 제316조까지 전문법칙의 예외에 대하여 규정하고 있다. 이 중에서 제311조에서 제315조까지는 전문서류에 대하여, 제316조에서는 전문진술에 대하여 규정하고 있다.

구체적으로 살펴보면 제311조(법원 또는 법관의 면전조서)와 제315조(당연히 증거능력이 있는 서류)는 별도의 요건 없이 당연히 증거능력이 인정되는 경우이다. 제312조(검사 또는 사법경찰관의 조서 등)와 제313조(진술서)는 일정한 요건을 충족하는 경우에 증거능력을 인정하고, 제314조에서는 제312조와 제313조의 요건을 갖추지 못한 전문서류라고 하더라도 전문법칙의 예외 요건인 필요성과 신용성의 정황적 보장을 요건으로 하여 보충적으로 증거능력이 인정되는 경우를 규정하고 있다. 제316조에서는 전문진술의 요건에 대하여 규정하고 있다.

〈형소법상 전문증거에 관한 규정의 체계〉

증거	증거의 종류	증거의 내용	예외 인정요건	규 정
전 문 서 류	법원 또는 법관의 조서	법원 또는 법관 앞에서 작성된 조서	없 음	§311
	수사과정에서 작성된 서류	검사작성 피의자신문조서	내용의 인정	§312 ①
		사법경찰관 작성의 피의자신문조서	내용의 인정	§312 ③
		검사, 사법경찰관 작성 참고인진술조서	적법성, 내용의 동일성, 반대신문, 특신상태	§312 ④
		피의자와 참고인이 수사과정에서 작성한 진술서	조사주체와 진술자에 따라 §312 ①–④ 적용	§312 ⑤
		검사, 사법경찰관의 검증조서	적법성, 성립의 진정	§312 ⑥
	수사과정 이외의 서류	수사과정 이외에서 피의자 또는 참고인이 작성한 진술서 또는 그 진술을 기재한 서류 및 이들이 작성하였거나 진술한 내용이 포함된 문자·사진·영상 등의 정보로서 컴퓨터용디스크, 그 밖에 이와 비슷한 정보저장매체에 저장된 것	① 성립의 진정 (피고인 진술을 기재한 서류는 특신상태 추가) ② 성립의 진정 부인할 경우 객관적 방법으로 인정 가능 (피고인 아닌 자가 작성한 진술서는 반대신문 추가)	§313 ①, ②
		감정서		§313 ③
	전문서류의 일반적 예외규정	§312와 §313의 전문서류 중에서 진술을 요하는 자가 사망·질병·외국거주·소재불명 그 밖에 이에 준하는 사유로 인하여 진술할 수 없는 때	특신상태	§314
	당연히 증거능력 있는 서류	가족관계 기록사항에 관한 증명서 등 각종 증명서, 상업장부 등 업무상 통상문서, 기타 특히 신용할 만한 정황에 의하여 작성된 문서	없 음	§315
전 문 진 술	피고인의 진술	피고인 아닌 자(피의자 조사자 포함)의 피고인의 진술 증언	특신상태	§316 ①
	피고인이 아닌 자의 진술	피고인 아닌 자의 피고인 아닌 타인의 진술 증언	진술불능, 특신상태	§316 ②

제 2 절 전문서류의 증거능력

I. 법원 또는 법관의 면전조서

1. 의 의

제311조에서는 "공판준비 또는 공판기일에 피고인이나 피고인 아닌 자의 진술을 기재한 조서와 법원 또는 법관의 검증의 결과를 기재한 조서는 증거로 할 수 있다. 제184조(증거보전절차) 및 제221조의2(증인신문의 청구)의 규정에 의하여 작성한 조서도 또한 같다"고 규정하고 있다.

법원 또는 법관의 면전조서의 성격에 대하여는 ① 전문법칙의 적용이 없는 경우로 보는 견해, ② 전문법칙의 예외로 보는 견해(다수설), ③ 직접주의의 예외로 보는 견해 등이 있다. 형소법상 전문법칙의 예외요건으로서 신용성과 필요성을 요하는 것을 고려하면 법원 또는 법관의 면전조서는 전문법칙의 예외로 해석하여야 한다. 즉, 법원 또는 법관의 면전조서는 신용성의 정황적 보장이 크고, 공판준비 또는 공판기일에서의 진술 및 증거보전절차 또는 증인신문절차에서는 당사자가 참여하여 반대신문을 할 기회가 보장되어 있음을 이유로 전문법칙의 예외로 하고 있다.

하지만 대법원은 피고인이 공판조서의 열람 또는 등사를 청구하였음에도 법원이 불응하여 피고인의 열람 또는 등사청구권이 침해된 경우에는 공판조서를 유죄의 증거로 할 수 없을 뿐만 아니라 공판조서에 기재된 해당 피고인이나 증인의 진술도 증거로 할 수 없다고 한다(2011도15869).[2]

---

2) 하지만 판례는 위 사건에서 "그러한 증거들 이외에 적법하게 채택하여 조사한 다른 증거들만에 의하더라도 범죄사실을 인정하기에 충분하고, 또한 해당 공판조서의 내용 등에 비추어 보아 공판조서의 열람 또는 등사에 응하지 아니한 것이 피고인의 방어권이나 변호인의 변호권을 본질적으로 침해한 정도에 이르지는 않은 경우에는, 판결에서 공판조서 등을 증거로 사용하였다고 하더라도 그러한 잘못이 판결에 영향을 미친 위법이라고 할 수는 없다"(2011도15869)고 하였다.

2. 공판준비 또는 공판기일에 피고인의 진술을 기재한 조서

'공판준비에서 피고인의 진술을 기재한 조서'란 공판준비절차에서 검사, 피고인 또는 변호인의 신청에 의해 법원이 피고인을 신문한 조서(제273조 제1항), 공판준비기일의 결과에 대한 피고인의 이의유무진술을 기재한 공판준비기일조서(제266조의10 제2항), 공판기일 전에 작성된 법원의 검증조서에 기재된 피고인의 진술 부분 등을 말한다.

'공판기일에 피고인의 진술을 기재한 조서'는 공판조서를 의미한다. 공판절차 갱신 전의 공판조서, 상소심에 의한 파기환송 전의 공판조서, 이송 전에 작성된 공판조서, 관할위반의 판결이 확정된 후 재기소된 경우의 공판조서 등이 이에 해당한다. 이때의 '공판조서'는 해당 사건의 공판조서를 의미하며, 다른 사건의 공판조서는 제311조가 아닌 제315조 제3호의 '기타 특히 신용할 만한 정황에 의하여 작성된 문서'에 해당하여 증거능력이 인정된다(통설, 2004도4428). 그러나 해당 사건의 공판기일에 피고인이 한 진술은 공판조서가 직접증거가 되므로 이에 포함되지 않는다.

3. 공판준비 또는 공판기일에 피고인 아닌 자의 진술을 기재한 조서

(1) 증인, 감정인, 통역인, 번역인의 신문 등을 기재한 조서

'공판준비에서의 피고인 아닌 자의 진술을 기재한 조서'란 해당 사건의 공판준비절차에서 증인, 감정인, 통역인, 번역인 등을 신문한 조서를 말한다. '공판기일에서의 증인 등의 진술을 기재한 조서'란 전술한 '공판기일에 피고인의 진술을 기재한 조서'와 같다.

공판기일에서의 증인의 증언은 원본증거로서 직접증거가 된다. 다만, 조서에 기재된 진술내용이 전문진술인 경우에는 당사자의 동의가 없으면 제316조에 의하여 증거능력의 인정 여부를 다시 검토하여야 한다.

(2) 공동피고인의 진술을 기재한 조서

공범이 아닌 공동피고인은 서로 다른 범죄사실로 기소되어 병합심리된 것이기 때문에 피고인에 대한 관계에서는 증인의 지위에 있으므로 증인적격이 인정되어 변론을 분리함이 없이 공동피고인은 선서하고 증언할 수 있다(다수설, 80도2722). 따라서 공범이 아닌 공동피고인이 증인으로 선서하지 않고 공동피고인으로 신문하는 과정에서 행한 진술을 기재한 공판조서는 피고인에 대한 공소사실을 인정하는 증거로는 사용할 수 없으므로 제311조가 적용되지 아니한다(82도1000).

그러나 대법원은 공범인 공동피고인은 변론이 분리되지 않는 한 원칙적으로 증인적격이 인정되지 아니하지만 제311조의 '피고인 아닌 자'에 해당하므로, 공판정에서 한 공범인 공동피고인의 진술을 기재한 조서는 피고인의 동의가 없더라도 증거능력이 인정된다고 한다(66도316). 즉, 공범인 공동피고인의 자백은 이에 대한 피고인의 반대신문권이 보장되어 있어 증인으로 신문한 경우와 다를 바 없으므로 독립한 증거능력이 있고, 이는 피고인들 간에 이해관계가 상반된다고 하여도 마찬가지라고 한다(2006도1944). 그러나 공범인 공동피고인의 진술 시에 피고인의 반대신문의 기회가 실질적으로 보장된 경우에 한하여 제311조에 의해 공동피고인의 진술을 기재한 공판조서의 증거능력을 인정하여야 한다(다수설).

4. 증거보전절차 또는 증인신문청구절차에서 작성한 조서

증거보전절차(제184조) 또는 증인신문절차(제221조의2)에서 작성한 조서도 당사자의 반대신문권의 행사가 보장되고 법관의 면전에서 행한 진술이므로 신용성의 정황적 보장이 인정되어 공판조서와 같이 증거능력이 인정된다.[3] 증거보전절차 또는 증인신문절차에서도 공범이 아닌 공동피고인은 증인적격이 인정되므로 증인으로 선서하고 증언할 수 있다.[4]

---

3) 판례는 "검사가 제221조의2 제2항, 제1항에 의하여 증인신문청구를 하고 판사가 그 청구를 이유있다고 인정하여 제221조의2에 따라서 1회 공판기일 전에 증인신문을 한 이상 그 증인신문조서는 증거능력이 있다"(76도2143)고 하였다.

그러나 공범인 공동피고인에 대하여는 ① 증거보전의 방법으로 증인신문을 청구할 수 있으므로 증인적격이 가능하다는 견해5)와 ② 공범인 공동피고인은 피고인의 범죄사실에 관해 증인적격이 없으며, 변론이 분리된 것도 아니므로 증인신문을 청구할 수 없다는 견해가 있다. 증거보전절차는 공판기일 전 단계이므로 변론을 분리할 실익이 없고, 공범인 공동피고인을 증인으로 신문하는 경우에는 증인으로 선서하고 반대신문의 기회도 부여되기 때문에 피고인의 반대신문권을 침해하는 것이 아니므로 그 조서는 증거능력이 있다고 할 것이다.

그러나 증인신문조서가 증거보전절차에서 피고인이 증인으로서 증언한 내용을 기재한 것이 아니라 다른 증인의 증언내용을 기재한 것이고, 다만 피의자였던 피고인이 당사자로 참여하여 자신의 범행사실을 시인하는 전제하에 위 증인에게 반대신문한 내용이 기재되어 있을 뿐이라면, 위 조서는 공판준비 또는 공판기일에 피고인 등의 진술을 기재한 조서도 아니고, 반대신문과정에서 피의자가 한 진술에 관한 한 제184조에 의한 증인신문조서도 아니므로 위 조서 중 피의자의 진술기재 부분에 대하여는 제311조에 의한 증거능력을 인정할 수 없다(84도508).

5. 법원 또는 법관의 검증의 결과를 기재한 조서

법원 또는 법관이 검증의 결과를 기재한 조서는 당연히 증거능력이 인정된다. 따라서 이는 검사 또는 사법경찰관이 작성한 검증조서가 작성자에 의하여 성립의 진정이 인정되어야 하는 것과 다르다.

그러나 이때의 검증은 사람의 신체, 물건의 존재 또는 상태에 대하여 법관의

---

4) 판례는 법에서 "정한 공개금지사유가 없음에도 불구하고 재판의 심리에 관한 공개를 금지하기로 결정하였다면 그러한 공개금지결정은 피고인의 공개재판을 받을 권리를 침해한 것으로서 그 절차에 의하여 이루어진 증인의 증언은 증거능력이 없고, 변호인의 반대신문권이 보장되었더라도 달리 볼 수 없으며, 이러한 법리는 공개금지결정의 선고가 없는 등으로 공개금지결정의 사유를 알 수 없는 경우에도 마찬가지이다"(2013도2511)라고 하였다.
5) 판례는 "공동피고인과 피고인이 뇌물을 주고 받은 사이로 필요적 공범관계에 있다고 하더라도 검사는 수사단계에서 피고인에 대한 증거를 미리 보전하기 위하여 필요한 경우에는 판사에게 공동피고인을 증인으로 신문할 것을 청구할 수 있다"(86도1646)고 하였다.

오관을 통해 지득하는 것을 의미함에 지나지 않으므로, 검증의 대상이 된 증거의 증거능력 자체는 요증사실별로 각각 인정되어야 한다. 따라서 피고인과 상대방이 대화한 녹취서가 증거가 되는 경우에 법원이 해당 녹음테이프의 녹음내용이 녹취서와 동일한지 여부를 검증한 경우에도 증거자료는 여전히 녹음테이프의 대화내용이므로 해당 증거의 증거능력을 인정하기 위하여는 제313조에 의한 요건이 충족되어야 한다(2012도7461).

Ⅱ. 피의자신문조서

1. 의의와 성격

(1) 의 의

피의자신문조서는 수사기관인 검사 또는 사법경찰관이 피의자를 신문하여 그 진술을 기재한 조서를 말한다. 따라서 수사기관이 수사과정에서 피의자의 진술을 기재한 것이라면 그 형식이 진술서, 진술조서, 자술서인가를 불문하고 피의자신문조서로 취급된다(2014도5939).

피의자신문조서는 수사기관의 일방적인 신문에 따라 피의자가 답하는 것을 기재한 전문서류로서 공개된 법정에서 당사자의 자유로운 구두변론을 통해 사실을 인정하려는 공판중심주의에 배치될 뿐만 아니라 법관의 면전조서에 비하여 신용성이 약하다는 점을 고려하여 제312조에서는 피의자신문조서에 대하여 엄격한 요건 하에 그 증거능력을 인정하고 있다.[6]

---

6) 판례는 "형소법이 수사기관에서 작성된 조서 등 서면증거에 대하여 일정한 요건을 충족하는 경우에 그 증거능력을 인정하는 것은 실체적 진실발견의 이념과 소송경제의 요청을 고려하여 예외적으로 허용하는 것일 뿐이므로, 그 증거능력 인정요건에 관한 규정은 엄격하게 해석·적용하여야 한다"(2011도8325)고 하였다.

(2) 성 격

제312조의 성격에 대하여는 피의자신문조서의 증거능력을 인정하는 이유로서 ① 피의자신문조서는 신용성을 결하는 전문증거이지만 제312조가 신용성과 필요성을 조건으로 증거능력을 인정하고 있는 것이므로 전문법칙의 예외규정이라는 견해와 ② 원진술자인 피고인이나 작성주체인 검사 또는 사법경찰관은 반대신문을 보장할 필요가 없으므로 전문법칙의 예외가 아니라 직접주의와 피의자의 인권보장을 위하여 제한하는 규정이라는 견해(직접주의예외설)가 있다. 영·미의 전문법칙에서는 피고인이 법정 밖에서 행한 진술은 자인(admission)으로서 전문진술에 해당하지 아니한다. 이는 원진술자인 피고인이 법정에 재정하고 있어 해당 진술에 대하여 설명하거나 반박할 수 있으므로 반대신문이 필요 없기 때문이다.

하지만 피의자신문조서는 피고인이 된 피의자를 조사하고 그 조서를 작성한 검사나 사법경찰관이 직접 법정에 출석하여 조사과정에서 들은 내용을 증언하는 것이 아니라 간접적으로 그 진술을 기재한 서류를 법정에 제출하는 것이므로 영·미의 전문법칙하에서도 이는 전문증거에 해당한다. 따라서 제312조가 피의자신문조서의 증거능력을 인정하는 것은 엄격한 요건 하에서 신용성의 정황적 보장이 인정되는 경우로서 전문법칙의 예외에 관한 규정이라고 할 것이다.

2. 검사가 작성한 피의자신문조서

(1) 의 의

1) 개 념

검사가 피의자를 신문한 경우에는 조서를 작성하여야 한다(제244조 제1항). 이 조서를 검사작성 피의자신문조서라고 한다. 검사작성 피의자신문조서는 적법한 절차와 방식에 따라 작성된 것으로서 공판준비, 공판기일에 그 피의자였던 피고인 또는 변호인이 그 내용을 인정할 때에 한정하여 증거로 할 수 있다(제312 제1항).

'피고인이 된 피의자의 진술'이란 해당 사건에서 재판을 받고 있는 피고인이 수사과정에서 피의자로서 진술하였던 신문조서를 말한다. 공범에 대한 수사개시 이후라면 피고인이 된 피의자에 대한 조사형식이 참고인진술조서라고 하더라도 실질적으로 피의자신문조서에 해당하므로, 이를 검사가 작성하였다면 제312조 제1항이 적용된다(2010도8294).

2) 공범이나 공동피고인에 대한 피의자신문조서

공범이나 공동피고인에 대한 검사작성 피의자신문조서에 대하여는 ① 피고인과의 공범이면 공동피고인인가를 불문하고 제312조 제1항이 적용된다는 견해, ② 피고인과의 공범에 대한 피의자신문조서는 피고인과의 관계에서 '피고인 아닌 자의 진술을 기재한 서류'에 해당하므로 제312조 제4항이 적용된다는 견해, ③ 피고인과 공범인 자에 대한 피의자신문조서는 제312조 제1항이 적용되고, 피고인과 공범이 아닌 공동피고인에 대한 피의자신문조서는 제312조 제4항이 적용된다는 견해 등이 있다.

대법원은 공범에 대한 검사작성 피의자신문조서에 대하여 제312조 제4항을 적용하는 것으로 보인다(2011도6035 참조).[7] 그러나 검사작성 피의자신문조서에 대하여 '내용의 인정'이라고 하는 엄격한 요건을 요구하는 입법취지와 피고인과 공범은 요증사실과의 관계에서 사실상 동일시 된다는 점을 고려하면 공범에 대한 검사작성 피의자신문조서에 대하여는 제312조 제1항이 적용된다고 할 것이다. 이때 내용의 인정의 주체는 피고인과 그 변호인이다(후술 사법경찰관작성 피의자신문조서 참조). 다만, 조서는 공범의 조서로서의 성격을 가지면 되고, 명칭이 반드시 피의자신문조서일 것은 요하지 아니한다.

그러나 공범이 아닌 공동피고인은 피고인과의 관계에서 제3자에 해당하기 때문에 공범이 아닌 공동피고인에 대한 검사작성 피의자신문조서는 피고인과의 관계에서는 참고인진술조서로서 '피고인이 아닌 자의 진술을 기재한 조서'에 해당하므로 제312조 제4항이 적용된다.

---

7) 위 판례는 검사작성 피의자신문조서의 증거능력 인정요건으로 '성립의 진정'을 규정하고 있던 구법 하의 판결이므로, 종래부터 '내용의 인정'을 증거능력 인정요건으로 하고 있었던 사법경찰관작성 피의자신문조서에 있어서의 대법원의 태도에 비추어 보면 차후 변경될 것으로 보여진다.

(2) 작성의 주체와 시기

제312조 제1항의 적용대상은 검사가 작성한 피고인이 된 피의자의 진술을 기재한 조서이다. 「검찰청법」 제32조에 따라 지방검찰청 또는 지청 검사의 직무를 대리하는 검찰수사서기관, 검찰사무관, 수사사무관 또는 마약수사사무관의 경우는 물론, 「고위공직자범죄수사처 설치 및 운영에 관한 법률」상 수사처검사(제20조, 제47조 참조)가 작성한 경우도 이에 해당한다.[8] 그러나 검찰수사관이 검사가 참석하지 않은 상태에서 검사의 지시에 따라 작성하고 검사는 조사 직후 피의자에게 개괄적으로 질문을 한 것에 불과한 경우에는 검사가 작성한 것으로 서명날인이 되어 있더라도 해당 조서는 검사가 작성한 것으로 볼 수 없다(2002도4372).

한편, 경찰에서 사건을 검찰에 송치하기 전에 피의자의 진술번복 등을 우려하여 검사가 사법경찰관의 요청에 따라 경찰서 또는 검찰청에서 미리 작성한 피의자신문조서에 대하여는 ① 검사가 작성한 것이라면 검찰송치 전에 작성한 조서라도 제312조 제1항에 적용된다는 견해와 ② 적법절차와 신용성이라는 관점에서 보면 작성단계도 중요한 의미를 가지므로 제312조 제3항이 적용된다는 견해(다수설)가 있다. 대법원은 "검찰에 송치되기 전에 구속피의자로부터 받은 검사작성의 피의자신문조서는 극히 이례에 속하는 것으로, 그와 같은 상태에서 작성된 피의자신문조서는 내용만 부인하면 증거능력을 상실하게 되는 사법경찰관작성의 피의자신문조서상의 자백 등을 부당하게 유지하려는 수단으로 악용될 가능성이 있어, 그렇게 했어야 할 특별한 사정이 보이지 않는 한 송치 후에 작성된 피의자신문조서와 마찬가지로 취급하기는 어렵다"고 한다(94도1228). 그러나 제312조 제1항의 피의자신문조서는 작성시기보다는 작성주체에 중점을 두고 판단하는 것이 입법취지와도 조화될 것이므로 검사가 신문하였고, 임의성을 부인할 만한 특별한 사정이 없는 한 검사작성 피의자신문조서로 취급하여야 한다.

---

[8] 종래 판례는 사법연수생인 검사직무대리가 검찰총장으로부터 명받은 범위 내의 사건에 관해 피의자신문조서를 작성한 경우도 검사작성 피의자신문조서에 해당한다(2010도1107)고 하였다.

(3) 증거능력의 요건

검사작성 피의자신문조서는 적법한 절차와 방식에 따라 작성된 것으로서 공판준비, 공판기일에 그 피의자였던 피고인 또는 변호인이 그 내용을 인정할 때에 한정하여 증거로 할 수 있다(제312조 제1항).

1) 적법한 절차와 방식에 따라 작성된 것

검사작성 피의자신문조서는 적법한 절차와 방식에 따라 작성된 것이어야 한다. '적법한 절차와 방식에 따라 작성된 것'이란 형소법이 피고인 아닌 사람의 진술에 대한 조서작성 과정에서 지켜야 한다고 정한 여러 절차를 준수하고 조서의 작성 방식에도 어긋나지 않아야 한다는 것을 의미한다(2015도12981). 이는 피의자의 간인과 기명날인 또는 서명의 진정을 의미하는 형식적 성립의 진정보다 넓은 개념으로서, 형소법에서 정한 절차와 방식(제242조~제244조의4 등)에 따라 작성되어야 하는 것을 말한다. 따라서 검사가 진술거부권을 고지하지 않고 피의자를 조사하였다면 그 형식이 참고인 진술조서, 진술서 등의 형식을 취하였는지 여부를 떠나 그 증거능력을 인정할 수 없다(2008도8213). 이외에도 검사가 공판정에서 이미 증언을 마친 증인을 수사기관에 출석하게 하여 그 증인을 상대로 위증의 혐의를 조사한 내용을 담은 피의자신문조서(2012도13665), 검사가 피의자를 조사하면서 특별한 사정도 없이 그에 대한 조사과정을 기록하지 않은 경우(2013도3790), 검사의 서명날인이 없는 피의자신문조서(2001도4091) 등은 증거능력이 인정되지 아니한다.

검사작성 피의자신문조서가 적법한 절차와 방식에 따라 작성된 것인가 여부는 피고인의 진술뿐만 아니라 영상녹화물이나 필적감정, 조사자의 증언 등 객관적 방법에 의해서도 증명할 수 있을 것이다.

2) 내용의 인정

검사작성 피의자신문조서는 피고인 또는 변호인이 그 내용을 인정하여야 증거능력을 인정할 수 있다. '내용의 인정'이란 조서에 기재된 내용이 객관적으로 진실하다는 것으로서 조서 기재내용의 진실성을 말한다. 즉, 내용의 인정은 조서에 기재된 내용과 진술자가 진술한 내용이 동일하다고 하는 실질적 성립의 진정뿐만 아니라 그 진술내용이 실제 사실과 부합한다고 인정되는 경우이어야 한다. 따라서 검사작성 피의자신문조서에 대하여 피고인이 성립의 진정을 부인하는 경우에는 내용증명도 부인하는 것으로 되며, 피고인이나 변호인이 내용을 부인하면 피의자신문조서의 성립의 진정과 임의성이 인정되는 경우라도 증거능력이 인정되지 아니한다.

내용의 인정은 공판준비 또는 공판기일에 피의자였던 피고인이나 변호인의 진술에 의하여야 한다. 따라서 조서의 기재내용을 들었다는 다른 증인이나 조사한 경찰관의 증언에 의하여 내용의 인정을 할 수는 없다.[9] 또한 피고인의 진술을 녹화한 영상녹화물이나 그 밖의 객관적 방법에 의하여 내용의 인정을 증명하는 것도 허용되지 아니한다.

> **[참고] 피의자신문조서의 등본 또는 초본의 증거능력**
>
> 등본이란 피의자신문조서 원본의 내용을 전부 복사한 다음 원본과 동일하다는 취지의 인증을 한 문서를 말하며, 초본은 그 원본의 내용 중 일부를 가린 채 복사한 다음 원본과 동일하다는 취지의 인증을 한 문서를 말한다.
>
> 대법원은 "피고인에 대한 검사작성의 피의자신문조서가 그 내용 중 일부를 가린 채 복사를 한 다음 원본과 상위없다는 인증을 하여 초본의 형식으로 제출된 경우에, 위와 같은 피의자신문조서초본은 피의자신문조서원본 중 가려진 부분의 내용이 가려지지 않은 부분과 분리 가능하고 해당 공소사실과 관련성이 없는 경우에만, 그 피의자신문조서의 원본이 존재하거나 존재하였을 것, 피의자신문조서의 원본 제출이 불능 또는 곤란한 사정이 있을 것, 원본을 정확하게 전사하였을 것 등 3가지 요건을 전제로 피고인에 대한 검사작성의 피의자신문조서원본과 동일하게 취급할 수 있다"고 한다(2000도5461).

(4) 제314조의 적용 여부

검사작성 피의자신문조서가 제312조 제1항에 의하여 증거능력이 인정되지 않는 경우에 제314조를 적용하여 증거능력을 인정할 수 있는가가 문제된다. 이에

---

9) 이 경우에 그 증언이 제316조의 요건을 충족하는 경우에는 증거능력이 인정될 수 있다.

대하여는 ① 제314조가 그 적용대상은 '제312조 또는 제313조의 경우'라고 하고 있으므로 피고인의 경우에도 공판정에서 진술할 수 없는 사정이 있는 때에는 제314조를 적용할 수 있는 견해와 ② 피고인이 된 자는 법문에서 요구하는 필요성의 요건을 충족할 수 없으므로 제314조가 적용될 여지가 없다는 견해(다수설)가 있다.

피고인의 출석은 공판정 개정의 요건이고(제276조), 피고인이 심신상실 상태에 있거나 질병으로 인하여 출정할 수 없는 경우에는 공판절차를 정지하여야 하며 (제306조), 피고인의 출정 없이 증거조사를 할 수 있는 경우에는 증거동의가 의제되므로(제318조 제2항) 제312조 제1항에 의하여 증거능력이 인정되지 않는 검사작성 피의자신문조서는 제314조의 적용대상이 될 수 없을 것이다. 피고인이 증거서류의 성립의 진정을 묻는 검사의 질문에 대하여 진술거부권을 행사하여 진술을 거부한 경우에도 제314조의 '그 밖에 이에 준하는 사유로 인하여 진술할 수 없는 때'에 해당하지 아니한다(2012도16001).

또한 공범에 대한 검사작성 피의자신문조서는 제312조 제1항이 적용되지만, 그 내용의 인정의 주체인 피고인과 그 변호인이 그 조서의 내용을 부인하면 증거능력이 부정되므로 제314조가 적용될 여지는 없다.

3. 사법경찰관이 작성한 피의자신문조서

(1) 의 의

1) 개 념

사법경찰관이 피의자를 신문한 경우에는 조서를 작성하여야 한다(제244조 제1항). 이 조서를 사법경찰관작성 피의자신문조서라고 한다. 검사 이외의 수사기관이 작성한 피의자신문조서는 적법한 절차와 방식에 따라 작성된 것으로서 공판준비 또는 공판기일에 그 피의자였던 피고인 또는 변호인이 그 내용을 인정할 때에 한하여 증거로 할 수 있다(제312조 제3항).

'검사 이외의 수사기관'이라고 함은 사법경찰관과 사법경찰관사무취급인 사법경찰리를 포함한다(97도2211). 이에는 「고위공직자범죄수사처 설치 및 운영에 관한 법률」상 수사처수사관도 포함된다(제21조, 제47조 참조).

2) 공범이나 공동피고인에 대한 피의자신문조서

피고인과의 공범 또는 공동피고인에 대한 검사 이외의 수사기관이 작성한 피의자신문조서(이하에서는 '사법경찰관작성 피의자신문조서'라고 한다)에 대하여는 ① 피고인과의 공범이면 공동피고인 여부를 불문하고 제312조 제3항을 적용하여야 한다는 견해와 ② 피고인과의 공범에 대한 피의자신문조서는 제312조 제4항의 '피고인이 아닌 자의 진술을 기재한 조서'에 해당한다는 견해가 있다. 전자는 내용의 인정의 주체에 관하여 원진술자 또는 그 변호인이라고 하는 입장(원진술자내용인정설)과 피고인 또는 그 변호인이라고 하는 입장(피고인내용인정설, 다수설)으로 나뉘어져 있다.

대법원은 제312조 제3항은 사법경찰관이 작성한 피고인에 대한 피의자신문조서를 유죄의 증거로 하는 경우뿐만 아니라 사법경찰관이 작성한 피고인과의 공범관계에 있는 다른 피고인이나 피의자에 대한 피의자신문조서를 피고인에 대한 유죄의 증거로 채택할 경우에도 적용된다고 한다(2617도9367[10]). 사법경찰관작성 피의자신문조서에 대하여 '내용의 인정'이라고 하는 엄격한 요건을 요구하는 입법취지와 피고인과 공범은 요증사실과의 관계에서 사실상 동일시 된다는 점을 고려하면, 피고인과의 공범에 대한 사법경찰관작성 피의자신문조서를 피고인에 대한 유죄의 증거로 하고자 하는 경우에는 제312조 제3항이 적용된다고 할 것이다.

---

10) 판례는 "이는 하나의 범죄사실에 대하여 여러 명이 관여한 경우 서로 자신의 책임을 다른 사람에게 미루려는 것이 일반적인 인간심리이므로, 만일 위와 같은 경우에 제312조 제3항을 해당 피고인 외의 자들에 대해서까지 적용하지 아니한다면 인권보장을 위해 마련된 위 규정의 취지를 제대로 살리지 못하여 부당하고 불합리한 결과에 이를 수 있기 때문이다"라고 하였다. 나아가 "대법원은 제312조 제3항이 형법 총칙의 공범 이외에도, 서로 대향된 행위의 존재를 필요로 할 뿐 각자의 구성요건을 실현하고 별도의 형벌 규정에 따라 처벌되는 강학상 필요적 공범 내지 대향범 관계에 있는 자들 사이에서도 적용된다는 판시를 하기도 하였다. 이는 필요적 공범 내지 대향범의 경우 형법 총칙의 공범관계와 마찬가지로 어느 한 피고인이 자기의 범죄에 대하여 한 진술이 나머지 대향적 관계에 있는 자가 저지른 범죄에도 내용상 불가분적으로 관련되어 있어 목격자, 피해자 등 제3자의 진술과는 본질적으로 다른 속성을 지니고 있음을 중시한 것으로 볼 수 있다"라고 하였다.

한편, 공범과 피고인에 대한 재판이 따로 진행되는 경우에, 공범이 자신의 재판에서는 내용을 부인하고 피고인에 대한 재판에서는 내용을 인정하여 증거능력이 인정되는 불합리한 결과를 방지하기 위하여 공범에 대한 사법경찰관작성 피의자신문조서는 피고인과 그 변호인이 내용의 인정의 주체가 된다고 할 것이다(2016도9367). 이때 조서는 공범의 조서로서의 성격을 가지면 되고, 명칭이 반드시 피의자신문조서일 것은 요하지 아니한다.

그러나 피고인과의 공범이 아닌 공동피고인은 피고인과의 관계에서 제3자에 해당하기 때문에 공범이 아닌 공동피고인에 대한 사법경찰관작성 피의자신문조서는 피고인과의 관계에서는 참고인진술조서로서 '피고인이 아닌 자의 진술을 기재한 조서'에 해당하므로 제312조 제4항이 적용된다.

(2) 작성주체

제312조 제3항의 적용대상은 검사 이외의 수사기관이 작성한 피고인이 된 피의자의 진술을 기재한 조서이다. 국내의 수사기관뿐만 아니라 미국 연방수사국(FBI)이나 미국 범죄수사대(CID)의 수사관 등 외국의 권한 있는 수사기관이 작성한 피의자신문조서도 이에 해당된다(2003도6548).

(3) 증거능력의 요건

1) 적법한 절차와 방식에 따라 작성된 것

사법경찰관작성 피의자신문조서는 적법한 절차와 방식에 따라 작성된 것이어야 한다. 구체적인 내용은 검사작성 피의자신문조서의 경우와 같다.

따라서 사법경찰관이 피의자에게 진술거부권을 행사할 수 있음을 알려 주고 그 행사 여부를 질문하였다고 하더라도, 제244조의3 제2항에 규정한 방식에 위반하여 진술거부권 행사 여부에 대한 피의자의 답변이 자필로 기재되어 있지 아니하거나 그 답변 부분에 피의자의 기명날인 또는 서명이 되어 있지 아니하거나(2010도3359), 그 답변이 피의자의 자필로 기재되지 않았고 각 답변란에 무인이 되어 있더라도 조서 말미와 간인으로 되어 있는 피의자의 무인과 달리 흐릿하게 찍혀 있는 경우(2014도1779)에는 사법경찰관작성 피의자신문조서는 '적법한 절차와 방식'

에 따라 작성된 조서라 할 수 없으므로 그 증거능력이 인정되지 아니한다.

2) 내용의 인정

사법경찰관작성 피의자신문조서는 피고인 또는 변호인이 그 내용을 인정하여야 증거능력을 인정할 수 있다. 구체적인 내용은 검사작성 피의자신문조서의 경우와 같다. 다만, 피고인과 공범관계가 있는 다른 피의자에 대한 사법경찰관작성 피의자신문조서는 그 피의자의 법정진술에 의하여 그 성립의 진정이 인정되는 등 제312조 제4항의 요건을 갖춘 경우라고 하더라도 피고인이 공판기일에서 그 조서의 내용을 부인한 이상 이를 피고인에 대한 유죄 인정의 증거로 사용할 수 없다(2016도9367)는 것은 전술한 바와 같다.

(4) 제314조의 적용 여부

사법경찰관작성 피의자신문조서와 피고인과의 공범에 대한 피의자신문조서는 제312조 제3항의 적용대상이지만 검사작성 피의자신문조서의 경우와 같이 제314조가 적용될 여지는 없을 것이다(전술 검사작성 피의자신문조서 참조).

III. 진술조서

1. 의 의

진술조서란 검사 또는 사법경찰관이 피의자 아닌 자의 진술을 기재한 조서를 말한다. 검사 또는 사법경찰관은 수사에 필요한 때에는 피의자가 아닌 자의 출석을 요구하여 진술을 들을 수 있으며(제221조 제1항), 피의자 아닌 자를 신문(訊問)하는 때에는 조서를 작성하여야 한다(제244조의4 제3항, 제1항). 참고인에 대한 진술조서가 대표적이다.

피고인은 피의자가 아니므로 수사기관이 피고인의 진술을 기재한 조서는 진술조서에 해당한다. 다만, 피의자의 진술을 녹취 내지 기재한 서류 또는 문서가 수사기관에서의 조사과정에서 작성된 것이라면 그것이 진술조서라는 형식을 취하였다고 하더라도 이는 피의자신문조서로 보아야 한다(2019도11552).

2. 증거능력의 요건

형소법에서는 검사 또는 사법경찰관이 피고인이 아닌 자의 진술을 기재한 조서는 적법한 절차와 방식에 따라 작성된 것으로서 그 조서가 검사 또는 사법경찰관 앞에서 진술한 내용과 동일하게 기재되어 있음이 원진술자의 공판준비 또는 공판기일에서의 진술이나 영상녹화물 또는 그 밖의 객관적인 방법에 의하여 증명되고, 피고인 또는 변호인이 공판준비 또는 공판기일에 그 기재 내용에 관해 원진술자를 신문할 수 있었던 때에는 증거로 할 수 있다. 다만, 그 조서에 기재된 진술이 특히 신빙할 수 있는 상태하에서 행하여졌음이 증명된 때에 한한다(제312조 제4항). 피고인과 공범이 아닌 공동피고인은 제3자이므로 그 피의자신문조서는 제312조 제4항이 적용된다.

(1) 적법한 절차와 방식에 따라 작성된 것

검사 또는 사법경찰관이 작성한 진술조서는 적법한 절차와 방식에 따라 작성된 것이어야 한다. 진술조서가 적법하게 작성되기 위하여는 수사기관이 조서를 작성한 후 진술인에게 읽어주거나 열람하게 하여 기재내용의 정확 여부를 물어보고 진술자가 증감변경을 청구한 때에는 그 진술을 조서에 기재하여야 하며, 간인과 서명날인에 의한 형식적 성립의 진정이 이루어지고(제48조), 그 조서의 작성방법(제48조), 제3자의 출석요구 등(제221조), 조사과정도 기록(제244조의4) 등 형소법에서 정한 절차와 방식에 따라 작성된 것이어야 한다.

따라서 제244조의4가 규정하는 바에 따라 수사기관이 조사과정을 기록하지 않은 상태에서 작성된 참고인 진술조서는 증거능력이 없다(2015도12981). 그러나 피해자들이 피고인 등으로부터 위해를 입을 것을 두려워하여 검사작성 참고인진술조서 당시 가명을 사용하였더라도 진술자 보호 등 상당한 이유가 있는 경우에는 적법한 절차와 방식에 따라 작성되었다고 볼 수 있다(2011도7757).

(2) 실질적 성립의 진정

진술조서가 증거로 사용되기 위하여는 실질적 성립의 진정, 즉 조서가 검사 또는 사법경찰관 앞에서 진술한 내용과 동일하게 기재되어 있음이 원진술자의 공판준비 또는 공판기일에서의 진술이나 영상녹화물 또는 그 밖의 객관적인 방법에 의하여 증명되어야 한다. '기재 내용이 동일하다'는 것은 적극적으로 진술한 내용이 그 진술대로 기재되어 있어야 한다는 것뿐 아니라 진술하지 아니한 내용이 진술한 것처럼 기재되어 있지 아니할 것을 포함하는 의미이다(2011도8325).

1) 원진술자의 진술에 의한 인정

(가) 인정방법

원진술자의 진술은 공판준비 또는 공판기일에서 명시적으로 하여야 한다. 따라서 원진술자가 단지 실질적 성립의 진정에 이의하지 않았거나 조서 작성절차와 방식의 적법성을 인정하였다는 사실만으로 실질적 진정성립까지 인정한 것으로 보아서는 아니되며, 특별한 사정이 없는 한 '입증취지 부인'이라고 진술한 것만으로 조서의 진정성립을 인정하는 전제에서 그 증명력만을 다투는 것이라고 단정해서는 아니된다(2011도8325).

또한 실질적 성립의 진정이 인정되기 위하여는 원진술자가 증인신문과정에서 해당 진술조서의 내용을 직접 열람하거나 고지받은 후에 진술하여야 한다(94도343). 따라서 원진술자가 공판기일에 증인으로 출석하여 '수사기관에서 사실대로 진술하고 진술한 대로 기재되어 있는지 확인하고 서명무인하였다'는 취지의 증언(2012도13665)이나 수사기관에서 진술한 내용은 틀림없다는 취지의 증언(76도3962)만으로는 실질적 성립의 진정이 인정되지 아니한다(2012도13665).

만일 원진술자가 조서의 일부분에 대하여 실질적 성립의 진정을 부인하는 경우에는 그 부분만 증거능력이 부정된다(2005도1849).[11]

---

11) 판례는 "피의자 아닌 자의 진술을 기재한 조서는 공판정에서 원진술자의 진술에 의하여 그 성립의 진정함이 인정된 것이 아니면 설사 공판정에서 피고인이 그 성립을 인정하여도 이를 증거로 할 수 있음에 동의한 것이 아닌 이상 증거로 할 수 없다"(83도196)고 하였다. 하지만 "원진술자가 공판기일에서 그 성립의 진정을 인정하면 그 조서는 증거능력이 있고 원진술자가 공판

(나) 인정의 취소

원진술자가 법정에서 진술조서의 성립의 진정을 인정하였더라도 증거조사가 완료되기 이전에는 그 진술을 번복할 수 있다. 그러나 증거조사가 완료된 후에는 번복의사표시에 의하여 인정된 조서의 증거능력이 당연히 부정되는 것은 아니다. 다만, 최초의 진술효력을 그대로 유지하기 어려운 중대한 하자가 있고, 피고인에게 귀책사유가 없는 경우라면 증거조사 후에도 예외적으로 그 진술을 취소할 수 있다(2007도7760).

그러나 실질적 성립의 진정을 인정한 이상 내용을 부인하거나 내용과 다른 진술을 하여도 증거능력이 인정된다(85도1843).

2) 영상녹화물이나 그 밖의 객관적인 방법에 의한 증명
(가) 영상녹화물

진술조서의 실질적 성립의 진정은 원진술자의 공판준비 또는 공판기일에서의 진술 외에 영상녹화물 또는 그 밖의 객관적인 방법에 의하여 증명할 수 있다. 즉, 수사기관은 피의자가 아닌 자의 진술과정을 녹화하는 경우에는 진술인의 동의를 받아 영상녹화할 수 있으므로(제221조 제1항) 영상녹화물이 있는 경우에는 이를 통해 실질적 성립의 진정을 인정할 수 있다. 이때 증명정도는 합리적 의심을 배제할 수 있을 정도여야 한다(2014도10978).

그러나 영상녹화물은 성립의 진정의 용도로만 사용이 가능하므로 특별한 사정이 없는 한, 공소사실을 증명하기 위한 독립된 증거로는 사용할 수 없다(2012도5041).

(나) 그 밖의 객관적인 방법

'그 밖의 객관적 방법'이란 영상녹화물에 준할 정도로 진술자의 진술을 과학적·기계적·객관적으로 재현해 낼 수 있는 방법을 의미한다. 따라서 신문에 참여한 조사자나 조사에 참여한 통역인 등의 제3자의 증언은 이에 해당하지 아니한다(2015도16586). 신문에 참여한 변호인의 증언이 이에 포함되는가에 대하여는 ① 객

기일에서 그 조서의 내용과 다른 진술을 하였다고 하여 증거능력을 부정할 사유가 되지 못한다"(2000도2943)고 하였다.

관적인 방법은 과학적·기계적 방법에 제한되지 않고 원진술자와 수사기관 이외의 객관적인 제3자의 행위를 의미한다는 이유로 포함된다고 하는 견해와 ② 객관적인 방법은 영상녹화물과 같이 과학적·기계적 특성을 가지는 객관적 형태의 증거 방법으로 제한되어야 한다는 이유로 배제하는 견해가 있다. 법문의 형식상 영상녹화물에 준하는 과학적·기계적 방법으로 제한되어야 하고, 따라서 변호인의 증언은 이에 포함되지 않는다고 할 것이다. 변호인은 피고인 등의 보호자로서 역할을 하므로 변호인의 증언에 대하여 객관성을 인정하기도 어려울 것이다.

그러나 특별법에 의하여 신뢰관계에 있는 사람 또는 진술조력인의 증언이 진술조서에 포함되는 경우가 있다. 「성폭력범죄의 처벌 등에 관한 특례법」에 따르면 성폭력범죄의 피해자가 신체적인 또는 정신적인 장애로 사물을 변별하거나 의사를 결정할 능력이 미약한 경우에 피해자의 진술내용과 조사과정을 비디오녹화기 등 영상물 녹화장치로 촬영한 영상물에 수록된 피해자의 진술은 공판준비기일 또는 공판기일에 피해자나 조사 과정에 동석하였던 신뢰관계에 있는 사람 또는 진술조력인의 진술에 의하여 그 성립의 진정함이 인정된 경우에 증거로 할 수 있다(제30조 제1항, 제6항[12]).[13] 이때 증거능력이 인정될 수 있는 것은 '촬영된 영상물에 수

---

12) 헌법재판소는 2021년 12월 23일 선고에서, 19세 미만 성폭력범죄 피해자의 진술이 수록된 영상물에 관해 조사과정에 동석하였던 신뢰관계인 등이 그 성립의 진정함을 인정한 경우 이를 증거로 할 수 있도록 정한, 「성폭력범죄의 처벌 등에 관한 특례법」 제30조 제6항 중 "제1항에 따라 촬영한 영상물에 수록된 피해자의 진술은 공판준비기일 또는 공판기일에 조사과정에 동석하였던 신뢰관계에 있는 사람 또는 진술조력인의 진술에 의하여 그 성립의 진정함이 인정된 경우에 증거로 할 수 있다" 부분 가운데 19세 미만 성폭력범죄 피해자에 관한 부분에 대하여, "미성년 피해자에 대한 피고인의 반대신문권을 보장하면서도 증언과정에서 발생할 수 있는 미성년 피해자의 2차 피해를 방지할 수 있는 조화적인 방법을 적극적으로 활용함으로써 심판대상조항의 목적을 충분히 달성할 수 있다"는 이유로 영상물의 원진술자인 미성년 피해자에 대한 피고인의 반대신문권을 실질적으로 배제하여 피고인의 방어권을 과도하게 제한하는 것이므로 침해피해의 최소성 요건을 갖추지 못하였을 뿐만 아니라 동 조항에 의해 달성하려는 공익이 제한되는 피고인의 사익보다 우월하다고 쉽게 단정할 수 없으므로 법익의 균형성 요건도 갖추지 못하였기 때문에 과잉금지원칙을 위반하여 청구인의 공정한 재판을 받을 권리를 침해하므로 헌법에 위반된다고 결정하였다(2018헌바524).

13) 「아동·청소년의 성보호에 관한 법률」에서는 아동·청소년대상 성범죄 피해자에 대해서도 동일한 규정을 두고 있다(제26조 제1항과 제6항). 한편, 판례는 이때 "촬영한 영상에 피해자가 피해 상황을 진술하면서 보충적으로 작성한 메모도 함께 촬영되어 있는 경우, 이는 영상물에 수록된

록된 피해자의 진술' 그 자체일 뿐이고, '피해자에 대한 경찰 진술조서'나 '조사과 정에 동석하였던 신뢰관계 있는 자의 공판기일에서의 진술'은 그 대상이 되지 아 니한다(2009도12048).

(3) 반대신문의 기회보장

진술조서가 증거능력이 인정되기 위하여는 피고인 또는 변호인이 공판준비 또는 공판기일에서 원진술자를 반대신문할 수 있었어야 한다.[14] 다만, 반대신문은 그 기회가 피고인 등에게 부여되면 족하고, 반드시 반대신문이 있었는가를 요하지 아니한다. 피고인 등이 반대신문권을 행사하지 않을 수도 있기 때문이다.

그러나 원진술자가 검사의 신문에서 실질적 성립의 진정을 인정한 다음 반대 신문절차에서 진술인이 진술을 거부한 경우에는 실질적인 반대신문의 기회가 부 여되지 않은 것이므로 증거능력을 부정하여야 한다. 다만, 전술한 「성폭력범죄의 처벌 등에 관한 특례법」과 「아동·청소년의 성보호에 관한 법률」 의 경우에는 반 대신문의 기회를 보장할 것을 요하지 아니한다.

피해자 진술의 일부와 다름없으므로, 위 법률에 따라 조사과정에 동석하였던 신뢰관계 있는 자 의 진술에 의하여 성립의 진정함이 인정된 때에는 증거로 할 수 있다"(2009도11575)고 하였다.

[14] 판례는 "수사기관이 원진술자의 진술을 기재한 조서는 원본 증거인 원진술자의 진술에 비하여 본질적으로 낮은 정도의 증명력을 가질 수밖에 없다는 한계를 지니는 것이고, 특히 원진술자의 법정 출석 및 반대신문이 이루어지지 못한 경우에는 그 진술이 기재된 조서는 법관의 올바른 심증 형성의 기초가 될 만한 진정한 증거가치를 가진 것으로 인정받을 수 없는 것이 원칙이다. 따라서 피고인이 공소사실 및 이를 뒷받침하는 수사기관이 원진술자의 진술을 기재한 조서내용 을 부인하였음에도 불구하고, 원진술자의 법정 출석과 피고인에 의한 반대신문이 이루어지지 못하였다면, 그 조서에 기재된 진술이 직접 경험한 사실을 구체적인 경위와 정황의 세세한 부 분까지 정확하고 상세하게 묘사하고 있어 구태여 반대신문을 거치지 않더라도 진술의 정확한 취지를 명확히 인식할 수 있고 그 내용이 경험칙에 부합하는 등 신빙성에 의문이 없어 조서의 형식과 내용에 비추어 강한 증명력을 인정할 만한 특별한 사정이 있거나, 그 조서에 기재된 진 술의 신빙성과 증명력을 뒷받침할 만한 다른 유력한 증거가 따로 존재하는 등의 예외적인 경우 가 아닌 이상, 그 조서는 진정한 증거가치를 가진 것으로 인정받을 수 없는 것이어서 이를 주된 증거로 하여 공소사실을 인정하는 것은 원칙적으로 허용될 수 없다. 이는 원진술자의 사망이나 질병 등으로 인하여 원진술자의 법정 출석 및 반대신문이 이루어지지 못한 경우는 물론, 수사 기관의 조서를 증거로 함에 피고인이 동의한 경우에도 마찬가지이다"(2005도9730)라고 하였다.

(4) 특히 신빙할 수 있는 상태

1) 의 의

진술조서는 '특히 신빙할 수 있는 상태'에서 작성되었어야 한다. '특히 신빙할 수 있는 상태'의 의미에 대하여는 ① 전문법칙의 예외인정 기준인 신용성의 정황적 보장과 같은 의미라는 견해(신용성의 정황적 보장설), ② 수사기관의 참고인조사가 법관 면전에서의 증인신문에 준할 정도로 객관성과 적법성을 갖춘 상황으로 이해하는 견해(적법절차설), ③ 제312조의 적용을 제한하는 해석이 법정책상 요구되므로 신용성의 정황적 보장이 있는 경우뿐만 아니라 참고인조사가 적법절차에 의한 것이어야만 특히 신빙할 수 있는 상태가 인정된다는 견해(결합설) 등이 있다.

대법원은 '특히 신빙할 수 있는 상태하에서 행하여진 때'라고 함은 그 진술내용이나 조서 또는 서류의 작성에 허위개입의 여지가 거의 없고, 그 진술내용의 신빙성이나 임의성을 담보할 구체적이고 외부적인 정황이 있는 경우를 가리킨다고 한다(2011도6035). 따라서 단지 그러할 개연성이 있는 정도로는 부족하고 합리적인 의심이 여지를 배제할 정도에 이르러야 한다(2015도12981). 증거취득과정의 적법성은 증거능력을 인정하기 위한 일반적인 요건이므로 '특히 신빙할 수 있는 상태'는 영·미의 증거법에서 규정한 '신용성의 정황적 보장'(circumstantial guarantee of trustworthiness)을 의미하는 것으로 이해하여야 할 것이다.

2) 판단기준

진술조서에 기재된 진술이 특히 신빙할 수 있는 상태에서 작성되었는가는 구체적 상황을 종합적으로 판단하여 결정하여야 한다.[15)]

대법원은 '신용성의 정황적 보장'이란 사실의 승인, 즉 자기에게 불이익한 사

---

15) 따라서 판례는 "반드시 공소제기 후 법관 면전에서 한 진술이 가장 믿을 수 있고 그 앞의 수사기관에서의 진술은 상대적으로 신빙성·진실성이 약한 것이라고 일률적으로 단정할 수 없을 뿐만 아니라 오히려 수사기관에 검거된 후 제일 먼저 작성한 청취서의 진술기재가 범행사실을 숨김없이 승인한 것이었는데 그 후의 수사과정과 공판과정에서 외부와의 접촉, 시간의 경과에 따른 자신의 장래와 가족에 대한 걱정 등이 늘어감에 따라 점차 그 진술이 진실로부터 멀어져가는 사례는 흔히 있는 것이어서 이러한 신용성의 정황적 보장의 존재 및 그 강약에 관하여는 구체적 사안에 따라 이를 가릴 수밖에 없는" 것(82도3248)이라고 하였다.

실의 승인이나 자백은 재현을 기대하기 어렵고 진실성이 강하다는데 근거를 둔 것이라고 하면서, 일반적으로 자기에게 유리한 진술은 그 신빙성이 약하나 반대로 자기에게 불이익한 사실의 승인은 진실성이나 신빙성이 강하다는 관점에서 '부지 불각중에 한말', '사람이 죽음에 임해서 하는 말', '어떠한 자극에 의해서 반사적으로 한 말', '경험상 앞뒤가 맞고 이론정연한 말', 또는 '범행에 접착하여 범증은폐를 할 시간적 여유가 없을 때 한 말', '범행직후 자기의 소행에 충격을 받고 깊이 뉘우치는 상태에서 한 말' 등이 특히 신용성의 정황적 보장이 강하다고 한다(82도 3248). 이외에 특히 신빙할 수 있는 상태가 인정되는가 여부를 판단함에 있어서는 변호인접견이나 변호인신문참여가 제대로 이루어졌는지, 조사시간은 합리적이었는지 등의 사정도 고려하여야 할 것이다.

3) 입증책임

'특히 신빙할 수 있는 상태'의 존재에 대하여는 검사에게 입증책임이 있다. 증명의 정도는 자유로운 증명으로 충분하지만(2012도2937), 단지 그러할 개연성이 있다는 정도로는 부족하고 합리적인 의심의 여지를 배제할 정도에 이르러야 한다(2015도12981).

[참고] 공소제기 후 수사기관에 의하여 작성된 피고인 진술조서의 증거능력

수사기관이 공소제기 후에 피고인을 소환하여 법정 외에서 신문한 경우 그 진술을 기재한 진술조서의 증거능력에 대하여는 ① 피고인에 대한 진술조서는 실질적으로 피의자신문조서와 동일하므로 진술조서의 작성주체에 따라 제312조 제1항과 제3항을 적용하여 증거능력을 판단하여야 한다는 견해와 ② 공소제기 후의 수사기관에 의한 피고인신문은 피고인의 당사자지위에 반하여 허용되지 않고, 따라서 위법수집증거에 해당하므로 증거능력을 부정하여야 한다는 견해가 있다.

대법원은 검사작성의 피고인에 대한 진술조서가 공소제기 후에 작성된 것이라는 이유만으로는 곧 그 증거능력이 없다고 할 수 없다고 하면서(84도646), 기소 후 피고인을 소환하여 신문을 하면서 피의자신문조서가 아닌 일반적인 진술조서의 형식으로 조서를 작성한 경우에도 피의자신문조서와 실질적으로 같이 취급하고 있다(2008도8213). 그러나 피고인은 검사와 대등한 당사자 일 뿐만 아니라 검사가 기소 후 피고인에 대한 조사가 필요한 경우에는 공판절차상 피고인신문절차를 이용할 수 있다는 점에서 원칙적으로 검사에 의한 피고인조사는 허용되지 않고, 따라서 그 진술조서에 대해서는 증거능력

을 인정하지 않아야 할 것이다. 다만, 공범 또는 진범이 발견되는 등 피고인에 대한 수
사기관의 조사가 불가피한 경우에 한하여 예외적으로 검사의 조사를 인정하되, 그 조서
는 진술조서의 형태를 취하고 있더라도 피의자신문조서로 보아야 한다.

[참고] 증인에 대한 진술조서

참고인은 재판의 당사자가 아니며 임의수사의 대상이므로 공소제기 이후에도 증인
에 대한 조사가 허용된다.

그러나 대법원은 수사기관이 공판준비 또는 공판기일에 피고인에게 유리한 증언을
마친 증인을 법정 외에서 다시 참고인으로 신문하여 증언내용을 번복하게 하는 방식으
로 작성한 진술조서의 증거능력 인정 여부에 대하여, "공판준비 또는 공판기일에서 이
미 증언을 마친 증인을 검사가 소환한 후 피고인에게 유리한 증언 내용을 추궁하여 이
를 일방적으로 번복시키는 방식으로 작성한 진술조서를 유죄의 증거로 삼는 것은 당사
자주의·공판중심주의·직접주의를 지향하는 현행 형소법의 소송구조에 어긋나는 것일
뿐만 아니라, 헌법 제27조가 보장하는 기본권, 즉 법관의 면전에서 모든 증거자료가 조
사·진술되고 이에 대하여 피고인이 공격·방어할 수 있는 기회가 실질적으로 부여되는
재판을 받을 권리를 침해하는 것이므로, 이러한 진술조서는 피고인이 증거로 할 수 있
음에 동의하지 아니하는 한 증거능력이 없다"고 한다(99도1108). 진술조서 대신에 증
언 내용을 번복하는 내용의 진술조서(2012도13665)나 위증혐의를 조사한 내용을 담은
피의자신문조서(2017도1660[16]))도 마찬가지이다.

이외에 대법원은 수사기관이 항소심에서 공판기일에 증인으로 신청하여 신문할 수
있는 사람을 특별한 사정 없이 미리 수사기관에 소환하여 작성한 진술조서나 피의자신
문조서도 피고인이 증거로 삼는 데 동의하지 않는 한 증거능력이 없다고 한다(2018도
2236[17])).

---

16) 다만, 판례는 위 사안에서 그 후 원진술자인 종전 증인이 다시 법정에 출석하여 증언을 하였다
면 그 증언 자체는 유죄의 증거로 할 수 있다고 하였다.

17) 판례는 위 사안에서 "참고인 등이 나중에 법정에 증인으로 출석하여 위 진술조서 등의 성립의
진정을 인정하고 피고인 측에 반대신문의 기회가 부여된다 하더라도 위 진술조서 등의 증거능
력을 인정할 수 없음은 마찬가지이다. 참고인 등이 법정에서 위와 같이 증거능력이 없는 진술
조서 등과 같은 취지로 피고인에게 불리한 내용의 진술을 한 경우, 그 진술에 신빙성을 인정하
여 유죄의 증거로 삼을 것인지는 증인신문 전 수사기관에서 진술조서 등이 작성된 경위와 그것
이 법정진술에 영향을 미쳤을 가능성 등을 종합적으로 고려하여 신중하게 판단하여야 한다"고
하였다. 한편, 동일한 사안에서 "검사가 증인신문 전 면담과정에서 증인에 대한 회유나 압박,
답변 유도나 암시 등으로 증인의 법정진술에 영향을 미치지 않았다는 점이 담보되어야 증인의
법정진술을 신빙할 수 있다고 할 것이다. 검사가 증인신문 준비 등 필요에 따라 증인을 사전
면담할 수 있다고 하더라도 법원이나 피고인의 관여 없이 일방적으로 사전 면담하는 과정에서
증인이 훈련되거나 유도되어 법정에서 왜곡된 진술을 할 가능성도 배제할 수 없기 때문이다.

3. 제314조의 적용

수사기관이 피의자 아닌 자의 진술을 기재한 조서에 대하여는 제314조가 적용된다.

Ⅳ. 진술서

1. 의의와 종류

(1) 의 의

1) 개 념

진술서는 피고인, 피의자, 참고인 등 서류의 작성자가 자신의 생각과 의사, 사실 등을 기재한 서면을 말한다. 이에는 피고인 또는 피고인 아닌 자가 작성하였거나 진술한 내용이 포함된 문자·사진·영상 등의 정보로서 컴퓨터용 디스크, 그밖에 이와 비슷한 정보저장매체에 저장된 것을 포함한다.

진술서는 시말서, 자술서, 일기, 메모 등 명칭과 형식을 불문하며, 해당 사건의 공판절차나 수사절차에서 작성된 것임을 요하지 아니한다. 사건과 직접 관계없이 작성된 메모나 일기, 편지, 변호사가 법률자문과정에서 작성한 법률의견서(2009도6788), 사인인 의사의 진단서(67도231), 고소장(2012도2937) 등이 이에 포함된다.

2) 구별개념

진술서는 서류작성의 주체가 피고인·피의자 또는 참고인이라는 점에서 법원 또는 수사기관이 작성하는 진술조서와는 구별된다. 또한 진술서는 진술을 기재한 서류와 구별된다. 진술서는 진술인이 직접 작성하는 것을 말하며, 진술을 기재한

증인에 대한 회유나 압박 등이 없었다는 사정은 검사가 증인의 법정진술이나 면담 과정을 기록한 자료 등으로 사전면담 시점, 이유와 방법, 구체적 내용 등을 밝힘으로써 증명하여야 한다"(2020도15891)고 하였다.

서류는 제3자가 진술자의 진술을 대신 기재한 서면을 말한다. 따라서 진술을 기재한 서류는 작성자와 진술자가 다르게 된다.

(2) 종 류

진술서는 피고인의 진술서와 피고인이 아닌 자의 진술서로 구분할 수 있다. 피고인이 다른 사건과 관련하여 작성한 진술서는 피고인의 진술서에 해당하지만, 공동피고인의 진술서는 피고인 아닌 자의 진술서에 해당한다.

또한 진술서는 작성과정에 따라 수사단계에서 작성된 것과 수사과정 이외에서 작성된 것으로 구분된다. 수사진행 중에 작성된 진술서라고 하더라도 수사기관의 요구에 따른 것이 아니라 수사기관 이외의 장소에서 작성하여 수사기관에 제출한 것은 수사과정 이외에서 작성된 진술서에 해당한다.

2. 수사과정에서 작성된 진술서의 증거능력

수사과정에서 작성된 진술서는 그 형식에 따라 제312조 제1항부터 제4항을 적용한다(제312조 제5항). 즉, 검사의 수사과정에서 작성된 피고인이 된 피의자의 진술서는 제312조 제1항을, 사법경찰관의 수사과정에서 작성된 피의자의 진술서는 제312조 제3항을, 검사 또는 사법경찰관의 수사과정에서 작성된 참고인의 진술서는 제312조 제4항에 따라 증거능력이 인정된다. 그러나 진술서가 적법한 절차와 방식에 의하여 작성된 것이 아니면 증거능력이 인정되지 아니한다(2013도3790).

3. 수사과정 이외에서 작성된 진술서의 증거능력

(1) 의 의

피고인 또는 피고인이 아닌 자가 작성한 진술서로서 진술자의 자필이거나 그 서명 또는 날인이 있는 것(피고인 또는 피고인 아닌 자가 작성하였거나 진술한 내용이 포함된 문자·사진·영상 등의 정보로서 컴퓨터용 디스크, 그 밖에 이와 비슷한 정보저장매체에 저장된 것을 포함한다. 이하 이 조에서 같다)은 공판준비나 공판기일에서의 그 작성자의 진술에 의하여 그 성립의 진정함이 증명된 때에는 증거로 할 수 있다(제313조 제1항 본문). 이때의 진술서는 수사 이전에 작성하였거나 수사과정에서 작성되지 아니한 진술서를 피고인 또는 제3자가 법원에 제출한 것과 공판심리 중에 작성된 진술서에 제한된다.

진술서는 반드시 자필일 것을 요하지 아니하며, 타이프 기타 부동문자에 의한 진술서도 이에 포함된다.

(2) 증거능력의 요건

1) 성립의 진정

피고인 또는 피고인이 아닌 자가 작성한 진술서가 증거로 사용되기 위하여는 공판준비나 공판기일에서의 그 작성자 또는 진술자의 진술에 의하여 그 성립의 진정함이 증명되어야 한다. '성립의 진정'은 형식적 성립의 진정뿐만 아니라 그 내용이 자신이 진술한 대로임을 인정하는 실질적 성립의 진정을 포함한다(2007도10755)(전술 참조). 다만, 정보저장매체에 저장된 진술서에 대하여는 문서의 성격상 작성자의 서명 또는 날인을 요하지 아니한다(2014도10978).

진술서에 대하여는 작성자의 자필이거나 서명날인이 있는 진술서는 내용이 작성자가 진술한 것임이 보장되며, 피고인의 자백이나 불이익한 사실의 승인은 재현이 불가능하고 진실성이 강하다는 이유로 '내용의 인정'을 요하지 않고 있는 것이다.

2) 성립의 진정을 부인하는 경우

진술서의 작성자가 공판준비나 공판기일에서 그 성립의 진정을 부인하는 경우에는 과학적 분석결과에 기초한 디지털포렌식 자료, 감정 등 객관적 방법으로 성립의 진정함이 증명되는 때에는 증거로 할 수 있다. 다만, 피고인 아닌 자가 작성한 진술서는 피고인 또는 변호인이 공판준비 또는 공판기일에 그 기재 내용에 관해 작성자를 신문할 수 있었을 것을 요한다(제313조 제2항). 그러나 '특히 신빙할 수 있는 상태'의 요건은 요하지 아니한다(후술 진술을 기재한 서류 참조).

(가) 객관적 방법에 의한 성립의 진정 인정

객관적으로 방법으로 성립의 진정을 증명할 수 있는 대상은 진술서이고, 진술을 기재한 서류는 이에 해당되지 아니한다. 동조항의 적용대상은 진술서의 작성자가 성립의 진정을 부인하는 경우뿐만 아니라 묵비하는 경우도 포함된다.

'객관적 방법'에 의하여 증명하여야 하므로, 정보저장매체의 사용자 및 소유자, 로그기록 등 정보저장매체에 남은 흔적, 초안문서의 존재, 작성자만의 암호사용 여부, 전자서명의 유무 등에 의하여 성립의 진정을 증명할 수 있다.

(나) 반대신문의 기회 부여

피고인 아닌 자가 작성한 진술서는 피고인 또는 변호인이 공판준비 또는 공판기일에 작성자에게 반대신문을 할 수 있었을 것을 요한다. 다만, 피고인 또는 변호인에게 반대신문의 기회를 제공하면 충분하고, 반드시 반대신문이 있었을 것은 요하지 아니한다.

4. 제314조의 적용

진술서는 그 작성자가 피고인이 아닌 자인 경우에는 제314조가 적용된다.

V. 진술을 기재한 서류

1. 의   의

진술을 기재한 서류란 제3자가 피고인 또는 피고인 아닌 자의 진술을 기재한 서면(피고인 또는 피고인 아닌 자가 작성하였거나 진술한 내용이 포함된 문자·사진·영상 등의 정보로서 컴퓨터용 디스크, 그 밖에 이와 비슷한 정보저장매체에 저장된 것을 포함한다)을 말한다. 변호인이 피고인 등의 진술을 기재한 서면이나 선거관리위원회 직원이 기재한 문답서(2013도5441), 수사기관이 피해자와 통화한 내용을 기록한 수사보고서 등이 이에 해당한다.

2. 증거능력의 요건

(1) 성립의 진정

피고인 또는 피고인이 아닌 자의 진술을 기재한 서류로서 그 작성자의 자필이거나 그 서명 또는 날인이 있는 것은 공판준비나 공판기일에서의 진술자의 진술에 의하여 그 성립의 진정함이 증명된 때에는 증거로 할 수 있다(제313조 제1항 본문). 다만, 정보저장매체에 저장된 진술을 기재한 서류에 대하여는 문서의 성격상 작성자의 서명 또는 날인을 요하지 아니한 것은 진술서의 경우와 같다(2014도10978)(전술 진술서 참조).

(2) 피고인의 진술을 기재한 서류

'피고인의 진술을 기재한 서류'는 공판준비 또는 공판기일에서의 그 작성자의 진술에 의하여 그 성립의 진정함이 증명되고 그 진술이 특히 신빙할 수 있는 상태하에서 행하여진 때에 한하여 피고인의 공판준비 또는 공판기일에서의 진술에 불구하고 증거로 할 수 있다(동항 단서).

1) 피고인의 진술을 기재한 서류

'피고인'의 진술을 기재한 서류이므로, 피고인이 아닌 자의 진술서나 피고인이 아닌 자의 진술을 기재한 서류는 포함되지 아니한다.

'피고인의 진술을 기재한 서류'에 피고인의 진술서가 포함되는가에 대하여는 ① 동조항 단서규정에서 '특히 신빙할 수 있는 상태'라는 가중요건을 둔 취지는 피고인의 진술을 기재한 진술서에 대한 신용성과 객관성도 담보하기 위한 규정으로 이해하는 것이 합리적이므로 피고인의 진술을 기재한 진술서도 포함하는 것으로 해석하여야 한다는 견해와 ② 법문에 따르면 피고인의 진술서는 포함되지 않는다는 견해(다수설)가 있다.

대법원은 피고인의 자필로 작성된 진술서의 경우에는 서류의 작성자가 동시에 진술자이므로 진정하게 성립된 것으로 인정되어 제313조 단서에 의하여 그 진술이 특히 신빙할 수 있는 상태하에서 행하여진 때에는 증거능력이 있고, 이러한 특히 신빙할 수 있는 상태는 증거능력의 요건에 해당한다고 한다(2000도1743). 그러나 피고인의 진술서와 피고인의 진술을 기재한 서류는 명백히 구별되므로, 현행법의 문언에 충실하여야 한다는 점에서 피고인의 진술을 기재한 서류에 피고인의 진술서는 포함되지 않는다고 할 것이다. 따라서 '특히 신빙할 수 있는 상태'의 요건은 피고인 진술서에는 적용되지 아니한다. 다만, 동조항 단서에서 '특히 신빙할 수 있는 상태'라는 가중요건을 둔 취지를 고려하면, 피고인의 진술서에 대해서도 신용성과 객관성을 담보하기 위하여 법개정을 통해 '특히 신빙할 수 있는 상태'를 증거능력 인정요건으로 부가할 필요가 있다.

2) 작성자에 의한 성립의 진정

'작성자'는 진술자가 아닌 제3자를 의미한다. 따라서 피고인의 진술을 기재한 서류가 증거능력을 갖기 위하여는 작성자에 의하여 성립의 진정이 인정되어야 한다.

이때 작성자 외에 제313조 제1항 본문에 따라 원진술자인 피고인에 의한 성립의 진정도 요구되는가에 대하여는 ① 피고인의 진술을 기재한 서류는 작성자와 더불어 진술자인 피고인이 그 성립의 진정을 인정하고, 특히 신빙할 수 있는 상태에서 작성된 경우에만 증거능력을 인정하여야 한다는 견해(가중요건설)와 ② 서류작성자의 성립의 진정과 특히 신빙할 수 있는 상태가 인정되면 충분한다는 견해(완화요건설, 다수설)가 있다.

대법원은 원진술자인 피고인이 녹음테이프상의 목소리 또는 서류상의 서명 등을 부인하는 경우에는 진실발견을 위해 녹음자 또는 서류작성자 등, 작성자의 성립의 진정을 통해 증거능력을 인정할 현실적 필요가 있으므로 작성자의 진술에 의하여 성립의 진정만 인정되면 충분하다(2012도7461)고 한다. 완화요건설에 따르면 작성자의 일방적인 주장에 의해 진술을 기재한 서류의 증거능력을 인정하게 되어 피고인에게 불리하게 될 수 있지만, 이 점은 '특히 신빙할수 있는 상태'의 판단을 통해 방지할 수 있으므로 성립의 진정의 요건을 지나치게 엄격하게 해석할 필요는 없다. 따라서 진술을 기재한 서류는 원진술자의 진술에 의하여 성립의 진정함이 증명된 때에 증거로 할 수 있다고 할 것이다. 대법원은 '피고인의 진술에도 불구하고'에서 피고인의 부인은 내용의 부인이 아니라 성립의 진정을 부인하는 경우를 말한다(2012도7461)고 한다. 이에 따르면 '피고인의 진술에도 불구하고'는 '피고인의 성립의 진정의 부인에도 불구하고' 작성자의 성립의 진정의 인정되면 증거능력이 인정된다는 것을 의미한다고 할 것이다.

3) 특히 신빙할 수 있는 상태

피고인의 진술을 기재한 서류는 그 진술이 특히 신빙할 수 있는 상태하에서 행하여진 때에 한하여 증거로 할 수 있다. '특히 신빙할 수 있는 상태'의 의미는 전술한 바와 같다.

3. 제314조의 적용

진술을 기재한 서류는 진술자나 작성자가 피고인이 아닌 자인 경우에는 제314조가 적용된다.

VI. 검증조서

1. 의 의

검증조서란 수사기관, 법원 또는 법관이 오관의 작용에 의하여 물건의 존재와 상태를 인식한 것을 기재한 서면을 말한다. 법원이나 수사기관이 검증을 한 때에는 조서를 작성하여야 한다(제49조 제1항). 검증조서는 검증한 자가 검증 당시에 인식한 사실을 객관적으로 기재한 서면이므로 단순히 기억에 따라 진술한 것보다 더 정확성이 있고, 검증은 가치판단을 요하지 않는 기술적인 성격을 가지므로 허위가 개입할 여지가 적다는 점에서 전문법칙의 예외로 인정하고 있다.

검증조서에는 검증일시 및 장소, 검증목적과 참여인, 검증내용 등을 기재하도록 되어 있다. 보통은 검증을 한 자가 검증목적물에 대한 상태 등을 관찰하고 기록하지만, 때에 따라서는 검증에 참여하는 사람의 진술이 기재되거나 현장사진 등이 첨부된다(동조 제2항 참조). 따라서 검증조서는 검증조서 자체의 증거능력 요건과 더불어, 검증조서에 기재된 피고인, 피해자 등의 진술 및 현장사진 등의 증거능력이 문제된다.

2. 법원 또는 법관의 검증조서

법원 또는 법관의 검증조서는 법원 또는 법관의 객관성과 신용성이 보장되고, 검증절차에 당사자의 참여권이 인정(제145조, 제121조)되므로 반대신문권이 보장되기 때문에 제311조에 의하여 무조건 증거능력이 인정된다. 해당 사건의 재판부가 검증을 한 경우뿐만 아니라 수명법관이나 수탁판사가 검증을 한 경우와 증거보전절차(제184조)에서 검증을 한 경우 등이 이에 해당한다.

그러나 해당 사건의 재판부가 공판기일에 법정에서 검증을 한 경우에는 그 검증 결과 자체가 원본증거가 되므로 전문법칙이 적용될 여지가 없다. 또한 해당 사건이 아닌 다른 사건의 검증조서는 당사자의 참여권이 보장되지 않으므로 제311조가 아닌 제315조 제3호에 의해 증거능력이 인정된다.

(1) 검증조서에 기재된 참여자 진술의 증거능력

검증조서에는 검증자가 검증이 결과를 기재하는 것외에 검증을 효과적으로 행하기 위해 피고인, 피해자 또는 목격자 등 검증에 참여한 자의 진술을 함께 기재하는 경우가 있다. 이에는 현장에서 검증대상을 지시하는 현장지시와 현장진술이 있다.

1) 현장지시

현장지시는 검증 시에 검증의 대상물인 목적물이나 장소 등을 지시, 설명하는 진술을 말한다. 따라서 현장지시는 범죄사실을 인정하는 독립된 진술증거가 아닌 검증조서와 일체를 이루는 것이기 때문에 검증조서의 증거능력에 따른다. 다만, 현장지시라고 하더라도 진술 자체가 범죄사실을 인정하기 위한 진술증거로 이용되는 때에는 현장진술이 된다.

2) 현장진술

현장진술은 검증의 기회에 검증현장에서 이루어지는 현장지시 이외의 진술을 말한다. 즉, 검증참여자의 과거의 체험사실에 대한 진술이 공소사실 인정의 증거로 사용되는 경우이다. 현장진술은 검증결과와는 구별되는 것으로, 검증조서로서의 증거능력은 인정되지 아니한다.

현장진술의 증거능력에 대하여는 ① 법원 또는 법관의 면전에서 행한 진술이므로 제311조 전문 전단에 의해 증거능력이 인정된다는 견해(다수설), ② 현장진술이 검증조서에 기재되었다면 검증조서의 일부이므로 검증조서의 증거능력에 준하여 제311조 전문 후단에 의해 증거능력이 인정된다는 견해, ③ 피고인 또는 피의자의 현장진술은 제311조 전문 전단에 의해 증거능력이 인정될 수 있지만, 제3자의 진술은 비록 법원 또는 법관의 면전이 진술이지만 선서가 없는 진술일 뿐만 아니라 반대신문권도 보장되지 않으므로 증거능력을 인정할 수 없다는 견해 등이 있다.

피고인 또는 피의자의 현장진술은 제311조 전문 전단에 의해 증거능력이 인정될 수 있지만, 피고인 또는 피의자가 아닌 목격자, 참고인 등은 비록 소송관계인의 참여가 보장된다고 하더라도 법관이 정식으로 증인신문을 하는 것은 아니므로 그 증거능력을 부정하여야 할 것이다. 비록 검증절차에 피고인 또는 변호인 등의 참여권이 보장된다고 하더라도 검증현장에서 피고인 또는 변호인에게 법정에서와 같은 반대신문이 실질적으로 보장된다고 볼 수 없기 때문이다.

(2) 검증조서에 첨부된 사진·도화의 증거능력

검증목적물의 상태 등을 명확하게 하기 위하여 검증조서에는 사진이나 도화를 첨부할 수 있다(제49조 제2항). 이는 검증조서와 일체를 이루게 되므로 검증조서로서 증거능력이 인정된다.

3. 검사 또는 사법경찰관의 검증조서

수사기관의 사전영장에 의한 검증(제215조) 또는 영장에 의하지 않은 검증(제216조 제1항 제2호, 제217조) 등에 있어서 그 검증결과를 작성한 조서는 적법한 절차와 방식에 따라 작성된 것으로서 공판준비 또는 공판기일에서의 작성자의 진술에 따라 그 성립의 진정함이 증명된 때에는 증거로 할 수 있다(제312조 제6항).

검증조서의 작성주체는 검사 또는 사법경찰관이다(제312조 제6항). 따라서 사법경찰리는 작성주체에 해당하지 아니한다(76도500). 수사기관의 작성한 검증조서는 해당 사건에서 작성된 검증조서뿐만 아니라 다른 사건의 검증조서도 포함된다.

한편, 수사보고서는 수사기관의 수사의 경위와 결과 등을 내부적으로 보고하기 위해 작성한 서류이다. 따라서 수사보고서에 검증의 결과가 기재되어 있더라도 이는 내부적 보고문서로서 검증조서에 해당되지 않으므로 그 기재부분은 제312조 제6항에서는 물론, 제313조 제1항에 의해서도 증거능력이 인정되지 아니한다(2000도2933).

(1) 증거능력의 요건

1) 적법한 절차와 방식

검증조서의 증거능력을 인정하기 위하여는 우선 검증의 적법성이 인정되어야 한다. '적법한 절차와 방식'의 의미는 다른 조서의 경우에서 설명한 바와 같다. 따라서 긴급검증요건에 해당하지 않거나 해당하더라도 사후영장을 발부받아야 하는 경우(제216조 제3항)에 있어서 사후영장을 발부받지 않은 경우에는 검증 자체가 위법하므로 검증조서의 증거능력도 인정되지 않는다.

2) 실질적 성립의 진정

검증조서는 공판준비 또는 공판기일에서의 작성자의 진술에 따라 그 성립의 진정함이 증명되어야 한다. 이때의 성립의 진정은 실질적 성립의 진정을 말하며, 따라서 검증조서의 형식적 성립의 진정과 더불어 검증조서의 기재내용이 검증 당시의 검증자의 체험과 일치하여야 한다.

수사기관에 의한 검증조서에 첨부된 사진이나 도화도 그 성질상 검증조서와 일체를 이루게 되므로 검증조서로서 증거능력이 인정된다. 하지만 검증조서는 수사기관이 범죄현장 등에 대하여 보고 들은 바를 기재한 전문서류이므로 비록 그 작성자가 성립의 진정을 인정하는 경우에도 그 증거능력을 인정하기 위해서는 피고인에게 반대신문권이 보장될 필요가 있다.

(2) 검증조서에 기재된 진술의 증거능력

검증조서에 피의자 또는 피해자 등 참여자의 진술이 기재된 경우에 그 증거능력에 대하여는 ① 검증조서에 기재된 진술내용인 현장지시와 현장진술을 구별하지 않으면서 검증조서에 기재된 진술을 검증조서로 보지 않고 작성주체만을 기준으로 하여, 검사작성 검증조서의 경우에는 제312조 제1항, 사법경찰관작성 검증조서는 제312조 제3항을 적용하여야 한다는 견해, ② 검증조서에 기재된 진술을 현장지시와 현장진술로 나누어, 현장지시는 검증조서와 일체를 이루기 때문에 검증조서로 제312조 제6항을 적용하고, 현장진술은 진술증거이기 때문에 실질적으로 피의자신문조서나 진술조서에 해당하므로 검증조서의 작성주체와 진술자에 따라 제312조 제1항 내지 제4항을 적용하여야 한다는 견해(다수설), ③ 현장지시를 세분화하여 현장지시가 검증활동의 동기를 설명하는 비진술증거로 사용될 때에는 검증조사와 일체를 이루므로 제312조 제6항을 적용하고, 현장지시가 범죄사실을 인정하기 위한 진술증거로 사용되는 경우에는 현장진술과 같이 취급하여 검증조서의 작성주체와 진술자에 따라 제312조 제1항 내지 제4항을 적용하여야 한다는 견해 등이 있다.

대법원은 사법경찰관이 작성한 검증조서에 기재된 피의자의 진술부분에 대하여는 피고인이 공판정에서 성립의 진정뿐만 아니라 내용을 인정할 때에만 증거능력을 인정하고 있다(98도159). 수사기관이 작성한 검증조서에 기재된 진술이 현장지시인 경우에는 검증조서와 일체를 이루므로 제312조 제6항을 적용하고, 현장진술에 해당하는 경우에는 조서의 작성주체와 진술자에 따라 제312조 제1항 내지 제4항이 적용된다고 할 것이다. 다만, 현장지시라고 하더라도 진술 자체가 범죄사실을 인정하기 위한 진술증거로 이용되는 때에는 현장진술이 된다.

한편, 검증현장에서 피의자의 범행재연을 촬영한 사진의 증거능력에 대하여
도 범행재연은 피의자의 행동적 진술로서 자백에 해당하므로 검증의 주체에 따라
제312조 제1항 또는 제3항을 적용하여야 한다. 따라서 이것이 사법경찰관이 작성
한 검증조서에 기재된 경우에는 제312조 제3항이 적용된다(2007도1794). 그러나
검증조서에 검증자의 판단과 의견이 일부 기재되어 있다면 그 기재 부분은 사실인
식이 아니므로 증거로 할 수 없다.

4. 실황조사서

(1) 의 의

실황조사서는 교통사고나 화재사고 등 범죄현장이나 기타 장소에서 수사기관
이 임의로 행한 현장조사의 결과를 기재한 서면을 말한다(검찰사건사무규칙 제51조
참조). 예컨대, 교통사고현장에 출동한 경찰관이 차량의 위치 및 도로의 상태 등을
기재한 보고서를 말한다.

(2) 증거능력의 인정 여부

실황조사서에 대하여 증거능력을 인정할 수 있는가에 대하여는 ① 검증은 강
제수사의 방법이기도 하지만 당사자의 승낙에 의한 검증과 같이 임의수사의 방법
으로도 가능한 것이므로 실황조사서에 대하여도 제312조 제6항을 적용할 수 있다
는 견해(다수설), ② 검증은 강제수사의 일종이므로 강제수사법정주의와 영장주의
의 원칙상 임의수사의 형식으로 행하여지는 실황조사서는 증거능력이 없다는 견
해, ③ 실황조사서가 실질적으로 검증과 동일한 성질을 가지고 있으므로 실황조사
서에 대해서도 검증조서에 관한 제312조 제6항을 적용할 수 있지만, 사후검증영장
을 발부받아야 한다는 견해 등이 있다.

대법원은 사법경찰관사무취급이 작성한 실황조서가 사고발생 직후 사고장소
에서 긴급을 요하여 판사의 영장없이 시행된 것으로서 제216조 제3항에 의한 검
증에 따라 작성된 것이라면 사후영장을 받지 않는 한 유죄의 증거로 삼을 수 없다

고 한다(88도1399). 실황조사서는 수사기관이 범죄현장 등을 직접 오관의 작용에 의해 관찰하고 기재한 서면으로서 기능상 검증조서와 차이가 없다. 다만, 실황조사서는 임의수사의 한 방법으로 행하여지는 것이므로 개인의 사생활 또는 신체의 침해가 수반되지 않는 경우에는 제312조 제6항에 의해 증거능력을 인정하여야 한다. 하지만 실황조사서에 기재된 내용이 검사나 사법경찰관의 의견을 기재한 것에 불과한 경우에는 증거능력이 인정되지 아니한다(83도948). 또한 실황조사서에 기재된 피의자의 진술 또는 범행재연의 행동적 진술인 경우에는 피의자신문조서와 같이 취급하여야 하므로 피고인이 공판정에서 실황조사서에 기재된 범행 재현의 상황을 모두 부인하면 증거능력이 인정되지 아니한다(89도1557).

(3) 압수·수색조서의 증거능력

법원은 증거수집활동을 함에 있어서 압수·수색을 한 때에는 압수·수색조서를 작성하여야 하며(제49조 제1항), 수사기관도 압수·수색을 한 때에는 그 취지를 압수·수색조서에 기재하여야 한다(규칙 제62조, 제109조).[18] 이때 압수조서가 압수절차의 적법성 또는 압수 당시의 압수물의 존재상황을 증명하기 위하여 증거로 사용되는 경우가 있다.[19]

하지만 형소법에서는 검증조서와 달리 압수·수색조서의 증거능력에 관하여는 규정을 두고 있지 않다. 그러나 압수·수색조서는 검증조서와 작성주체도 같고, 일종의 체험사실을 기재하고 있다는 점에서 서로 유사한 성질을 가지므로 검증조서에 준하여 제312조 제6항에 의하여 증거능력을 판단하여야 한다(94도1476). 다만, 수사기관이 작성한 압수조서 중에 수사기관이 범행현장에서 직접 목격한 내용을 기재한 경우에는 그 부분에 한해 제312조 제5항의 '피고인이 아닌 자가 수사과정에서 작성한 진술서'로 보아야 한다(2019도13290).

---

18) 압수·수색조서에는 조사 또는 처분의 연월일시와 장소를 기재하고 그 조사 또는 처분을 행한 자와 참여한 법원사무관 등이 기명날인 또는 서명하여야 한다. 다만, 공판기일 외에 법원이 조사 또는 처분을 행한 때에는 재판장 또는 법관과 참여한 법원사무관 등이 기명날인 또는 서명하여야 한다(제50조). 또한 압수조서에는 품종, 외형상의 특징과 수량을 기재하여야 한다(제49조 제3항).

19) 압수·수색과정의 적법성 여부는 소송법적 사실이므로 자유로운 증명으로 가능하다.

(4) 제314조의 적용

법원에 의한 검증조서는 제311조에 의해 당연히 증거능력이 인정되므로 제314조의 적용문제는 발생하지 아니한다. 그러나 수사기관에 의한 검증조서와 실황조사서 등의 경우에는 제314조가 적용된다.

VII. 감정서

1. 의 의

감정서란 감정인이 감정을 하고 그 경과와 결과를 기재한 서면을 말한다. 감정은 법원의 명령에 의한 경우(제169조)와 수사기관의 위촉에 의한 경우(제221조 제2항)가 있다.

법원의 명령을 받은 감정인은 감정의 경과와 결과를 서면으로 제출하여야 하며(제171조), 수사기관의 위촉을 받은 감정수탁자도 통상 서면으로 감정의 경과와 결과를 보고하여야 한다. 다만, 사인의 의뢰에 의하여 작성한 의사의 진단서는 감정서에 해당하지 않고 일반적인 진술서이므로 제313조 제3항이 아니라 제313조 제1항과 제2항이 적용된다.

2. 증거능력의 요건

(1) 법원에 감정명령에 의한 감정서

감정서의 경우에는 감정인의 선서와 허위감정에 대한 「형법」상 처벌[20]에 의해 신용성이 담보된다는 점에서 진술서에 준하여 증거능력이 인정된다(제313조 제3항). 따라서 감정서(감정인이 작성한 내용이 포함된 문자·사진·영상 등의 정보로서 컴퓨

---

20) 「형법」제154조(허위의 감정, 통역, 번역) 법률에 의하여 선서한 감정인, 통역인 또는 번역인이 허위의 감정, 통역 또는 번역을 한 때에는 전2조의 예에 의한다.

터용 디스크, 그 밖에 이와 비슷한 정보저장매체에 저장된 것을 포함한다)는 감정인의 자필 또는 서명날인이 있고, 공판준비 또는 공판기일에 감정인의 진술에 의하여 그 성립의 진정함이 증명된 때에는 증거능력이 인정된다(동조 제1항 참조).

그러나 감정인이 공판준비나 공판기일에서 감정서의 성립의 진정을 부인하는 경우에는 과학적 분석결과에 기초한 디지털포렌식 자료, 감정 등 객관적 방법으로 성립의 진정함이 증명되는 때에 증거로 할 수 있다. 다만, 감정서는 피고인 또는 변호인이 공판준비 또는 공판기일에 그 기재 내용에 관해 작성자를 신문할 수 있었을 것을 요한다(동조 제2항 참조).

(2) 수사기관의 감정위촉에 의한 감정서

수사기관이 감정을 촉탁한 감정수탁자가 작성한 감정서에 대하여 제313조 제3항을 적용할 수 있는가에 대하여는 ① 감정수탁자의 감정도 법원의 명에 의한 감정에 준하여 취급하고 있으므로(제221조의3, 제221조의4) 법원이 명한 감정서와 같은 증거능력을 인정할 수 있다는 견해(통설)와 ② 수사기관이 촉탁한 감정수탁자는 선서와 허위감정에 대한 제재가 없으므로 신용성의 결여로 제313조 제3항을 적용할 수 없다는 견해가 있다.

대법원은 수사기관이 감정위탁을 사실조회의 형식으로 하여 감정서 대신 사실조회회보라는 명칭으로 작성된 것도 감정의 경과와 결과를 기재한 것이라면 감정서와 같이 제313조 제2항을 적용하여야 한다(94도1680). 전문법칙은 당사자의 반대신문을 통한 신용성의 확보에 그 목적이 있으므로 법원이 명한 감정인과 같이 선서의무와 허위감정에 대한 형사제재의 부담이 없다는 이유만으로 수사기관이 촉탁한 감정서의 증거능력을 부정할 것은 아니므로 감정수탁자가 작성한 감정서에 대하여도 제313조 제3항을 적용하여야 할 것이다. 다만, 법원 또는 법관의 감정인신문조서는 제311조, 수사기관이 작성한 감정수탁자신문조서는 제312조 제4항에 의하여 증거능력 유무를 판단하여야 한다.

그러나 감정서의 증거능력에 대하여도 위법수집증거배제법칙은 적용되므로, 수사기관이 위법하게 압수·수색하여 취득한 증거의 압수물에 대한 감정서는 증거능력이 인정되지 아니한다(2014도8719).

3. 제314조의 적용

감정서에 대하여는 제314조가 적용된다.

Ⅷ. 제314조에 의한 예외

1. 의 의

(1) 개 념

제314조에서는 "제312조 또는 제313조의 경우에 공판준비 또는 공판기일에 진술을 요하는 자가 사망·질병·외국거주·소재불명 그 밖에 이에 준하는 사유로 인하여 진술할 수 없는 때에는 그 조서 및 그 밖의 서류(피고인 또는 피고인 아닌 자가 작성하였거나 진술한 내용이 포함된 문자·사진·영상 등의 정보로서 컴퓨터용 디스크, 그 밖에 이와 비슷한 정보저장매체에 저장된 것을 포함한다)를 증거로 할 수 있다. 다만, 그 진술 또는 작성이 특히 신빙할 수 있는 상태하에서 행하여졌음이 증명된 때에 한한다"고 규정하고 있다. 이때 수사기관의 진술조서나 서류는 우리나라의 권한있는 수사기관 등이 작성한 것뿐만 아니라 외국의 권한있는 수사기관 등이 작성한 것을 포함한다(97도1351).

제314조에서는 일정한 조서에 대하여 제312조와 제313조의 증거능력 요건을 갖추지 못한 경우에도 소송경제와 실체적 진실발견을 촉진하기 위하여 필요성과 신용성의 정황적 보장을 요건으로 진술조서의 증거능력을 인정하고 있다.

(2) 적용범위

제314조는 직접심리주의 등 공판중심주의의 기본원칙에 대한 중대한 예외를 인정하는 것이므로, 그 요건의 충족 여부는 엄격하게 심사되어야 한다. 따라서 이에 대한 거증책임은 당연히 검사에게 있다. 다만, '특히 신빙할 수 있는 상태하에서 행하여졌음에 대한 증명'은 소송상의 사실에 관한 것이므로 엄격한 증명을 요

하지 아니하고 자유로운 증명으로 족하지만(2012도2937), 단지 그러할 개연성이 있다는 정도로는 부족하고 합리적인 의심의 여지를 배제할 정도에 이르러야 한다(2013도12652).

2. 필요성

원진술자가 사망하였거나 질병, 외국거주, 소재불명으로 인해 출석할 수 없는 경우 또는 이에 준하는 사유가 있어야 한다. 이 중 주로 문제가 되는 것은 질병, 외국거주, 소재불명, 진술자의 증언거부, 기억상실 등이다.

(1) 질 병

질병은 신체적 질환뿐만 아니라 정신적 질환도 포함한다. 다만, 원진술자가 공판이 계속되는 동안 임상신문이나 출장신문도 불가능할 정도의 중병임을 요한다(2004도3619).

노인성 치매로 인하여 기억력장애가 있거나 분별력을 상실한 경우는 이에 해당한다(91도2281). 하지만 피해자가 증인으로 소환받고도 출산을 앞두고 있다는 사유로 출석하지 아니한 경우(99도915)나 약 10세 남짓의 성추행 피해자가 만 5세 무렵에 당한 성추행으로 인하여 외상 후 스트레스 증후군을 앓고 있다는 등의 이유로 공판정에 출석하지 아니한 경우는 이에 해당하지 아니한다(2004도3619).

(2) 외국거주

외국거주는 원진술자가 단순히 외국에 거주한다는 사유만으로는 부족하고, 수사기관이 원진술자를 출석시키기 위해 가능하고 상당한 수단을 다하더라도 출석하게 할 수 없는 사정이 있어야 한다(2007도10004).

참고인이 일본으로 이주한 이래 전자우편에 의해 연락이 가능하더라도 외국의 주거지나 거소 등이 파악되지 않은 상황이며, 수사기관의 권유에도 불구하고 참고인이 전자우편을 통해 증언거부의 뜻을 명확히 표시하였다면 비록 수사기관이 참고인의 외국 주소 등을 확인하여 증인소환장을 발송하는 조치를 취하지 않았더라도 '외국거주'의 요건은 충족되었다고 할 수 있다(2013도2511). 그러나 진술을 요하는 자가 외국에 거주하고 있고 공판정 출석을 거부하더라도 사법공조절차 등의 방법으로 증인을 소환하거나 외국의 법원의 사법공조를 통한 증인신문과 같은 상당한 수단을 다하지 않았다면 이에 해당하지 아니한다(2015도17115).

(3) 소재불명

소재불명에 해당하려면 증인의 법정출석을 위한 가능하고도 충분한 노력을 하였음에도 부득이 증인의 출석이 불가능하게 되었다는 사정이 있어야 한다. 따라서 증인소환장이 주소불명으로 송달불능이 된 경우만으로는 부족하고, 그 증인에 대한 소재탐지결과 그 소재가 확인되지 않고 구인장을 집행하여도 집행되지 않는 정도에 해당하여야 한다(2010도2602).

그러나 검사가 소재탐지를 하지 않았거나 주거지가 아닌 곳에 소재탐지를 한 경우(73도2124)나 설령 소재불명으로 소재탐지가 된 경우라도 검사가 제출한 증인신청서, 수사기록 등에 증인의 전화번호 등이 기재되어 있고, 수사기관이 해당 전화번호로 통화를 하여 출석의사 등을 확인하는 등, 상당한 노력을 기울이지 아니한 경우(2013도1435)는 이에 해당하지 아니한다.

(4) 이에 준하는 사유

1) 의 미

'이에 준하는 사유'란 사망 또는 질병에 준하여 증인으로 소환될 당시부터 기억력이나 분별력의 상실상태에 있다거나, 법정에 출석하여 증언거부권을 행사한다거나, 증인소환장을 송달받고 출석하지 아니하여 구인을 명하였으나 끝내 구인의 집행이 되지 아니하는 등으로 진술을 요할 자가 공판준비 또는 공판기일에 진술할 수 없는 예외적인 사유를 말한다(2004도3619).

유아가 공판정에 출석하였으나 일시적 기억상실로 인해 진술의 일부가 재현이 불가능한 경우(2005도9561), 노인성 치매로 인한 기억력 장애가 있는 경우(91도2281), 중풍과 언어장애로 법정에 출석할 수 없는 경우(99도202) 등이 이에 해당한다.

2) 법정에 증인으로 출석하여 증언은 거부한 경우

법정에 증인으로 출석하여 증언을 거부한 경우가 '이에 준하는 사유'에 해당하는가에 대하여는 ① 필요성의 요건을 너무 엄격하게 해석하면 신빙성 있는 전문진술을 유죄의 증거로 사용할 수 없게 되어 형사정의를 해칠 염려가 있으므로 증언을 요하는 자가 법률에 따라 증언을 거부하고 있는 경우에는 진실발견을 위해 전문진술을 증거로 사용할 수밖에 없는 필요성이 인정되므로 이를 긍정하는 견해와 ② 전문법칙의 예외규정은 가능한 한 제한적으로 해석하여야 하고, 증언거부권을 실효적으로 보장하기 위하여 이를 부정하는 견해, ③ 원진술자가 증인으로 정당하게 증언거부권을 행사한 때에는 해당하지 아니하지만, 사실상 증언을 회피하기 위해 증언을 거부한 때에는 해당한다는 견해 등이 있다.

대법원은 법정에 출석한 증인이 정당하게 증언을 거부하는 경우에는 이에 준하는 사유에 해당되지 아니하며(2009도6788), 나아가 수사기관에서 진술한 참고인이 자신에 대한 관련 형사판결이 확정되었음에도 불구하고 법정에서 증언을 거부하여 피고인이 반대신문을 하지 못한 경우에는 정당하게 증언거부권을 행사한 것이 아니라도, 피고인이 증인의 증언거부 상황을 초래하였다는 등의 특별한 사정이 없는 한 이에 해당하지 아니한다고 한다(2018도13945). 전문법칙의 예외는 엄격하게 해석하여야 하고, 증인이 증언을 거부한 경우에는 반대신문권이 보장되지 아니한다는 점에서 '이에 준하는 사유'에 해당하지 아니한다고 할 것이다. 이는 피고인이 증거서류의 성립의 진정을 묻는 검사의 질문에 대하여 진술거부권을 행사하는 경우에도 마찬가지이다(2012도16001).

3. 특히 신빙할 수 있는 상태

제314조가 적용되기 위하여는 그 진술 또는 작성이 특히 신빙할 수 있는 상태하에서 행하여졌음이 증명된 때에 한한다(신용성의 정황적 보장). '특히 신빙할 수 있는 상태'의 의미는 전술한 바와 같다.

'특히 신빙할 수 있는 상태 여부'는 진술내용뿐만 아니라 진술경위 및 진술

전·후의 정황 등을 종합적으로 고려하여 판단하여야 한다. 대법원은 수사기관이 형사사법공조절차를 거치지 아니한 채 외국으로 현지출장하여 뇌물공여자를 만나 참고인진술조서를 작성한 경우에는 수사의 정형적 형태를 벗어난 것임을 이유로 특히 신빙할 수 있는 상태를 인정하지 아니한다(2011도3809).

IX. 당연히 증거능력이 인정되는 서류

1. 의 의

진술을 기재한 서류는 원칙적으로 진술서에 해당하므로 제313조의 적용을 받아야 한다. 그러나 진술서 중에 공공기관 또는 통상의 업무절차과정에서 형사재판을 염두에 두지 않고 통상적으로 작성되는 서류는 신용성과 객관성이 높고, 공무원과 업무담당자를 그때마다 증인으로 신문하여 성립의 진정을 증명하는 것은 소송경제에도 반하므로 필요성이 인정되는 경우에 당연히 증거능력을 인정한다. 제315조에서는 당연히 증거능력이 인정되는 서류를 유형화하고 있다.

2. 직무상 증명할 수 있는 공무원의 작성문서

공권적 증명문서, 즉 가족관계기록사항에 관한 증명서, 공정증서등본 기타 공무원 또는 외국공무원의 직무상 증명할 수 있는 사항에 관해 작성한 문서는 증거능력이 인정된다(제1호). 등기부등본 및 초본, 인감증명서, 세무공무원의 시가감정서(85도225), 전과조회회보, 법원의 판결사본(81도2591) 등이 이에 해당한다. 외국공무원이 직무상 증명할 수 있는 사항에 대하여 작성한 문서도 포함되므로 일본세관서 담당 공무원이 직무상 작성한 마약 등에 대한 감정서 등본 등은 이에 해당한다(83도3145).

그러나 수사기관이 작성한 문서는 제외되므로, 공소장(78도575)이나 외국수사기관이 수사결과 얻은 정보를 기록하여 회답한 문서(79도1852)는 직무상 증명할 수 있는 문서에 해당하지 아니한다.

3. 업무상 통상적으로 작성된 문서

상업장부, 항해일지 기타 업무상 필요로 작성한 통상문서는 증거능력이 인정된다(제2호). 제315조 제2호가 정하는 업무상 통상문서에 해당하는가를 판단함에 있어서는 (ⅰ) 제315조 제2호 및 제3호의 입법취지를 참작하여 해당 문서가 정규적·규칙적으로 이루어지는 업무활동으로부터 나온 것인지 여부, (ⅱ) 해당 문서를 작성하는 것이 일상적인 업무 관행 또는 직무상 강제되는 것인지 여부, (ⅲ) 해당 문서에 기재된 정보가 취득된 즉시 또는 그 직후에 이루어져 정확성이 보장될 수 있는 것인지 여부, (ⅳ) 해당 문서의 기록이 비교적 기계적으로 행하여지는 것이어서 기록 과정에 기록자의 주관적 개입의 여지가 거의 없다고 볼 수 있는지 여부, (ⅴ) 해당 문서가 공시성이 있는 등으로 사후적으로 내용의 정확성을 확인·검증할 기회가 있어 신용성이 담보되어 있는지 여부 등을 종합적으로 고려하여야 한다 (2015도2625).[21]

금전출납부, 전표, 통계표 등은 이에 해당한다. 의사가 작성한 진단서는 특정 사안에 대하여 개별적으로 작성된 것이므로 제313조 제1항에 따라 증거능력을 인정하여야 하지만, 진료부는 이에 해당한다(72도922). 또한 이중장부를 작성한 경우 허위장부는 이에 해당하지 아니하지만 비밀장부(94도2865)나 성매매업소의 업주가 고객의 전화번호, 아이디(ID), 성매매방법 등을 기재한 영업용컴퓨터기록은 영업

---

21) 판례는 "피고인 1의 업무 지시 사항에 따라 심리전단이 활동하여야 할 주제와 그에 관련된 2~3줄의 짧은 설명을 담고 있는 구체적 활동 지침에 해당하는 이른바 '이슈와 논지', 공소외 A가 심리전단 직원으로서 수행함에 있어 필요한 자료, 심리전단 활동의 수행방법 등 업무와 관련한 내용을 주로 담고 있고, 자신이 한 심리전단 활동으로 인해 수사를 받을 것이라는 점을 전혀 인식하지 못한 상황에서 장기간에 걸쳐 계속적으로 작성하여 업무수행의 기초로 삼은 것으로서, 그 작성 경위와 목적, 공소외인의 업무와 문서에 담긴 내용의 관련성 및 내용의 신빙성 등을 종합적으로 고려하면, 위 파일은 공소외 A가 2012. 4. 25.부터 2012. 12. 5.까지 통상적 업무인 트위터를 통한 심리전 활동을 전개하기 위하여 매일 시달된 이슈와 논지와 함께 그 활동에 필요한 각종 자료들을 계속 추가·보충한 문서로서 제315조 제2호의 '업무상 필요로 작성한 통상문서'에 해당한다"(2015도2625)고 하였다.

상 필요에 의해 작성된 것이므로 이에 해당한다(2007도3219).

그러나 체포·구속인접견부는 피의자가 죄증을 인멸하거나 도주를 기도하는 등 유치장의 안전과 질서를 위태롭게 하는 행위를 방지하기 위한 목적으로 작성되는 서류에 불과하므로 직무상 또는 업무상 당연히 증거능력이 인정되지 아니한다(2011도5459).

4. 기타 특히 신용할 만한 정황에서 작성된 문서

기타 특히 신용할 만한 정황에 의하여 작성된 문서는 당연히 증거능력이 인정된다(제3호). '기타 특히 신용할 만한 정황에 의하여 작성된 문서'란 제315조 제1호와 제2호에서 열거된 공권적 증명문서 및 업무상 통상문서에 준하여 굳이 반대신문의 기회 부여 여부가 문제 되지 않을 정도로 고도의 신용성의 정황적 보장이 있는 문서를 의미한다(2015도2625). 공공기록, 보고서, 역서, 정기간행물, 공무소작성 통계와 연감, 스포츠기록 등이 이에 해당한다. 또한 구속전 피의자심문조서(99도2317), 체포·구속적부심문조서(2003도5693)는 물론, 해당 사건이 아닌 다른 사건의 공판조서(또는 그 공판조서 중 증인신문조서)도 이에 해당한다(2004도4428).

그러나 범죄사실의 인정 여부와 관련하여 어떤 의견을 제시하는 내용을 담은 문서는 기타 특히 신용할 만한 정황에서 작성된 문서에 해당하지 아니한다. 따라서 보험사기사건에서 건강보험심사평가원이 수사기관의 의뢰에 따라 그 보내온 자료를 토대로 입원진료의 적정성에 대한 의견을 제시하는 회신문서(2017도12671), 주민들의 진정서사본(83도2613), 국가정보원 심리전단 직원의 이메일계정에서 압수한 전자문서(2015도2625), 체포·구속인접견부(2011도5459) 등은 이에 해당하지 아니한다.

제 3 절 전문진술의 증거능력

I. 의 의

제311조 내지 제315조에서 전문서류의 증거능력에 대하여 규정하고 있다면, 제316조에서는 전문진술의 증거능력에 대하여 규정하고 있다. 즉, 제316조 제1항에서는 피고인이 아닌 자의 진술(조사자 포함)이 피고인의 진술을 내용으로 하는 경우, 제2항에서는 피고인 아닌 자의 진술(조사자 포함)이 피고인 아닌 자의 진술을 내용으로 하는 경우의 증거능력에 대하여 각각 규정하고 있다.

II. 피고인 아닌 자의 진술이 피고인의 진술을 내용으로 하는 경우

1. 의 의

(1) 개 념

피고인이 아닌 자(공소제기 전에 피고인을 피의자로 조사하였거나 그 조사에 참여하였던 자를 포함한다. 이하 이 조에서 같다)의 공판준비 또는 공판기일에서의 진술이 피고인의 진술을 그 내용으로 하는 것인 때에는 그 진술이 특히 신빙할 수 있는 상태하에서 행하여졌음이 증명된 때에 한하여 이를 증거로 할 수 있다(제316조 제1항). 원진술자인 피고인이 법정에 있으므로 특히 신빙할 수 있는 상태가 인정되면 증거능력을 인정한다는 취지이다.

(2) 성 격

제316조 제1항의 법적 성격에 대하여는 ① 전문법칙의 예외라는 견해(통설)와

② 원진술자가 피고인이므로 당사자의 반대신문권이 무의미하기 때문에 증거능력이 인정된다고 하면서 직접심리주의의 예외라는 견해가 있다.

피고인이 아닌 자의 진술은 타인의 진술을 내용으로 하므로 신용성이 결여된 전문증거에 해당한다는 점에서 동 조항은 전문법칙의 예외에 해당한다고 할 것이다. 전문법칙에서도 피의자의 자인(admission)은 전문진술의 개념에 포함되지 않으므로 동조항을 직접심리주의의 예외라고 볼 이유는 없을 것이다.

2. 적용범위

(1) 피고인이 아닌 자

진술자는 피고인이 아닌 자이어야 한다. 피고인이 아닌 자에는 제3자뿐만 아니라 피고인을 조사한 조사자나 이에 참여하였던 자[22]를 포함한다.

조사자증언과 마찬가지로 대질 등 수사과정에서 피고인의 진술을 들은 제3자의 증언에 대해서도 제316조 제1항에 따라 증거능력이 인정된다. 다만, 조사자증언이라고 하더라도 피의자가 자백한 진술내용이 아니라 직접 범행을 목격한 부분에 관하여는 여느 목격자의 진술과 다름없이 신빙성이 인정되면 증거능력이 인정된다(95도535).

> **[참고] 조사자증언제도**
>
> 조사자증언제도란 공소를 제기하기 전에 또는 피고인을 피의자로 조사하였거나 그 조사에 참여하였던 자를 사람이 공판준비 또는 공판기일에 증인으로 출석하게 하고, 이 때 피고인의 진술을 그 내용으로 하는 진술이 있는 경우에 그 진술이 특히 신빙할 수 있는 상태하에서 행하여졌음이 증명된 때에 한하여 증거로 채택할 수 있도록 하는 제도를 말한다. 조사자증언제도는 2007년 형소법 개정에서 실체적 진실발견과 피고인의 방어권 사이에서 조화를 도모하기 위한 장치의 하나로 도입되었다.

---

22) 2007년 형소법 개정 전에는 조사자의 증언을 허용하게 되면 사법경찰관 작성의 피의자신문조서에 대하여 피고인의 내용의 인정을 요구하는 규정이 무의미해진다는 이유로 사법경찰관이 작성한 피의자신문조서에 대하여 피고인이 법정에서 그 내용을 부인하는 경우에는 조사자의 진술을 통하여 그 진술내용을 증언할 수 없다는 것이 판례의 입장이었다(2002도2112).

조사자증언제도에 대하여는 ① 조사자증언제도를 통해 경찰에서 자백한 피의자에 대한 검사의 이중수사의 불편을 개선할 수 있고, 수사기관이 조사자로 증언하게 될 경우에는 반대신문과 위증죄의 부담을 지게 되므로 적법수사와 책임수사를 가능하게 한다는 점에서 이를 긍정하는 견해와 ② 종래 학설이나 판례(2005도5831)가 조사자증언제도를 인정하지 않았을 뿐 아니라 조사자증언제도를 인정할 경우 피고인의 수사절차에서의 진술을 내용으로 하는 사법경찰관의 증언이 피고인에 대한 유죄의 증거로 사용될 수 있고, 따라서 이는 제312조 제3항에서 사법경찰관작성 피의자신문조서의 증거능력을 인정하기 위하여 내용의 인정을 요구하는 취지를 무시하는 것으로 된다는 점에서 이를 부정하는 견해가 있다.

수사기관의 피의자신문 자체의 중요성을 간과할 수 없고, 일반 형사사건의 경우에 사법경찰관이 수사를 종결하게 된다는 점에서 피고인이 공판정에서 사법경찰관작성 피의자신문조서의 내용을 부인할 경우에 공판정에서 그 진술과정과 진술내용의 신용성을 확인하기 위해 조사자증언이 필요하다고 할 것이므로 조사자증언제도를 효과적으로 활용할 필요가 있다. 특히, 이 제도는 형소법 개정에 의하여 검사작성 피의자신문조서의 증거능력 인정요건으로서 '내용의 인정'을 인정하는 상황에서 형벌권의 정당한 실현과 실체적 진실발견에도 도움이 될 것이며, 피고인의 입장에서도 사법경찰관의 수사 적법성을 다투는 장치로 적극 활용할 수 있다는 점에서 유용한 제도라고 할 것이다.

(2) 피고인의 진술

피고인 아닌 자의 진술은 피고인의 진술을 그 내용으로 하여야 한다. '피고인'은 해당 사건의 피고인만을 말하며, 따라서 공동피고인이나 공범은 여기의 피고인에 해당하지 아니한다.

그러나 '피고인의 진술'은 피고인의 지위에서 행하여진 것임을 요하지 않으므로 피고인이 사건 직후 수사받기 전에 제3자에게 진술한 경우(99도4814)는 물론, 조사과정에서 피의자, 참고인으로 진술한 경우를 모두 포함한다. 다만, 피고인의 진술이 자백에 해당하는 때에는 자백의 보강법칙이 적용되므로, 피고인 아닌 자의 법정에서의 증언이 피고인의 자백을 내용으로 하는 때에는 보강증거를 요한다 (2007도10937 참조).

3. 증거능력의 요건

피고인이 아닌 자의 공판준비 또는 공판기일에서의 진술이 피고인의 진술을 그 내용으로 하는 것인 때에는 그 진술이 특히 신빙할 수 있는 상태하에서 행하여졌을 때 증거능력이 인정된다. '특히 신빙할 수 있는 상태'의 의미는 전술한 바와 같다.

'특히 신빙할 수 있는 상태'는 경찰서와 같이 공개되고 조사과정이 폐쇄회로 카메라 등 감시되는 장소에서 조사가 이루어졌는지, 미성년자인 경우 신뢰관계자가 동석하였는지 등 피해자의 상태와 구체적인 조사의 진행과정을 종합적으로 고려하여 판단하여야 한다. 대법원은 검사가 피고인을 조사하였던 경찰관을 증인으로 신청하여 피고인이 자백한 진술을 증언하게 하려는 경우 피고인이 그 진술에 대하여 치열하게 다투고 있고, 그 진술이 체포된 상태에서 변호인의 동석 없이 이루어진 때에는 특히 신빙할 수 있는 상태를 부정한다(2011도5459).

III. 피고인 아닌 자의 진술이 피고인 아닌 타인의 진술을 내용으로 하는 경우

1. 의 의

피고인 아닌 자의 공판준비 또는 공판기일에서의 진술이 피고인 아닌 타인의 진술을 그 내용으로 하는 것인 때에는 원진술자가 사망, 질병, 외국거주, 소재불명 그 밖에 이에 준하는 사유로 인하여 진술할 수 없고, 그 진술이 특히 신빙할 수 있는 상태에서 행하여졌음이 증명된 때에 한하여 이를 증거로 할 수 있다(제316조 제2항). 즉, 원진술자가 소재불명 등일 경우 필요성과 신용성의 정황적 보장을 조건으로 증거능력을 인정하고 있다.

2. 적용범위

피고인이 아닌 자가 피고인 아닌 타인의 진술을 그 내용으로 하는 경우이다. 공판정 등에서 진술하는 피고인이 아닌 자에는 조사자가 포함되므로(제316조 제1항) 피고인 아닌 자를 조사한 사람 또는 그 조사에 참여한 사람도 그 진술의 주체가 된다.

진술내용은 피고인 아닌 타인의 진술이므로 원진술자는 공범, 공동피고인과 같이 피고인이 아닌 제3자를 의미한다(2011도7173).

3. 증거능력의 요건

피고인 아닌 자의 진술이 피고인 아닌 타인의 진술을 내용하는 경우에 증거능력이 인정되기 위하여는 필요성과 특히 신빙할 수 있는 상태의 요건을 충족하여야 한다. 따라서 원진술자가 소재불명 등 필요성을 요건으로 하므로 원진술자가 제1심법원에 출석하여 진술을 하였다가 항소심에 이르러 진술할 수 없게 된 경우는 원진술자가 진술할 수 없는 경우에 해당하지 않으며(2001도3997), 원진술자가 법정에 출석하여 수사기관에서 한 진술을 부인하는 취지로 증언한 이상 원진술자의 진술을 내용으로 하는 조사자의 증언은 증거능력이 없다(2008도6985). 원진술자가 법정에 출석한 이상 다른 증인이 원진술자의 진술을 내용으로 증언을 할 수도 없다(2010도8735).

원진술자의 소재불명 등 필요성과 '특히 신빙할 수 있는 상태'의 의미는 전술한 바와 같다.

4. 피고인이 한 피고인 아닌 타인의 진술

제316조에서는 피고인이 공판기일 등에서 피고인이 아닌 자의 진술을 하는 경우에 관하여는 규정하고 있지 않다. 따라서 피고인의 진술이 피고인 아닌 자의 진술을 내용으로 하는 경우에 대하여는 ① 전문법칙이 반대신문을 통한 진술의

신용성보장에 그 취지가 있는 만큼 전문진술의 필요성과 신용적 정황이 인정되는 경우에는 제316조 제2항을 유추적용하여야 한다는 견해(유추적용설, 다수설)와 ② 피고인에게 이익이 되는 경우에만 제316조 제2항을 유추적용하자는 견해(이익구분설)가 있다.

대법원은 피고인의 업무수첩 등의 대화 내용 부분이 피고인이 아닌 다른 사람들 사이에서 대화한 내용을 증명하기 위한 진술증거인 경우에는 전문진술로서 제316조 제2항에 따라 원진술자가 사망, 질병, 외국거주, 소재불명 그 밖에 이에 준하는 사유로 진술할 수 없고 그 진술이 특히 신빙할 수 있는 상태에서 한 것임이 증명된 때에 한하여 증거로 사용할 수 있다고 한다(2018도13792). 피고인의 진술이 '피고인 아닌 타인의 진술'을 내용으로 한다는 점에서 피고인 아닌 자의 진술의 경우와 실질적으로 차이가 없으므로 제316조 제2항을 유추적용하여야 할 것이다. 전문법칙의 예외 인정의 이유가 실체적 진실발견과 형벌권 실현의 적정화임을 고려하면 피고인의 전문진술의 증거능력 인정을 피고인에게 이익이 되는가 여부에 따라 다르게 취급할 이유는 없을 것이다.

IV. 재전문증거

1. 의 의

재전문증거란 전문증거가 그 내용에서 다시 전문증거를 포함하는 경우를 말한다. 재전문에는 전문진술을 들은 자로부터 전문한 진술(재전문진술)과 전문을 서면에 기재한 경우(재전문서류[23])가 포함된다. 재전문에 다시 전문증거가 포함된 경우를 다중전문이라고 한다.

---

23) 재전문서류는 원진술자인 甲의 진술을 들은 乙이 甲으로부터 들은 내용을 기억에 따라 기재한 것이라는 점에서 원진술자인 甲의 진술을 乙이 그대로 기재하거나 녹음한 경우와 같이 단순전문의 진술을 기재한 서류와는 구별된다.

2. 증거능력의 인정 여부

형소법에서는 재전문증거에 관하여는 아무런 규정을 두고 있지 않다. 따라서 재전문의 경우에는 진술자를 반대신문하는 경우에도 원진술자의 존재나 진술상황을 확인할 수 없는 것과 관련하여 증거능력을 인정할 것인가에 대하여는 다툼이 있다.

이에 대하여는 ① 전문증거와 재전문증거는 타인의 원진술이 요증사실의 증명자료로서 된다는 점에서 차이가 없고, 전문진술을 기재한 조서와 재전문진술은 이중의 전문이라는 점에서 동일하므로 전문진술의 경우와 같이 전문법칙의 예외요건을 충족하는 때에는 증거로 할 수 있다는 견해(다수설), ② 재전문은 이중의 예외로서 전문증거에 비해 범죄와의 관련성이나 증명력이 약하여 오류의 가능성이 높고, 그 증거능력을 인정하는 명문의 규정이 없다는 점에서 증거능력을 부정하는 견해, ③ 재전문증거에 대하여 제한적으로 전문법칙의 예외로 인정하는 견해로서, 재전문진술에 대하여는 증거능력을 인정할 수 없고 전문진술이 기재된 조서에 대하여만 전문법칙의 예외로 인정하는 견해와 최초의 원진술자가 재전문증거의 내용이 자신의 원진술과 같다는 사실을 확인한 경우에 한해 재전문증거의 증거능력을 인정하여야 한다는 견해 등이 있다.

대법원은 전문진술이 기재된 조서는 제312조 또는 제314조의 규정에 의하여 각 그 증거능력이 인정될 수 있는 경우에 해당하여야 함을 물론, 나아가 제316조 제2항의 규정에 따른 요건을 갖추어야 예외적으로 증거능력이 있지만, 재전문진술이나 재전문진술을 기재한 조서에 대하여는 달리 그 증거능력을 인정하는 규정을 두고 있지 아니하고 있으므로, 피고인이 증거로 하는 데 동의하지 아니하는 한 제310조의2의 규정에 의하여 이를 증거로 할 수 없다고 한다(2015도12981). 재전문증거라도 피고인이 증거로 함에 동의한 경우에는 당연히 증거능력을 인정하여야 할 것이다. 또한 전문증거와 재전문증거는 그 성질이나 타인의 원진술이 요증사실의 증거로 사용된다는 점에서 차이가 없으므로 개개의 전문법칙 예외의 요건을 충족한 경우에는 증거능력을 인정하여야 할 것이다. 재전문증거는 사실상 원진술자의 공판정출석이 불가능한 경우에 문제될 것이므로 그 증거능력 인정요건으로 원진술자의 확인을 요한다는 주장은 재전문증거의 증거능력을 부정하는 것과 다름이 없다.

제4절 특수한 증거의 증거능력

오늘날 범죄가 더욱 지능화되고 은밀해지면서 수사에 있어서도 과학적 기술을 반영한 새로운 수사방법들이 도입되고 있다. 이에 따라 전문법칙과의 관계에서 이러한 수사방법에 의하여 취득한 증거들의 증거능력이 문제된다. 주로 문제되는 것으로는 사진, 동영상, 녹음테이프, 비디오테이프, 전자기록, 거짓말탐지기 등이 있다.

Ⅰ. 사 진

1. 의 의

사진은 과거에 발생한 역사적 사실을 렌즈에 비친 대로 필름 또는 인화지에 기계적으로 재생시킨 증거방법이다. 따라서 사진은 기계적 방법으로 대상을 특정한다는 점에서 신용성이 매우 높은 반면, 인화과정에서 인위적인 조작이 가해질 위험성을 갖고 있다는 점에서 그 증거능력이 문제된다. 이는 사진을 진술증거로 인정하여 전문법칙을 적용할 것인가, 아니면 비진술증거로 인정할 것인가라는 문제로 귀착된다.

2. 사본으로서의 사진

사본으로서의 사진은 사진이 본래 증거로 제출되어야 할 자료의 대용물로 제출되는 경우를 말한다. 문서나 범행에 사용된 흉기를 찍은 사진 등이 이에 해당된다.

사본으로서 사진의 증거능력에 대하여는 ① 원본의 존재 및 성립의 진정을 인정할 자료가 구비되고, 특히 신용할 만한 정황에 의해 작성되었다고 인정될 때 제315조(당연히 증거능력이 있는 서류) 제3호에 의해 증거능력이 인정된다는 견해, ② 최우량증거의 법칙(Best evidence rule)에 의하여 원본증거를 제출할 수 없거나 곤란한 사정이 있고, 원본의 정확한 사본임이 증명되는 경우에 한해 증거능력이 인정된다는 견해, ③ 원본증거의 성질에 따라 비진술증거이면 그 사진도 비진술증거이고, 진술증거이면 그 사진도 진술증거로 보아 증거능력의 요건을 고려하여야 한다는 견해 등이 있다.

대법원은 피고인이 정보통신망을 이용하여 공포감을 조성하는 문자를 반복적으로 보낸 경우에 있어서 피해자의 휴대폰의 화면에 있는 문자정보는 범죄행위의 직접적 수단으로서 진술인의 경험 등을 대체하는 진술증거가 아니라는 이유로 사진의 정확성과 필요성이 인정되는 경우에는 증거능력을 인정한다(2006도2556).[24] 또한 사진이 원본이 아닌 사본인 경우에도 원본이 삭제되어 존재하지 아니하며, 복사과정에서 위·변조되지 않고 원본과 동일하고 무결성이 인정되면 그 증거능력을 인정할 수 있다고 한다(2017도9747).[25] 사본으로서의 사진은 원본의 대체물이라

---

[24] 또한 판례는 "문자메시지는 피해자가 피고인으로부터 풀려난 당일에 남동생에게 도움을 요청하면서 피고인이 협박한 말을 포함하여 공갈 등 피고인으로부터 피해를 입은 내용을 문자메시지로 보낸 것이므로, 이 사건 문자메시지의 내용을 촬영한 사진은 증거서류 중 피해자의 진술서에 준하는 것으로 취급함이 상당할 것인바, 진술서에 관한 제313조에 따라 이 사건 문자메시지의 작성자인 피해자 공소외 1이 제1심 법정에 출석하여 자신이 이 사건 문자메시지를 작성하여 동생에게 보낸 것과 같음을 확인하고, 동생인 공소외 3도 제1심 법정에 출석하여 피해자 공소외 1이 보낸 이 사건 문자메시지를 촬영한 사진이 맞다고 확인한 이상, 이 사건 문자메시지를 촬영한 사진은 그 성립의 진정함이 증명되었다고 볼 수 있으므로 이를 증거로 할 수 있다"(2010도8735)고 하였다.

[25] 판례는 "피고인에 대한 검사작성의 피의자신문조서가 그 내용 중 일부를 가린 채 복사를 한 다음 원본과 상위없다는 인증을 하여 초본의 형식으로 제출된 경우에, "위와 같은 피의자신문조서초본은 피의자신문조서원본 중 가려진 부분의 내용이 가려지지 않은 부분과 분리 가능하고 당해 공소사실과 관련성이 없는 경우에만, 그 피의자신문조서의 원본이 존재하거나 존재하였을 것, 피의자신문조서의 원본 제출이 불능 또는 곤란한 사정이 있을 것, 원본을 정확하게 전사하였을 것 등 3가지 요건을 전제로 피고인에 대한 검사작성의 피의자신문조서원본과 동일하게 취급할 수 있다"(2000도5461)고 하였다.

는 점에서 그 촬영한 대상인 원본증거의 성질에 따라 구분하여야 할 것이다. 따라서 원본증거가 비진술증거이면 원본의 존재, 필요성, 정확성이라는 요건이 충족되면 증거능력이 인정되고, 진술증거이면 이들 요건 이외에 그 진술증거의 전문증거로서의 예외요건이 충족되어야 증거능력이 인정된다.

3. 진술의 일부인 사진

사진이 진술자의 진술내용을 정확하게 표현하기 위하여 진술증거의 일부로 사용되는 경우를 말한다. 검증조서나 감정서에 사진이 첨부되는 경우 또는 참고인이 사진을 이용하여 진술을 하고 이를 진술조서에 첨부한 경우 등이 이에 해당한다.

사진이 진술증거의 일부를 이루어 보조적인 수단으로 사용된 경우에는 사진의 증거능력은 진술조서나 검증조서 또는 감정서와 일체가 되므로, 그 진술증거의 성격에 따라 증거능력을 판단하여야 한다. 따라서 수사기관의 검증조서에 첨부된 사진이 범행을 재연하는 장면을 촬영한 것이라면 이는 피의자의 행동적 진술이므로 피의자신문조서로서의 증거능력을 갖추어야 한다(98도159).

4. 현장사진

현장사진이란 범행과정이나 범행 전·후의 행동, 범행장소의 상황 등을 촬영한 사진이 독립증거로서 제출되는 경우를 말한다. 현장을 촬영한 비디오테이프의 영상부분,[26] 폐쇄회로장치(CCTV)나 차량용 블랙박스의 영상에 의한 녹화장면 등이 이에 해당한다.

현장사진의 증거능력에 대하여는 ① 사진은 전문진술과 같이 사람의 지각을 통해 표현되는 것이 아니라 기계적인 방법으로 현출되는 것이므로 진술증거가 아

---

26) 비디오테이프는 영상과 음향을 동시에 녹취하는 것이므로, 사진과 녹음테이프의 성질을 동시에 가지고 있다. 따라서 그 내용이 진술이면 진술증거로 취급하고, 범행현장의 촬영이면 현장사진과 같이 취급하면 된다.

니라는 견해(비진술증거설), ② 사진은 사실의 보고라는 점에서 진술과 동일하며, 작성 및 현출과정에서 인위적인 조작이 있을 수가 있으므로 진술증거로 취급하여야 한다는 견해(진술증거설), ③ 현장사진은 비진술증거이지만 조작가능성 때문에 예외적으로 검증조서에 준하여 증거능력을 인정하여야 한다는 견해(검증조서유추설) 등이 있다. 비진술증거설에 따르면 현장사진에는 전문법칙이 적용되지 않으므로 현장사진이 요증사실과의 관련성. 즉 현장의 정확한 영상이라는 사실이 확인되면 증거능력이 인정되고, 요증사실과의 관련성을 다투는 경우에도 반드시 촬영자를 원진술자로서 소환할 필요가 없으며, 제3자의 증언이나 다른 방법에 의해서도 그 증명이 가능하다고 한다. 반면, 진술증거설에 따르면 사진은 전문증거에 해당하고, 따라서 법관이 촬영한 때에는 제311조, 수사기관이 촬영한 경우에는 제312조 제6항(검증조서)을, 사인이 촬영한 경우에는 제313조 제1항에 따라 증거능력이 판단하여야 한다고 한다. 검증조서유추설에 따르면 사인이 촬영한 사진도 제312조 제6항을 유추적용하여야 한다고 한다.

대법원은 현장사진의 촬영일자부분은 전문증거에 해당하여 전문법칙이 적용되지만 사진 전체에 대하여는 비진술증거로 판단하는 것같다(97도1230 참조). 전문진술이 금지되는 것은 반대신문을 통하여 원진술자가 보고 들은 바에 대한 기억의 부정확함, 원진술자의 부정직성, 표현상의 오류 등을 확인할 수 없기 때문이다. 그러나 범행행위를 촬영한 사진은 기계적 방법에 의해 현장상황을 그대로 재현해내는 것으로서 비진술증거라고 할 것이므로 이와 같은 문제는 발생하지 아니한다. 다만, 현장사진은 조작 가능성을 배제할 수 없으므로 검증조서에 준하여 요증사실과의 관련성, 즉 촬영자에 의한 성립의 진정이 인정되는 경우에 증거능력을 인정하여야 할 것이다.

5. 증거조사의 방법

도면·사진 그 밖에 정보를 담기 위하여 만들어진 물건으로서 문서가 아닌 증거의 조사에 관하여는 특별한 규정이 없으면 제292조(증거서류에 대한 조사방식), 제292조의2(증거물에 대한 조사방식)의 규정을 준용한다(규칙 제134조의9).

따라서 조사대상인 사진의 성격에 따라 증거조사를 하면 된다. 즉, 증거물의 사본인 사진과 현장사진은 이를 제시하여 보여 주는 방법으로 증거조사를 하여야 하고, 서증의 사본인 사진은 내용을 고지하는 방법으로 하여야 한다(제292조 제3항). 또한 진술의 일부인 사진은 낭독이나 내용의 고지 외에 제시를 요한다(동조 제5항).

II. 녹음테이프

1. 의 의

녹음테이프는 사람의 음성과 음향을 기계적 장치를 통해 기록한 후에 필요에 따라 언제든지 재생시킬 수 있는 방법이다. 녹음테이프는 사진과 마찬가지로 높은 증거가치를 가지지만 녹취자 또는 편집자의 의도에 따라 위·변조가 가능하므로 이에 대한 증거능력이 문제된다. 다만, 녹음테이프가 위법수집증거이면 그 증거능력이 인정되지 않으므로 이것은 적법하게 작성된 녹음테이프를 전제로 한다.

녹음테이프는 사람의 진술을 녹음한 것과 범죄현장의 음향을 녹음한 현장녹음으로 구분된다.

2. 진술녹음

사람의 진술을 녹음한 녹음테이프는 전문진술이므로 당연히 전문법칙의 예외가 적용된다. 다만, 그 근거규정에 대하여는 ① 원진술자와 녹음의 주체에 따라 제311조 내지 제313조를 적용하여야 한다는 견해와 ② 진술녹음은 그 실질에 있어서는 진술녹취서에 해당하므로 제313조 제1항을 적용하여야 하지만, 사법경찰관이 진술한 녹음에 대하여는 제312조 제3항을 적용하여야 한다는 견해가 있다.

녹음테이프는 그 실질에 있어서 진술증거에 해당하므로 원진술자와 녹음의 주체에 따라 판단하여야 한다. 이하에서는 녹음주체가 사인인 경우와 수사기관이 작성한 경우를 나누어 설명한다.

(1) 수사기관이 녹음한 경우

녹음주체가 수사기관인 경우, 검사가 피의자의 진술을 녹음한 경우에는 제312조 제1항을, 사법경찰관이 피의자의 진술을 녹음한 경우에는 제312조 제3항을, 수사기관이 참고인의 진술을 녹음한 경우에는 제312조 제4항을 각각 적용하여야 한다. 또한 수사기관이 자신과 타인 간의 대화를 녹음하거나 「통신비밀보호법」상 적법한 통신제한조치로서 타인 간의 대화를 비밀녹음한 경우에는 제313조 제1항에 의하여 증거능력을 판단하여야 한다.

그러나 수사기관이 수사과정에서 피의자 또는 참고인에 대한 신문과정을 녹음한 경우에는 영상녹화물의 증거능력과 함께 판단하여야 한다. 즉, 제312조 제4항에서는 검사가 피고인이 된 피의자에 대하여 행한 피의자신문과 검사 및 사법경찰관이 참고인에 대하여 행한 참고인조사에 대하여는 영상녹화물로 조서의 성립의 진정을 인정할 수 있도록 규정하고 있을 뿐이다. 또한 제318조의2 제2항에서는 "피고인 또는 피고인이 아닌 자의 진술을 내용으로 하는 영상녹화물은 공판준비 또는 공판기일에 피고인 또는 피고인이 아닌 자가 진술함에 있어서 기억이 명백하지 아니한 사항에 관해 기억을 환기시켜야 할 필요가 있다고 인정되는 때에 한하여 피고인 또는 피고인이 아닌 자에게 재생하여 시청하게 할 수 있다"고 규정함으로써 영상녹화물은 기억을 환기하는 용도로만 사용하도록 제한하고 있고, 탄핵증거로도 사용할 수 없도록 하고 있다. 따라서 현행법상 영상녹화물은 본증으로 사용할 수 없다(2012도5041). 그렇다고 하면 녹음테이프는 영상녹화물과 비교할 때 진술인의 진술만 청취할 수 있고, 그 표정 및 녹음상황에 대한 이미지를 확인할 수 없으므로 영상녹화물 이상으로 편견의 가능성이 크다는 점을 고려할 때, 수사기관이 수사과정에서 녹음한 녹음테이프의 독립된 증거로서의 증거능력은 부정하여야 한다. '수사과정'이란 실질적으로 피의자신문조서 또는 진술조서 등을 작성한다고 볼 수 있는 정도의 공식적 과정을 말한다.

(2) 사인이 녹음한 경우

1) 피고인의 진술을 녹음한 경우

녹음의 주체가 사인인 경우에는 녹음테이프가 진술서 또는 진술을 기재한 서류로서의 실질을 가지므로 제313조가 적용된다. 따라서 피해자가 피고인의 진술을 녹음한 경우에는 피고인의 진술을 기재한 진술을 기재한 서류로서 제313조 제1항 단서에 따라 작성자인 피해자의 진술에 의하여 녹음테이프의 성립의 진정함이 증명되고, 특히 신빙할 수 있는 상태가 인정되면 피고인이 그 내용을 부인하더라도 증거능력을 인정할 수 있다(2012도7461).

녹음테이프는 원본이거나 원본으로부터 복사한 사본일 경우 복사과정에서 편집되는 등의 인위적 개작 없이 원본 내용 그대로 복사된 사본인 것이어야 한다.[27] 녹음파일이 원본이거나 원본 내용을 그대로 복사한 사본이라는 점은 녹음파일의 생성, 전달, 보관 등의 절차에 관여한 사람의 증언이나 진술, 원본이나 사본 파일 생성 후의 해쉬(Hash)값과의 비교, 녹음파일에 대한 검증·감정 결과 등 제반 사정을 종합하여 판단하여야 한다(2014도10978). 그러나 녹음테이프에 수록된 대화내용이 녹취록과 동일하다거나 녹음테이프의 대화내용이 중단되었다고 볼 사정이 없다는 점만으로는 이와 같은 증명이 있다고 보지 아니한다(2011도6035).

(3) 사인이 피고인 아닌 자와의 대화내용을 녹음한 경우

사인이 피고인 아닌 자와의 대화내용을 녹음한 경우에는 제313조 제1항 본문에 의해 피고인이 증거동의를 하지 않으면 공판준비나 공판기일에서 원진술자에 의하여 실질적 성립의 진정이 인정된 때에 증거능력이 인정된다(2010도7497).

그 성립의 진정과 관련하여 녹음테이프에 서명날인을 요하는가에 대하여는

---

27) 판례는 "대화 내용을 녹음한 파일 등의 전자매체는 성질상 작성자나 진술자의 서명 혹은 날인이 없을 뿐만 아니라, 녹음자의 의도나 특정한 기술에 의하여 내용이 편집·조작될 위험성이 있음을 고려하여 대화 내용을 녹음한 원본이거나 혹은 원본으로부터 복사한 사본일 경우에는 복사과정에서 편집되는 등 인위적 개작 없이 원본의 내용 그대로 복사된 사본임이 입증되어야만 하고, 그러한 입증이 없는 경우에는 쉽게 그 증거능력을 인정할 수 없다"(2014도10978)고 하였다.

① 녹음테이프를 증거로 하기 위해서는 서명날인이 필요하므로 녹음테이프에 서명날인을 하거나 다른 조서에 서명날인을 하여 녹음테이프와 간인을 하거나 또는 녹음테이프를 용기에 넣어 서명날인한 종이로 봉인할 것을 요한다는 견해와 ② 녹음테이프는 원래 서명날인이 적합하지 않은 증거방법이므로 녹음자의 진술에 의하여 진술자의 음성이 인정되고 녹음의 정확성이 증명되면 충분하다는 견해가 있다.

대법원은 녹음테이프의 경우에는 작성자나 진술자의 서명날인이 없더라도 그것이 그 대화내용을 녹음한 원본이거나 혹은 원본으로부터 복사한 사본일 경우에는 복사과정에서 편집되는 등의 인위적 개작 없이 원본의 내용 그대로 복사된 사본임이 증명되어야만 하고, 녹음테이프 작성자 등의 진술에 의해 그 성립의 진정함이 증명되면 녹음테이프에 녹음된 진술내용을 증거로 사용할 수 있다고 한다(2011도6035). 녹음테이프의 성질을 고려하면 서명날인이 없더라도 녹음자의 진술에 의하여 진술자의 음성이 인정되고 녹음의 정확성이 증명되면 충분하다고 할 것이다. 만일 원진술자 또는 녹음자가 그 성립의 진정을 부인하는 경우에는 제313조 제2항에 따라 과학적 분석결과에 기초한 디지털포렌식 자료, 감정 등 객관적 방법으로 성립의 진정함이 증명되는 때에 증거로 할 수 있다.

3. 현장녹음

(1) 법적 성격

범행현장에서 사람이 아닌 자동차의 엔진소리, 개짖는 소리 등을 녹음한 것은 비진술증거이다.

현장녹음의 법적 성격에 대하여는 ① 이러한 현장녹음은 현장에서 우연히 또는 즉석으로 녹음되므로 사전에 조작 또는 변작의 위험이 매우 작기 때문에 비진술증거라는 견해(다수설), ② 현장녹음도 진술증거이므로 진술서류에 준하여 그 녹음주체에 따라 수사기관인 경우에는 제312조 제6항을, 사인인 경우에는 제313조 제1항과 제2항을 적용하여야 한다는 견해, ③ 수사기관의 검증조서와 유사하므로 검증조서에 준하여 증거능력을 인정해야 한다는 견해 등이 있다.

현장녹음은 현장을 사실대로 녹음한 것일 뿐 현실적으로 음성이나 음향이 진술의 내용으로서 의미가 있는 것은 아니므로 비진술증거라고 할 것이다. 따라서 현장녹음은 검증조서에 준하여 요증사실과의 관련성이 인정되어야 증거능력이 인정될 것이다.

(2) 증거능력

녹음된 진술을 비진술증거라고 하게 되면 요증사실과의 관련성 및 녹음의 진정성이 증명되면 증거로 할 수 있다. 그러나 녹음된 진술이 전문진술이라면 전문법칙이 적용되므로 녹음주체에 따라 제312조 제6항 또는 제313조 제1항과 제2항을 각각 적용하여야 한다.

4. 비밀녹음테이프

「통신비밀보호법」에 따르면 전기통신을 감청하거나 공개되지 아니한 타인 간의 대화를 녹음 또는 청취하는 것을 금지하고, 이를 공개하는 경우에는 형사처벌하고 있다(제3조, 제16조). 따라서 수사기관이 「통신비밀보호법」에 의한 절차를 거치지 않고 도청하거나 비밀녹음한 것은 물론이고, 사인이 타인 간의 대화를 도청하거나 비밀녹음한 것은 형사재판에서 증거로 사용할 수 없다(제4조).

그러나 대법원은 대화당사자 일방이 비밀녹음한 녹음테이프의 증거능력은 인정하고 있다(2007도10755).

5. 증거조사방법

녹음테이프는 형소법상 요지의 고지나 낭독 또는 제시가 불가능하므로 녹음테이프에 대한 증거조사는 이를 재생하여 청취 또는 시청하는 방법으로 한다(규칙 제134조의8 제3항). 따라서 녹음테이프를 녹음재생기에 걸어서 공판정에서 재현하거나 검증에 의하여 그 결과를 기재하는 방법으로 증거조사를 하여야 한다.

Ⅲ. 영상녹화물

1. 의 의

(1) 개 념

영상녹화물이란 비디오테이프, 컴퓨터용 디스크, 그 밖에 이와 비슷한 방법으로 음성이나 영상을 녹음 또는 녹화하여 재생할 수 있는 매체를 말한다(규칙 제134조의8 제1항 참조). 형소법상 영상녹화물은 수사기관이 피의자나 참고인의 진술을 영상녹화하여 기록해 놓은 것을 말한다(제312조 제2항, 제4항).

영상녹화물은 수사기관 이외의 사람이 자신이나 타인의 진술을 녹화한 영상기록물인 비디오테이프와 구별된다(제202조의3 참조).

(2) 기 능

수사기관은 피의자의 진술을 영상녹화할 수 있다. 이 경우 미리 영상녹화사실을 알려주어야 하며, 조사의 개시부터 종료까지의 전 과정 및 객관적 정황을 영상녹화하여야 한다(제244조의2 제1항). 검사 또는 사법경찰관은 수사에 필요한 때에는 피의자가 아닌 자의 출석을 요구하여 진술을 들을 수 있으며, 이 경우 그의 동의를 받아 영상녹화할 수 있다(제221조 제1항).

형소법에서는 영상녹화물을 검사 또는 사법경찰관작성의 참고인 진술조서의 실질적 성립의 진정을 증명하는 방법으로 인정하고 있으며(제312조 제4항), 피고인 또는 피고인 아닌 자의 기억이 명백하지 않은 사항에 관해 기억환기용으로 사용하는 것을 인정하고 있다(제318조의2 제2항).

(3) 성 격

영상녹화물의 녹화된 영상은 사진과 유사하고, 녹화된 음성은 녹음테이프와 유사하므로 사진과 녹음테이프의 복합적 성질을 가지고 있다. 따라서 영상녹화물의 경우에도 증거능력이 인정되기 위하여는 녹음테이프의 경우와 마찬가지로 작성자나 진술자의 서명날인이 없더라도 그것이 촬영한 원본이거나 혹은 원본으로부터 복사한 사본인 경우 그 원본이 삭제되어 존재하지 아니하고 복사과정에서 위조되거나 변조되지 아니하였음이 인정되어야 한다(2017도9747).

2. 수사기관이 촬영한 경우

수사기관이 촬영한 영상녹화물에 독립적 증거능력을 인정할 것인가에 대하여는 ① 영상녹화물도 진술을 기록하는 매체라는 점에서 조서와 그 성질이 동일하므로 조서의 증거능력에 관한 규정을 준용하여 독립적인 증거능력을 인정하여야한다는 견해와 ② 제312조에서 영상녹화물은 검사 또는 사법경찰관 작성의 참고인진술조서의 실질적 성립의 진정을 증명하는 방법으로만 인정하고 있으므로 독립된 증거능력을 인정할 수 없다는 견해가 있다.

대법원은 형소법에서 수사기관에 의한 참고인 진술의 영상녹화를 새로 정하면서 그 용도를 참고인에 대한 진술조서의 실질적 성립의 진정을 증명하거나 참고인의 기억을 환기시키기 위한 것으로 한정하고 있으므로, 수사기관이 참고인을 조사하는 과정에서 제221조 제1항에 따라 작성한 영상녹화물은, 다른 법률에서 달리규정하고 있는 등의 특별한 사정이 없는 한, 공소사실을 직접 증명할 수 있는 독립적인 증거로 사용될 수는 없다고 한다(2012도5041).

형소법상 수사기관에 의한 영상녹화는 수사절차의 적법성을 보장함으로써 피고인을 보호하기 위한 제도이며, 영상녹화물에 대하여 예외적으로 기억환기용으로만 인정하고 요증사실에 대한 증거능력을 인정하지 않는 현행법의 태도를 고려할때 영상녹화물을 독립증거로 인정하기는 어려울 것이다. 물론, 영상녹화의 주체가수사기관이기 때문에 수사기관에 불리한 사실은 녹화하지 않거나 인위적인 조작으로 인해 법관의 심증형성이 왜곡될 우려가 적지 않은 것도 사실이다. 그러나 영상녹화는 진술내용뿐만 아니라 진술자의 태도와 표정 등 과거 사실에 대하여 완벽하게 재연이 가능하다는 점에서 실체적 진실발견에 유용한 자료가 될 수 있으므로그 객관성과 정확성을 담보할 수 방법을 보완하는 것을 전제로 하여 영상녹화물을독립적인 증거로 인정하는 것도 고려할 필요가 있다.

3. 특별법에 따라 촬영한 경우

「성폭력범죄의 처벌 등에 관한 특례법」에서는 "성폭력범죄의 피해자가 신체적인 또는 정신적인 장애로 사물을 변별하거나 의사를 결정할 능력이 미약한 경우에는 피해자의 진술내용과 조사과정을 비디오녹화기 등 영상물 녹화장치로 촬영·보존하여야 한다"(제30조 제1항)[28]고 하고, 이때 "촬영한 영상물에 수록된 피해자의 진술은 공판준비기일 또는 공판기일에 피해자나 조사과정에 동석하였던 신뢰관계에 있는 사람 또는 진술조력인의 진술에 의하여 그 성립의 진정함이 인정된 경우에 증거로 할 수 있다"(동조 제6항)고 하고 있다.[29]

또한 「아동·청소년의 성보호에 관한 법률」에서는 "아동·청소년대상 성범죄 피해자의 진술내용과 조사과정은 비디오녹화기 등 영상물 녹화장치로 촬영·보존하여야 한다"(제26조 제1항)[30]고 하고, 이때 "촬영한 영상물에 수록된 피해자의 진술은 공판준비기일 또는 공판기일에 피해자 또는 조사과정에 동석하였던 신뢰관계에 있는 자의 진술에 의하여 그 성립의 진정함이 인정된 때에는 증거로 할 수 있다"(동조 제6항)고 하고 있다.

「특정범죄신고자 등 보호법」에서도 "범죄신고자 등에 대하여 제184조(증거보전의 청구와 그 절차) 또는 제221조의2(증인신문의 청구)에 따른 증인신문을 하는 경우 판사는 직권으로 또는 검사의 신청에 의하여 그 과정을 비디오테이프 등 영상물로 촬영할 것을 명할 수 있다"(제10조 제1항)고 하면서, 이때 "촬영한 영상물에 수록된 범죄신고자 등의 진술은 이를 증거로 할 수 있다"(동조 제3항)고 한다.

전 2자는 영상녹화가 의무적이고, 수사기관에 의해 행하여지므로 증거조사를

---

28) 이 영상물 녹화는 피해자 또는 법정대리인이 이를 원하지 아니하는 의사를 표시한 경우에는 촬영을 하여서는 아니된다. 다만, 가해자가 친권자 중 일방인 경우는 그러하지 아니하다(동조 제2항).

29) 판례는 이때 증거능력이 인정될 수 있는 것은 촬영된 영상물에 수록된 '피해자의 진술' 그 자체일 뿐이고, '피해자에 대한 경찰 진술조서'나 '조사과정에 동석하였던 신뢰관계 있는 자의 공판기일에서의 진술'은 그 대상이 아니라고 하였다(2009도12048).

30) 이 영상물 녹화는 피해자 또는 법정대리인이 이를 원하지 아니하는 의사를 표시한 때에는 촬영을 하여서는 아니된다. 다만, 가해자가 친권자 중 일방인 경우는 그러하지 아니하다(동조 제2항).

거쳐 증거능력이 인정된다. 반면에 후자는 영상녹화가 임의적이고, 판사에 의해 행하여지므로 당연히 증거능력이 인정된다.

4. 사인이 촬영한 경우

수사기관이 아닌 사인이 피고인이나 피고인이 아닌 타인과의 대화내용을 촬영한 비디오테이프 등 영상녹화물은 진술을 기재한 서류와 그 실질에 있어서 동일하므로 제313조 제1항에 의하여 증거능력이 인정될 수 있다.

대법원은 수사기관이 아닌 사인이 피고인 아닌 사람과의 대화 내용을 촬영한 비디오테이프는 제311조, 제312조의 규정 이외에 피고인 아닌 자의 진술을 기재한 서류와 다를 바 없다고 하면서, 피고인이 그 비디오테이프를 증거로 함에 동의하지 아니하는 이상 그 진술 부분에 대하여 증거능력을 부여하기 위하여는, 첫째 비디오테이프가 원본이거나 원본으로부터 복사한 사본일 경우에는 복사과정에서 편집되는 등 인위적 개작 없이 원본의 내용 그대로 복사된 사본일 것, 둘째, 제313조 제1항에 따라 공판준비나 공판기일에서 원진술자의 진술에 의하여 그 비디오테이프에 녹음된 각자의 진술내용이 자신이 진술한 대로 녹음된 것이라는 점이 인정되어야 한다고 한다(2004도3161).[31]

5. 범행현장을 녹화한 영상녹화물

(1) 수사기관이 녹화한 경우

수사기관이 피녹화자의 의사에 반하여 범행현장을 녹화하고자 하는 때에는

---

31) 판례는 "비디오테이프는 촬영대상의 상황과 피촬영자의 동태 및 대화가 녹화된 것으로서, 녹음테이프와는 달리 피촬영자의 동태를 그대로 재현할 수 있기 때문에 비디오테이프의 내용에 인위적인 조작이 가해지지 않은 것이 전제된다면, 비디오테이프에 촬영, 녹음된 내용을 재생기에 의해 시청을 마친 원진술자가 비디오테이프의 피촬영자의 모습과 음성을 확인하고 자신과 동일인이라고 진술한 것은 비디오테이프에 녹음된 진술내용이 자신이 진술한 대로 녹음된 것이라는 취지의 진술을 한 것으로 보아야 한다"(2004도3161)고 하였다.

법원이 발부한 검증영장이 있어야 한다. 따라서 수사기관이 영장 없이 피녹화자의 의사에 반하여 범행현장을 녹화하는 것은 원칙적으로 위법이다.

그러나 대법원은 수사기관이 범죄를 수사함에 있어 현재 범행이 행하여지고 있거나 행하여진 직후이고, 증거보전의 필요성 및 긴급성이 있으며, 일반적으로 허용되는 상당한 방법에 의하여 촬영을 한 경우라면 위 촬영이 영장 없이 이루어 졌다 하여 이를 위법하다고 단정할 수 없다고 한다(99도2317).

(2) 사인이 녹화한 경우

사인이 범행현장을 녹화한 영상녹화물은 현장사진이나 현장녹음에 준하여 비진술증거로 보게 되면 요증사실과의 관련성과 성립의 진정이 인정되면 증거능력이 인정된다.

그러나 사인이 위법한 방법으로 범행현장을 녹화한 경우에는 위법수집증거배제법칙이 적용되므로, 법원으로서는 효과적인 형사소추 및 형사소송에서의 진실발견이라는 공익과 개인의 인격적 이익 등의 보호이익을 비교형량하여 그 허용 여부를 결정하여야 한다(2008도3990 참조). 하지만 영상녹화물에 「통신비밀보호법」(제14조)에 위반하여 '공개되지 않은 타인 간의 대화'가 녹음되어 있는 경우에는 위법수집증거에 해당하므로 증거능력이 인정되지 아니한다.

[참고] CCTV를 시청한 사람의 진술

범죄피해자 또는 경찰관이 범죄발생 후 약 1시간이 경과한 시점에서 CCTV 녹화장면을 돌려보고 난 뒤, 법정에서 그 장면에 대하여 증언할 경우 전문진술의 여부가 문제된다.

이때 해당 CCTV녹화장면이 실시간 장면이 아니고 녹화된 장면을 본 것이므로 녹화장면이 진술증거라면 전문진술에 해당하고, 비진술증거라면 전문진술이 아닌 것이 된다. 대법원은 해당 진술을 전문진술로 보지 않으므로 비진술증거설을 취하는 것으로 해석할 수 있다(2010도2080).

IV. 전자기록

1. 의 의

전자기록이란 전자적 방식, 자기적 방식, 기타 사람의 지각에 의해 그 존재 및 상태를 인식할 수 없는 방법으로 작성된 기록으로서 컴퓨터에 의한 정보처리의 용도에 제공되는 것을 말한다. 이를 전자정보라고도 한다. 컴퓨터디스크 등 정보 저장매체에 기록·보전된 정보는 가시성과 가독성이 없다는 특성을 가지고 있다.

컴퓨터디스크 등의 정보저장매체에 담긴 문자정보, 도면이나 사진 등을 증거로 사용하는 경우에 정보저장매체에 담긴 내용을 직접증거로 신청할 수도 있고, 해당 정보저장매체에서 출력된 문서만을 독립한 증거로 신청할 수도 있다. 이때 출력된 문서는 입증하고자 하는 내용을 기준으로 증거서류 또는 증거물인 서면이 된다.

2. 증거능력의 요건

(1) 정보저장매체의 내용을 직접증거로 하는 경우

정보저장매체에 담긴 내용을 직접증거로 하는 경우에는 음성이나 영상을 녹음·녹화한 경우와 문자정보를 기록한 정보파일인 경우에 따라 달라진다.

전자의 경우에는 전술한 사진, 녹음테이프 또는 비디오테이프의 예에 따라 증거능력이 인정될 수 있다. 그러나 후자의 경우에는 문자정보가 진술증거로 사용되는 것이므로 전문법칙이 적용된다(2013도2511). 따라서 이 문자정보에 대하여는 제 313조 제1항 또는 제2항에 의해 그 작성자 또는 진술자의 진술 등에 의하여 성립의 진정이 인정된 때에 증거능력이 인정된다.

그러나 문자정보의 내용이 아니라 존재 자체가 직접증거로 되는 경우에는 전문법칙이 적용되지 아니한다(2014도10978).

(2) 정보저장매체로부터 출력한 문서를 증거로 하는 경우

정보저장매체로부터 출력한 문서는 먼저 원본에 저장된 기록과 출력문서의 동일성이 인정되어야 증거능력이 인정된다. 대법원은 "컴퓨터용 디스크 그 밖에 이와 비슷한 정보저장매체에 입력하여 기억된 문자정보 또는 그 출력물을 증거로 사용하기 위하여는 정보저장매체 원본에 저장된 내용과 출력 문건의 동일성이 인정되어야 하고, 이를 위하여는 정보저장매체 원본이 압수 시부터 문건 출력 시까지 변경되지 않았다는 사정, 즉 무결성이 담보되어야 한다. 특히, 정보저장매체 원본을 대신하여 저장매체에 저장된 자료를 '하드카피' 또는 '이미징'한 매체로부터 출력한 문건의 경우에는 정보저장매체 원본과 '하드카피' 또는 '이미징'한 매체 사이에 자료의 동일성도 인정되어야 할 뿐만 아니라, 이를 확인하는 과정에서 이용한 컴퓨터의 기계적 정확성, 프로그램의 신뢰성, 입력·처리·출력의 각 단계에서 조작자의 전문적인 기술능력과 정확성이 담보되어야 한다"고 한다(2013도2511).[32]

또한 "디지털 저장매체에 저장된 로그파일의 원본이 아니라 그 복사본의 일부 내용을 요약·정리하는 방식으로 새로운 문서파일이 작성된 경우 그 문서파일 또는 거기에서 출력한 문서를 로그파일 원본의 내용을 증명하는 증거로 사용하기 위하여는 피고인이 이를 증거로 하는 데 동의하지 아니하는 이상 그 문서파일의 기초가 된 로그파일 복사본과 로그파일 원본의 동일성도 인정되어야 한다"고 하고, 나아가 "이때 새로운 문서파일 또는 거기에서 출력한 문서를 진술증거로 사용

---

32) 판례는 위 사안에서 "이 경우 출력 문건과 정보저장매체에 저장된 자료가 동일하고 정보저장매체 원본이 문건 출력 시까지 변경되지 않았다는 점은, 피압수·수색 당사자가 정보저장매체 원본과 '하드카피' 또는 '이미징'한 매체의 해쉬(Hash)값이 동일하다는 취지로 서명한 확인서면을 교부받아 법원에 제출하는 방법에 의하여 증명하는 것이 원칙이나, 그와 같은 방법에 의한 증명이 불가능하거나 현저히 곤란한 경우에는, 정보저장매체 원본에 대한 압수, 봉인, 봉인해제, '하드카피' 또는 '이미징' 등 일련의 절차에 참여한 수사관이나 전문가 등의 증언에 의해 정보저장매체 원본과 '하드카피' 또는 '이미징'한 매체 사이의 해쉬 값이 동일하다거나 정보저장매체 원본이 최초 압수 시부터 밀봉되어 증거 제출 시까지 전혀 변경되지 않았다는 등의 사정을 증명하는 방법 또는 법원이 그 원본에 저장된 자료와 증거로 제출된 출력 문건을 대조하는 방법 등으로도 그와 같은 무결성·동일성을 인정할 수 있으며, 반드시 압수·수색 과정을 촬영한 영상녹화물 재생 등의 방법으로만 증명하여야 한다고 볼 것은 아니다"라고 하였다.

하는 경우 그 기재 내용의 진실성에 관하여는 전문법칙이 적용되므로 마찬가지로 제313조 제1항에 따라 공판준비기일이나 공판기일에서 그 작성자 또는 진술자의 진술에 의하여 성립의 진정함이 증명된 때에 한하여 이를 증거로 사용할 수 있다"고 한다(2015도3467).

한편, 대법원은 "증거로 제출된 전자문서 파일의 사본이나 출력물이 복사·출력 과정에서 편집되는 등 인위적 개작 없이 원본 내용을 그대로 복사·출력한 것이라는 사실은 전자문서 파일의 사본이나 출력물의 생성과 전달 및 보관 등의 절차에 관여한 사람의 증언이나 진술, 원본이나 사본 파일 생성 직후의 해시(Hash)값 비교, 전자문서 파일에 대한 검증·감정 결과 등 제반 사정을 종합하여 판단할 수 있다"고 하면서, "이러한 원본 동일성은 증거능력의 요건에 해당하므로 검사가 그 존재에 대하여 구체적으로 주장·증명하여야 한다"고 한다(2017도13263).

(3) 제315조가 적용되는 경우

전자기록 중에는 공무원이 직무상 증명할 수 있는 사항에 관하여 작성한 문서로서 컴퓨터로 작성한 서면 또는 사인이 업무의 통상과정에서 업무목적의 원활한 수행을 위하여 컴퓨터로 작성한 서면이나 이에 준하는 컴퓨터기록들은 제315조에 의해 당연히 증거능력이 인정된다.

대법원은 "성매매업소에 고용된 여성들이 성매매를 업으로 하면서 영업에 참고하기 위하여 성매매 상대방의 아이디와 전화번호 및 성매매방법 등을 메모지에 적어두었다가 직접 메모리카드에 입력하거나 업주가 고용한 다른 여직원이 그 내용을 입력한 사안에서, 위 메모리카드의 내용은 제315조 제2호의 '영업상 필요로 작성한 통상문서'로서 당연히 증거능력 있는 문서에 해당한다"고 한다(2007도3219).

3. 증거조사의 방법

컴퓨터용 디스크 그 밖에 이와 비슷한 정보저장매체에 기억된 문자정보를 증거자료로 하는 경우에는 읽을 수 있도록 출력하여 인증한 등본을 낼 수 있다(규칙 제134조의7 제1항).

컴퓨터디스크 등에 기억된 문자정보를 증거로 하는 경우에 증거조사를 신청한 당사자는 법원이 명하거나 상대방이 요구한 때에는 컴퓨터디스크 등에 입력한 사람과 입력한 일시, 출력한 사람과 출력한 일시를 밝혀야 한다(동조 제2항). 컴퓨터디스크 등에 기억된 정보가 도면·사진 등에 관한 것인 때에도 마찬가지이다(동조 제3항). 다만, 이때 증거자료가 되는 것은 문자정보 자체이고 출력된 문서가 독립된 증거로 신청되는 것은 아니므로 별도의 증거조사를 요하지 아니한다.

V. 거짓말탐지기 검사결과의 증거능력

1. 의 의

거짓말탐지기 검사란 피의자 등 피검사자에게 질문을 하여 진술하게 하고, 그때 나타나는 신체적·생리적 변화를 거짓말탐지기로 기록하여 이를 관찰·분석함으로써 진술의 진위나 사실에 대한 인식 유무를 판단하는 것을 말한다.

거짓말탐지기는 과학적 수사방법의 하나로 현재 이용되고 있지만 기계측정의 신뢰도나 기본권침해의 우려 등으로 인하여 그 검사결과를 증거로 사용하는 것에는 엄격한 제한을 두고 있다.

2. 증거능력의 요건

거짓말탐지기의 검사결과의 증거능력을 인정할 것인가에 대하여는 긍정설로는 ① 피검사자의 진지한 동의가 있는 이상 인격권, 진술거부권의 침해가 없고, 거짓말탐지기의 기술적 발전으로 과학적 신뢰도와 타당도가 인정되므로 감정서와 같이 증거능력을 인정하여야 한다는 견해가 있고, 부정설로는 ② 거짓말탐지기에 대하여는 검사결과에 대한 기계적·기술적 정확성이 보장되지 않으므로 요증사실과의 자연적 관련성이 부정된다는 견해와 ③ 거짓말탐지기의 검사결과는 사람의 진술거부권 또는 인격권을 침해한 위법수집증거로서 증거능력이 부정된다는 견해가 있다. 긍정설에서는 거짓말탐지기 검사보고서는 감정서의 성격을 가지므로 제313조 제3항에 의하여 증거능력을 인정할 수 있게 된다.

거짓말탐지기에 관한 우리나라 최초의 판결은 1979년 판결(79도547[33])이며, 일반적인 기준을 제시한 것은 1983년 판결(83도712)이다. 동 판결에서는 "거짓말탐지기의 검사결과에 대하여 증거능력을 인정할 수 있으려면 첫째로 거짓말을 하면 반드시 일정한 심리상태의 변동이 일어나고, 둘째로 그 심리상태의 변동은 반드시 일정한 생리적 반응을 일으키며, 셋째로 그 생리적 반응에 의하여 피검사자의 말이 거짓인지 여부가 정확히 판정될 수 있다는 전제요건이 충족되어야 하며 특히 생리적 반응에 대한 거짓 여부의 판정은 거짓말탐지기가 위 생리적 반응을 정확히 측정할 수 있는 장치이어야 하고 검사자가 탐지기의 측정내용을 객관성있고 정확하게 판독할 능력을 갖춘 경우라야 그 정확성을 확보할 수 있어 증거능력을 부여할 것이다"고 하였다. 이후 대법원은 미국의 프라이테스트와 같이 거짓말탐지기의 전제조건들이 모두 충족되어 과학적으로 승인된 정도가 아니면 그 증거능력을 부정하겠다는 취지로 판시함으로써 사실상 거짓말탐지기의 증거능력을 부정하고 있다.

그러나 대법원은 거짓말탐지기의 검사결과를 그 검사를 받은 사람의 진술의 신빙성을 가늠하는 정황증거로는 인정하고 있다(2016도15526). 거짓말탐지기의 검사결과는 피검사자의 동의가 있더라도 아직은 그 정확성을 신뢰하기 어렵다는 점에서 요증사실을 입증하는 독립적인 증거로 인정하는 것은 시기상조일 것이다.

3. 거짓말탐지기 검사를 통해 얻은 자백의 증거능력

거짓말탐지기의 검사결과를 부정하더라도 거짓말탐지기에 동의하고 검사를 받은 피검사자에 대하여 그 검사결과를 가지고 추궁하여 얻은 자백의 증거능력을

---

33) 판례는 "허언탐지기의 시험결과 및 그 보고서는 피검자의 동의가 있고, 기계의 성능, 피검자의 정신상태, 질문방법, 검사자 및 판정자의 지식, 경험, 검사장소의 상황등 제반사정에 비추어 검사결과의 정확성이 보증되는 경우에 한하여 증거능력이 인정된다"(79도547)고 하였다.

인정할 수 있는가에 대하여는 ① 피검사자의 동의가 있는 경우에 한하여 증거능력을 인정할 수 있다는 견해와 ② 거짓말탐지기 검사 자체가 위법수사에 해당하므로 거짓말탐지기에 의한 검사를 통해 얻은 자백에 대해서도 증거능력을 부정하여야 한다는 견해가 있다.

대법원은 자백의 임의성이 인정되므로 증거능력이 인정된다고 한다. 즉, 피검사자가 검사결과가 거짓으로 나오면 자백을 하겠다고 약속하고 자백을 한 경우에 있어서 그 자백의 임의성을 부정하지 아니한다(83도712). 거짓말탐지기 검사가 피검사자의 동의에 의한 경우에는 그 검사를 위법수사라고 할 수 없으므로 그로부터 얻은 자백에 대하여는 증거능력을 인정하여야 할 것이다.

[참고] 수사기관의 거짓말탐지기 검사의 허용 여부 및 진술거부권의 고지

거짓말탐지기 검사결과에 대하여 증거능력을 부정하는 경우에 수사기관에서 거짓말탐지기 검사를 허용할 것인가에 대하여는 ① 수사기관이 피검사자의 동의 또는 요구에 의해 거짓말탐지기 검사를 하는 것은 수사의 효율성을 높이는 동시에 수사의 신속한 종결을 위해 허용되어야 한다는 견해와 ② 거짓말탐지기 검사 자체가 위법수사이므로 피검사자의 동의 여부에 관계없이 허용되지 않는 견해가 있다. 그러나 거짓말탐지기의 검사에 피검사자가 동의한 경우에는 위법수사라고 할 수 없으며, 피의자가 자기방어를 위하여 거짓말탐지기 검사를 원하는 경우도 있을 것이므로 검사결과의 증거사용 여부와 관계없이 과학적 수사방법으로서 거짓말탐지기 검사 자체는 허용하여야 할 것이다.

한편, 수사기관에서 거짓말탐지기 검사를 허용하는 경우에 피검사자에게 진술거부권을 고지하여야 하는가에 대하여는 ① 진술거부권을 고지하여야 한다는 견해와 ② 거짓말탐지기 검사가 피검사자의 동의를 전제로 하므로 진술거부권의 고지를 요하지 아니한다는 견해가 있다. 진술거부권은 헌법상 보장된 피의자의 권리일 뿐만 아니라 거짓말탐지기 검사가 피검사자의 동의를 전제로 하는 경우에도 피검사자가 진술을 거부하거나 검사의 중단을 요청할 수도 있으므로 거짓말탐지기 검사의 경우에도 진술거부권의 고지는 필요하다고 할 것이다.

---

4. 거짓말탐지기 검사결과와 탄핵증거

거짓말탐지기 검사결과를 탄핵증거로 사용할 수 있는가에 대하여는 ① 거짓말탐지기 검사결과의 정확성과 신뢰성의 요건이 충족되는 경우에는 탄핵증거로 사용할 수 있다는 견해와 ② 거짓말탐지기 검사결과는 정확성을 결여하고 있기 때문에 증거로 사용할 수 없다거나, 거짓말탐지기 검사는 위법수사이므로 탄핵증거로도 사용할 수 없다는 견해가 있다.

전술한 것처럼 거짓말탐지기 검사 자체를 위법수사라고 할 수는 없으므로 검사결과의 정확성과 신뢰성의 요건이 충족된다면 탄핵증거로의 사용을 허용하여야 할 것이다.

제 5 절 진술의 임의성

I. 의 의

1. 제317조의 의미

(1) 개 념

피고인 또는 피고인 아닌 자의 진술이 임의로 된 것이 아닌 것은 증거로 할 수 없으며, 피고인 또는 피고인 아닌 자의 진술을 기재한 서류는 그 작성 또는 내용인 진술이 임의로 되었다는 것이 증명된 것이 아니면 증거로 할 수 없다(제317조 제1항, 제2항). 검증조서의 일부가 피고인 또는 피고인 아닌 자의 진술을 기재한 것인 때에는 그 부분에 한하여는 마찬가지이다(동조 제3항). '증거로 할 수 없다'는 증거능력이 부정된다는 의미이다.

진술의 임의성 요건에 대하여는 ① 허위배제에 그 근거가 있다는 견해, ② 전문증거의 증거능력을 부여하기 위한 요건이므로 의사결정과 의사표현의 자유를 의미한다고 해석하는 견해, ③ 위법배제에 그 근거가 있다는 견해 등이 있다.

대법원은 임의성 없는 진술의 증거능력을 부정하는 취지는, 허위진술을 유발 또는 강요할 위험성이 있는 상태하에서 행하여진 진술은 그 자체가 실체적 진실에 부합하지 아니하여 오판을 일으킬 소지가 있을 뿐만 아니라 그 진위를 떠나서 진술자의 기본적 인권을 침해하는 위법·부당한 압박이 가하여지는 것을 사전에 막기 위한 것으로 이해한다(2012도9879). 그러나 진술이나 서류가 전문법칙의 예외로서 증거능력이 인정되기 위해서는 진술의 임의성이 전제되어야 한다는 것이므로 진술의 임의성 요건은 위법배제에 그 근거가 있다고 할 것이다.

(2) 성 격

제317조의 성격에 대하여는 ① 진술의 임의성이 증거능력의 요건임과 동시에, 진술의 임의성에 대한 법원의 조사의무를 규정한 것이라고 해석하는 견해(결합설)와 ② 진술의 임의성이 증거능력의 요건임을 선언한 규정이라는 견해(증거능력요건설)가 있다.

대법원은 "진술증거의 임의성에 관해 의심할 만한 사정이 나타나 있는 경우에는 법원은 직권으로 그 임의성 여부에 관해 조사를 하여야 하고, 임의성이 인정되지 아니하여 증거능력이 없는 진술증거는 피고인이 증거로 함에 동의하더라도 증거로 삼을 수 없다"고 한다(2004도7900). 그러나 법원은 제출된 증거에 대하여 증거능력의 요건을 조사할 직무상 의무가 있다는 점을 고려하면 동조는 단지 진술의 임의성이 증거능력의 요건임을 명문화한 것으로 이해하여야 한다.

2. 제317조의 적용범위

제317조에 의하여 진술의 임의성이 요구되는 진술의 범위에 대하여는 ① 제309조의 특별규정으로 보아서 자백 이외의 일체의 진술증거를 의미한다는 견해(광의설, 다수설), ② 제310조의2 내지 제316조가 규정하는 있는 진술에 제한된다는 견해(협의설), ③ 피고인 이외의 자의 진술증거에 제한된다는 견해(제한설) 등이 있다.

대법원은 피고인 아닌 자의 임의성 없는 진술에 대하여 제317조에 의해 증거능력을 부정하고 있다(2004도517). 진술의 임의성은 피고인뿐만 아니라 피고인이 아닌 자의 진술에서도 문제가 되고, 검사가 제출한 진술증거뿐만 아니라 피고인이 제출하는 진술증거에서도 중요하므로 전문증거는 물론, 모든 형태의 진술에 임의성의 보장이 절대적으로 요구된다. 또한 제317조에서도 진술의 범위를 제한하지 않고 있으므로 광의설이 타당하다. 이에 따르면 자백의 임의성이 인정되지 않으면 제309조에 의하여, 자백 이외의 진술에 임의성이 인정되지 않으면 제317조에 의하여 증거능력이 부정된다.

II. 진술의 임의성과 증거능력

1. 진술의 임의성

진술의 임의성은 자백의 임의성과 같은 의미로 이해하여야 한다. 따라서 진술이 임의로 된 것이 아닌 때에는 증거능력이 인정되지 아니한다. 임의성 없는 진술증거는 피고인이 증거로 함에 동의하더라도 증거로 사용할 수 없다(2004도7900).

2. 서류작성의 임의성

진술을 기재한 서류에 관하여는 진술의 임의성뿐만 아니라 서류작성의 임의성도 인정되어야 한다. '서류작성의 임의성'이란 진술을 서류에 기재함에 있어서 외부로부터의 부당한 영향이나 압력이 가해진 것이 없다는 것을 의미한다.

그러나 법원 또는 수사기관이 작성한 조서는 물론, 공적인 증명문서나 업무의 통상과정에서 작성된 문서의 경우에는 서류작성의 임의성은 문제될 여지가 없다. 따라서 서류작성의 임의성이 주로 문제되는 것은 피의자 또는 참고인이 작성하는 진술서의 경우이다.

3. 검증조서에 기재된 진술의 임의성

검증조서의 일부에 피고인 또는 피고인 아닌 자의 진술이 기재된 경우에는 검증조서에 기재된 진술의 임의성뿐만 아니라 검증조서의 기재에 대한 임의성도 증명되어야 증거능력이 인정된다.

Ⅲ. 진술의 임의성의 조사와 증명

1. 임의성의 조사

(1) 조사주체와 조사시기

진술의 임의성은 증거능력에 관한 것이므로 법원은 원칙적으로 직권으로 조사하여야 한다. 그러나 당사자가 동의한 경우에는 조서의 작성상황을 고려하여 상당하다고 인정되면 임의성을 조사할 필요가 없다.

진술의 임의성은 증거능력의 요건이므로 원칙적으로 증거조사 전에 이루어져야 한다. 그러나 증거조사 중에 임의성에 의문이 생긴 때에는 증거조사과정에서 다시 임의성을 조사할 수 있다.

(2) 조사방법

임의성의 조사방법에 대하여는 명문규정이 없다. 하지만 진술의 임의성은 소송법적 사실로서 자유로운 증명으로 충분하므로 법원은 적당한 방법으로 임의성을 조사하면 된다. 대법원은 법원은 구체적인 사건에 따라 피고인의 학력, 경력, 직업, 사회적 지위, 지능 정도, 진술의 내용, 피의자신문조서의 경우 그 조서의 형식 등 제반 사정을 참작하여 자유로운 심증으로 진술이 임의로 된 것인지의 여부를 판단하면 된다고 한다(2010도3029).

2. 임의성의 증명

진술의 임의성은 소송법적 사실이므로 자유로운 증명으로 충분하지만(94도2316), 여기서의 증명은 다른 요증사실의 경우와 같이 법관에게 확신을 줄 정도의 증명을 의미한다.

한편, 진술의 임의성에 대한 거증책임에 대하여는 ① 검사의 소추능력과 피고인의 방어능력을 비교해 볼 때 검사에게 있다는 견해와 ② 증거를 제출하는 당사자에게 있다는 견해(다수설)가 있다. 증거능력의 전제되는 사실에 대한 거증책임은 그 증거를 제출한 당사자에게 있다고 할 것이므로 후자가 타당하다. 따라서 검사가 제출한 증거에 대하여 피고인이 임의성을 다투면 검사가 입증책임을 부담하여야 한다(2012도9879).

제11장

당사자의 동의와 증거능력

형 / 사 / 증 / 거 / 법

제11장
당사자의 동의와 증거능력

제1절 증거동의의 의의와 성격

I. 의 의

검사와 피고인이 증거로 할 수 있음을 동의한 서류 또는 물건은 진정한 것으로 인정한 때에는 증거로 할 수 있다(제318조 제1항). 즉, 증거능력이 없는 전문증거라도 당사자가 증거동의를 하는 경우에는 원진술자나 작성자를 증인으로 신청하여 공판정에서 신문하지 않더라도 증거능력을 인정할 수 있다. 하지만 당사자의 증거동의에 의해 모든 증거의 증거능력이 인정되는 것은 아니다. 여기에서 증거동의의 범위와 관련한 문제가 발생한다.

형소법에서는 당사자의 처분에 의한 증거능력을 인정하면서도 법원이 해당 증거의 진정성을 인정할 것을 전제조건으로 하고 있다. 따라서 형소법상 증거동의 제도는 당사자주의와 직권주의가 조화된 제도라고 할 수 있다.

II. 성 격

1. 처분권설

처분권설은 제318조 제1항이 동의의 대상을 '서류' 또는 '물건'이라고 규정하고 있으므로 당사자의 증거동의는 전문증거에만 한정되는 것이 아니라 모든 증거에 대한 증거능력과 증명력을 다툴 권리를 포기하는 것으로 이해하는 견해이다. 이 견해에서는 증거동의가 모든 증거에 대한 당사자처분주의를 규정한 것이라고 해석한다. 따라서 전문증거는 물론, 물적 증거나 위법하게 수집된 증거도 증거동의의 대상이 된다.

2. 반대신문권포기설

반대신문권포기설은 제318조 제1항은 전문증거에 국한된 것이라고 하면서 증거동의의 성질을 당사자의 반대신문권의 포기로 보는 견해이다(다수설). 이 견해에서는 반대신문권과 관계없는 피고인의 진술이나 물적 증거뿐만 아니라 임의성 없는 자백이나 위법수집증거도 증거동의의 대상이 되지 아니한다.

3. 병합설

병합설은 증거동의를 반대신문권의 포기를 의미하는 한편, 직접주의의 예외를 의미한다는 견해이다. 이 견해에서는 참고인진술조서와 같이 당사자가 아닌 자의 진술이 기재된 서면에 대한 증거동의는 반대신문권의 포기를 의미하며, 피고인의 진술이 기재된 진술조서나 증거물에 대한 증거동의는 직접심리주의의 원칙에 대한 예외에 해당한다고 한다. 이 견해에서는 전문증거뿐만 아니라 증거물도 위법수집증거가 아니면 증거동의의 대상이 된다.

4. 검 토

대법원은 "제318조 제1항에서는 전문증거금지의 원칙에 대한 예외로서 반대신문권을 포기하겠다는 피고인의 의사표시에 의하여 서류 또는 물건의 증거능력을 부여하려는 규정이므로 피고인의 의사표시가 위와 같은 내용을 적극적으로 표시하는 것이라고 인정되는 경우이면 증거동의로서의 효력이 있다"고 함으로써 증거동의가 전문증거에 국한된다는 입장에 있으면서도 물건에도 적용된다고 하고 있다(82도2873). 따라서 압수물(96초88)이나 비진술증거인 상해부위를 촬영한 사진(2007도3906) 등은 증거동의의 대상이 된다고 한다.

증거동의는 증거로 할 수 없는 증거에 대하여 당사자의 의사에 의하여 증거능력을 부여하는 소송행위라는 점에서 당사자의 반대신문권의 포기로 이해하여야 할 것이다. 하지만 위법수집증거이거나 임의성이 인정되지 않는 진술은 원래부터 증거능력이 없는 증거이므로 증거동의의 대상이 되지 아니한다. 따라서 제3자가 대화자 중 어느 일방의 동의만을 얻고 전화통화 내용을 녹음한 경우는 통신비밀보호법위반이므로 피고인이 증거동의를 하더라도 증거능력이 인정되지 아니한다(2015도1900).

그러나 물건은 공판정에 현출시키는 과정에서 오류가 개입할 위험성이 있으므로 당사자의 반대신문은 전문증거뿐만 아니라 물적 증거의 성립의 진정에 있어서도 중요한 의미를 가진다는 점에서 물적 증거를 증거동의의 대상에서 제외할 이유는 없을 것이다. 이는 증거동의의 대상으로 '서류'와 '물건'을 규정하고 있는 제318조 제1항의 문언과도 일치한다. 물적 증거에 대한 증거동의를 인정하더라도 그 성립의 진정의 최종 인정 여부는 법원의 권한이므로 당사자처분주의를 인정하는 것은 아니다. 그러나 위법수집증거는 적정절차의 원칙을 위반한 것이므로 당사자의 동의가 있더라도 증거능력이 부정되는 것은 물건의 경우도 마찬가지이다(2010도9016).

Ⅲ. 증거동의와 전문법칙

제318조와 전문법칙의 관계에 대하여는 ① 제318조의 진정성은 신용성의 정황적 보장과 같은 의미라는 점에서 전문법칙의 예외에 관한 규정이라는 견해와 ② 제318조는 당사자주의를 반영한 것으로서 전문법칙의 적용이 배제되는 규정이라는 견해(다수설)가 있다.

대법원은 "제318조 제1항에서는 전문증거금지의 원칙에 대한 예외로서 반대신문권을 포기하겠다는 피고인의 의사표시에 의하여 서류 또는 물건의 증거능력을 부여하려는 규정이므로 피고인의 의사표시가 위와 같은 내용을 적극적으로 표시하는 것이라고 인정되는 경우이면 증거동의로서의 효력이 있다"고 하여(82도2873) 전문법칙예외설을 취하고 있다. 그러나 제318조에서는 당사자의 동의와 진정성을 요건으로 증거능력을 인정하고 있다는 점에서 전문법칙의 적용이 배제되는 경우라고 할 것이다.

제 2 절 증거동의의 주체와 대상

Ⅰ. 증거동의의 주체와 상대방

1. 동의주체

(1) 검사와 피고인

증거동의의 주체는 당사자인 검사와 피고인이다. 따라서 당사자 일방이 신청한 증거에 대하여는 반대당사자의 동의를, 법원이 직권으로 수집한 증거는 양 당사자의 증거동의를 요한다.

(2) 변호인

변호인은 포괄적 대리권을 가지므로 피고인을 대리하여 증거동의를 할 수 있다. 변호인의 증거동의권의 법적 성격에 대하여는 ① 피고인의 명시적·묵시적 의사에 반할 수 없는 종속대리권이라는 견해(다수설)와 ② 변호인은 피고인의 명시한 의사에 반하지 않는 한 피고인을 대리하여 증거동의를 할 수 있는 독립대리권이라는 견해가 있다.

대법원은 피고인의 명시적 의사에 반하지 않는 한 피고인을 대리하여 동의할 수 있다고 함으로써 변호인의 동의권을 독립대리권으로 보고 있다(99도2029). 증거동의는 고도의 법률적 판단이 요구되는 행위라는 점에서 변호인의 독립대리권에 속한다고 할 것이다. 따라서 피고인이 변호인의 동의에 대하여 이의제기를 하거나 증거조사 완료 전에 그 동의를 취소하거나 철회하면 증거동의는 효력이 없다(2004도4428). 또한 피고인이 출석한 공판기일에서 증거로 함에 부동의한다는 의견이 진술된 경우에는 그 후 피고인이 출석하지 아니한 공판기일에 변호인만이 출석하여 종전 의견을 번복하여 증거로 함에 동의하였다 하더라도 이는 특별한 사정이 없는 한 효력이 없다(2013도3).

그러나 피고인이 변호인과 함께 출석한 공판기일의 공판조서에 검사가 제출한 증거에 대하여 동의한다는 기재가 되어 있다면 이는 피고인이 증거동의를 한 것으로 보아야 하고, 그 기재는 절대적인 증명력을 가진다(2015도19139).

2. 동의의 상대방

증거동의의 상대방은 법원이다. 당사자의 증거신청에 대한 증거동의라고 하더라도 그 의사표시는 법원에 하여야 하기 때문이다. 따라서 공판준비나 공판기일 외에서 반대당사자에게 한 증거동의는 효력이 없다.

II. 동의대상

1. 서 류

(1) 적용범위

증거능력이 없는 전문증거는 모두 증거동의의 대상이 된다. 따라서 전문서류 뿐만 아니라 전문진술에 대하여도 증거동의가 허용된다(83도516). 문서의 일부에 대한 동의도 가능하다(2007도1794).

증거동의의 대상이 되는 서류에는 진술조서(99도3273), 진술서(90도1229), 검증조서, 압수조서, 감정서, 수사보고서(2011도3809) 등은 물론이고, 조서나 서류의 사본(95도2625)과 사진(2007도3906)도 포함된다. 또한 공동피고인(82도1000)이나 공범에 대한 피의자신문조서는 물론, 진술자의 서명은 있지만 날인이 착오로 누락된 진술조서(82도63)도 증거동의의 대상이 된다.

(2) 반대증거

대법원은 "유죄의 자료가 되는 것으로 제출된 증거의 반대증거 서류에 대하여는 그것이 유죄사실을 인정하는 증거가 되는 것이 아닌 이상 반드시 그 성립의 진정이 증명되지 아니하거나 이를 증거로 함에 있어서의 상대방의 동의가 없다고 하더라도 증거판단의 자료로 할 수 있다"고 한다(80도1547).

이에 대하여는 ① 검사와 달리 피고인은 자신의 무죄를 주장하기 위해 반드시 증거능력이 있는 증거를 제출할 필요는 없고, 접근 가능한 모든 증거를 사용할 수 있다며 찬성하는 견해와 ② 탄핵증거가 아닌 반증이라면 본증과 마찬가지로 증거능력 있는 증거이어야 한다는 점에서 증거동의의 대상이 되어야 한다며 반대하는 견해가 있다. 피고인이 제출한 증거도 요증사실과 관련된 것이면 증거능력 있는 증거이어야 하고, 그 증거는 성립의 진정이 인정되거나 증거동의가 있는 경우에 한하여 증거능력을 인정하여야 할 것이다.

2. 물 건

제318조 제1항의 문언의 의미상 전문증거뿐만 아니라 증거물에 대하여도 증거동의가 허용된다(2004도4428 참조).

제 3 절 증거동의의 시기와 방식

Ⅰ. 동의시기

증거동의는 원칙적으로 증거조사 전에 하여야 한다. 증거동의는 증거능력의 요건일 뿐만 아니라 증거능력이 인정되어야 증거조사를 할 수 있기 때문이다. 증거동의는 공판기일에서 뿐만 아니라 공판준비기일에서도 할 수 있다.

그러나 증거조사 중이거나 증거조사 종료 후에 증거능력이 없는 전문증거임이 밝혀진 때에는 사후동의도 가능하다. 다만, 사후동의는 변론종결 시까지 허용된다. 증거조사 후에 당사자의 동의가 있어 그 하자가 치유된 경우에는 증거능력이 소급적으로 인정된다(통설).

Ⅱ. 동의방식

1. 의사표시방법

증거동의의 의사표시방법에 대하여는 ① 증거동의는 증거에 증거능력을 부여하는 중요한 소송행위이므로 명시적으로 표시되어야 한다는 견해(통설)와 ② 증거동의는 묵시적 동의로 가능하다는 견해가 있다.

대법원은 당사자가 증거신청에 대한 이의제기를 포기한 것이라고 볼 수 있으면 증거동의를 인정한다. 따라서 피고인이 피고인 아닌 자의 진술조서에 대하여

'이견이 없다'고 진술하거나(72도922) 피고인이 신청한 증인의 전문진술에 대하여 '별 의견이 없다'고 진술한 경우(83도516)에도 증거동의로 인정하고 있다. 그러나 증거동의는 중요한 소송행위이므로 적어도 반대신문권을 포기하는 의사 또는 증거능력을 부여하는 의사가 명시적으로 표현되어야 한다.

2. 동의방식

증거동의의 방식에 대하여는 ① 반드시 개개의 증거에 대하여 개별적으로 동의하여야 한다는 견해와 ② 검사가 제시한 모든 증거에 대하여 포괄적으로 증거동의가 가능하다는 견해가 있다.

대법원은 개별 증거에 대한 증거조사방식을 거치지 않고 검사가 제시한 모든 증거에 대하여 피고인이 동의하는 포괄적 동의방식도 인정한다(82도2873). 직접주의의 원칙이나 실체적 진실발견의 관점에서 보면 개개의 증거에 대하여 개별적으로 증거동의를 하는 것이 원칙이지만, 피고인이 체념하여 소송을 포기한 경우나 증거동의의 의미를 충분히 이해하지 못하는 경우 등과 같은 특별한 사정이 없다면 포괄적 동의도 허용하여야 할 것이다.

제4절　증거동의의 의제

Ⅰ. 피고인이 불출석한 경우

1. 불출석재판

(1) 형소법에 의한 경우

피고인의 출정 없이 증거조사를 할 수 있는 경우에 피고인이 출정하지 아니한 때에는 대리인 또는 변호인이 출정한 경우를 제외하고는 증거동의가 있는 것으로 간주한다(제318조 제2항). 이는 재판의 필요성 및 신속성, 즉 피고인의 불출정으로 인한 소송행위의 지연 내지 피고인 불출정의 경우에 전문증거의 증거능력을 결정하지 못함에 따른 소송지연을 방지하기 위한 것이다(2010도15977).

따라서 (ⅰ) 피고인이 법인인 사건에서 법인의 대표자 또는 대리인이 출석하지 않은 경우(제276조 단서), (ⅱ) 경미사건 등에 있어서 피고인의 출석을 요하지 않거나 법원의 허가를 받아 불출석할 사건(제277조¹⁾), (ⅲ) 피고인이 출석하지 아니하면 개정하지 못하는 경우에 구속된 피고인이 정당한 사유 없이 출석을 거부하고, 교도관에 의한 인치가 불가능하거나 현저히 곤란하다고 인정되는 경우(제277조의2), (ⅳ) 피고인이 항소심의 공판기일에 2회 출석하지 않은 경우(제365조), (ⅴ) 약식명령에 대하여 정식재판을 청구한 피고인이 공판기일에 2회 출석하지 않은 경우(제458조 제2항, 제365조), (ⅵ) 즉결심판에 대하여 피고인이 정식재판을 청구한 사건에서 공판기일에 2회 불출석한 경우(즉결심판에 관한 절차법 제19조) 등에 있어서는 증거동의가 의제된다.

(2) 소송촉진 등에 관한 특례법에 의한 경우

「소송촉진 등에 관한 특례법」에서는 "제1심 공판절차에서 피고인에 대한 송달불능보고서가 접수된 때부터 6개월이 지나도록 피고인의 소재를 확인할 수 없는 경우에는 대법원규칙²⁾으로 정하는 바에 따라 피고인의 진술 없이 재판할 수

---

1) 제277조(경미사건 등과 피고인의 불출석) 다음 각 호의 어느 하나에 해당하는 사건에 관하여는 피고인의 출석을 요하지 아니한다. 이 경우 피고인은 대리인을 출석하게 할 수 있다.
   1. 다액 500만원 이하의 벌금 또는 과료에 해당하는 사건
   2. 공소기각 또는 면소의 재판을 할 것이 명백한 사건
   3. 장기 3년 이하의 징역 또는 금고, 다액 500만원을 초과하는 벌금 또는 구류에 해당하는 사건에서 피고인의 불출석허가신청이 있고 법원이 피고인의 불출석이 그의 권리를 보호함에 지장이 없다고 인정하여 이를 허가한 사건. 다만, 제284조(인정신문)에 따른 절차를 진행하거나 판결을 선고하는 공판기일에는 출석하여야 한다.
   4. 제453조제1항에 따라 피고인만이 (약식명령에 대하여) 정식재판의 청구를 하여 판결을 선고하는 사건
2) 「소송촉진 등에 관한 특례규칙」 제19조(불출석피고인에 대한 재판) ① 피고인에 대한 송달불능보고서가 접수된 때로부터 6월이 경과하도록 제18조제2항 및 제3항의 규정에 의한 조치에도 불구하고 피고인의 소재가 확인되지 아니한 때에는 그 후 피고인에 대한 송달은 공시송달의 방

있다. 다만, 사형, 무기 또는 장기(長期) 10년이 넘는 징역이나 금고에 해당하는 사건의 경우에는 그러하지 아니하다"(제23조)고 규정하고 있다.

이 규정의 의미에 대하여는 ① 증거동의가 반대신문권의 포기만을 의미하는 것은 아니고, 사형, 무기 또는 장기(長期) 10년이 넘는 징역이나 금고에 해당하는 사건의 경우는 제외하고 있다는 점에서 증거동의를 의제할 수 있다는 견해와 ② 피고인이 반대신문권을 포기한 경우라고 할 수 없다는 점에서 증거동의를 의제할 수 없다는 견해가 있다.

대법원은 "피고인이 공시송달의 방법에 의한 공판기일의 소환을 2회 이상 받고도 출석하지 아니하여 법원이 피고인의 출정 없이 증거조사를 하는 경우에는 제318조 제2항에 따른 피고인의 증거동의가 있는 것으로 간주된다"고 한다(2010도15977). 증거동의의 근거는 물론,「소송촉진 등에 관한 특례법」상 '피고인의 진술 없이 재판할 수 있다'는 문언과 소송지연방지라고 하는 동법의 입법취지 및 중한 사건은 그 대상에서 배제하고 있다는 점 등을 고려하면 이 경우에는 증거동의를 인정할 수 있을 것이다.

2. 피고인의 퇴정

피고인이 재판장의 허가 없이 퇴정하거나 재판장의 퇴정명령에 의하여 재정하지 않은 때에 증거동의가 의제되는가에 대하여는 ① 피고인이 재판장의 허가 없이 퇴정한 경우뿐만 아니라 피고인의 귀책사유로 인해 퇴정을 받은 때에도 증거동의가 의제된다는 견해, ② 재판장의 퇴정명령에 의한 경우에는 증거동의를 의제할 수 없지만, 피고인이 출석하지 않거나 재판장의 허가없이 퇴정한 경우에는 증거동의가 의제된다는 견해, ③ 피고인이 재판장의 허가 없이 퇴정한 경우뿐만 아니라 피고인의 귀책사유로 인해 퇴정을 받은 때에도 증거동의가 의제되지 아니한다는 견해(다수설) 등이 있다.

법에 의한다.

② 피고인이 제1항의 규정에 의한 공판기일의 소환을 2회 이상 받고도 출석하지 아니한 때에는 법 제23조의 규정에 의하여 피고인의 진술없이 재판할 수 있다.

대법원은 "필요적 변호사건이라 하여도 피고인이 재판거부의 의사를 표시하고 재판장의 허가 없이 퇴정하고 변호인마저 이에 동조하여 퇴정해 버린 것은 모두 피고인측의 방어권의 남용 내지 변호권의 포기로 볼 수밖에 없는 것이므로 수소법원으로서는 제330조에 의하여 피고인이나 변호인의 재정 없이도 심리판결할 수 있다"고 하면서, 위와 같이 "피고인과 변호인들이 출석하지 않은 상태에서 증거조사를 할 수밖에 없는 경우에는 제318조 제2항의 규정상 피고인의 진의와는 관계없이 제318조 제1항의 동의가 있는 것으로 간주하게 되어 있다"고 한다(91도865). 그러나 증거동의는 불출석에 대한 제재가 아닌 소송경제의 목적상 인정되는 것이며, 허가없이 퇴정한 것만으로 반대신문권의 포기를 인정하기 어렵고, 피고인이 퇴정한 경우에도 다시 소환하여 증거조사를 할 수 있다는 점에서 피고인이 재판을 거부하고 있다고 하여 증거동의를 의제한 것으로 인정하여서는 아니될 것이다.

II. 간이공판절차에서의 특칙

피고인이 공판정에서 공소사실에 대하여 자백한 때에는 법원은 그 공소사실에 한하여 간이공판절차에 의하여 심판할 것을 결정할 수 있다(제286조의2).

법원이 간이공판절차의 결정이 있는 사건의 증거에 관하여는 증거능력이 인정되지 않는 전문증거에 대하여 당사자의 증거동의가 있는 것으로 간주한다(제318조의3). 피고인이 공판정에서 자백한 이상 공소사실을 증명하기 위한 개개의 증거에 대해서 다툴 의사가 없는 것으로 추정되기 때문이다. 다만, 검사, 피고인 또는 변호인이 증거로 함에 이의가 있는 때에는 그러하지 아니한다(동조 단서).

제 5 절   진정성의 조사와 증거동의의 효과

Ⅰ. 증거의 진정성의 조사

1. 진정성의 의미

증거동의가 있는 서류 또는 물건은 법원이 제반 사정을 참작하여 진정한 것으로 인정하면 증거로 할 수 있다(2015도3467). 따라서 증거동의가 있더라도 증거에 대한 법원의 진정성 인정이 이루어지지 않는 경우에는 증거동의가 허용되지 아니한다. 증거의 진정성 입증은 증거물과 요증사실과의 자연적 관련성을 인정하기 위한 전제조건이 되므로, 진정성이 인정되지 않는 경우 실체적 진실발견의 목적상 당사자의 동의를 인정할 수 없기 때문이다.

진정성의 의미에 대하여는 ① 진정성이란 서류나 물건의 신용성을 의심스럽게 하는 유형적 상황이 없음을 의미한다고 하는 견해(유형적 상황설, 다수설)와 ② 진정성은 증거수집과정의 임의성에 대한 판단을 의미한다는 견해(임의성설)가 있다. 전자에 따르면 진술조서나 진술서에 서명날인이 없거나 그 기재내용과 진술이 상이한 경우, 진술내용이 객관적 사실과 다른 경우, 현장사진이나 현장녹음의 작성과정이 의심스러운 경우에는 진정성이 인정되지 아니한다. 후자에서는 진술이나 서류작성의 임의성을 의심할 만한 특별한 사정이 존재하면 진정성이 인정되지 아니한다. 임의성 있는 전문증거의 경우에 다시 증거능력의 요건으로 임의성을 요하는 것은 적절하지 않고, 당사자의 동의가 있으면 그 증거는 사실상 진정한 것으로 추정된다는 점에서 서류나 물건의 신용성을 의심스럽게 하는 유형적 상황이 있으면 진정성이 부정된다고 할 것이다.

2. 진정성에 대한 증명

법원은 증거동의가 있으면 직권으로 진정성 여부를 조사하여야 한다. 증거의 진정성은 증거의 실질적인 가치에 대한 판단이 아니라 증거능력의 요건이므로 자유로운 증명으로 족하고, 따라서 전문법칙의 예외인 '특히 신빙할 수 있는 상태'보다 완화된 요건이라고 할 수 있다. 다만, 진정성의 조사에 있어서는 증거의 내용을 판단의 기초로 삼을 수 있다. 대법원은 증거동의가 있는 서류 또는 물건은 법원이 제반 사정을 참작하여 진정한 것으로 인정하면 증거로 할 수 있다고 한다(2015도3467).

진정성의 입증은 전문서류는 서명날인 등을 통해, 물적 증거는 법정에 제출된 증거물이 범죄현장에서 수집한 증거물인지 여부 및 증거물 보관의 연속성 여부의 확인을 통해 하여야 한다.

II. 증거동의의 효과

1. 증거능력의 인정

증거동의를 전문증거에만 제한할 경우(다수설)에 당사자의 증거동의는 제311조부터 제316조의 요건을 갖추지 않은 전문증거에 대하여 증거능력을 부여하게 된다. 그러나 전술한 것처럼 반대신문권포기설에 의하더라도 물적 증거에 대하여 증거동의를 인정하여야 한다.

한편, 증거동의를 한 당사자가 자신이 동의한 증거의 증명력을 다툴 수 있는가에 대하여는 ① 증거능력과 증명력은 별개의 문제이고, 증거동의가 반대신문권의 포기만을 의미하는 것은 아니므로 동의한 당사자도 반대신문을 통해 증명력을 다툴 수 있다는 견해, ② 동의는 증거능력에 관한 문제이므로 자신이 동의한 증거의 증명력을 다투는 것은 가능하지만, 동의의 본질은 반대신문권의 포기에 있으므로 동의한 당사자가 반대신문의 방법으로 증명력을 다툴 수 없다는 견해(다수설), ③ 증거동의는 증거능력과 증명력을 다툴 권리를 포기한다는 것을 의미하므로 당사자가 동의한 증거에 대하여는 증명력을 다툴 수 없다는 견해 등이 있다. 증거동의의 본질이 반대신문권의 포기에 있다는 것은 전술한 바와 같다. 따라서 증거능력과 증명력은 다르므로 동의한 증거에 대해서 당사자가 증명력을 다투는 것은 가능하다고 하더라도 동의를 취소하거나 철회하지 않는 한 반대신문의 방법으로 증명력을 다투는 것은 허용되지 아니한다고 할 것이다. 그러므로 증거동의를 한 당사자가 동의한 증거의 증명력을 다투기 위하여 원진술자를 증인으로 신청하거나 법원이 진정성 조사를 위해 증인으로 신문하는 원진술자에게 반대신문을 하는 것은 허용되지 아니한다.

2. 동의의 효력범위

증거동의의 효력은 원칙적으로 대상 증거물 전체에 미치며, 서류 또는 진술의 내용이 가분적인 경우에는 일부에 대한 동의도 인정된다(2007도1794 참조). 또한 증거동의의 인적 효력은 동의한 사람에게만 미친다. 따라서 공동피고인 중 1인이 동의한 경우 다른 공동피고인에게는 동의의 효력이 미치지 아니한다.

증거동의의 효력은 일단 적법하게 발생하게 되면 공판절차의 갱신이 있거나 심급을 달리하더라도 그 효력에 영향이 없다(89도2366).

제6절 증거동의의 철회와 취소

Ⅰ. 동의의 철회

1. 성 격

증거동의는 원칙적으로 철회할 수 있다. 그 성격에 대하여는 ① 증거동의는 증거의 신청이나 철회처럼 사건의 실체를 좌우하는 실체형성행위이고, 형사절차의 실체는 유동적인 것이므로 원칙적으로 증거동의가 허용된다는 견해와 ② 증거동의는 소송절차형성행위이므로 절차의 안정성을 해치지 않는 범위 내에서 철회가 허용된다는 견해(다수설)가 있다. 증거동의는 절차형성행위와 실체형성행위의 성격을 모두 가지고 있으나 기본적으로는 절차형성행위이므로 증거동의의 철회는 절차의 안전성을 유지하는 범위 내에서 허용된다고 할 것이다.

2. 철회시기

증거동의의 철회시기에 대하여는 ① 증거조사 시행 전까지 가능하다는 견해, ② 증거조사 완료 전까지 가능하다는 견해(다수설), ③ 구두변론종결 시 까지 가능하다는 견해 등이 있다.

대법원은 증거동의의 의사표시는 증거조사가 완료되기 전까지 취소 또는 철회할 수 있으나, 일단 증거조사가 완료된 뒤에는 취소 또는 철회가 인정되지 아니하므로 취소 또는 철회 전에 이미 취득한 증거능력은 상실되지 아니한다고 한다(2015도3467). 절차의 확실성과 소송경제적 측면에서 고려할 때 증거동의 철회의 의사표시는 증거조사 완료 전까지로 제한하여야 할 것이다.

II. 동의의 취소

증거동의를 한 경우에도 소급효가 인정되는 취소를 허용할 것인가에 대하여는 ① 중대한 착오나 수사기관의 강박에 의한 경우에는 증거동의를 취소할 수 있다는 견해, ② 소송절차의 형식적 확실성을 보장하기 위해 착오나 강박에 의한 경우에도 원칙적으로 증거동의의 취소가 허용되지 아니한다는 견해, ③ 증거동의를 한 자가 귀책사유 없이 착오한 경우나 수사기관의 강박에 의한 경우는 동의를 취소할 수 있다는 견해(다수설) 등이 있다.

대법원은 증거취소를 허용하고 있다. 다만, "절차형성적 소송행위가 착오로 인하여 행하여진 경우, 절차의 형식적 확실성를 강조하면서도 피고인의 이익과 정의의 희생이 커서는 안된다는 측면에서 그 소송행위의 효력을 고려할 필요가 있으므로 착오에 의한 소송행위가 무효로 되기 위하여는 첫째, 통상인의 판단을 기준으로 하여 만일 착오가 없었다면 그러한 소송행위를 하지 않았으리라고 인정되는 중요한 점(동기를 포함)에 관해 착오가 있고, 둘째, 착오가 행위자 또는 대리인이 책임질 수 없는 사유로 인하여 발생하였으며, 셋째, 그 행위를 유효로 하는 것이 현저히 정의에 반한다고 인정될 것 등 세 가지 요건을 필요로 한다"고 한다(92모1). 소송절차의 형식적 확실성의 요청에 따르면 증거동의의 취소는 원칙적으로 허용되어서는 아니된다. 다만, 증거의 동의가 수사기관의 강박에 의한 경우나 중대한 착오에 의한 것으로서 피고인이 책임질 수 없는 사유로 발생한 것이고, 그 증거동의를 유효로 하는 것이 형사사법의 정의에 현저히 반한다고 인정되는 경우에는 예외적으로 증거동의의 취소를 허용하여야 할 것이다. 다만, 증거취소는 증거조사가 완료되기 전에 하여야 한다(2015도3467).

제12장

탄핵증거

형/사/증/거/법

제12장

탄핵증거

제1절 탄핵증거의 의의와 성격

Ⅰ. 의 의

1. 개 념

탄핵증거란 진술의 증거능력이 인정된 후 진술의 증명력을 탄핵하기 위하여 사용되는 증거를 말한다. 형소법에서는 제312조부터 제316조까지의 규정에 따라 증거로 할 수 없는 서류나 진술이라도 공판준비 또는 공판기일에서의 피고인 또는 피고인이 아닌 자의 진술의 증명력을 다투기 위하여 증거로 할 수 있다(제318조의2)고 규정하고 있다. 탄핵증거는 범죄사실을 입증하는 증거가 아니므로 소송법상 엄격한 증거능력을 요하지 아니한다(2005도2617).

탄핵증거는 반대당사자가 증거능력이 인정된 증거의 증명력을 감쇄시켜 법관이 해당 증거물의 증명력 판단에 있어서 합리성을 갖게 함으로써 실체적 진실발견에 도움이 되며, 증거능력을 가진 별도의 증거에 의한 증명의 어려움을 구제할 수 있기 때문에 소송경제에도 도움이 된다. 그러나 증거능력이 인정되지 않는 탄핵증거를 무분별하게 인정하게 되면 증거능력 없는 증거를 통해 사실인정자의 심증형성에 부당한 영향을 미칠 수 있다는 점에서 그 범위가 문제된다.

2. 구별개념

탄핵증거는 진술의 증명력을 다투는 방법으로서의 반대신문의 경우와 독립한 증거로서 반증을 제출하는 방법과 구별된다. 반대신문은 증인신문 시에 주신문에 이어 반대당사자가 구두에 의해 증명력을 다투는 것인데 반해, 탄핵증거는 증인의 증언 외에도 서면의 제출로도 가능하다는 점에서 차이가 있다. 또한 반증의 제출은 증거능력이 있고 엄격한 증거조사를 거친 증거이어야 하는 반면, 탄핵증거는 전문법칙이 적용되지 아니하며 엄격한 증거조사가 아닌 공판정에서의 조사로도 가능하다는 점에서 차이가 있다.

II. 성 격

탄핵증거는 전문법칙의 적용이 없는 경우에 해당한다(통설). 영·미법에서도 전문증거는 해당진술의 내용이 요증사실의 입증을 목적으로 할 때에 인정되는 개념이므로 증명력을 감쇄하기 위한 탄핵증거는 전문법칙이 적용되지 아니한다. 따라서 탄핵증거에 있어서는 전문법칙의 예외인정 기준인 신용성의 정황적 보장과 필요성의 요건이 충족될 것을 요하지 아니한다.

제 2 절 탄핵증거의 허용범위

Ⅰ. 탄핵증거의 범위

탄핵증거로 사용할 수 있는 전문증거의 범위에 대하여는 견해가 나뉘어져 있다.

1. 한정설

한정설은 탄핵증거로 사용할 수 있는 증거를 자기모순의 진술로 한정하여야 한다는 견해이다. 자기모순의 진술이란 증인의 법정에서의 진술과 상이한 법정 외의 진술을 말한다. 이 견해는 진술자가 타인의 진술에 의해 증명력을 다투려면 먼저 그 진술을 신용할 수 있어야 하지만 이는 전문증거의 증거능력을 제한하는 전문법칙에 반하며, 진술의 신용성을 확인할 수 없는 타인의 진술에 의해 증인의 진술을 탄핵하게 되면 법관의 심증형성에 부당한 영향을 미칠 수 있으므로 이를 방지하여야 한다는 것을 근거로 한다. 이 입장에서는 전문법칙에 의하여 증거능력이 인정되지 않는 타인의 진술은 탄핵증거가 될 수 없다.

2. 비한정설

비한정설은 탄핵증거로 사용할 수 있는 증거를 자기모순의 진술에 한하지 않고, 증거의 증명력을 다투기 위한 증거라면 모든 전문증거를 사용할 수 있다는 견해이다. 이 견해는 법문에서 자기모순의 진술이라고 규정하지 않고 있으며, 증거의 증명력은 최종적으로 법관이 판단하게 되므로 탄핵증거를 자기모순의 진술에 한정할 이유가 없다는 것을 근거로 한다.

3. 절충설

절충설은 자기모순의 진술 외에 증인의 신빙성에 관한 보조사실을 입증하는 증거도 탄핵증거로 사용할 수 있다고 하는 견해이다(다수설). 이 견해는 전문증거의 증거능력을 부인하는 것은 전문증거를 범죄사실에 관한 주요 사실이나 간접사실을 증명하는 자료로 사용하는 것을 허용하지 않는다는 것이므로, 증인의 신빙성에 관한 순수한 보조사실의 입증은 전문증거에 의하더라도 무방하다는 것을 근거로 한다. 증인의 신빙성에 관한 보조사실로는 증인의 성격과 교양, 당사자와의 이해관계, 증인에 대한 평판, 전과사실 등이 있다.

4. 이원설

이원설은 피고인은 모든 전문증거를 탄핵증거로 사용할 수 있지만, 검사는 자기모순의 진술에만 탄핵증거를 사용할 수 있다고 하는 견해이다. 이 견해는 검사는 강력한 수사권한을 가지고 있기 때문에 소송절차에서 피고인에 비해 우월적 지위에 있으므로 실질적 당사자주의를 실현하기 위해 탄핵증거의 허용범위를 피고인에 비해 제한하여야 한다는 것을 근거로 한다.

5. 검 토

비한정설은 전문법칙을 무용하게 할 뿐만 아니라 탄핵증거를 무제한적으로 인정하여 증거능력 없는 증거를 통해 법관의 심증에 부당한 영향을 미칠 수 있다. 한정설은 탄핵증거를 자기모순의 진술에만 한정함으로써 법관의 부당한 편견을 방지하는 장점은 있으나 증인에 대한 합리적인 탄핵을 하지 못하게 함으로써 탄핵증거의 기능을 과도하게 제한하는 측면이 있다. 이원설은 검사와 피고인의 대등한 지위를 인정하는 당사자주의에서는 받아들이기 힘들며, 법관의 직권에 의한 증거조사의 경우에는 어느 범위까지 탄핵증거를 허용할 것인가가 문제된다. 절충설은 증인의 신빙성과 같은 보조사실도 간접적으로 범죄사실의 증명에 영향을 미치기 때문에 엄격한 증명의 대상이 된다는 점에서 전문증거를 탄핵증거로 사용할 수 없다는 비판이 있다. 하지만 증인의 평판, 전과사실 등에 의한 탄핵증거는 궁극적으로 증인이 법정에서 행한 증언의 신용성을 탄핵하기 위한 것이지 증인의 신빙성을 입증하기 위한 목적으로 사용되는 것은 아니라는 점에서 엄격한 증명을 요하지 않는다고 할 것이므로 절충설이 타당하다.

II. 탄핵증거의 제한

탄핵증거는 엄격한 증명이 필요 없고 자유로운 증명으로 충분하다. 그러나 증거능력이 없는 모든 증거를 탄핵증거로 사용할 수 있는 것은 아니다.

1. 입증취지와의 관계

제318조의2에 의하여 증거로 할 수 있는 탄핵증거는 진술의 증명력을 다투기 위한 경우로 제한되며, 범죄사실이나 간접사실을 인정하기 위한 목적으로 사용할 수는 없다(2011도5459).

그러나 탄핵증거로 제출된 증거가 범죄사실을 인정하기 위한 증거능력을 갖추고 있는 경우에는 범죄사실을 인정하는 증거로 사용할 수 있다고 할 것이다. 당사자가 증거를 통해 증명하고자 하는 것은 법원의 증거결정에 도움을 제공하기 위한 것이지 그 자체가 법원을 구속하는 것은 아니므로 당사자의 이익을 부당하게 침해하지 않는 한 이를 허용하는 것이 실체적 진실발견에도 도움이 될 것이다. 다만, 피고인 또는 변호인이 무죄를 입증하기 위한 자료로 제출한 증거에 유죄임을 뒷받침하는 내용이 있는 경우에는 법원은 검사의 원용(동의)이 없는 한 당해 서류의 진정성립 여부 등을 조사하고, 아울러 당해 서류에 대한 피고인이나 변호인의 의견과 변명의 기회를 준 다음이 아니면 해당 증거를 유죄인정의 증거로 쓸 수 없다(87도966).

2. 임의성 없는 자백 및 위법수집증거

임의성 없는 자백(제309조)이나 진술(제317조)은 위법수집증거로서 적정절차의 보장과 사법적 염결성의 요청에 반하므로 탄핵증거로도 사용할 수 없다(2013도 12507).

3. 성립의 진정이 인정되지 않는 증거

서명날인이 없거나 성립의 진정이 인정되지 않는 전문서류를 탄핵증거로 사용할 수 있는가에 대하여는 ① 진술자의 진술내용이 정확하게 기재되어 있는가를 확인하지 아니한 전문서류는 진술내용의 진실성과 정확성에 있어서 이중의 오류 가능성이 있으므로 진술자의 서명날인이라는 형식적 진정성립이 인정되는 경우에 한해 탄핵증거가 될 수 있다는 견해와 ② 탄핵증거는 전문법칙의 적용이 없는 경우이므로 진술자의 서명날인이 없는 전문서류도 탄핵증거가 될 수 있다는 견해(다수설)가 있다.

대법원은 검사가 유죄의 자료로 제출한 증거들이 그 성립의 진정이 인정되지 아니하고 이를 증거로 함에 상대방의 동의가 없더라도, 이는 유죄사실을 인정하는 증거로 사용하는 것이 아닌 이상 공소사실과 양립할 수 없는 사실을 인정하는 자료로 쓸 수 있다고 한다(94도1159). 그러나 성립의 진정이 인정되지 않는 증거는 증거로서의 진실성을 전혀 담보할 수 없음에도 불구하고 사실인정자의 편견을 유발할 가능성이 매우 높다는 점에서 탄핵증거로도 사용할 수 없다고 할 것이다.

4. 공판정에서의 진술 이후에 행하여진 자기모순의 진술

증인의 공판정에서의 증언을 탄핵하기 위하여 증언 이후에 수사기관에서 작성한 진술조서는 공판중심주의의 요청과 공정한 재판의 이념에 반하는 수사방법에 의하여 수집된 증거이므로 원칙적으로 탄핵증거로도 사용할 수 없다. 따라서 수사기관이 증인의 증언을 탄핵하기 위하여는 검사로 하여금 공판절차에서 그 증인을 다시 신청하여 증인신문을 통해 1차 증언의 증명력을 다투어야 할 것이다.

5. 영상녹화물

제318조의2 제2항에서는 "제1항에도 불구하고 피고인 또는 피고인이 아닌 자의 진술을 내용으로 하는 영상녹화물은 공판준비 또는 공판기일에 피고인 또는 피고인이 아닌 자가 진술함에 있어서 기억이 명백하지 아니한 사항에 관해 기억을 환기시켜야 할 필요가 있다고 인정되는 때에 한하여 피고인 또는 피고인이 아닌 자에게 재생하여 시청하게 할 수 있다"고 규정하고 있다.

이와 관련하여 영상녹화물을 탄핵증거로 사용할 수 있는가에 대하여는 ① 이 조항에서는 동조 제1항과 달리 영상녹화물을 신문방법으로 사용하는 것 자체에 대한 제한조항이므로 영상녹화물은 탄핵증거로 사용할 수 있다고 하는 견해와 ② 동조항의 '제1항에도 불구하고'의 의미는 '탄핵증거의 예외적 허용에도 불구하고'라는 의미로 해석하여 영상녹화물은 탄핵증거로는 사용할 수 없고, 기억환기용 신문방법으로만 사용할 수 있다는 견해(다수설)가 있다.

동조항은 영상녹화물로 인해 법관의 심증이 과도하게 영향을 받는 것을 방지하기 위한 규정으로, 법문의 의미에 충실하게 해석한다면 영상녹화물은 탄핵증거로 사용할 수 없다고 할 것이다. 특히, 영상녹화물의 재생은 검사의 신청이 있는 경우에 한하고, 기억의 환기가 필요한 피고인 또는 피고인 아닌 자에게만 이를 재생하여 시청하게 하고 있는 점(규칙 제134조의5 제12항)을 고려하면 법관으로 하여금 영상녹화물에 의해 심증형성이 되는 것을 차단하고자 하는 것이 입법의 태도라고 보여진다. 하지만 탄핵증거의 허용은 전문법관이 사실인정자로서 증거능력이 있는 증거와 탄핵증거를 구분하여 탄핵증거에 의하여는 부당하게 심증을 형성하지 아니한다는 사실을 전제로 하고 있다는 점을 감안하면 매우 지능화되고 있는 현재의 범죄양상을 고려할 때 영상녹화물을 탄핵증거로도 사용하지 못하게 하는 것은 입법론상 재고가 요구된다.

제3절 탄핵의 대상과 범위

I. 탄핵의 대상

탄핵의 대상은 공판준비 또는 공판기일에서의 피고인 또는 피고인이 아닌 자 (공소제기 전에 피고인을 피의자로 조사하였거나 그 조사에 참여하였던 자를 포함한다)의 진술의 증명력이다. 피고인이 아닌 자의 진술의 대표적인 경우가 증인의 증언이 며, 공소제기 전에 피고인을 피의자로 조사하였거나 그 조사에 참여하였던 자의 진술도 탄핵대상이 된다.

그러나 공판준비 또는 공판기일에서의 진술뿐만 아니라 공판정 외에서의 진 술도 서면의 형식으로 증거가 된 경우에는 탄핵대상이 된다.

1. 피고인의 진술

형사재판에서 해당 사건의 피고인은 영·미법에서와 같이 증인적격이 인정되 지 아니한다. 따라서 피고인은 공판정에서 증인으로 증언할 수는 없고 피고인의 신문과정에서 진술을 할 수 있을 뿐이다. 따라서 피고인의 진술이 탄핵의 대상이 되는가에 대하여는 ① 제318조의2 제1항에서 피고인의 진술도 탄핵대상으로 규정 하고 있으므로 탄핵대상이 된다는 견해(다수설)와 ② 피고인 보호의 관점에서 동조 항을 축소해석하여 피고인의 진술은 탄핵대상이 되지 아니한다는 견해가 있다.

대법원은 "검사가 유죄의 자료로 제출한 사법경찰리 작성의 피고인에 대한 피의자신문조서는 피고인이 그 내용을 부인하는 이상 증거능력이 없으나, 그것이 임의로 작성된 것이 아니라고 의심할 만한 사정이 없는 한 피고인의 법정에서의 진술을 탄핵하기 위한 반대증거로 사용할 수 있다"고 한다(2013도12507). 그러나 피고인의 진술을 탄핵대상으로 보게 되면 증거능력 없는 다양한 전문증거를 통해 피고인의 진술을 탄핵할 수 있게 되므로 피고인의 방어권에 중대한 악영향을 미칠 우려가 있다. 영·미에서 피고인이 보통 증언을 선택하지 않는 이유도 이와 같은 탄핵을 당하지 않기 위해서이다. 따라서 현행법상 피고인의 진술을 탄핵대상으로 명문화하고 있는 것은 입법론상 재고를 요한다.

2. 자기측 증인에 대한 탄핵

자기측 증인의 증언은 통상적으로 자신에게 유리한 진실을 내용으로 하고 있으므로 탄핵할 필요성이 없을 것이다. 하지만 당사자가 항상 자기에게 유리한 증인만을 소환하는 것은 아니므로 자기측 증인이라도 예상과는 달리 신청자에게 적대적이거나 불리한 증언을 하는 경우에는 탄핵을 할 수 있다고 할 것이다.

II. 탄핵의 범위

탄핵증거는 '진술의 증명력을 다투기 위한 것'이고, 이는 진술의 증명력을 감쇄시키는 경우를 말하므로(2011도5459), 대상 증거의 증명력을 지지하거나 보강하는 용도로는 사용할 수 없다.

그러나 탄핵증거에 의해 이미 감쇄된 증명력을 다시 회복시키기 위한 목적으로 탄핵증거를 사용할 수는 있는가에 대하여는 ① 일방 당사자가 탄핵증거로 증명력을 감쇄시킨 경우에 상대방 당사자에게 감쇄된 증명력을 회복시키기 위한 탄핵증거의 사용은 허용된다는 견해(통설)와 ② 전문진술을 회복증거로 사용한다는 것은 실질적으로 증명력을 보강하는 것이므로 허용할 수 없다는 견해가 있다. 감쇄된 증명력을 회복하기 위한 것은 처음부터 증거의 증명력을 보강하는 것과 다르고, 감쇄의 경우와 형평성을 고려하면 이를 허용하여야 할 것이다. 따라서 자기모순의 진술이 탄핵증거로 이미 사용된 경우에는 종전의 일치된 진술을 감쇄된 증명력을 회복시키기 위한 탄핵증거로 사용할 수 있을 것이다.

제 4 절 탄핵증거의 조사

Ⅰ. 증거의 신청

통상적으로 검사·피고인 또는 변호인은 특별한 사정이 없는 한 필요한 증거를 일괄하여 신청하여야 한다(규칙 제132조). 그러나 탄핵증거는 증명력을 다툴 진술이 실제 행하여진 후에 사용되는 것이므로 일괄 제출할 수 있는 것은 아니다.

하지만 규칙 제132조의2[1]의 취지에 비추어 보면 탄핵증거의 제출에 있어서도 상대방에게 이에 대한 공격·방어의 수단을 강구할 기회를 사전에 부여하여야 한다는 점에서 그 증거와 증명하고자 하는 사실과의 관계 및 입증취지 등을 미리 구체적으로 명시하여야 할 것이므로, 증명력을 다투고자 하는 증거의 어느 부분에 의하여 진술의 어느 부분을 다투려고 한다는 것을 사전에 상대방에게 알려야 한다 (2005도2617).

Ⅱ. 증거의 조사방법

탄핵증거는 범죄사실의 존부를 직접 또는 간접으로 증명하기 위한 증거가 아니므로 엄격한 증거조사를 요하지 아니한다. 그러나 공판정에서의 증거조사는 필

---

1) 규칙 제132조의2(증거신청의 방식) ① 검사, 피고인 또는 변호인이 증거신청을 함에 있어서는 그 증거와 증명하고자 하는 사실과의 관계를 구체적으로 명시하여야 한다.

② 피고인의 자백을 보강하는 증거나 정상에 관한 증거는 보강증거 또는 정상에 관한 증거라는 취지를 특히 명시하여 그 조사를 신청하여야 한다.

③ 서류나 물건의 일부에 대한 증거신청을 함에 있어서는 증거로 할 부분을 특정하여 명시하여야 한다.

④ 법원은 필요하다고 인정할 때에는 증거신청을 한 자에게, 신문할 증인, 감정인, 통역인 또는 번역인의 성명, 주소, 서류나 물건의 표목 및 제1항 내지 제3항에 규정된 사항을 기재한 서면의 제출을 명할 수 있다.

⑤ 제1항 내지 제4항의 규정에 위반한 증거신청은 이를 기각할 수 있다.

요하다(2005도2617). 따라서 법정에서 증거로 제출된 바가 없어 전혀 증거조사가 이루어지지 아니한 채 수사기록에만 편철되어 있는 서류를 피고인의 진술을 탄핵하는 증거로 사용할 수는 없다(97도1770). 하지만 비록 증거목록에 기재되지 않았고 증거결정이 있지 아니하였다 하더라도 공판과정에서 그 입증취지가 구체적으로 명시되고 제시까지 된 이상 위 각 서증들에 대하여 탄핵증거로서의 증거조사는 이루어졌다고 할 것이다(2005도6271).

제13장

공판조서의 증명력

형/사/증/거/법

제13장

공판조서의 증명력

제1절 공판조서와 그 증명력

I. 공판조서의 의의

1. 개 념

　　공판조서란 공판기일의 소송절차에 관해 작성한 조서를 말한다. 공판조서의 정확성을 담보하기 위하여 공판조서에는 재판장과 공판에 참여한 법원사무관 등이 기명날인이나 서명을 하고(제53조), 변호인과 피고인에게 공판조서를 열람·등사할 수 있도록 하고 있다(제35조, 제55조). 또한 다음 회의 공판기일에 전회의 공판심리에 관한 주요 사항의 요지를 조서에 의하여 고지하고, 검사 및 피고인 등에게 공판조서에 대한 변경청구 및 이의제기를 할 수 있도록 하고 있다(제54조).

　　이외에도 법원은 검사, 피고인 또는 변호인의 신청이 있는 때에는 특별한 사정이 없는 한 공판정에서의 심리의 전부 또는 일부를 속기사로 하여금 속기하게 하거나 녹음장치 또는 영상녹화장치를 사용하여 녹음 또는 영상녹화(녹음이 포함된 것을 말한다)하여야 하며, 필요하다고 인정하는 때에는 직권으로 이를 명할 수 있도록 하고 있다(제56조의2).

2. 성 격

공판기일에 있어서 소송절차의 경과를 기재한 조서인 공판조서는 전문법칙의 예외로서 당연히 증거능력이 인정된다. 즉, 해당 사건의 공판조서는 제311조에 의해, 다른 피고사건에 대한 공판조서는 제315조 제3호에 의해 증거능력이 인정된다.

II. 공판조서의 배타적 증명력

공판기일의 소송절차로서 공판조서에 기재된 것은 그 조서만으로써 증명한다 (제56조). 이는 공판조서의 기재가 명백한 오기인 경우를 제외하고는 공판기일의 소송절차로서 공판조서에 기재된 것의 증명력은 공판조서 이외에 다른 자료를 통한 반증을 허용하지 아니한다는 의미이다(2015도3467). 이를 공판조서의 배타적 증명력 또는 절대적 증명력이라고 한다.[1] 공판조서의 배타적 증명력은 자유심증주의의 예외가 된다. 이때 공판조서는 해당 사건의 공판조서를 말한다.

공판조서의 배타적 증명력을 인정하는 것은 상소심에서 원심의 소송절차에 관한 분쟁이 발생한 경우에 이로 인해 상소심의 심리가 지연되거나 심리의 초점이 흐려지는 것을 방지하기 위한 것임은 물론, 상소심에서 소송절차에 대한 법령위반

---

[1] 헌법재판소는 "공판조서의 절대적 증명력은 공판기일의 소송절차에 한하여 인정되는 점, 형소법은 공판조서 기재의 정확성을 담보하기 위해 작성주체, 방식, 기재요건 등에 관해 엄격히 규정하고 있고, 피고인 등으로 하여금 공판조서에 대한 열람 또는 등사 등을 통하여 기재 내용에 대한 이의를 진술할 수 있도록 함으로써 기본권 침해를 최소화하고 있으며, 이 사건 법률조항으로 인한 기본권제한이 상소심에서의 심리지연 등으로 인한 피해보다 크다고 볼 수 없으므로, 피해의 최소성과 함께 법익균형성의 요건도 갖추었다 할 것이므로, 이 사건 법률조항이 청구인의 재판을 받을 권리를 침해한다고 볼 수 없다"(2010헌바379)고 하였다.

등을 심판하는 경우에 그때마다 원심의 법관이나 법원사무관을 증인으로 신문하는 것은 적절하지 않기 때문이다. 따라서 형소법에서는 전술한 것처럼 공판조서의 정확성을 담보하기 위한 절차를 마련하는 한편, 상소심의 판단자료를 공판조서에 한정함으로써 상소심의 심리편의와 소송경제를 도모하고 있다.

그러나 피고인이 공판조서의 열람 또는 등사를 청구하였음에도 법원이 불응하여 피고인의 열람 또는 등사청구권이 침해된 경우에는 해당 공판조서를 유죄의 증거로 할 수 없으며, 그 공판조서에 기재된 해당 피고인이나 증인의 진술도 원칙적으로 증거로 할 수 없다. 다만, 이 경우에도 그러한 증거 이외에 적법하게 채택한 다른 증거들에 의하더라도 범죄사실을 인정하기에 충분하고, 그로 인해 피고인의 방어권이나 변호인의 변호권을 본질적으로 침해하지 않은 이상 그 공판조서 등을 증거로 사용하였더라도 판결에 영향을 미친 위법은 아니다(2011도15869).

제 2 절 배타적 증명력의 범위

공판조서의 배타적 증명력은 공판기일의 소송절차로서 공판조서에 기재된 것이다.

Ⅰ. 공판기일의 소송절차

1. 공판기일의 절차

공판조서의 배타적 증명력은 '공판기일'의 소송절차에 대하여만 미친다. 따라서 공판준비절차, 공판기일 전의 증인신문청구나 증거보전절차, 공판기일 외에서의 증인신문이나 검증 등은 이에 해당하지 아니한다.

2. 소송절차

공판조서의 배타적 증명력은 '소송절차', 즉 피고사건의 절차면에 관련된 사항에 대하여만 인정된다. 따라서 피고인의 출석 여부(87모19), 변호인의 출석 여부(96도173), 진술거부권의 고지 여부(2002도2134), 증거동의 또는 성립의 진정 여부(2015도3467), 검사의 모두진술, 피고인에게 증거조사결과에 대한 의견을 묻고 증거조사를 신청할 수 있음을 고지하였는가 여부(93도2505), 변호인 및 피고인에 대한 최종의견진술 기회 부여 여부(2005도6557), 판결선고의 유무와 일자(96도1252), 판결서에 의한 판결선고 여부(95도826) 등이 이에 해당한다. 소송절차에 관한 것이면 진행된 소송절차의 적법성뿐만 아니라 소송절차의 존부에 대하여도 배타적 증명력이 인정된다.

또한 공판조서에 기재된 진술 존재 자체에 대하여도 배타적 증명력은 미친다. 따라서 공판조서에 기재된 피고인이나 증인의 진술내용의 정확성에 대하여는 검사, 피고인 또는 변호인에 의해 공판조서의 기재에 대한 이의신청(제54조 제3항[2])이 없으면 배타적 증명력이 인정된다. 그러나 피고인의 진술이나 증인의 증언과 같이 피고사건의 실체관련 사항에 관하여는 그 내용이 공판조서에 기재되어 있다고 하더라도 배타적 증명력의 대상이 되지 아니한다.

II. 공판조서에 기재된 소송절차

1. 기재된 사항의 증명

공판조서의 배타적 증명력은 공판기일의 소송절차로서 공판조서에 기재된 부분에 대하여만 미친다. 공판조서에 기재된 것이라면 그것이 필요적 기재사항(제51조)인가 임의적 기재사항인가를 묻지 아니한다. 따라서 검사제출의 증거에 대한

---

2) 제54조(공판조서의 정리 등) ③ 검사, 피고인 또는 변호인은 공판조서의 기재에 대하여 변경을 청구하거나 이의를 제기할 수 있다.

동의 또는 성립의 진정 여부 등에 관한 피고인의 의견이 증거목록에 기재된 경우 그 증거목록의 기재는 배타적 증명력을 가진다(2015도3467).

2. 공판조서에 기재되지 않은 사항

공판조서의 배타적 증명은 공판조서에 기재된 소송절차에 한하므로 공판기일의 소송절차에 관한 것이라도 공판조서에 기재되지 않은 것은 다른 증거에 의하여 증명할 수 있다. 다만, 소송절차는 소송법적 사실에 속하므로 그에 관한 증명은 자유로운 증명으로 충분하다.

그러나 통상적으로 행하여지는 소송절차는 공판조서에 기재가 되어있지 않더라도 적법하게 절차가 행하여졌다고 추정된다(72도2421). 하지만 검사, 피고인 또는 변호인이 그 절차의 적법성에 대하여 다투는 경우에는 사실상의 추정은 깨어진다고 할 것이므로 법원은 다른 증거에 의하여 그 절차의 적법성을 증명하여야 한다.

3. 기재가 불분명하거나 모순이 있는 사항

공판조서에 기재된 사항이라고 하더라도 기재가 불분명하거나 모순이 있는 경우에는 배타적 증명력이 인정되지 아니한다. 공판조서의 기재의 정확성에 대하여 이의신청이 있거나(제54조 제3항) 이의신청이 방해된 경우에도 배타적 증명력이 인정되지 아니한다.

또한 공판조서가 명백한 오기인 경우에도 배타적 증명력이 인정되지 아니하지만(2015도3467), 이 경우 공판조서는 그 올바른 내용에 따라 배타적 증명력을 가진다(95도110). 다만, 공판조서의 오기 여부를 판단하는 자료에 대하여는 ① 공판조서의 배타적 증명력을 인정하는 취지와 오류의 명백성이라고 하는 것은 공판조서만으로도 충분히 발견할 수 있는 경우를 의미한다는 점에서 공판조서의 기재만으로 판단하여야 한다는 견해(다수설)와 ② 공판조서의 배타적 증명력은 기재내용의 진실성 판단에 대하여까지 미친다고는 할 수 없으므로 공판조서 이외의 자료를 참고할 수 있다는 견해가 있다.

대법원은 공판조서의 기재가 명백한 오기인지 여부는 원칙적으로는 공판조서만으로 판단하여야 할 것이지만, 공판조서가 아니더라도 당해 공판절차에 제출되어 공판기록에 편철되거나 법원이 직무상 용이하게 확인할 수 있는 자료 중에서 신빙성 있는 객관적 자료에 의하여 판단을 할 수 있다고 한다(2007도3514). 공판조서의 배타적 증명력을 인정하는 취지가 상소심의 심리지연방지에 있다는 점을 고려하면 명백한 오기인가 여부는 원칙적으로 공판조서의 기재만으로 하여야 한다. 다만, 이 경우에도 공판조서의 명백한 오류 여부를 판단하기 위하여는 공판기록에 편철된 서류뿐만 아니라 공판정에서의 심리에 대한 속기록이나 영상녹화물 등도 보조자료로 이용하는 것은 가능하다고 할 것이다.

제3절 공판조서의 무효와 멸실

공판조서의 배타적 증명력은 공판조서가 유효하게 존재하는 것을 전제로 한다. 따라서 공판조서가 무효이거나 멸실된 경우에는 배타적 증명력이 인정되지 아니한다. 따라서 공판조서의 작성자인 법원사무관 등의 서명이 없거나 재판에 배석하지 않은 법관이 재판장으로 서명한 경우 등, 중대한 하자가 있는 공판조서는 무효이므로 배타적 증명력이 인정되지 않는다.

공판조서가 무효이거나 멸실된 경우에 상급심에서 다른 자료에 의하여 원심의 공판절차의 위법성 여부를 판단할 수 있는가에 대하여는 ① 공판조서가 무효이거나 멸실된 경우에 상소심은 다른 자료를 사용할 수 없고, 따라서 사건을 원심법원으로 파기환송하여야 한다는 견해와 ② 공판조서의 증명력은 유효한 공판조서를 전제로 하고 있으며, 항소심의 경우는 파기자판을 원칙으로 하고 있다(제364조 제6항)는 점에서 다른 자료에 의해서도 증명할 수 있다는 견해(통설)가 있다. 공판조서가 무효이거나 멸실된 경우에 상소심으로 하여금 다른 자료에 의해서 원심 공판절차의 위법성 여부를 판단할 수 있도록 하는 것이 신속한 재판의 요청에 합치한다고 할 것이다.

제14장

법과학증거

형/사/증/거/법

제14장
법과학증거

제1절 법과학증거의 의의와 유형

I. 의 의

법과학증거는 과학적 기술과 원리를 적용하여 도출한 사실인정자료로서 형사재판에서 증거로 사용되는 것을 말한다. 법과학증거는 그 도출과정에 사용되는 과학적 기술과 원리 때문에 일반적으로 전문가의 감정과 증언을 통해 법정에 현출된다. 따라서 과학적 증거의 증거능력을 판단하기 위하여는 그 증거에 사용된 과학적 기술과 원리의 타당도와 신뢰도, 오류율의 정도, 그리고 이를 사용하는 전문가의 전문성과 숙련도 등을 검증하여야 한다.

Ⅱ. 유 형

수사 및 재판과정에서 사용되는 과학적 증거는 다양한 유형으로 분류된다. 첫째, 범죄현장에서 수사요원이 수집하는 디엔에이(DNA)시료, 지문, 혈흔과 같은 물적 증거가 있다. 이러한 물적 증거는 법과학적 원리와 기술을 통해 해석하여야 할 기초증거이므로 '기본증거'라고 부른다. 둘째, 과학적 원리와 기술을 동원하여 법과학 분야에 사용되는 '일반화된 증거'가 있다. 디엔에이 감정이나 혈흔의 형태와 방향을 분석하여 범행상황을 추정할 수 있는 과학적 기술과 원리 등이 이에 해당한다. 셋째, 수사기관과 법관은 일반화된 증거를 기본증거에 적용하여 일정한 사실을 추론할 수 있게 되는데, 이러한 추론의 결과를 '추론증거'라고 한다. 재판정에서 일정한 사실을 인정하기 위해서 사용되는 증거는 추론증거이다.

추론증거를 법적 증거로 사용할 수 있기 위하여는 기초증거가 범행현장에서 수거, 수집, 감정되는 전 과정에서 오염되거나 훼손되지 않아야 한다. 또한 일반화된 증거는 그 원리와 기술에 대한 오류의 가능성 및 기술 및 원리를 적용하는 감정가의 숙련도 등이 공개되어 사실인정자가 어느 정도 증명가치를 부여할지 결정할 수 있어야 한다. 끝으로 이러한 증거들은 적정절차와 피고인의 인권보호 및 사실발견이라는 형사정책적 목적과도 조화되어야 하며, 따라서 과학적 증거에도 원칙적으로 위법수집증거배제법칙 등 증거법상 원칙이 적용된다.

형사절차상 기본증거는 범죄현장의 보존과 증거수집절차에서, 일반화된 증거는 증거감정절차에서, 추론증거는 재판절차에서 주로 문제된다. 이러한 절차들과 관련된 증거법분야에 있어서는 각각 증거물보관의 연속성원칙(Chain of custody)의 적용 여부, 과학적 증거의 증거능력 판단기준, 그리고 증거능력과 증명력에 관한 증거법상 원칙의 적용 여부가 문제된다. 그러나 형소법에서는 과학적 증거에 관한 규정을 두고 있지 아니하므로 증거법에 관한 일반적 원리와 판례를 통해 해결하여야 한다.

<증거의 유형과 관련된 증거법분야>

범죄 현장		증거법 분야
기본증거(범죄현장보존)	⇨	증거물보관의 연속성원칙 적용 (Chain of custody)
기본증거(증거수집절차)		
일반화된 증거(증거감정절차)	⇨	과학적 증거의 증거능력 판단기준
추론증거(재판)	⇨	각종 증거능력 배제규정 적용 여부

III. 과학적 증거의 증거능력 판단기준

과학적 증거의 허용성과 신빙성에 영향을 미치는 요인으로는 3가지를 들 수 있다. (i) 그 이론(theory)이 과학적으로 타당(valid)하여야 하고, (ii) 그 이론을 적용하는 기술이 유효하여야 하며, (iii) 그 이론과 기술이 특정 조건하에서 적절하게 사용되어야 한다.

미국 증거법에서는 과학적 증거의 증거능력 판단기준으로 프라이 테스트와 더버트 기준, 관련성 접근방법이 제시되어 왔다. 프라이테스트가 가장 엄격하고, 더버트기준, 관련성 접근방법 순으로 그 기준이 완화된다.

1. 프라이 테스트

프라이 테스트(Frye test)는 과학적 기술과 원칙이 해당 과학적 분야에서 일반적인 승인(general acceptance)을 얻었을 때에만 증거능력을 인정할 수 있다는 원칙이다. 이 원칙은 미국에서 1923년 거짓말탐지기의 전신인 심장수축혈압방식(systolic blood pressure)에 의한 거짓말 테스트를 실시한 검사자를 전문가 증언으로 요청한 사건과 관련하여 확립되었다.

2. 더버트 기준

더버트 기준(Daubert standard)은 과학적 증거는 요증사실에 대한 관련성 (relevance)뿐만 아니라 그 증거 자체가 과학적 지식에 근거하여 충분히 신뢰할 만 한 것인가를 판단하는 것이므로, 과학적 이론의 검증 가능성, 동료들에 의한 심사 (peer review) 여부, 오류 비율이 알려져 있는가 여부, 과학계의 일반적 승인 여부 등을 종합적으로 고찰하여 결정하여야 한다고 한다. 더버트기준은 원고의 어머니 가 입덧 완화제인 벤덱틴(Bendectin)을 복용하고 기형아인 원고를 낳게 되자, 원고 가 제조업체인 머렐 다우(Merrell Dow)사를 고소한 사건에서 확립되었다(Daubert v. Merrell Dow Pharm., Inc.[1]).

더버트기준은 기존의 프라이테스트와 달리 과학계에서의 일반적 승인을 증거 능력의 유일한 조건으로 보지 않고, 다른 요소들을 종합적으로 판단함으로써 증거 능력의 기준을 완화한 것이 특징이다. 더버트 기준은 현재 미국 연방대법원의 과 학적 증거에 대한 전문가증언의 증거능력 판단기준으로 활용되고 있다.

3. 관련성 접근에 의한 판단

관련성 접근방법(Relevance approach)은 미국 증거법학자인 맥코믹(McCormick) 교수에 의해 주장된 것으로, 증거가 요증사실의 입증에 도움이 되고 증거의 편견 가능성이 그 증거의 증명가치를 상당한 정도로 압도하지 않는 한 증거능력을 인정 한다. 이 방법은 전문가의 증언이 사실인정에 도움이 되고, 특별히 사실을 왜곡할 만큼의 중대한 편견을 유발하지 않으면 증거능력을 인정하자는 것으로서 법관에 게 증거능력 인정에 관하여 매우 폭넓은 재량을 허용한다.

---

1) 509 U. S. 579 (1993).

<과학적 증거기준의 비교>

엄격성 정도	증거능력 기준	판단 요소
엄격	프라이 테스트	일반적 승인
⇕	더버트 기준	관련성 + 과학적 신뢰성
느슨	관련성 접근방법	관련성 + 증명가치와 편견가능성 비교형량

IV. 디엔에이 신원확인정보

1. 의 의

범죄수사에서 개인식별을 위해 사용되는 디엔에이(DNA) 신원확인은 인체시료(혈액, 타액, 모발 등)에서 인간의 디엔에이 중 유전정보를 포함하지 않고 있는 특정 염기서열 부분(Junk DNA 또는 intron이라고 한다)이 지니는 단순반복 부위의 반복서열 횟수를 확인하는 방법을 이용한다. 이러한 단순반복 부위의 디엔에이 염기서열은 인간 게놈 전반에 걸쳐 광범위하게 분포하고, 사람마다 다양성을 지니고 있어서 개인식별에 중요한 역할을 하고 있다.

2. 증거능력의 요건

대법원은 "디엔에이분석을 통한 유전자검사 결과는 충분한 전문적인 지식과 경험을 지닌 감정인이 적절하게 관리·보존된 감정자료에 대하여 일반적으로 확립된 표준적인 검사기법을 활용하여 감정을 실행하고, 그 결과의 분석이 적정한 절차를 통하여 수행되었음이 인정되는 이상 높은 신뢰성을 지닌다 할 것이고, 특히 유전자형이 다르면 동일인이 아니라고 확신할 수 있다는 유전자감정 분야에서 일반적으로 승인된 전문지식에 비추어 볼 때, 위와 같은 감정결과는 피고인의 무죄를 입증할 수 있는 유력한 증거에 해당한다"고 한다(2007도1950).

그러나 디엔에이 신원확인정보는 높은 증명가치에도 불구하고 디엔에이 신원확인정보의 전이, 증거물 수집과정에서의 오염, 바꿔치기, 수집과정과 수집주체의 불분명 등 기록의 불완전성으로 인해 증거물의 수집, 보관, 감정절차에서 그 증거물보관의 연속성 원칙의 준수가 요구된다.

V. 증거물보관의 연속성

1. 의 의

과학적 증거와 관련하여 모발, 혈흔, 디엔에이 등 기본증거는 그 증거가 수집, 보관, 분석되어 법정에 이르는 과정에서 그 증거의 존재와 상태의 동일성이 유지되었다는 것을 전제조건으로 일반화된 원리와 기술을 적용하여 추론증거를 현출해 낸다. 따라서 과학적 증거가 증거능력이 인정되기 위하여는 그 증거물의 수집과 보관에서 그 증거물의 상태와 형상 등에 관한 염결성이 요구되는데, 이를 증거물보관의 연속성이라고 한다. 최근 형사재판에서는 과학적 증거의 증가와 공판중심주의의 확대로 인해 증거물보관의 연속성을 고려하는 판례가 증가하고 있다.

2. 법적 근거

미국의 경우에는 증거물보관의 연속성을 「연방 증거규칙(Federal Rules of Evidence)」 제901(a)조[2])에서 증거물의 진정성 증명(authentication)의 요건으로 규정하고 있다. 즉, 법관이 판단하기에 배심원이 증거물의 보관과 상태를 보고, 그 증거물의 진정성과 증명의 가치를 판단할 수 있는 정도가 되어야 증거능력을 인정한다.

하지만 형소법에서는 증거물보관의 연속성에 관하여 명문의 규정을 두고 있

---

2) 규칙 901 인증 또는 식별 요건 (a) 일반적인 규정. – 적용성의 전제조건으로서 인증 또는 신원확인의 요건은, 문제의 사안이 그 제안자가 주장하는 것이라는 판단을 뒷받침할 수 있는 충분한 증거에 의해서 충족된다.

지 않다. 그러나 제307조에서 "사실의 인정은 증거에 의하여야 한다"고 규정함으로써 엄격한 증명의 법리를 명시하고, 이때의 증거는 자연적, 논리적 관련성이 인정되고, 진정성이 증명된 증거를 말한다고 할 것이므로 제307조가 증거물보관의 연속성 요청의 근거규정이 될 수 있을 것이다.

3. 관련 판례

대법원은 "과학적 증거방법은 전제로 하는 사실이 모두 진실인 것이 입증되고, 추론의 방법이 과학적으로 정당하여 오류 가능성이 전혀 없거나 무시할 정도로 극소한 것으로 인정되는 경우라야 법관이 사실인정을 하는 데 상당한 정도로 구속력을 가진다"(2011도1902)고 하면서, "과학적 증거방법이 사실인정에 있어서 상당한 정도로 구속력을 갖기 위하여는 감정인이 전문적인 지식·기술·경험을 가지고 공인된 표준 검사기법으로 분석한 후 법원에 제출하였다는 것만으로는 부족하고, 시료의 채취·보관·분석 등 모든 과정에서 시료의 동일성이 인정되고 인위적인 조작·훼손·첨가가 없었음이 담보되어야 하며 각 단계에서 시료에 대한 정확한 인수·인계 절차를 확인할 수 있는 기록이 유지되어야 한다"(2017도14222)고 한다.

제2절 목격자에 의한 범인식별진술

I. 목격자에 의한 범인식별의 문제점

목격자의 범인지목은 직접증거로서 매우 높은 증명력을 가진다. 그러나 영·미에서는 1930년대부터 목격자 기억의 부정확성 또는 기억의 환기과정에서 편견을 통한 기억의 오류로 인하여 잘못된 범인을 지목할 가능성이 있다는 문제점이 지속적으로 제기되어 왔다. 특히, 수사기관이 범죄수사에 있어서 유죄의 증거만 찾으려고 하는 터널비전(Tunnel vision)과 수집된 증거를 유죄의 증거로만 해석하려는 편향확증(Confirmation bias)의 효과로 인해 목격자에게 고의 또는 무의식적인 암시를 부여하여 목격자들이 잘못된 범인을 지목하는 사례가 많았다. 따라서 대법원은 목격자 범인식별절차에서의 목격자의 진술에 대해서는 엄격한 요건 하에 그 증거능력을 인정하고 있다.

II. 목격자 범인식별절차

1. 종 류

수사기관이 목격자에게 범인을 식별하게 하는 절차는 크게 (ⅰ) 용의자 1명을 직접 목격자에게 보여주거나 사진 1장을 보여주는 단독면접과 (ⅱ) 용의자를 포함한 다수의 사람이나 사진을 목격자에게 보여주고 범인을 골라내게 하는 복수면접이 있다.

단독면접은 목격자에게 용의자가 범인이라는 강한 암시를 주어 편견과 착오를 일으키는 주요 원인이 되므로 주로 복수면접으로 진행된다. 복수면접의 방법으로는 라인 업(line-up), 비디오 식별(Video identification), 사진 제시(Photo spread) 등이 있다. 라인 업은 '줄 세우기'라고도 불리는데, 보통 용의자 1인과 용의자를 닮은 5~8명 이상의 들러리를 동시 또는 순차적으로 목격자에게 제시하여 범인을 지목하게 하는 것을 말한다. 라인 업은 목격자 범인식별진술의 오류를 줄일 수 있는 가장 적정한 절차로 알려져 있다.

2. 라인 업의 방법

(1) 상대적 판단과 절대적 판단

라인 업을 운영함에 있어서도 식별의 오류가 발생할 수 있다. 그 주요 원인으로 지목되는 것이 목격자의 상대적 판단이다. 목격자는 라인 업에 있는 사람 중에 자신이 기억하는 범인과 가장 닮은 사람을 지목하려는 경향이 있으므로 진범이 없을 경우에도 자신의 기억 속에 있는 범인과 가장 비슷한 사람을 고르게 된다. 이를 상대적 판단이라고 한다. 따라서 목격자는 자신의 기억 속에 있는 범인과 인상착의가 동일한 사람이 있는가를 따져 일치하는 경우에만 지목하고, 일치하지 않으면 지목하지 않는 절대적 판단을 하여야 한다. 이때 수사기관은 목격자가 절대적 판단을 할 수 있도록 라인 업 중에 용의자가 있을 수도 있고 없을 수도 있다는 사실을 반드시 목격자에게 고지하여야 한다.

(2) 목격자별 실시

라인 업을 운영하더라도 여러 명의 목격자가 함께 범인식별을 할 경우에는 한 목격자가 범인을 지목하면 다른 목격자들도 무의식적인 압력에 의해 이미 지목된 용의자를 지목하게 될 위험성이 높아진다. 즉, 집단압력으로 인해 원래의 범인에 대한 이미지를 식별과정에서 지목된 용의자로 대체하는 경향을 보이게 되는 것이다. 이를 예방하기 위한 절차적 대안으로는 다수의 목격자들을 분리하여 목격자별로 라인 업을 거치도록 하여야 한다.

(3) 이중맹검법

목격자식별절차를 진행하는 수사요원이 누가 용의자인지 알게 되는 경우 목격자에게 고의 또는 무의식적인 암시를 주어 잘못된 범인식별이 이루어질 수 있다. 따라서 목격자식별절차를 진행하는 수사요원은 용의자가 누구인지 몰라야 하므로 수사담당자가 아닌 제3자가 담당하여야 한다(Double–blind test).

Ⅲ. 범인식별절차에서의 목격자 진술의 증거능력

1. 원 칙

형소법에서는 범인식별절차에서의 목격자 진술의 증거능력에 관하여 따로 규정을 두고 있지 않다. 그러나 대법원은 "용의자의 인상착의 등에 의한 범인식별절차에 있어 용의자 한 사람을 단독으로 목격자와 대질시키거나 용의자의 사진 한 장만을 목격자에게 제시하여 범인 여부를 확인하게 하는 것은 사람의 기억력의 한계 및 부정확성과 구체적인 상황하에서 용의자나 그 사진상의 인물이 범인으로 의심받고 있다는 무의식적 암시를 목격자에게 줄 수 있는 가능성으로 인하여, 그러한 방식에 의한 범인식별절차에서의 목격자의 진술은, 그 용의자가 종전에 피해자와 안면이 있는 사람이라든가 피해자의 진술 외에도 그 용의자를 범인으로 의심할 만한 다른 정황이 존재한다든가 하는 등의 부가적인 사정이 없는 한 그 신빙성이 낮다고 보아야 한다"고 하면서, "범인식별절차에 있어 목격자의 진술의 신빙성을 높게 평가할 수 있게 하려면, 범인의 인상착의 등에 관한 목격자의 진술 내지 묘사를 사전에 상세히 기록화한 다음, 용의자를 포함하여 그와 인상착의가 비슷한 여러 사람을 동시에 목격자와 대면시켜 범인을 지목하도록 하여야 하고, 용의자와 목격자 및 비교대상자들이 상호 사전에 접촉하지 못하도록 하여야 하며, 사후에 증거가치를 평가할 수 있도록 대질 과정과 결과를 문자와 사진 등으로 서면화하는 등의 조치를 취하여야 할 것이고, 사진제시에 의한 범인식별절차에 있어서도 기본적으로 이러한 원칙에 따라야 한다"고 한다(2008도12111).

2. 구체적 사례

(1) 용의자와의 일대일 대면

대법원은 성폭력피해를 입은 피해자들이 사건발생으로부터 3~5개월이 지난 후 피해자 1명이 범인식별을 하는 과정에서 먼저 피고인의 사진을 보여주고 다른 비교대상자 없이 피고인을 직접 대면하게 하여 범인 여부를 확인하게 한 뒤, 다른 피해자에게는 "범인이 검거되었으니 경찰서에 출석하라"고 한 후 사진만을 보여준 뒤 또 다시 일대일 대면하게 한 사안에서, 범인식별절차에 있어서 신빙성을 높이기 위하여 준수하여야 할 절차를 충족하지 못하였다는 이유로 목격자진술의 증명력을 부정하였다(2007도1950). 다만, 일대일 대면에 의한 범인식별절차에서의 피해자의 진술 외에도 그 용의자를 범인으로 의심할 만한 다른 정황이 존재한다든가

하는 등의 부가적인 사정이 있는 경우에는 그와 달리 평가할 수 있다고 한다(2015도5381).

그러나 대법원은 범죄발생 직후 목격자의 기억이 생생하게 살아있는 상황에서 현장이나 그 부근에서 범인식별절차를 실시하는 경우에는 목격자에 의한 생생하고 정확한 식별의 가능성이 열려 있고, 범죄의 신속한 해결을 위한 즉각적인 대면의 필요성도 인정할 수 있으므로, 용의자와 목격자의 일대일 대면도 허용된다고 한다(2008도12111).

(2) 목격자들을 분리하지 않은 상태에서 일대일 대면

대법원은 형사가 성폭력피해를 당한 피해자 2명을 사건 발생일로부터 약 8개월이 지난 시점에 피해자들로부터 범인에 대한 자세한 묘사를 받음이 없이 피해자 2명이 함께 있는 자리에서 5명의 사진을 보여주었는데, 그 중 목격자들의 진술에 부합하는 짧은 스포츠형의 머리를 가진 사람은 용의자뿐이었으며 피해자 1이 먼저 범인임을 지목하자 피해자 2도 함께 범인임을 지목하였으며, 이후 일대일 대면에서도 목격자 2명이 함께 편면경 밖에서 범인을 식별하게 한 사안에서, 인상착의가 비슷한 여러 사람을 놓고 범인을 지목하게 하여야 한다는 요건을 충족하지 못하였던 사실과 먼저 행한 지목에 따른 암시가 있었을 가능성도 있는 사실 등을 이유로 목격자의 범인식별 진술의 신용성을 부정하였다(2004도7363).

(3) 부적절한 라인 업

대법원은 강간피해자가 수사기관이 제시한 47명의 사진 속에서 피고인을 범인으로 지목하자 이어진 범인식별절차에서 수사기관이 피해자에게 피고인 한 사람만을 촬영한 동영상을 보여주거나 피고인 한 사람만을 직접 보여주어 피해자로부터 '범인이 맞다'는 진술을 받고, 다시 피고인을 포함한 3명을 동시에 피해자에게 대면시켜 피고인이 범인이라는 확인을 받은 사안에서, 피해자의 진술은 범인식별절차에서 목격자 진술의 신빙성을 높이기 위하여 준수하여야 할 절차를 지키지 않은 상태에서 얻어진 것으로서 범인의 인상착의에 관한 피해자의 최초 진술과 피고인의 그것이 불일치하는 점이 많아 신빙성이 낮다고 하였다(2007도5201).

참고문헌

강구진, 형사소송법원론, 학연사, 1990.

강동욱, 형사절차와 헌법소송, 동국대학교 출판부, 2011.

김신규, 형사소송법 강의, 박영사, 2019.

김정한, 실무 형사소송법(2022), 준커뮤니케이션즈, 2022.

김현수, 형사소송법강의, 제주대학교 출판부, 2019.

박찬걸, 형사소송법, 박영사, 2020.

배종대·홍영기, 형사소송법(제2판), 홍문사, 2020.

백형구, 형사소송법, 법원사, 2012.

백형구·박일환·김희옥 편, 주석 형사소송법 (I)−(IV)(제4판), 한국사법행정학회 2009.

박일환·김희옥 편, 주석 형사소송법 (I)−(IV), 한국사법행정학회, 2017.

손동권·신이철, 새로운 형사소송법(제5판), 세창출판사, 2022.

송광섭, 형사소송법(개정2판), 형설출판사, 2019.

신동운, 간추린 신형사소송법(제14판), 법문사, 2022.

신동운, 신형사소송법(제5판), 법문사, 2014.

신양균·조기영·지은석, 형사소송법, 박영사, 2021.

신현주, 형사소송법(신정 제2판), 박영사, 2002.

이승호·이인영·심희기·김정환, 형사소송법강의(제2판), 박영사, 2020.

이은모, 형사소송법(제8판), 박영사, 2021

이재상·조균석·이창온, 형사소송법(제14판), 박영사, 2022.

이주원, 형사소송법(제4판), 박영사, 2022.

임동규, 형사소송법(제16판), 법문사, 2022.

정승환, 형사소송법, 박영사, 2018.

정영석, 형사소송법, 법문사, 1997.

정영석·이형국, 형사소송법, 법문사, 1884.

정웅석·최창호·이경렬·김한균, 신형사소송법, 박영사, 2021.

차용석, 형사소송과 증거법, 한국사법행정학회, 1988.

차용석, 형사소송법연구, 박영사, 1983.

차용석·최용성, 형사소송법(제4판), 21세기사, 2013.

최영승, 형사소송법 개론(제4판), 피앤씨미디어, 2021.

형사판례연구회편, 형사판례연구 1-28, 박영사, 1993-2020.

찾아보기

사항색인

영문색인

판례색인

저자 약력

강 동 욱

법학박사
전) 관동대학교 교수
전) 한양대학교, 국립 경찰대학 강사
전) 동국대학교 법과대학 학장 겸 법무대학원 원장

동국대학교 법과대학 교수
동국대학교 법무대학원 탐정법무전공 책임교수
(사) 한양법학회 이사장
한국법정책학회, 한국아동보호학회 고문
한국탐정학회 회장
한국법학교수회 부회장
한국아동학대예방협회 부회장
한국법무보호복지학회 부회장
대한행정사회 교육위원장
서울동부노인보호전문기관 사례판정위원회 위원장
세계공인탐정연맹 아시아공인탐정연맹 자문위원
대한공인탐정연구협회 자문위원
대검찰청 검찰수사심의위원회, 서울고등검찰청 영장심의위원회 위원
서울동부지방검찰청 형사조정위원
사법시험, 행정고시, 입법고시 및 각종 국가공무원시험 출제, 선정 및 면접 위원

형사증거법

초판발행　　　2022년 6월 25일

지은이　　　　강동욱
펴낸이　　　　안종만 · 안상준

편　집　　　　우석진
기획/마케팅　　오치웅
표지디자인　　BEN STORY
제　작　　　　고철민 · 조영환

펴낸곳　　　　(주) **박영사**
　　　　　　　서울특별시 금천구 가산디지털2로 53, 210호(가산동, 한라시그마밸리)
　　　　　　　등록 1959. 3. 11. 제300-1959-1호(倫)

전　화　　　　02)733-6771
f a x　　　　02)736-4818
e-mail　　　　pys@pybook.co.kr
homepage　　www.pybook.co.kr
ISBN　　　　979-11-303-4205-4　93360

copyright©강동욱, 2022, Printed in Korea

* 파본은 구입하신 곳에서 교환해 드립니다. 본서의 무단복제행위를 금합니다.
* 지은이와 협의하여 인지첩부를 생략합니다.

정　가　　　　29,000원